ADB

亚洲开发银行技术援助项目

(TA7699-PRC)

Developing Eco-compensation Regulations in China: The way forward

中国生态补偿立法

路在前方

主　编　秦玉才　汪　劲
副主编　童章舜　肖渭明　[菲] Alvin Lopez　靳乐山

北京大学出版社
PEKING UNIVERSITY PRESS

图书在版编目(CIP)数据

中国生态补偿立法:路在前方/秦玉才,汪劲主编. —北京:北京大学出版社,2013.7

ISBN 978-7-301-22793-0

Ⅰ. ①中… Ⅱ. ①秦… ②汪… Ⅲ. ①生态环境-补偿性财政政策-环境保护法-立法-研究-中国 Ⅳ. ①D922.684

中国版本图书馆 CIP 数据核字(2013)第 152900 号

书　　　名:中国生态补偿立法:路在前方

著作责任者:秦玉才　汪　劲　主编

童章舜　肖渭明　〔菲〕Alvin Lopez　靳乐山　副主编

责 任 编 辑:郭瑞洁

标 准 书 号:ISBN 978-7-301-22793-0/D·3371

出 版 发 行:北京大学出版社

地　　　址:北京市海淀区成府路 205 号　100871

网　　　址:http://www.pup.cn

新 浪 微 博:@北京大学出版社

电 子 信 箱:law@pup.pku.edu.cn

电　　　话:邮购部 62752015　发行部 62750672　编辑部 62752027

出版部 62754962

印　刷　者:三河市北燕印装有限公司

经　销　者:新华书店

965mm×1300mm　16 开本　30.75 印张　472 千字

2013 年 7 月第 1 版　2013 年 7 月第 1 次印刷

定　　　价:56.00 元

ADB Disclaimer for Publications

Note: In this publication, "$" refers to US dollars

亚行出版物声明

注：在本出版物中，“$”表示美元。

目　录

Table of Contents

前　言

中国经济在过去几十年保持了快速增长，但环境退化以及中国东部沿海与西部内陆发展失衡所带来的挑战愈加严峻，引起了政府和公众的高度关注。

经济政策手段已越来越普遍地被运用于中国发展政策的各个领域。生态补偿——一种新的经济政策手段——被中央政府政策制定者们寄予厚望，并适用于应对环境退化和经济发展失衡等问题领域。中国《国民经济和社会发展第十一个五年规划纲要》(2006—2010)、《国民经济和社会发展第十二个五年规划纲要》(2011—2015)和中共十八大报告(2012)等中央文件与规划，均提出要“加快建立生态补偿机制”。中国政府提出的生态补偿机制在政策体系中具有极强的综合性，比起西方国家的“环境服务付费”，其内涵和外延具有更大的综合性和广泛性。

中国政府对建立健全生态补偿机制进行了积极、有益的探索。为建立长效机制，对生态补偿的定义及当事人权利、职责和义务作出了立法尝试。2010 年 4 月，国务院启动了制定《生态补偿条例》的立法程序并成立了起草工作组。国家发展和改革委员会(NDRC)是《生态补偿条例》起草工作的主要负责部门。此外，还有财政部、环境保护部、水利部、农业部、国土资源部、住房城乡建设部、国家税务总局、国家林业局、国家统计局、国家海洋局等十个政府部门参与条例草案的起草工作。

《生态补偿条例》起草领导小组于 2010 年 4 月成立，小组成员来自上述十个国务院部门，由国家发改委副主任杜鹰担任组长。起草小组下设起草工作小组，成员来自国务院有关部门和国家发改委主管司局的领导同志。同时，还成立了生态补偿专家咨询委员会，委员会专家来自中国国内著名大学和研究机构。亚洲开发银行对生态补偿立法工作提供技术援助，目标是向立法者介绍国际经验和最佳实践方法，同时也将为地方政府的探索实践提供良好的法律依据。

2010 年 5 月 13 日，国家发改委西部开发司召集了起草工作小组第一次会议。会议讨论了生态补偿的定义、目标、范围和方式，对生态补偿资金来源、监督和管理、补偿项目申请、事后评估和其他相关问题进行了深入探讨。工作小组成员仔细分析了由北京大学和清华大学共同起草的《生态补偿条例》草案框架，并提出了修改建议。

2010年6月至10月，条例领导小组和工作小组在全国18个省(自治区、直辖市)开展了专题调研，将生态补偿及其立法的地方实践与国际经验吸收、纳入了条例起草过程。

2010年末，亚行技术援助项目被提上日程，动员国内、国际专家为既定目标展开工作。2011年3月，亚洲开发银行启动了技术援助项目《生态补偿立法研究》(TA 7699-PRC)，在国家发改委西部开发司的大力支持和推动下成立了《生态补偿立法研究》项目组。本技术援助项目旨在从国际上与生态系统服务付费相关的立法实践和国内生态补偿地方性立法中汲取经验教训，以丰富国家层面的生态补偿立法。

《生态补偿立法研究》启动之际正是《生态补偿条例》草案起草的启动阶段，研究工作与立法程序相衔接，项目成果可以被很好地整合到条例起草过程中。此外，本技术援助项目拟支持生态补偿条例起草小组成员接受国际上与生态系统服务付费有关的立法经验的培训，这对条例起草具有直接影响。

《生态补偿立法研究》项目组由国内湿地、流域、区域、海洋、森林、矿产以及财政税收、经济分析与法律等领域的专家组成，并邀请有关生态补偿领域的国际专家参与研究并协助安排调研工作。

从2011年5月起，在国家发改委西部开发司主管领导和亚行主管官员的安排与协调下，在各地方政府的支持和帮助下，《生态补偿立法研究》项目组成员分别赴北京、安徽、浙江、广东、山东、福建、山西、陕西、江苏、河北、内蒙古、甘肃、新疆、湖北等省(自治区、直辖市)对湿地、流域、区域、海洋、森林、矿产资源等生态补偿实践开展了实地考察工作，并在各地组织召开了包括各政府部门和公众代表参加的地方专题研讨会，听取了有关专家对《生态补偿条例(中期报告草案)》的意见。同时，国家发改委还组团赴欧洲、澳洲等国家，针对有关生态补偿或生态系统服务付费的国际经验与立法进行考察。

在实地考察的基础上，项目组中外专家分别完成并提交了有关湿地、流域、区域、海洋、森林、矿产等领域的考察报告，财政税收、经济分析与法律等领域专题研究报告，以及《生态补偿条例》草稿(初稿)。国际专家撰写完成了关于生态系统服务付费立法的国际实践调查报告。

2011 年 11 月,《生态补偿立法研究》项目组在江西省九江市举行了生态补偿立法项目研究的中期报告会议,来自亚洲开发银行以及国内外的专家对中期报告和《生态补偿条例》草稿(初稿)进行了研究和讨论,并提出了修改意见。中期报告会后,项目组环境立法专家修改完成了《生态补偿条例》草稿(二稿)并送交国务院各部委及其有关部门讨论、征求意见并收集建议。

2010 年 4 月到 2012 年 5 月,《生态补偿立法研究》项目组长、副组长和部分专家参与了《关于建立健全生态补偿机制的若干意见》初稿撰稿及其修改工作。

2013 年元月,《生态补偿立法研究》项目组在中期报告的基础上完成最终报告,并在多次反复修改和讨论的基础上起草完成《生态补偿条例》草稿(征求意见稿)。

按照本技术援助项目工作的计划安排,亚洲开发银行将于 2013 年 7—8 月组织召开生态补偿立法项目研究的最终报告会议,对《生态补偿立法研究》的最终报告及其专题报告进行研究讨论。

本书初稿完成后,交由各章节撰稿专家再次修改并审定。北大法学院博士生张晶、胡帮达、童光法以及硕士生周悦霖、丁楠等同学参加了本书最终文稿的统稿和整理、校对等工作,课题组全体专家在此对他们的辛勤劳动表示衷心的感谢。

秦玉才

(国家发改委西部开发司司长、《生态补偿条例》起草领导小组工作组组长)

汪　劲

(北京大学教授、亚洲开发银行《生态补偿立法研究》技术援助项目组组长)

2013 年 6 月 8 日

PREFACE

Environmental degradation and economic development imbalances, from the eastern coast of China to the western inland, have become more severe with the rapid growth of China's economy. The Chinese government and the public are focusing a great deal of attention on this problem.

China's government is increasingly using economic policy instruments in various aspects of its development policies. National policymakers designed eco-compensation—a new economic policy instrument—to address issues of environmental degradation and development imbalances. Central Government documents, including the Outline of the 11th Five-Year Plan for National Economic and Social Development (2006—2010), the Outline of the 12th Five-Year Plan for National Economic and Social Development (2011—2015), and the Report to the Eighteenth National Congress of the Communist Party (2012), have called on the government to "accelerate the establishment of [an] eco-compensation mechanism." Eco-compensation, as defined by the Chinese government, is very comprehensive and is more broad and complicated than the concept of payments for ecosystem services (PES) used in other countries.

The government has carried out useful pilots that provided positive insights on effective ways to implement eco-compensation. A few local legislatures and governments have developed legal provisions governing rights, duties, administrative functions, and responsibilities related to eco-compensation. In order to establish a long-term mechanism, the State Council launched in April 2010 the process of drafting the Eco-compensation Regulations and arranged a legislative working scheme. The State Council designated the National Development and Reform Commission (NDRC) as the principal ministry in charge of the research and drafting processes, with assistance from the other ministries and state administrations including the Ministry of Finance, the Ministry of Environmental Protection, the Ministry of Water Resources, the Ministry of Agriculture, the Ministry of Land and Resources, the Ministry of Housing and Urban-Rural Development, the State Administration of Taxation, the State Forestry Administration, the National Bureau of Statistics, and the State Oceanic Administration.

The Central Government, in April 2010, formed an administrative working group, members of which were selected from the NDRC and the 10 ministries and state administrations, to oversee and coordinate the formulation of the Eco-compensation Regulations. Du Ying, Deputy Director of the NDRC, headed the administrative working group. A legislative working group, whose members included senior representatives from agencies and sectors directly under the State Council and heads of competent departments and bureaus under the NDRC, was then created by the administrative working group to help set up applicable legal structures and framework for eco-compensation. The administrative working group recruited experts and consultants from well-known Chinese universities and research institutes to form the Expert Consultation Committee on Eco-compensation. For this initiative, the Asian Development Bank (ADB) provided technical assistance (TA) to introduce legislators to international experiences and best practices related to eco-compensation, as well as to provide a good legal basis for central and local governments to effectively implement eco-compensation mechanisms in the future.

On 13 May 2010, the NDRC Department of Western Region Development convened the first legislative working group meeting. The working group discussed definitions, objectives, scope, and methods of eco-compensation, and conducted an in-depth examination of eco-compensation funding sources, supervision and management systems, compensation project application procedures, post-project assessment, and other relevant issues. Members of the working group carefully analyzed the "Draft Framework of Eco-compensation Regulations" co-proposed by Peking University and Tsinghua University and made suggestions for revision. From June to October 2010, the administrative working group and its legislative working group conducted field studies in 13 provinces all over the country to gather information on local experiences with eco-compensation as input for the legislative drafting process.

By the end of 2010, the administrative working group proposed to ADB a TA project that would mobilize domestic and international experts to draft the Eco-compensation Regulations. In March 2011, ADB initiated the TA project "Study on Eco-compensation Regulations" (TA7699-PRC), and established a research group (TA research group) with the strong support of the NDRC Department of Western Region Development. The government and ADB designed the TA project to compare and analyze international legislative practices on PES, research and analyze relevant domestic experiences through field studies on China's existing eco-compensation practices at both central and local government levels, and draw lessons for China's national Eco-compensation Regulations.

The TA project got underway during the start-up phase of the process of developing the Eco-compensation Regulations. During the two years of the TA project, the legislative working group integrated relevant research outcomes into successive drafts of the Regulations. The TA project provided members of the legislative working group with information on international legislative experiences governing PES, which had a direct influence on the development of the Eco-compensation Regulations.

The TA research group consisted of national experts on wetlands, watersheds, the marine environment, forests, mineral resources, inter-regional interactions on eco-compensation, fiscal policy and taxation, economic analysis, legal research, and other relevant thematic fields. International experts were invited to participate in the research and assist in the field studies.

During the period from May 2011 to April 2013, members of the TA research group visited Anhui, Beijing, Fujian, Gansu, Guangdong, Hebei, Hubei, Inner Mongolia, Jiangsu, Shandong, Shaanxi, Shanxi, Xinjiang, and Zhejiang. The TA research group conducted thematic field studies on eco-compensation mechanisms for different ecosystems and resources, including wetlands, watersheds, the marine environment, forests, and mineral resources, and examined inter-regional interactions to implement eco-compensation. The research group also organized and convened thematic workshops with representatives of the local community, government officials, and peer specialists in relevant field sites to review and collect comments and suggestions on the draft Eco-compensation Regulations TA Project Interim Report. Meanwhile, the NDRC sent delegations to countries in Europe and Oceania to study those countries' experiences, practices, and methods related to eco-compensation and/or PES.

Based on the field studies, national experts with the TA research group prepared study reports on eco-compensation in the context of wetlands, watersheds, the marine environment, forests, mineral resources, and at the inter-regional level. They also prepared thematic reports on fiscal systems and taxation, socio-economic impacts, and legal research related to eco-compensation in China, and the first draft of the Eco-compensation Regulations. The international experts contributed a report on comparative regulatory practices governing PES in other countries.

In November 2011, the TA research group held the TA Project Interim Workshop in Jiujiang, Jiangxi Province. At the workshop, ADB officials and experts from China and abroad reviewed and discussed the TA project "Interim Report of Study on Eco-Compensation Regulations" as well as the first draft of the Eco-compensation Regulations, and they proposed valuable comments and suggestions for revisions. Following the workshop, the Environmental Legislation Specialist of the TA research group completed a revised second version of the draft Regulations which was circulated for suggestions, comments, and discussion to the ministries, administrative departments, and sectors directly involved in implementing the Regulations.

In the period from April 2010 to May 2012, the TA project team leader, deputy team leader, and a few thematic study specialists participated in the formulation and revision of the Draft State Council's Proposal and Suggestions on Establishing and Improving the Eco-compensation Mechanism.

In January 2013, the TA research group completed the "Draft Final Report of the Study on Eco-Compensation Regulations", based on the TA Project Interim Report and the revised second version of the draft Regulations. Meanwhile, the TA research group, jointly with the legislative working group, completed the final Expert Proposal Draft of the Eco-compensation Regulations in January 2013.

ADB will convene the final workshop for the "Study on Eco-compensation Regulations" during July or August 2013 to review and discuss the TA project and its relevant thematic study reports.

The original authors and experts reviewed each chapter of the first draft of the manuscript. Peking University Law School PhD candidates Zhang Jing, Hu Bangda, Tong Guangfa and master students Zhou Yuelin and Ding Nan participated in compiling, collating, proofreading, and translating the final draft of this book. All experts and members of the TA research group sincerely thank them for their hard work.

Qin Yucai
Chief, NDRC Department of Western Region Development
Team Leader, the Eco-compensation Regulations Legislative Working Group

Wang Jin
Professor, Peking University Law School
Team Leader, ADB TA Project "Study on Eco-compensation Regulations"

执行概要*

一、生态补偿及其相关立法的国际经验

（一）生态系统服务付费(PES)背景

中国有关生态补偿实践所提到的“生态补偿”(Eco-Compensation)概念比其他国家通常采用的“生态系统服务付费”(Payments for Ecosystem Services,PES)的定义更为广泛,内涵更为复杂。生态补偿以中国国情为基础,以补贴、直接支付和政府间财政转移支付为手段,并结合以市场为基础的生态系统服务付费机制在中国试行。然而,生态系统服务付费在国际上使用得更加广泛。生态系统服务付费一般被理解为:一种自愿交易,其中一个获得良好定义的生态系统服务,或者一种可能保障该服务的土地利用方式被至少一个生态系统服务购买人“购买”自至少一个生态系统服务提供人,当且仅当该生态系统服务提供人保证提供生态系统服务。

生态系统服务付费包括一系列内部化发展成本和确保生态服务受益方支付费用并享用生态服务的市场机制。在生态系统服务付费机制的安排下,参与各方没有所谓的“赢家”、“输家”或者“受害者”。参与生态系统服务付费的动机表现在两方面:(1) 改变土地利用并确保提供生态服务的主体能够因此获得公平的对价;(2) 从生态服务受益的主体应当为生态服务支付公平的对价。

生态系统服务付费的概念起源于20世纪70年代,当时的研究把对人类有益的生态系统功能描述为“生态系统服务”,以表明人类对它的依

---

* 本部分是在《生态补偿立法研究》最终报告的基础上修改而成的。主要修改人:汪劲,课题组组长兼任生态补偿国内法律专家,生态补偿专家咨询委员会委员,法学博士,北京大学法学院教授、博士生导师,兼任中国环境与发展国际合作委员会中方委员;王社坤,生态补偿国内法律专家助手,法学博士,北京大学法学院讲师;舒旻,女,生态补偿国内法律专家助手,法学博士,昆明理工大学法学院讲师;袁巍,生态补偿国内法律专家助手,北京大学法学院博士生。本修改稿已经原报告撰稿人修正并由亚行有关专家作中英文文字审核。

赖。1996年,哥斯达黎加在《森林法》中最早规定了生态系统服务付费制度。到2005年,联合国组织编写的《千年生态系统评估》系列报告提供了新的生态系统服务付费理论和实践,促进了各国生态系统服务付费制度的发展,特别是在立法方面作出了重要贡献。

1. 生态系统服务付费机制

在生态服务付费的费用支付方面,目前各国主要通过三种机制来实现。其中两种要求支持性法律措施,通常被认为是为生态系统服务付费提供法律基础。

第一种是私人支付制度体系。这种支付体制在性质上属于合同或协议,受国家现有的合同或者商业法规范,并且不要求额外的监管措施。例如,法国维特尔(Vittel)矿泉水装瓶公司资助水源地农民改变耕作方法和技术,以保证装瓶设施所要求的水质。

第二种是公共支付制度体系,即政府机关向公共事业机构或者其他服务的发起人或者使用人收取额外费用,并将该费用发放给已经改变土地利用方式以保障公共服务的人们的一种制度安排。公共支付制度要求某种层面上的政府监管措施来授权公共事业机构收取额外费用,并创立发放该补偿金的机制。

第三种是交易制度体系。这是通过创立一个交易市场来实现的。其中,受法律认可的权利、许可和/或配额可以通过包括租赁在内的其他方式在市场上出售或者交换。从实施上看,这些机制相对复杂并且通常需要国家层面的监管措施。例如,为响应美国《清洁水法》而创立的湿地影响缓解银行方案,联邦政府要求造成湿地退化或者破坏的开发人通过在同一地点或者其他地点重建或者维护湿地进行补偿,并允许开发人通过购买第三方服务的方式进行补偿。湿地影响缓解银行方案提供了开发人能够向已经重建或者加强湿地资源的其他当事人购买缓解“信用”的机制。

总体上看,政府在私人支付制度体系中所起到的作用是最小的。一般情况下,有关的争议是在合同当事人之间自行解决或者通过法院裁判解决。而政府在公共支付和交易制度体系中的作用,则主要表现在法律上授权和规定这类制度体系并且实施监管。

2. 生态系统服务付费立法的国际比较

根据对14个特别规定/授权了生态系统服务付费的国家的法律和法

规的比较研究发现，这些国家所制定的涉及生态系统服务付费的立法包括国家或者国家以下层面的立法，甚至城市立法。

在美国和很多欧洲国家，采用了生态系统服务付费和其他类似机制并通过各部门立法来实施，虽然这些立法可能并不是专门规范生态系统服务付费的立法。未来的发展趋势是，通过具有普遍效力的环境立法、生物多样性立法或者单独的生态系统服务付费立法来实施生态系统服务付费，而不是在各部门立法中都予以规定。

在已经建立了生态系统服务付费制度体系的国家中，这类制度体系并不是单独适用的，而是与生态补偿的具体措施如补贴和直接补偿金相结合运用的。

(1) 生态系统服务付费的筹资方式

实施生态系统服务付费制度体系的国家主要通过如下方式筹集资金：一是按公共事业收费的1%—3.5%征收额外费用，通常为水资源服务收费；二是国家出资；三是公共支付和国家出资相结合；四是税收；五是按投资项目和开发活动总成本的一定比例或者年度预算的一定比例征收额外费用。在我们所调查的国家中，已经创立或者指定生态系统服务付费财政资金渠道的国家并不多。

(2) 生态系统服务付费的机构安排

各国的生态系统服务付费资金管理机构主要包括创立或者指定各类基金（其本身也是基金机构）管理、由政府指定机构管理、区域保护理事会管理、国家生态系统服务付费系统管理以及由国家环境机关管理等方式。

（二）生态服务付费立法的国际经验对我国生态补偿立法的启示

1. 中国生态补偿立法在引入生态系统服务付费过程中存在的问题

传统的财政刺激手段例如补贴、直接支付和其他类似措施，不要求受益人对生态系统所提供的服务付费；而生态系统服务市场的创立则允许政府将维持生态系统服务的部分成本转嫁给其他参与人。市场要求受益人支付其获得的价值。虽然人们可能质疑市场是否能够真实、充分并合理地反映生态系统服务的价值，但市场确实能在一定程度上承认并创造价值。因此实践中，并不要求受益人为其所获得的生态系统服务付费，仅要求受益人为其所获价值付费。

中国目前采用的是一种政府间的“市场”方式，通过转移支付将成本从一级政府转移给其他级别的政府。引入国际上的生态系统服务付费将使创立政府以外的市场机制成为可能。

2．建议

在中国，国家对主要自然资源的所有权为政府监管全部生态系统服务提供了正当理由。但是，土地和自然资源的国家所有权不排除发展以市场为基础的机制。生态系统服务付费并不必然依赖于土地或者资源的个人所有权，集体权利也可以作为生态系统服务付费的基础。

中国的土地权属制度已经足以作为生态系统服务付费和其他基于市场的机制的基础，这些机制有助于向权利持有人提供额外激励措施以使其按照符合政府政策的方式利用土地。

在规定生态补偿的过程中，关键问题将是为如下最佳组合确定并提供监管支持：第一，以补贴和直接补偿金为形式的政府规定的生态补偿；第二，包括生态系统服务付费在内的市场机制；第三，管理生态系统及其所提供的服务的合作制度。

通过对国际生态系统服务付费立法与实践的考察与分析，本书的建议是：

第一，制定专门的生态补偿法规。欧盟、瑞士和芬兰由于没有制定专门的生态补偿法规，难以形成系统的生态补偿机制。

第二，建立生态补偿专项资金。研究设立国家生态补偿专项资金，重点支持国家级生态补偿试点地区和跨省的流域、区域生态补偿，加大对禁止开发区和其他重点生态功能区的支持力度。

第三，把生态保护与解决承包经营权人长远发展问题结合起来。在生态补偿立法中突出农村集体所有林地、草原等生态补偿机制的建设，同时通过政策组合解决生态保护问题。

第四，积极推动市场化生态补偿机制的构建。充分发挥社会资本的优势，积极运用市场机制，推进和完善资源有偿使用、主要污染物排放权有偿使用和交易制度，积极探索水权交易、碳汇交易等市场化生态补偿模式。

第五，研究建立生态标志制度。探索建立我国生态标志制度，将生态认证作为一项制度纳入《生态补偿条例》，推动有利于保护生态环境的发展方式、产业结构和消费模式的形成。

第六，加强生态系统评估并在环境影响评价制度和环境审计制度中引入生态系统服务评价。对我国生态系统状况和生态系统服务价值进行全面的评估，深入分析生态系统面临的主要挑战，为生态补偿立法奠定坚实的基础。

二、对我国现行生态补偿相关法律制度的总体评述

(一) 我国生态补偿法律制度概述

1. 关于生态补偿制度的基本原则

目前，我国在中央和地方层面已经开展了多项生态补偿实践工作，有关的政策和立法也推动着这些工作的实施。通过这些实践活动，可以总结归纳出我国生态补偿法律制度的几项基本原则：

(1) 以人为本、统筹兼顾的原则。生态补偿法律制度的主要目的是保护生态环境，促进生态环境与人类社会的和谐发展。由于为生态环境保护做出重要贡献的地区往往是农村地区和欠发达地区，因而生态补偿法律制度需要把加强生态环境保护与改善当地居民的生产、生活条件结合起来，实现农村与城市、生态保护地区与受益地区、欠发达地区与发达地区、人与自然协调发展。

(2) 谁开发谁保护、谁受益谁补偿、谁损害谁修复的原则。“谁开发谁保护”是指实施建设项目造成环境影响的自然人和单位，应当采取行动减轻并且/或者抵消其开发活动对生态系统造成的影响。“谁受益谁补偿”是指政府或者生态系统服务的具体受益者应当向为生态保护做出贡献的人提供必要补偿。“谁损害谁修复”是指造成生态环境损害或者损失的人应当对生态环境进行恢复、修复和综合治理，以保护生态功能和生态系统价值。我国的生态补偿虽然主要依靠国家推动实施，但并不是仅仅依靠国家财政来实现补偿目的。生态补偿需要明确界定生态服务的提供方或者破坏方和利用方或者保护方。生态环境的开发利用者需要对开发利用行为造成的生态环境破坏进行补偿，生态环境保护的受益者需要为享用的生态服务进行补偿，生态环境的损害者需要为损害行为造成的后果进行补偿。

(3) 政府主导、市场运作的原则。在我国，政府是生态补偿工作的主要推动者，政府通过财政资金形式为生态补偿法律制度的实施提供资金来源。但是，在发挥政府推动优势的同时，我们也需要积极调动市场主体参与生态补偿。这既是谁开发谁保护、谁受益谁补偿、谁损害谁修复原则

的具体体现，也是缓解国家财政压力，扩大生态补偿经费来源的重要途径。

（4）分类指导、稳步实施的原则。我国的生态补偿法律制度是一套全国范围、多领域的系统工程，需要立足现实、先易后难，试点先行、注重实效，循序渐进、逐步完善。

上述原则有助于我国建立统一的、适用于多领域的生态补偿立法。全国范围的生态补偿法律制度构建，对于推动我国现有的或者即将开展的生态补偿实践，对于在全国范围、在多个领域正确把握生态补偿的内涵与外延，对于明确我国生态补偿的具体制度安排，都具有重要意义。

2. 全国主体功能区规划与生态补偿

2010年12月，国务院发布了《全国主体功能区规划》，其主要目标在于使得空间开发格局清晰、优化空间结构、提高空间利用效率、增强区域发展协调性、提升可持续发展能力。

《全国主体功能区规划》把我国国土空间分为以下主体功能区：按开发方式，分为优化开发区域、重点开发区域、限制开发区域和禁止开发区域；按开发内容，分为城市化地区、农产品主产区和重点生态功能区；按层级，分为国家和省级两个层面。

其中，优化开发和重点开发区域都属于城市化地区，开发内容总体上相同，开发强度和开发方式不同。限制开发区域分为两类：一类是农产品主产区，另一类是重点生态功能区；前者把增强农业综合生产能力作为发展的首要任务，后者把增强生态产品生产能力作为首要任务。禁止开发区域是依法设立的各级各类自然文化资源保护区域，以及其他禁止进行工业化城镇化开发、需要特殊保护的重点生态功能区。

生态功能区的主要作用是提供生态服务（包括生态产品），主要是指维系生态安全、保障生态调节功能、提供良好人居环境的自然要素，比如吸收二氧化碳、制造氧气、涵养水源、保持水土、净化水质、防风固沙、调节气候、清洁空气、减少噪音、吸附粉尘、保护生物多样性、减轻自然灾害等。

生态功能区的划分与我国生态补偿法律制度的构建关系紧密。其一，今后开展生态补偿的区域主要集中在限制开发的重点生态功能区和禁止开发区域。其二，为确保主体功能区规划得到落实，《全国主体功能区规划》在财政政策、投资政策、产业政策、绩效考核评价等方面规定了一系列保障措施。比如，中央财政在均衡性转移支付中，应当考虑属于地方支出责任范围的生态保护支出项目和自然保护区支出项目,加大对重点生态功能区特别是中西部重点生态功能区的均衡性转移支付力度。省级财政要完善对省以下转移支付体制,加大对重点生态功能区的支持力度,鼓励探索建立地区间横向援助机制,生态环境受益地区应采取资金补助、定向援助、对口支援等多种形式,对重点生态功能区因加强生态环境保护造成的利益损失进行补偿。

(二) 森林生态补偿制度

广义上来讲,森林生态补偿包括对森林生态环境本身的补偿,对个人或区域保护森林生态环境的行为的补偿,以及对具有重要生态环境价值的区域或对象的保护性投入,其中对森林生态环境本身的补偿是生态学意义上的补偿,而其他是经济学意义的补偿。广义上的森林生态效益补偿不仅包括公益林生态补偿,还包括对林业重点工程建设(如天然林保护工程、退耕还林工程、重点生态公益林建设等)、森林病虫害防治、森林防火等事项的补偿。

狭义上来看,森林生态补偿就是指目前推行的森林生态效益补偿基金制度所涵盖的内容。其中,中央生态效益补偿基金是对重点公益林管护者的营造、抚育、保护和管理付出给予一定补助的专项资金。森林生态效益补偿本质上是调整利用与保护森林生态效益的主体间利益关系的一种综合手段,是保护森林生态的一种手段和激励方式,其核心内容是国家对森林保护者进行经济补偿。

据此,本书采用广义概念。

我国的森林生态补偿机制经历了从初期的政策个别调整到国家立法普遍调整,个别地方试点先行到扩大范围实施六大林业工程的渐进过程。我国的森林生态效益补偿的政策和法律出台也经历一个曲折的阶段,从早期实践——摸索前进与政策准备——试点先行——扩大范围实施的不同阶段的,是伴随着可持续发展理论、科学森林观、科学森林管理体系的不断认识而不断发展的。我国地方层面的森林生态效益补偿的实践开展的较早,形式也较多样化。

1. 森林生态补偿的原则

我国森林生态补偿法规文件中较少明确提到森林生态补偿的基本原则,但基本上可以归纳为“谁受益,谁补偿”的原则。有部分法规文件针对相应工作和补贴资金提出了一些原则,列举如下:

财政部、国家林业局《林业有害生物防治补助费管理办法》第四条提到补助费的安排使用应遵循如下原则:(一) 地方投入为主,中央补助为辅;(二) 优先治理危险性和潜在危害大的种类;(三) 突出生态区位,适当向经济欠发达地区倾斜;(四) 鼓励使用无公害防治措施。

财政部《林业事业费管理办法》第四条对事业费的使用规定了"统筹兼顾、量力而行,勤俭办事、专款专用"的原则,以合理使用资金、发挥资金的最大效益。

2. 森林生态补偿专项资金

根据现行法律法规以及各地实践,森林生态补偿的出资者主要是财政部和地方财政厅。森林生态补偿资金的使用者包括从事森林资源保护和森林生态功能恢复的工作者,如相关林业单位和育林个人;以及为保护森林资源和恢复森林生态功能而导致的利益受损者,如退耕还林工程、生态移民涉及的群众。因为资金来源的方式主要为专项财政转移支付,所以森林生态补偿资金的管理者为财政部门,并由各级政府林业部门、审计部门共同监督。

根据补偿的目的不同,森林生态补偿有不同的标准。比如,财政部、国家林业局《中央财政森林生态效益补偿基金管理办法》规定补偿平均标准为:集体林 15 元/年/亩,国有林 5 元/年/亩。财政部、国家林业局《森林抚育补贴试点资金管理暂行办法》规定森林抚育补贴标准为平均每亩每年 100 元。

在奖惩措施方面,只有 2007 年的财政部、国家林业局《中央财政森林生态效益补偿基金管理办法》有所涉及。《管理办法》规定,对违反规定的省区给予一次性调减下年度该省区 1% 的中央财政补偿基金的惩罚,调减的资金用于管理水平较高省区的奖励,被奖励省区相应增加省级财政部门列支经费。

3. 森林生态补偿的主体、方式与程序

森林生态补偿按森林生态补偿主体来划分,可以分为以政府为主导、以社会为主导和以市场为主导的三种补偿方式。政府为主导的方式表现为征收生态补偿税费、财政补贴制度、加大补偿资金投入、优惠信贷、收缴全民义务植树绿化费等,已经进入成熟阶段;社会为主导的方式表现为 NGO 提供资金技术、企业承担社会责任、个人义务植树等,此方式实施范围较小;市场为主导的方式主要表现为一对一市场交易、可交易的市场配额、生态标志等，此方式刚刚起步。

森林生态补偿按照补偿方法可以划分为经济补偿和非经济补偿。经济补偿方式是一种最为直接的生态补偿方式，主要通过明确补偿单位面积而直接提供补偿资金。而非经济补偿按照补偿方法主要有三种：(1) 政策补偿，在经济发展滞后地区，“给政策，就是一种补偿”，如对非公益林减轻相关税费、低息贷款、税金减免、加大投入等；(2) 实物补偿，如给退耕农户补偿粮食、提供森林管护设施、森林防火器材、树苗种子等；(3) 智力补偿，主要指提供技术培训、咨询和帮助、向其输送各类专业人才，提高受补偿者生产技能，技术含量和管理组织水平等。

在专项资金的拨放程序上，通常需要地方政府编制预案，向中央财政申请；中央财政审核批准后拨放相应款项。如财政部、国家林业局《林业有害生物防治补助费管理办法》第七条规定：“国家林业局根据林业有害生物测报点监测预报的灾害情况，对各地和有关单位报送的防治预案进行审核，灾害严重，确实需要中央财政给予补助的，向财政部提出补助费分配建议。财政部对各地和有关单位报送的申请报告以及国家林业局提出的分配建议进行审核后，确定补助方案，按照预算级次下达补助费，并抄送国家林业局和省级林业主管部门”。

4. 小结

我国相关法规文件没有明确规定森林生态补偿的定义及其原则；森林生态补偿资金的出资者主要为中央和地方财政，森林资源破坏、使用者次之；森林生态补偿资金的使用者包括从事森林资源保护和森林生态功能恢复的工作者和为从事森林资源保护和森林生态功能恢复工作而利益受损者；资金的管理者为各级财政部门。

在补偿方式上，森林生态补偿的方式有物质补偿、政策补偿、技术补偿或不同方式的组合等形式。资金的拨放程序通常为林业部门编制资金利用方案报中央财政审批后拨款。

我国各项森林生态建设工程取得了良好的生态、经济以及社会效益。总结林业生态工程、重点生态公益林和森林生态效益补偿的政策和立法三个层面的问题主要有：生态补偿内涵与外延界定不清；补偿标准偏低；补偿覆盖面过于狭窄；资金来源狭窄；忽视林业产权人的利益保护；补偿期较短，缺乏长效机制；补偿渠道单一，缺少市场化机制；资金的使用效率不高；法律制度不健全。

为解决上述问题，对中国森林生态补偿的政策及立法完善的建议是：认识中国森林生态补偿制度构建的复杂性和多样性；明确生态补偿的原则、依据；补偿政策和法律的明确性；生态补偿主体、方式要多样化；把生态补偿和保护管理更好地结合；建立生态补偿的长效机制。

（三）湿地生态补偿制度

湿地生态补偿在国内还没有现成的政策、系统的生态补偿框架、既成的模式，各方面都在探索之中。

为推动湿地生态补偿，国家从 2010 年开始设立“中央财政湿地保护补助资金”并按照国库管理制度等有关规定支付资金。

根据《关于特别是作为水禽栖息地的国际重要湿地公约》的国际重要湿地名录，迄今为止中国有 41 块湿地被指定为国际重要湿地。中国政府中央财政湿地补助以国际重要湿地为主要对象，适当考虑湿地类型自然保护区和国家湿地公园。湿地保护补助重点安排湿地监控监测和生态恢复项目，选择地方政府重视湿地保护，有健全的保护管理机构，并取得一定成效的湿地开展湿地保护补助工作。2010 年湿地保护补助资金补助范围为 20 个国际重要湿地、16 个湿地类型自然保护区、7 个国家湿地公园。

有些地方政府投入大量人力物力和财力，保护当地的湿地。例如苏州市在 2010 年发布了《中共苏州市委苏州市人民政府关于建立生态补偿机制的意见（试行）》。

1. 湿地的界定

土地类型划分问题。湿地的界定和明确湿地权属是实施湿地保护的前提。在《中国土地利用现状分类》（GB/T 21010-2007）中没有湿地这个土地利用类型。草甸湿地归农业部门管理，灌丛湿地归林业部门管理，河流湿地归水利部门，不同土地类型的湿地使用和管理对应不同部门，纵向生态补偿的转移支付资金将通过哪个部门来进行，是政策制定过程中必须考虑的。

冰川是否作为一类湿地，需要加以确认。对冰川在涵养水源及其功能方面需要做进一步评估。应考虑冰川是否作为“十二五”规划和今后相当长的时期内湿地重点保护项目。

2. 湿地生态补偿资金来源、补偿主体

湿地生态补偿在确定补偿标准之前，首先需要确定的是湿地生态补偿的资金来源、补偿主体。

资金来源可以考虑以中央财政转移支付为主，地方政府配套部分资金。甘肃是内陆地区，经济不发达，生态脆弱而重要，甘肃省是生态服务的提供者，对全国乃至全球的生态安全做出了贡献，承认生态服务的价值，给予补偿是应当的。资金来源以中央财政转移支付为主，地方政府配套少量部分资金。江苏是沿海地区，经济发达，经济发展和生态保护的矛盾尤为突出，环境保护的机会成本很高，实施生态补偿可以缓解经济发展和生态保护的矛盾，资金来源以中央财政转移支付为主，地方财政依据财力配套相应资金。

补偿主体首先是中央政府和地方省级人民政府、其次是享受生态服务的单位和个人，在实施生态补偿的初期阶段，中央政府作为生态服务接受者的集中代表给予生态服务提供者补偿。

3. 湿地生态补偿的对象

补偿对象是指湿地的生态保护者和受损者，包括当地政府、当地百姓和保护机构。要有效地保护湿地，必须调动起当地政府和百姓进行生态保护的积极性，光谈保护不谈发展是不合理的，不能保护了一片片湿地却让当地政府和百姓忍受着贫困。尤其像甘肃省张掖地区，90%以上地区被划为限制开区域，当地只能发展一些湿地保护相关的特色产业，因此必须给予当地政府和百姓补偿，这是对公民基本生存发展权利的尊重，是承认生态产品价值的体现。为有效地保护湿地，湿地保护机构也是需要补偿的，湿地基础设施建设、湿地监测、湿地科研、湿地宣传教育、湿地管护人员费用等都是需要给予足够的资金保障的。

(1) 补偿湿地管理机构，加强湿地保护和管理的能力，包括湿地基础设施建设、湿地监测体系建设、湿地科研体系建设、湿地保护宣传教育体系建设等。

(2) 补偿当地百姓，国家在主体功能区规划中指出，保护区的核心区逐步实现无人居住，缓冲区和实验区也应较大幅度减少人口，实行异地转移和就地转移两种转移方式，就地转移指就地转化为管护人员。对于这部分百姓可以管护费用的形式补偿他们。异地转移本质上是生态移民，对于这些百姓的补偿应该是长期的，着重解决安置好他们的长期生存发展。

(3) 补偿当地政府，因为生态功能重要的区域一般都划为限制开发区域，而限制开发区域在《全国主体功能区规划》中被定义为限制进行大规模、高强度工业化、城镇化开发的区域。限制开发而带来地方财政收入减少，为加强当地政府生态保护的积极性，需要给予一定补偿，可以是税收返还的形式，也可以是转变绩效考核评价体系，重点考核生态环境的保护，不考核工业化、城镇化、GDP 等。

湿地生态补偿重点应放在对自然湿地利益相关方的补偿，尤其是对一些重要湿地的补偿。湿地生态补偿标准的制定，需要考虑统一标准与差异化标准的问题，允许省内实施差别化的标准。为了更好地实施湿地生态补偿，可以像森林生态效益补偿和草原生态效益补偿一样，制定一个统一的标准，如具体补偿每亩多少钱。但是各地可以据此进行调整，因为不同地区的发展状况不同、湿地的保护现状不同、管理的难易程度不同、需要投入的人力物力不同，湿地的保护价值不同。湿地生态补偿是一个逐步完善的过程，是一个从无到有、从少到多、从局部到整体的过程。在实施湿地生态补偿的过程中，需要重点保护和补偿一些重要的湿地，主要是指国际重要湿地、国家重要湿地、省级以上湿地类型自然保护区和省级以上湿地公园。例如，甘肃省划为自然保护区的湿地 71.7 万公顷，占全省湿地的 53.25%，其中国家级 24.8 万公顷，省级 29.6 万公顷，市级 17.3 万公顷。江苏省共建立湿地类自然保护区 26 处，总面积达 45.67 万公顷，占全省湿地的 16.2%，其中国家级 3 处，共建立省级以上湿地公园 30 处，其中国家级湿地公园 8 处。

4. 湿地生态补偿的方式

湿地生态补偿方式，除了资金补偿外，也许还可以有其他方式，如基于项目的补偿、基于优惠政策的补偿，基于市场的补偿。

在资金补偿上，我们需要进一步区分当地政府、保护区机构和周边农民，尤其要重视对周边农民的补偿。周边农民是湿地保护的直接保护者和受损者，能否调动起周边农民保护湿地的积极性是湿地保护的关键，而他们的意见和建议往往容易在制定政策过程中受到忽视或者得不到合理的反应。当地政府怎么补偿，在《国家主体功能区规划》的配套政策中有初步规定，比如可以采取税收返还的形式，同时改变绩效考核评价制度，不考核具体的 GDP、工业化、城镇化等指标，着重考核对生态环境的保护。保护区机构的资金补偿，要与对周边农民的资金补偿区分开，对保护区如何实现有效的保护管理做出明确的说明和相应的资金配套。

在优惠政策上,需要强调政策的目的是湿地保护。江苏盐城地区因为围垦对沿海滩涂湿地造成了严重的破坏。江苏地区经济发展和生态保护的矛盾十分突出,很难为了保护环境而完全放弃经济发展。但是在制定滩涂围垦计划时,可以积极探索与湿地保护相一致的经济发展计划,比如生态旅游、生态农业等。

在发达地区如江苏,特别需要探索资金补偿以外的补偿方式,因为发达地区生态环境保护的机会成本高,要么资金补偿很难起到调动起周边农民改变农业生产方式保护生态环境,要么有效补偿资金量大到难以承担。如果实行生态农业优惠政策,给农民提供技术支持,帮助农民进行绿色农业生产,减少农民对于资金补偿的依赖,从输血型转变到造血型,这样既可以增加农民收入,又保护了环境。还可以实施一些补充性的政策,减少当地的人口数量,通过良好的教育宣传和技术培训,帮助农民改变生计类型,让当地农民自愿有序地迁出保护区(生态移民)。

(5) 补偿的监测和评估

补偿资金管理要求各级财政和湿地部门设置专账,各补偿资金使用单位设立专户,单独核算补偿资金的收支情况。

5. 小结

在森林、草地和湿地这三大陆地生态系统中,中国已经分别建立起了森林生态系统(2001 年)和草地生态系统(2011 年)的生态补偿政策。目前中国没有湿地生态补偿的政策,甚至没有一个国家层面的湿地保护法规(《湿地保护条例》正起草中),发达地区的一些地方政府开始制定湿地生态补偿的政策并付诸实施。湿地保护与经济发展之间的矛盾明显存在,在东部相对发达地区,二者之间的矛盾更突出。二者之间的相互促进作用,中西部地区有更多认识。有必要尽快建立湿地生态补偿机制,同时使该机制能适应不同地区的情况和需要。

为建立湿地生态补偿机制,特提出以下建议。

在正在拟定中的《湿地保护条例》中明确湿地生态补偿的基本原则,为湿地生态补偿提供法律法规依据。

国家在制定涉及湿地的生态补偿政策及法规时,按照“谁受益,谁补偿”的原则,国家级湿地类型自然保护区主要由中央政府提供生态补偿资金。在三个接受补偿的主体中,地方政府的补偿可以通过中央财政的“重点生态功能区财政转移支付”来解决,湿地生态补偿资金主要解决另外两个接受补偿的主体,即湿地周边居民和湿地管理机构。

明确不同类型湿地的管理部门,为实施湿地生态补偿提供明确的管理框架。一种办法是草地湿地和河流湿地等统一划归林业部门管理。另一个办法是成立跨部门委员会,协调管理湿地的林业、农业、水利等部门。

允许省级政府根据本省情况调整本省范围内实施的国家湿地生态补偿的标准。针对湿地领域生态补偿的专题研究说明,中国3620万公顷自然湿地,如果中央政府按照15元/亩(沼泽湿地)和10元/亩(湖泊、河流和滨海湿地)的补偿标准,则中央财政每年的湿地生态补偿资金需求大约是65亿元。

(四)草原生态补偿制度

目前,关于草原生态补偿的定义大体上有两种观点:

第一,草原生态补偿是指草原使用人或受益人在合法利用草原资源过程中,对草原资源的所有权人或为草原生态环境保护付出代价者支付相应的费用。主要包括两方面:一是"受益者付费",即由政府或具体受益者对实施草原生态环境保护付出代价者,进行必要的补偿;二是"破坏者付费",指消耗草原资源或对草原生态环境产生不良影响的生产、开发及经营者为恢复草原生态环境而支付的补偿。

第二,草原生态补偿特指为了保护和恢复草原生态系统的生态功能或生态价值,针对草原生态环境进行的补偿、恢复、综合治理等行为,以及基于草原生态环境保护和利用草原资源而对可能因此丧失发展机会的区域内的居民承担的给予资金、技术、实物上的补偿,政策上的优惠等行为。

1. 草原生态补偿的原则

草原生态补偿的原则包括:

(1)公平原则。草原是国有的,草原的生态功能具有社会公益性。

(2)谁污染谁赔偿、污染者负担原则。这是指向草原排放污染物的单位或个人必须支付相应的费用。

(3)谁受益谁补偿原则。草原生态环境资源的效益具有扩散性,草原生态环境质量恶化会使许多人受苦,草原生态环境质量改善会使人受益。因此,草原生态环境改善受益的人应支付相应的费用,以此鼓励人们保护草原、改善草原生态环境。

(4)循序渐进原则。生态补偿机制的建立主要应从规范并推广补偿费的征收入手,合理收费,并逐步总结经验,循序推行。损害、受益明显的,采用先定性后定量,先少后多的方法进行补偿。

(5)有效性原则。有些生态补偿规划之所以没有被采纳,是因为操作成本过高,从长期来看,甚至影响社会和经济的发展。因此,生态补偿机制要将长期效应和短期效应结合起来,保证生态补偿的有效性。

2. 草原生态补偿专项资金

从目前相关法律法规和条例规定看,涉及草原的费、税或基金的规定主要有如下几个方面,其中只有第(7)项具有生态补偿性质:

(1)承包费用:承包经营国有草原的单位或个人,向发包单位交纳承包合同规定的承包费用;

(2)草原使用费:其他单位或个人与到具有草原经营管理权的所有者、使用者或承包经营者经营管理的国有草原上放牧、打草和搂草,必须征得草原经营管理者同意,并交纳的费用;

(3)草原建设基金:具有国有草原使用权的集体所有制单位或个人,每年年末按规定交纳;

(4)草原使用管理费:由草原主管部门或其委托的单位收取;

(5)草原培育费:主要用于恢复该草原的植被;

(6)草原植被恢复费:因建设征用或者使用草原的,应当交纳草原植被恢复费;

(7)草原生态补助奖励:包括禁牧补助、草畜平衡奖励、落实对牧民的生产性补贴政策、加大对牧区教育发展和牧民培训的支持力度等内容。

然而,从目前的法律法规以及各地实践看,草原生态补偿主要是通过各种收费和各级政府(包括中央政府)财政收入来筹集生态补偿金。草原生态补偿金的主要使用者是牧民和进行草原饲舍、围栏等相关工程建设的单位。草原生态补偿金的主要管理者是各级政府的草原主管部门,主要是各级畜牧厅局或者农业局。

草原生态补偿基金主要用于以下领域:(一)禁牧补助;(二)草畜平衡奖励;(三)舍饲棚圈和围栏建设;(四)牧民培训转移就业;(五)饲草饲料基地建设;(六)天然草原改良;(七)优良草品种推广;(八)草原植被恢复;(九)草原防火和鼠害、病虫害防治;(十)其他草原建设和生态保护项目。

3. 草原生态补偿的方式与程序

从现有法律法规以及各地实践看,草原生态补偿的方式主要是中央财政转移支付,同时也包括地方财政资金的匹配。

在奖励机制方面,根据《国务院常务会决定建立草原生态保护补助奖励机制》(2010 年)的规定,从 2011 年起,中央财政每年安排资金为 136 亿元(包括西藏原有的 2 亿),在 8 个主要草原牧区省(区),全面建立草原生态保护补助奖励机制。

4. 小结

从总体上看,目前草原生态补偿主要适用于草畜平衡奖励,划区轮牧、休牧和禁牧补贴,舍饲棚圈和围栏建设,饲草饲料基地建设、牧草良种补贴以及牧民的直接补贴等。从资金来源上看,主要是通过草原内各地政府财政拨付的方式筹集生态补偿金。从资金用途上看,主要是用于草原的生态恢复和牧民补贴。从资金受益主体看,主要是通过财政转移支付的方式将生态补偿金拨付给各地方政府,同时各级政府也会筹措一定的资金,最终的受益者是牧民和相关的主管部门。

(五)流域生态补偿制度

我国并无法定、统一的流域生态补偿定义。综合流域生态补偿的相关政策、法律文件以及目前已经开展的流域生态补偿实践,可以将流域生态补偿大致描述为:流域内水资源利用或污染排放能够控制在相应的总量控制或跨界断面的考核标准之内时,如果没有被充分利用的水量和环境容量被其他地区占用,产生了正外部效应,同时流域上游为了给下游地区提供优质的水源而放弃了许多发展机会并增加许多额外的生态与环境保护的投入,那么,下游应当对上游提供的高于基准的水生态服务进行补偿。

1. 流域生态补偿的原则

从不同的视角出发,可以对流域生态补偿的原则进行不同的归纳。

从补偿的权利义务主体看,流域生态补偿原则可以归纳为:保护者、受益者有权获得补偿;开发者、破坏者有义务补偿。

从补偿的形式看,流域生态补偿的原则可以归纳为:政府主导,市场调控。

从推进流域生态补偿工作的方法看,流域生态补偿的原则可归纳为:循序渐进、因地制宜。

2. 流域生态补偿专项资金

从目前的法律法规及各地实践看,流域生态补偿金主要来自于各级政府的财政拨付。各级政府财政缴纳生态补偿金的标准依照实际水质与目标水质标准的差距，根据环境治理成本并结合当地经济社会发展状况确定。

以上述原则为依据，部分省制定了有关规范性文件。比如，《河南省水环境生态补偿暂行办法》规定，根据水污染防治要求和治理成本，生态补偿标准为化学需氧量每吨2500元，氨氮每吨10000元。生态补偿金由各考核监测断面的超标污染物通量与生态补偿标准确定，超标污染物通量由考核断面水质浓度监测值与考核断面水质浓度责任目标值的差值乘以考核断面水量确定。

此外，《山东省关于在南水北调黄河以南段及省辖淮河流域和小清河流域开展生态补偿试点工作的意见》和《福建省闽江、九龙江流域水环境保护专项资金管理办法》也有类似规定。

根据目前的法律法规以及各地实践，出资的主体主要是各级政府，是通过财政结算的方式筹集生态补偿金，但是政府从财政的哪个科目中筹集生态补偿金则不清楚，政府上缴的生态补偿金与水资源费、排污费等费用之间的关联也不清楚。

流域生态补偿金的主要使用者也是各级政府，主要是流域上游地区的政府或水源地政府。此外污染治理或生态恢复项目业主也是流域生态补偿金的使用者。

管理流域生态补偿金的主体是各级环保部门和财政部门，财政部门主要负责流域生态补偿金的扣缴及转移支付工作，而环保部门则主要负责生态补偿金补助项目的审批和使用监督工作。

流域生态补偿金重点用于补偿流域上游地区在环境污染治理与生态保护恢复方面付出的额外成本以及发展机会的损失。但是，实践中各地的做法存在差异，流域生态补偿金也不完全用于对上游的补偿。

比如，《河南省水环境生态补偿暂行办法》规定，生态补偿金用于上下游生态补偿、水污染防治和水环境水质、水量监测监控能力建设以及对水环境责任目标完成情况较好省辖市的奖励等。其中，50%用于上游省辖市对下游省辖市的生态补偿，50%用于对水环境责任目标完成情况较好省辖市的奖励、水污染防治和水环境水质、水量监测监控能力建设等。

又如，《河北省生态补偿金管理办法》规定："生态补偿金是指省级财政向未达到跨界断面水质目标考核标准的河流上游地区财政扣缴的用于补偿下游受污染地区生态环境损失的资金。”（第 2 条）“生态补偿金实行公开、公平、公正管理，接受社会监督。”（第 3 条）“有关单位应严格按规定使用生态补偿金，不得以任何理由、任何形式截留、挤占、挪用资金，不得用于平衡本级预算。”（第 9 条）。

3. 流域生态补偿的方式与程序

从现有法律法规以及各地实践看，流域生态补偿的方式主要包括三种：财政转移支付、项目补助和个体补偿。从总体上看，财政转移支付和项目补助是目前流域生态补偿的主要形式。

财政转移支付，即将收取的流域生态补偿金通过财政转移的方式由上级政府转移给上游的地方政府。项目补助，即通过资助具体项目的方式将生态补偿金用于生态恢复与治理。个体补偿，即通过支付一定数额的金钱直接对为生态保护与建设做出特别牺牲的个体予以补偿。

4. 小结

从总体上看，目前流域生态补偿主要适用于流域上下游之间因为流域保护而产生的补偿关系，是下游受益者对上游保护者的补偿。从资金来源上看，主要是通过流域内各地政府财政拨付的方式筹集生态补偿金；从资金用途上看，主要是用于流域内的污染治理和生态恢复；从资金受益主体看，主要是通过财政转移支付的方式将生态补偿金拨付给各地方政府，或通过项目资助的方式拨付给项目实施方。

目前各地有关流域生态补偿的法律规定，在生态补偿金的使用程序尤其是项目资助的审批、使用监管程序方面比较详细，可供生态补偿条例起草时借鉴。

（六）海洋生态补偿制度

2011 年国家选定山东威海、江苏连云港、广东深圳作为试点城市，开展海洋生态补偿的实践探索。其中以山东最为积极。

在国家立法层面尚无关于海洋生态补偿的系统规定。地方立法层面，山东省出台了《山东省海洋生态损害赔偿费和损失补偿费管理暂行办法》(2010 年)。但是这个暂行办法的主要着眼点是生态损害赔偿和生态损失补偿。

1. 海洋生态补偿的原则

不同的视角出发，可以对海洋生态补偿的原则进行不同的归纳。

从补偿的权利义务主体看，海洋生态补偿原则可以归纳为：保护者、受益者有权获得补偿;开发者、破坏者有义务进行补偿。

山东省在2010年6月颁布的《海洋生态损害赔偿费和损失补偿费管理暂行办法》中将用海补偿的原则表述为:“用海必补,损害必赔。”

2. 海洋生态补偿专项资金

从目前的法律法规及各地实践看,海洋生态补偿金仍然是一个空中楼阁。我们设想的资金来源有中央财政拨付形成的基金,通过合理设计并收取来的海洋生态补偿金,通过捐赠和通过海洋生态损害赔偿诉讼获得的赔偿金或补偿金等。

目前,我国具有海洋生态补偿性质的资金主要有三种:海域使用金、海洋倾倒费、海洋工程排污费。

根据《山东省海洋生态损害赔偿费和损失补偿费管理暂行办法》第3条的规定,海洋生态补偿和赔偿金的出资主体主要是:海洋生态损害和引起海洋生态损失的单位、个人;资金使用人主要是各级政府。

根据《山东省海洋生态损害赔偿费和损失补偿费管理暂行办法》第4条的规定,海洋生态损害赔偿费和损失补偿费金额,按照《山东省海洋生态损害赔偿和损失补偿评估方法》(省标准号:DB37/T1448-2009)评估确定。

在海洋生态补偿金的使用方面,《山东省海洋生态损害赔偿费和损失补偿费管理暂行办法》第14、15、17、18、19、20、21条中规定得比较详细。山东省在这部分款项的性质和使用安排上都做出了比较详细的规定,收支的权力集中在政府,主要是通过财政预算和拨款的方式来使用海洋生态补偿的专项资金。在具体的支出项目的确定上则有海洋与渔业部门的参与。

3. 海洋生态补偿的方式与程序

山东省在实践中已经对海洋生态补偿金的方式和程序作出了规定,这主要规定在《山东省海洋生态损害赔偿费和损失补偿费管理暂行办法》的第9—12条、第16条。

在这些条文规定中,比较具有借鉴意义的是第9—11条的规定。包括在对海洋开发利用活动的海洋环境影响评价过程,须进行海洋生态损失补偿的评定,并且在项目批复之前缴纳海洋生态损失补偿费,如果不缴纳则终止审批程序,这些规定可以有效保证海洋生态损失补偿费收取的有效性;同时也体现了政府在重视发展经济的同时,更重视对海洋生态的保护,因此在起草生态补偿条例的过程中可借鉴有关规定。

4. 小结

目前我国海洋生态补偿的资金来源范围相对比较狭窄,主要集中在收取海洋生态补偿金和由政府部门代表国家提起海洋生态损害索赔以获得海洋生态赔偿金两项来源上。今后应当设计更多的资金来源,例如公众的捐赠、国家财政的专项拨款形成的基金等。

海洋生态补偿金是独立于已经存在的海洋行政征收项目的海域使用金、海洋倾倒费、海洋工程排污费这三个收费项目的一个新的收费项目,因此要从法律上明确海洋生态补偿金的正当性,明确并处理好它和其他三个收费项目的关系,尤其要减少海域使用金对于海洋生态补偿金的独立性的影响。

(七) 区域生态补偿制度

1. 区域生态补偿实践

区域协调发展是实现可持续发展的必要条件。近年来,中国所面临的自然资源短缺、生态失衡、环境污染、区域间发展不均衡等问题,已经成为影响中国未来经济增长的瓶颈因素。而区域经济差距扩大是影响区域协调发展的主要原因,其短期内通过消费对我国的经济增长产生不利影响,长期势必影响社会公平与稳定。

建立区际生态补偿政策体系是实现区域协调发展的必要条件。在"空间管制"和"功能区划"的管理模式下,不同功能区域之间的"外部作用"或"外部性"非常明显,我国生态保护地区大都是西部贫穷落后地区,生态保护受益地区大都是东部经济相对发达地区,为维护和创造生态服务价值投入人力、物力、财力,同时发展机会也受到限制,如果生态服务提供者得不到补偿,受益者无偿受益,那么生态保护地区和生态受益区的经济发展差距将越来越大,区域协调发展将无从谈起。因此,面对实现区域协调发展这个科学命题和重大实践,生态补偿还要同时解决人地关系中的区域关系,这就是区域生态补偿问题。

(1) 张家口市和乌兰察布市京津风沙源治理工程

为了京津地区有良好的生态环境,张家口市和乌兰察布市都开展了京津风沙源治理工程,建设内容包括荒山荒沙造林、退耕还林、营造农田(草场)林网、草地治理、禁牧舍饲、水利配套设施建设、小流域综合治理以及生态移民等。

实地调查发现张家口市和乌兰察布市两地区群众的区域生态补偿意识淡薄，尤其是乌兰察布市几乎没有向受益地区要求生态补偿的意识，张家口市干部有一定的区域生态补偿意识，并能够主动多方积极争取从受益区获取一定补偿。相应的区域生态补偿法律法规基本没有。

目前，张家口市和乌兰察布市两区域得到的生态补偿主要是以国家项目形式投入为主的纵向财政转移支付。如：2008—2010 年，张家口市得到的上级下达的各类环境保护资金 47.6 亿元。2000—2010 年，乌兰察布市四子王旗京津风沙源治理项目（包括退耕还林、禁牧舍饲、易地移民等）共完成投资 56682.56 万元，其中国家投资 46461.95 万元，地方配套及群众自筹 10220.61 万元，国家投资占总投资的 82%。

作为受益区的北京虽然不是直接针对区域生态补偿，但是以对口帮扶和合作共建等方式给予乌兰察布市和张家口市较大帮助，其模式值得借鉴。

京蒙对口帮扶从 1996 年开始第一轮帮扶合作，2010 年开始新一轮帮扶合作，目前北京市 8 个区县与乌兰察布市 8 个旗县市区已建立结对帮扶合作关系。

1995 年国务院就确立了京张对口支援合作关系，北京从生态建设项目的资金支持、以扶贫为重点的对口支援、农业合作等多方面对张家口给予援助。京张合作方面主要包括：政府组织，对口帮扶，建立"一对一"对口支援关系；北京市对张家口给予了大力支持，为贫困乡村捐款捐物，积极参与水资保护和环境建设；张家口主动争取和承接北京辐射，蔬菜供应，生态旅游，输出剩余劳动力；张家口强化保障北京意识，大力加强生态建设和环境保护；出资投资绿化工程及水土保持治理项目。

张家口市赤城县为保证对北京的供水量，从 2006 年起开始启动"退稻还旱"工作，北京市每年按照平均 550 元/亩的标准，对赤城县退耕农民给予资金补贴，截至目前还旱面积达 3.2 万亩，每年可多为北京输水 2000 多万立方米，实现了长效补偿。

（2）陕南秦巴生物多样性生态功能区生态补偿

目前，陕南秦巴生物多样性功能区实施的生态补偿政策和措施主要为：天然林保护工程减收补助、退耕还林减收补助和国家重点生态功能区转移支付。比如，镇安县天然林减收补助从 2000 年开始至今每年补助 227 万元；退耕还林减收补助从 2002 年开始，当年补助 47 万元，2003 年补助 140 万元，2004 年至今每年补助 178 万元。这两项补助是中央对因实施了天然林保护和退耕还林两项政策后造成地方财政减收而给予的转移支付补助。在具体计算中按不同系数进行，比如天然林减收补助是中央按实施该政策引起的地方财政减收总额的 80% 进行补助。

镇安县 2008—2011 年国家重点生态功能区转移支付补助共 4625 万元，其中，2008 年、2009 年、2010 年和 2011 年分别补助为 1915 万元、1371 万元、1003 万元和 336 万元。该项补助设立的出发点是：维护国家生态安全，引导地方政府加强生态环境保护力度，提高国家重点生态功能区所在地政府基本公共服务保障能力，促进经济社会可持续发展。测算办法为：选取影响财政收支的客观因素，适当考虑人口规模、可居住面积、海拔、温度等成本差异系数，采用规范的公式化方式进行分配。具体计算时，还要在考虑各地标准财政收支缺口的基础上，综合考虑生态环境保护特殊支出、省级引导性补助等。在具体结算中，该转移支付属于一般性转移支付。

2. 小结

区际生态补偿意识较为淡薄，区际生态补偿的利益相关者的责任界限和补偿标准难以确定。生态保护和建设任务依然十分艰巨。生态保护建设项目投资力度不足，地方政府财政配套资金短缺、工程区农民增收困难、缺乏后续产业支持。现有的生态补偿标准低、范围小、缺乏因地制宜和因时制宜性。区际生态补偿方式较为单一，缺乏市场参与，缺乏长效补偿机制。法律体系不健全，监督执法不严。

关于区际生态补偿政策框架和立法的建议如下：

第一，建立和完善生态补偿相关的法律政策，补偿政策的实现要与其他政策的调整相结合。建立和完善生态补偿的组织实施、协调、监督和评估体系，制定具体严格的实施、监督和评估措施。

第二，区际生态补偿应遵循以下几种原则：污染者付费原则、使用者付费原则、受益者付费原则、促进区域协调可持续发展的原则。

第三，应建立政府财政转移支付为主导，市场参与为辅的多渠道、多方式的生态补偿长效机制。协调建立区域间横向生态补偿机制，设立生态补偿专项补偿资金，加强区际生态补偿知识宣传教育，增强干部群众的区际生态补偿意识。

第四，加大区际生态补偿科研技术支持。正确识别地域功能，并以此对地域主体功能明确定位是进行生态补偿的基础和关键。清楚界定生态补偿利益相关者的职责、任务和利益分配关系,积极培育多元化的生态补偿利益主体。

第五,制定生态补偿标准要因地制宜、因时制宜。我国现阶段生态补偿首先要考虑生态建设保护的成本补偿、生态保护受损者权益损失和在当地发展机会损失的补偿。采用现金补偿、实物补偿、后续产业支持、项目投资、税收优惠等相结合的利益补偿方式。适当提高生态补偿标准,减免或取消地方政府配套资金。

第六,改革地方政府干部考核机制。对重点生态功能区的干部考核,应强化生态保护和建设评价指标,弱化经济评价指标。将各级领导在任期内实现辖区内生态功能的"保值增值"作为政绩考核的主要内容之一。

第七,解放思想,开拓思路,积极探索实现区域生态补偿的可行模式。建立多渠道的区际生态补偿途径。区际生态补偿应与区域协调发展和扶贫脱贫相结合。

(八)矿产开发生态补偿实践

1. 矿产资源生态补偿概况

所谓矿产资源生态补偿机制,是指通过调整矿产资源开发利用过程中相关利益主体的关系,并且依据相应规则使得损害自然生态环境一方支付用来修复和保护自然环境费用的相关制度设计。因此,需要通过立法来确保有效实施这一制度设计。

多年来,中国在矿产资源开采加工环节的生态补偿方面开展了多层次的理论研究与实践探索,初步形成了以资源开发企业、各级政府以及市场化第三方为主体的三大类矿产资源生态补偿机制。

——以资源开发企业为实施主体运用企业自有资金建立的矿产资源生态补偿机制。该机制主要包括:以资源税为代表的资源有偿使用制度、矿区土地复垦制度、矿山环境恢复治理保证金(备用金)制度、矿产资源生态补偿费(基金)制度、矿区企业排污费制度以及与矿区生产生活相关的森林植被恢复费、林木补偿费、林地补偿费、居民安置补偿费制度等。

——以各级政府为实施主体通过财政性资金建立的矿产资源生态补偿机制。该机制主要表现在各级政府运用矿区土地整理复垦资金、矿区地下水保护治理资金、矿区环境监测资金、资源枯竭型城市接替产业发展扶持资金、矿产资源综合利用资金以及矿区生态环境恢复治理资金（包括生态林建设等）等财政性资金投入生态环境恢复治理和保护的建设项目。

——依托市场机制建立的由第三方具体实施的矿产资源生态补偿机制。该机制主要包括矿区尾矿加工利用和三废治理、煤层气开发利用以及矿区景观开发利用等内容。其特点是通过上述生产建设项目，所产生的收益能够充分覆盖补偿生态环境破坏产生的成本，从而在市场机制下形成良性循环，从而最大限度地吸引社会资本投入到带有公共服务性质的矿产资源生态补偿活动中来。

2. 矿产资源生态补偿费实践——山西省煤炭可持续发展基金

山西省依托煤炭产业可持续发展试点政策特别通过设立煤炭可持续发展基金建立了全省煤炭产业生态补偿政策法规体系。

（1）基金的征收

基金按不同煤种的征收标准和矿井核定产能规模调节系数按月计征。具体计征公式为：

矿井基金月征收额 = 适用煤种征收标准 × 矿井核定产能规模调节系数 × 矿井当月原煤产量

企业基金月征收额 = 所属各个矿井基金月征收额之和

适用煤种征收标准：基于全省煤矿生态恢复治理任务和煤炭企业经营负担程度，规定了山西全省统一的适用煤种征收标准，具体为：动力煤5—15元/吨、无烟煤10—20元/吨、焦煤15—20元/吨。综合考虑各方面因素，2007年当年，山西省确定的适用煤种征收标准为：动力煤14元/吨、无烟煤18元/吨、焦煤20元/吨，也就是尽量按照标准上限征收。

（2）基金的分成

基金收入实行省、市、县三级分成管理。省属国有重点煤炭开采企业和中央（或中央控股）企业在本省境内出资设立的煤炭开采企业，其缴纳的基金全部缴入省级；其他煤炭开采企业缴纳的基金实行省、市、县三级按比例分成，分成比例为省级60%、市级20%、县级20%。

（3）基金的使用

基于基金设立的初衷，基金主要用于企业难以解决的跨区域生态环境治理、支持资源型城市（地区）转型和重点接替产业发展、解决因采煤引起的相关社会问题。

首先是跨区域生态环境治理,包括治理煤炭开采所造成的水系破坏、水资源损失、水体污染,大气污染和煤矸石污染,植被破坏、水土流失、生态退化,土地破坏和沉陷引起的地质灾害等;其次是资源型城市、产煤地区转型和重点接替产业发展,主要包括支持资源型城市和产煤地区的重要基础设施建设,以及符合国家产业政策要求的煤化工、装备制造业、材料工业、旅游业、服务业、高新技术产业、特色农业发展等;第三是解决因采煤引起的社会问题,包括支持分离企业办社会,棚户区改造,与煤炭工业可持续发展关系密切的科技、教育、文化、卫生、就业和社会保障等社会事业发展,其他社会事业发展等。

(4) 基金使用效果

煤炭可持续发展基金的建立和使用有效地构建了山西生态环境恢复补偿机制,建立了转型转产发展援助机制,解决了企业办社会包袱及因采煤引起的各种社会问题的重要支撑,充分体现了"谁开发,谁保护;谁破坏,谁恢复;谁污染,谁治理"的原则,取得了良好的生态效果和社会效果。

3. 小结

矿产资源生态补偿目前的主要问题是缺乏专门的政策法规体系、缺乏明确的资金来源等。为此,建议矿产资源生态补偿立法应当明确补偿主体和补偿对象,确立具体明确的补偿方式及其标准,建立具体的生态补偿措施和公众参与措施。一方面应当激励开发经营者善待自然,保护环境,另一方面则应当从资金上保证恢复生态环境的成本落到实处。

关于改革创新矿产资源开发生态补偿机制的建议包括:

依据矿产资源的直接成本、外部性影响和供求关系等因素,合理调整矿产资源价格,将外部社会成本内部化。

建立科学的矿产资源有偿使用制度,根据占用矿产资源储量来统一征收资源占用税和资源出售价值来征收资源税。

在国家层面建立公益性的生态补偿基金,支持各类生态服务机构和个体的发展。

全面建立矿产资源生态补偿费(基金)制度(同时取消现在试行的煤炭可持续发展基金)。

支持建立第三方机构,对矿产生态足迹和生态标志等进行评估和评价。

建立健全矿产资源交易所,推动资源的合理配置和有效开采。

建立对生态服务机构的补助、贴息、税费减免等扶持政策体系。

加强对专门法律法规实施的监管。

三、生态补偿的财税政策与经济影响

（一）生态补偿的财税政策

1. 政府生态补偿的财政资金投入

（1）中央政府一般性转移支付

我国现行生态补偿机制的建设以政府为主导。每年中央政府都安排大量财政资金用于生态环境事务。中央财政投入主要是以财政转移支付的形式进行的，通过一般性转移支付和专项转移支付，一方面履行本级政府的环境保护职责，另一方面也督促地方政府积极履行其环境责任。

目前，一般性转移支付主要包括对以下一些项目和因素的考虑：第一，天然林保护工程转移支付；第二，退耕还林还草转移支付；第三，资源枯竭型城市财力性转移支付；第四，国家重点生态功能区转移支付。

目前我国在生态补偿领域已经实施了一系列的专项转移支付制度，用于多项重大生态建设工程，主要包括以下一些项目：第一，天然林保护工程；第二，退耕还林工程；第三，退牧还草工程；第四，京津风沙源治理工程；第五，生态公益林补偿项目；第六，草原生态保护补助奖励机制。

（2）省政府及其以下财政转移支付

在中央财政转移支付之外，一些省市也积极创新财政体制，在省以下财政转移支付中进行生态补偿的实践。

如浙江省率先在生态补偿领域实行了一般性转移支付。2008 年浙江省政府印发了《浙江省生态环保财力转移支付试行办法》（浙政办发[2008]12 号），全面实施省对主要水系源头所在市、县（市）的生态环保财力转移支付制度。省级财政作为省域范围内进行生态补偿转移支付的主体，筹措安排转移支付所需资金，按照“谁保护，谁得益”、“谁改善，谁得益”、“谁贡献大，谁多得益”的转移支付原则，同时设置生态功能保护、环境（水、气）质量改善两大类因素相关指标作为计算补助的依据，结合污染减排工作有关措施，运用因素法和系数法，计算和分配各地的转移支付金额。

在省以下专项转移支付方面，地方政府也在积极探索当中，如广东、浙江等多个省区在省级政府财政预算设立地方森林生态补偿基金，用于本省区内的地方生态公益林保护，此外比较典型的还有广东省对省内东江上游地区进行的生态补偿，由省级财政安排专项资金用于东江流域的水源涵养和水质保护。

(3) 区域间的横向财政转移支付

在区域间生态补偿的横向财政转移支付方面，目前已经出现了一些尝试，这些尝试大多是地方政府间自发出现的探索性行为，而且主要出现在生态服务的受益者和保护者都比较清晰的流域上下游地区之间。在实践中根据双方所处行政区划，又可以分为同一行政区（省或市）内的生态补偿和跨行政区（跨省）的生态补偿，二者协商的难易程度有很大不同。

同一行政区内的生态补偿的典型案例是福建省九龙江流域生态补偿，跨行政区的生态补偿的典型案例是京冀两地水资源合作项目和新安江流域的生态补偿项目。

(4) 生态税费制度

我国目前还没有出台独立的生态补偿税，但在一些税收和非税收入中间接地含有污染者付费或使用者付费的内容，如消费税、资源税、城市维护建设税、车船税、耕地占用税、城镇土地使用税、矿产资源补偿费等等。

目前真正在制度设计中体现了生态补偿原则的主要是排污费、生态环境补偿费和矿山环境恢复治理保证金及其他多种行政性收费项目。

2. 问题与建议

总体而言，我国财政制度中缺乏明确的生态补偿制度设计，现行与生态补偿相关的各项财政政策在执行过程中也存在不少问题。

中央财政转移支付是生态补偿的主要资金来源。目前中央政府在确定转移支付时，对生态环境事务的考虑不足，导致对生态补偿的转移支付力度不够，地方政府在承担生态环境保护和治理的事权上缺乏财力保障，影响了地方政府进行生态补偿的能力和积极性。

这主要表现在两个方面：首先，目前一般性转移支付规模占转移支付总体规模的比重较低，规模和程度远远不够；其次，在一般性转移支付的资金分配上，对生态补偿因素的考量不足。

目前中央对地方专项转移支付中并没有明确的生态补偿项目，大多是通过“退耕还林”、“退牧还草”、“天然林保护工程”等生态环境保护和治理项目的方式进行，在项目的设计、执行和管理等方面存在诸多问题。

首先，以“项目工程”为主的做法虽然操作简便，但缺乏长期性和稳定性，使得生态补偿受限于生态补偿项目或工程的期限。其次，一些专项转移支付要求地方政府提供配套资金，由于需要进行生态补偿的地区大多为经济欠发达地区，地方财力不足，配套资金的要求要么给地方财政带来沉重负担、挤占其他民生支出；要么因配套资金不足，导致生态补偿项目建设不足。最后，在专项资金的管理上，生态补偿项目分散于林业、农业、水利、国土、环保等部门，容易出现责任不清、相互之间协调难等问题，影响了生态补偿项目的实施效果。

由于缺乏明确的财政制度支持和上位法的依据，目前区域间的生态补偿大多处于非制度化的自发阶段，其实施效果仍有待观察。从各地的实践来看，遇到的最大问题是缺乏协调机制。在地区间的谈判中，受益的发达地区明显处于优势地位，而负责生态涵养的贫困地区则处于劣势地位。区域间横向财政转移支付遇到的另一个难题是支付标准的确定，也就是生态服务的价值评估问题。目前在这个问题上还没有一个大家都接受的方法。

我国目前还没有以生态补偿为目标而专门设立的环境税种。虽然有一些税收和非税收入在名义上是与生态补偿相关的，但是从其制度设计上看，大部分税费制度并没有考虑生态补偿因素。

在非税收入方面，政府尤其是各个地方政府以生态环境补偿的名义征收了种类繁多的收费项目和基金。这些项目和基金中，有些能真正起到生态补偿作用的，但在征收政策设计上却存在一些缺陷，限制了其激励作用的有效发挥。另一方面，各种收费项目中有部分项目则是属于重复收费，这些收费项目大多由各个部门掌握，容易造成利益部门化，所征收的资金能否真正用于生态补偿用途难以保证。

在生态补偿标准上，我国的生态补偿项目理论上采用了以生态保护成本、发展机会成本为主的计算方法。但这些方法并不完善，而且在实践中往往只考虑生态保护成本，甚至连生态保护成本都不够，对因生态环境要求放弃的发展机会成本的考虑更是严重不足，更不用说给予合理的补偿。补偿标准过低，已成为制约地方生态建设和保护活动开展的主要障碍之一。

（二）生态补偿的经济运行模型

1. 生态补偿的经济运行模型分析

生态系统服务在经济社会发展中发挥着重要的支撑作用。按照一般经济理论，宏观经济运行的必要投入要素包括资本、土地和劳动力，而实际上生态系统服务在宏观经济运行中同样起到了基础性支撑作用。

资本、土地和劳动力的投入，加上生态系统服务功能的正常运行共同维护了经济的正常运转。如果对生态系统一味索取和破坏，虽然可能暂时实现经济的较快增长，可一旦生态系统遭到破坏，未来生态服务功能将大大降低，经济发展的基础就会坍塌，从而严重影响经济的可持续发展。

改革开放以来，我国较快的经济增速依赖于粗放型经济增长方式，对资源与生态环境消耗过度，从而使得我国，尤其是生态脆弱地区的生态服务功能急剧下降。生态服务功能下降已经影响到我国经济的可持续发展，因此必须对生态环境进行保护，提高生态系统的长期服务功能。而生态补偿是建立我国资源环境保护长效机制的必要手段。

生态补偿对不同主体的利益关系进行调节，必然影响个人、企业、政府的行为，会对经济运行产生重大影响。

第一，从长期看，能使生态系统向经济社会系统提供更多的有用物质和能量，接受和转化更多的来自经济社会系统的废弃物，使生态系统所能提供的服务功能增加，从而为经济发展和人类生存提供更加有利的条件。

第二，但从短期看，由于限制性措施，会减少经济生产中可以直接使用从生态系统获得的投入要素，并限制高耗能、高污染工业的发展，从而降低资本、土地和劳动力的投入，影响一些家庭的收入和一些地区的经济增长。

第三，从资金投入上看，生态补偿需要投入大量资金，如果资金来自国家财政，就不可避免地会挤占其他方面的支出；如果来自生态受益区的地方政府，就意味着一个地方对另一个地方的转移支付；如果来自普遍的税收，就意味着全国人民对部分人群的转移支付。不论资金来自哪里，都会对经济系统产生较大影响。

由于生态补偿对社会经济系统的长期经济影响需要较长时间才能得到体现，并不会对当期的经济运行产生直接影响，因此我们更关注于分析生态补偿对经济运行产生的短期影响。

生态补偿在短期内对经济的影响主要包括如下两项：第一，生态环境保护会限制资本、土地和劳动力等要素投入,造成宏观经济增速降低;第二,政府财政转移支付支出增加,会造成税收增加,也会降低宏观经济增速。这两项合计就是生态补偿在短期内对宏观经济总的影响。

生态环境保护作为一个公共事业,目前在我国的推动主体是政府。在我国生态补偿具体实施过程中,生态补偿的支出主要由中央政府财政负担。生态补偿的客体组成较为复杂,但在我国生态补偿的具体实践当中,最主要和最基本的客体单位是居民家庭。因此,宏观层面上的补偿标准,则应该根据居民收入的下降幅度,按照等额或略高一点的标准进行补偿。这样的补偿标准简单易行,并可以保证相关利益方积极投入到生态保护的工作当中,使生态系统服务功能上升,使得受破坏的生态系统逐步得到恢复。

具体测算生态补偿标准包括三个步骤:

第一,测算因生态保护活动而造成的宏观经济损失总量。测算因生态保护活动而造成的经济损失是测算生态补偿标准的基础。统计因生态保护活动而造成的劳动力、土地、资本投入量的减少,可以测算出经济损失总量。

第二,测算因生态保护活动而造成的居民家庭收入损失总量。由于最主要的生态补偿客体是居民家庭,因此测算生态补偿标准的核心是测算对居民的补偿标准。我们认为对于居民家庭的补偿应等于其收入受到的影响程度。家庭仅仅是经济运行当中的一个部门,因此生态保护活动造成的经济损失一般均大于家庭部门收入下降幅度。

第三,测算生态补偿标准。在测算出因生态保护活动而造成的居民收入损失总量后,按照一定的标准进行分解,得到具体的生态补偿标准。例如在对退耕还林确立补偿标准时应当按照退耕亩数对居民收入损失总量进行分解,得到每一亩退耕地应当补偿给农民多少钱。

2. 问题与建议

(1) 问题

首先,在中央财政转移支付方面,一般性转移支付比例过低,且对生态补偿因素考量不足。专项转移支付方面主要通过项目方式进行,存在着诸多问题。

在区域间的生态补偿方面,缺乏横向转移支付制度,目前地方有一些试点,但效果仍有待观察。从各地的实践来看,遇到的最大问题是缺乏协调机制。在地区间的谈判中,受益的发达地区明显处于优势地位,而负责生态涵养的贫困地区则处于劣势地位。因此,上级政府的协调在双方谈判中就显得非常重要。区域间横向财政转移支付遇到的另一个难题是支付标准的确定,也就是生态服务的价值评估问题。目前在这个问题上还没有一个大家都接受的方法,因此在地区政府谈判时容易出现争议,进而影响到谈判协议的达成。

其次,缺乏有效的生态税费制度。我国虽然有一些税收和非税收入在名义上是与生态补偿相关的,但是从其制度设计上看,大部分税费制度并没有考虑生态补偿因素。

在非税收入方面,政府尤其是各个地方政府以生态环境补偿的名义征收了种类繁多的收费项目和基金。这些项目和基金中,有些能真正起到生态补偿作用的,但在征收政策设计上却存在一些缺陷,限制了其激励作用的有效发挥。

再次,补偿标准体系不完善。我国的生态补偿项目理论上采用了以生态保护成本、发展机会成本为主的计算方法,但这些方法并不完善,而且在实践中,往往只考虑生态保护成本,甚至连生态保护成本都不够,对因生态环境要求放弃的发展机会成本的考虑更是严重不足,更不用说给予合理的补偿。补偿标准过低,已成为制约地方生态建设和保护活动开展的主要障碍之一。

最后,缺乏生态补偿立法支持,没有明确的法律法规对政府运用财政手段进行生态补偿的行为予以指导和约束。

(2) 建议

当前,我国为做好生态补偿工作,需要注意发挥好政府特别是中央政府的主导作用,提高政府对生态补偿的支持力度。

第一,应当完善中央财政转移支付制度。主要内容包括优化一般性转移支付制度和完善专项转移支付制度。

第二,应当建立生态补偿的横向财政转移支付制度。在下游地区与上游地区、开发地区与保护地区、生态受益地区与生态保护地区等受益主体与生态建设主体相对明确的区域之间,可考虑建立起生态补偿的横向转移支付制度。在地方政府之间建立生态补偿的横向转移支付制度时,需要积极发挥上一级政府的协调作用。

具体来看,地方政府之间的横向转移支付制度有两种模式可以选择。

一是由中央政府确定补偿标准，流域下游等受益地区将补偿的资金上交给中央政府，中央政府用这些资金形成一个专项基金，然后通过合理规划将这一专项基金运用到生态补偿地区的生态建设上。二是由中央政府牵头，地方政府间进行谈判、协商，最后形成相对稳定的横向转移支付制度，由受益地区政府直接支付给生态补偿地区的政府，并对这一生态补偿资金进行监管，确保这一资金用于生态建设和提供基本公共服务。

第三，应当完善生态环境税费制度。要循序渐进，逐步构建我国的生态环境税制。在实际开征时，应采取先易后难、逐步推进的实施方略。

第四，完善补偿标准体系。最主要和最基本的是对居民家庭的补偿。宏观层面上的补偿标准应根据居民收入的下降幅度，按照等额或略高一点的标准补偿。

第五，加快生态补偿立法。

四、总结论与总建议

（一）中国生态补偿实践与立法背景

中国已经在被其他国家认为有助于监管和实施生态系统服务付费的方面作了许多工作。中国正在进行草原和森林生态系统以及流域生态补偿试点并分析与研究从这些项目中汲取的教训。目前正在探索如何将生态补偿并入政府的总体财政政策中作为一个更为广泛的、为自然资源保护筹集资金战略的一部分。目前，中国政府正在考虑在管理生态补偿活动的过程中更有效地发挥各级别政府及其主管部门的作用。

通过实地考察结合对各地、各领域开展的生态补偿实践的分析，可以看到生态系统多样性使得不同领域自然资源开发利用与生态保护的方式方法各不相一、各有特点。在经济发达与欠发达地区，人们对生态保护价值的认识及其态度也各不相同，为此采取的对策措施和方法也不同。

（二）生态补偿立法的对策建议

尽管国家法律法规确立了有关领域（如森林、草原等）的生态补偿制度及其费税措施，但是综合性生态补偿机制尚未建立，生态补偿的综合性法律制度尚未建立。

在生态补偿立法的对策方面，本书认为：

第一，在现有有关生态补偿的法律法规和地方实践的基础上，建立和完善国家和地方生态补偿机制，制定《生态补偿条例》，逐步统一生态补偿的对象、范围和具体的补偿方式等内容。

第二，明确“生态补偿”的定义。目前国内所称的生态补偿与国际上通用的生态系统服务付费的概念不尽一致。最简单的选择是重新定义“生态补偿”并包含以市场为基础的机制。如果需要为了政策和立法的连续性和一致性而保留“生态补偿”的定义，仅作为一种政府导向的政策手段和机制，在制定条例时可以在保留目前“生态补偿”的定义并特指政府补贴和补偿金的基础上，增加“生态系统服务付费”的定义。并且，在条例的名称中采用既包括生态补偿又包括生态系统服务付费的术语。

第三，制定《生态补偿条例》应当包括下列内容：

明确生态补偿的法律概念，界定生态补偿的领域和范围，明确生态补偿责任与损害赔偿责任的界限；

明确生态补偿的基本原则，确立中央政府和地方政府在制定生态补偿政策及法规的出资主体及其出资方式，为生态补偿提供依据；

明确国务院和地方各生态补偿主管部门的职权职责，确定实施生态补偿的各级人民政府的监督管理体制，为实施生态补偿提供明确的管理框架；

明确生态补偿的主体，特别是所补偿的具体对象；

确立资金补偿、实物补偿、技术补偿、政策补偿、产业补偿与市场补偿等构成的生态补偿方式；

充分考虑时空的差异性制定生态补偿标准，合理设计并制定国家生态补偿的国家标准或者行业标准，并允许省级地方人民政府地方根据该标准制定地方生态补偿标准；

提供机制以在决策程序中承认生态系统服务的价值，并且将生态系统服务付费以及生态补偿策略纳入各类规划程序，包括战略环境评价、环境管理规划，以及土地利用规划等；

建立以政府财政转移支付为主导，市场参与为辅的多渠道、多方式的生态补偿长效机制；完善中央财政转移支付制度、建立生态补偿的横向财政转移支付制度并确立横向生态补偿的基本规则；完善生态环境税费制度；

在现有一般财政均衡性转移支付的基础上，建立中央和地方政府生态补偿专项资金，明确生态补偿资金来源及用途；

实行生态损害评估资质制度，加强生态损害评估的基础数据库和指标体系建设；

明确不同领域的生态补偿具体措施，界定生态补偿对象领域及其相关的定义及其范围；

借鉴国际经验确立全部三种类型的生态系统服务付费制度安排，即公共支付、私人支付，以及交易机制，例如碳交易、水权交易等市场补偿机制；

建立不同生态补偿领域的考核制度、监测制度及其相应的责任制度；

建立和完善生态补偿的组织实施、协调、监督和评估体系；

保证生态补偿条例与相关法律法规的相协调，从而保证法律文件之间的冲突不会限制或者降低生态补偿制度的效力。

EXECUTIVE SUMMARY *

1. ECO-COMPENSATION AND RELEVANT INTERNATIONAL LEGISLATIVE EXPERIENCE

1.1 Background Information of Payments for Ecosystem Services

The "eco-compensation" concept used in China's eco-compensation practice is defined more broadly, and is more complicated, than payments for ecosystem services (PES) used in other countries. It primarily relies on subsidies and direct payments from the state and intra-governmental funds transfers (based on China's national conditions) as well as enabling market mechanisms. PES is more broadly and widely used in the international arena, which has been commonly defined as "a voluntary transaction where a well-defined ecosystem service, or a land use likely to secure that service, is bought by at least one ecosystem service buyer from at least one ecosystem service provider, on the condition that the ecosystem service provider actually secures provision of the ecosystem service."

PES include a series of market mechanisms that internalizes development

---

* The executive summary was prepared on the basis of and extracted from the Final Report of the Study on Eco-Compensation Regulations under the technical assistance project of the Asian Development Bank (TA 7699—PRC). The TA research group members participated in preparing this summary are: (i) Prof. Dr. WANG Jin, team leader and environmental legislation specialist of the TA research group, committee member of the National Expert Consultation Committee of Eco-compensation, full professor and doctoral tutor with Peking University Law School, and council member of China Council for International Cooperation on Environment and Development; (ii) Dr. WANG Shekun, specialist assistant for national legislation on eco-compensation and assistant professor with Peking University Law School; (iii) Dr. SHU Min, specialist assistant for national legislation on eco-compensation and assistant professor with Kunming University of Science and Technology Law School; and (iv) YUAN Wei, specialist assistant for national legislation on eco-compensation and PhD candidate of Peking University Law School.

costs and ensures that beneficiaries of ecosystem services pay for such services and get what they pay for. Under PES arrangements, there are no 'winners' and 'losers' nor 'victims.' Those who participate in PES schemes do so because: (i) those who make land use changes or modify other practices to ensure the provision of ecosystem services believe that they are being fairly compensated for those changes; and (ii) those who benefit from the ecosystem service believe that they are paying a fair price for the service.

The history of the concept of PES began in the 1970s, when the literature started to use the term "ecosystem services" to describe ecosystem functions that provide benefits to human beings and to illustrate human dependence on them. Costa Rica, with its 1996 Forest Law, was the first country to legally establish and regulate PES. In 2005, the United Nations published the Millennium Ecosystem Assessment, which provided further impetus for the development of PES arrangements in various countries.

1.1.1 Payments for Ecosystem Services

Currently, there are three types of PES mechanisms generally recognized for implementation in various countries, two of which require supporting legal measures in addition to a country's basic commercial laws.

(i) Private payment schemes are contractual agreements governed by a country's existing contract or commercial law, and do not require additional regulatory measures. An example is the arrangement under which the mineral water bottling company Vittel finances farmers in the catchment areas which provide water for a bottling facility in France for changing their farming practices and technology in order to ensure the quality of water required by the bottling facility.

(ii) Public payment schemes are arrangements under which a government authority collects an additional payment from generators or users of a public utility or other service and disburses the revenue to those who have changed their land use practices in order to ensure the quality and quantity of the input for the said public service. Public payment arrangements require some level of governmental regulatory measures to enable the government authority managing the public utility to collect additional revenues and create the mechanism for disbursing the payments.

(iii) Trading schemes create markets in which legally recognized rights, permits, and/or quotas can be sold or exchanged through other means, including leases. These mechanisms are sometimes referred to as compliance-driven transactions because participation in them facilitates compliance with existing or anticipated regulations. Trading regimes are relatively complex and require regulatory measures, usually at the national level. An example is the wetland mitigation banking scheme created in response to the United States' Clean Water Act, which requires developers who degrade or destroy wetlands to compensate by restoring or preserving wetlands either at the same site or elsewhere and allows developers to pay a third party to do that for them. The wetland mitigation banking scheme provides the mechanism by which developers can buy mitigation 'credits' from other parties that have restored or enhanced wetland resources.

In general, the role of the government in private payment schemes is minimal; under ordinary circumstances, disputes are settled between the contracting parties or in the courts. The major role of the government in public payment and trading schemes is to legally enable and regulate these schemes and to monitor their administration.

1.1.2 Comparative Study on the International Practices of PES Legislation

According to the comparative study on the laws and regulations of 14 countries that have specifically regulated and/ or enabled PES, these countries have done so with legal instruments adopted at the national and sub-national levels, including at the level of municipal ordinances.

In the United States and in many European countries, PES and other market-based mechanisms are implemented on the basis of provisions in sectoral laws, although these laws may not explicitly focus on and enable PES. There is, however, an emerging trend toward using general environmental or biodiversity legislation or PES-specific legislation, rather than sectoral laws, to enable PES.

In countries where PES schemes have been established, they are not used in isolation but always in conjunction with eco-compensation measures such as subsidies and direct payments.

1.1.2.1 Funding PES

Countries implementing PES schemes mobilize funds in a variety of ways, including: (i) adding 1%—3.5% extra charge to consumer bills for public utilities, usually water services; (ii) state contributions; (iii) a combination of public payments and state contributions; (iv) taxes; and (v) a percentage of the total cost or annual budget of investment projects and development activities. Less than half of the countries surveyed have created or designated funds to channel finances for PES.

1.1.2.2 Institutional Arrangements for PES

The institutional arrangements for PES in different countries mainly include: (i) funds created or designated to administer PES, which are institutions themselves; (ii) sub-nationally designated government agencies; (iii) regional conservation councils; (iv) national PES administrative systems; and (v) national environmental authorities.

1.2 Enlightenment of International PES Legislative Practice for China's Legislation on Eco-compensation Regulations

1.2.1 Major Issues in China's Eco-compensation Legislation to Introduce PES

Traditional financial incentives such as subsidies, direct payments, and other similar measures do not require that beneficiaries pay for the services provided; although, the creation of markets for ecosystem services allows governments to transfer part of the cost of maintaining environmental services to other actors. Markets require beneficiaries to pay for value received. Although people may disagree over whether market values a particular service adequately or appropriately, markets do create values. In practice, beneficiaries are not required to pay for the service itself, but to pay for the value of the benefits they gain and receive from the ecosystem service.

China is currently using a type of intra-governmental "market" whereby such costs are passed on from one level of government to another in the form of transfer payments. The introduction of PES into China's eco-compensation legislation may enable the creation of a market external to such intra-governmental arrangements.

1.2.2 Key Issues for Regulating Eco-compensation

In China, state ownership of natural resources provides justification for government regulation of all types of ecosystem services. The state ownership of land and other natural resources does not preclude the development of market-based mechanisms. PES schemes do not necessarily rely on individual ownership of land or resources; collective rights can be used as a basis for PES as well.

Land rights are already strong enough in China to support the development of PES and other market-based mechanisms, which help provide additional incentives for rights holders to act in ways consistent with government policy.

In regulating eco-compensation, the key issues will be to determine and provide regulatory support for the optimal combination of (i) government-mandated eco-compensation in the form of subsidies and direct payments; (ii) market mechanisms including PES; and (iii) cooperative systems for managing ecosystems and the services they provide.

From examination and analysis of PES international legislation and practices, including experiences from a study tour in Europe, the following recommendations for China's legislation on eco-compensation can be drawn:

First, formulate specific regulations for eco-compensation. The European Union (EU), Finland, and Switzerland have established relatively complete mechanism of PES in certain areas. However, due to the lack of specific legislations and regulations, it is difficult for these countries to form a full-scale systematic eco-compensation mechanism.

Second, create a special fund for eco-compensation. This includes researching and establishing a special national eco-compensation fund to support national-level eco-compensation pilot areas, trans-regional river basin eco-compensation, inter-regional eco-compensation, and eco-compensation in development-prohibited zones and other focal *ecological function areas*.[1]

---

[1] Ecological function of ecosystem can be classified into three main types, i.e., the biological production, environmental service, and cultural support. (http://jal.xjegi.com/fileup/PDF/25.pdf)

Third, combine ecological protection with settlement of operational right contractor's development problems. One of the priorities of China's eco-compensation legislation may be the establishment of collectively owned forest and grassland eco-compensation mechanism in the rural areas. At the same time, combined policies may be used to solve the problem of ecological protection.

Fourth, actively promote the establishment of market-oriented eco-compensation mechanisms. This may be realized by (i) maximizing the utility of social capital; (ii) using market mechanisms to promote and improve compensation schemes for use of resources, as well as compensation and trading schemes for use of major pollutants emissions; and (iii) employing market mechanisms to explore water rights trading schemes, carbon trading schemes, and other market-oriented eco-compensation schemes.

Fifth, research and establish an eco-labeling system. China's draft Eco-compensation Regulations should include such system of ecological certification to promote the formation of environmental friendly development modes, industrial structures, and consumption patterns.

Sixth, strengthen ecosystem assessment and require assessment of ecosystem services as part of environmental impact analysis, and include similar assessments in environmental audits of ongoing operations. This recommendation entails undertaking a full-scale evaluation of China's ecosystem condition and ecosystem services value; making a comprehensive analysis on the major challenges for ecosystem protection; and building a solid foundation for the legislation on eco-compensation.

2. GENERAL COMMENT ON CHINA'S LEGAL PRACTICE OF ECO-COMPENSATION

2.1 Brief Introduction

2.1.1 Fundamental Eco-compensation Principles

So far, China has launched quite a few eco-compensation projects at both central and local government levels. Related policies and legislations also promote implementation of such practice, through which the fundamental eco-compensation principles may be summarized as:

(i) The principle of "people-oriented, comprehensive planning, and all-encompassing consideration." The major purpose of eco-compensation is to protect ecological environment and to promote a harmonious development of ecological environment and human society. More often than not, it is the rural area and underdeveloped area that make great contribution to ecological environmental protection. Therefore, in developing the legal system of eco-compensation, we need to combine reinforcement of ecological environmental protection with improvement of local residents' production and living conditions. In so doing, we may be able to realize a coordinated development between rural and urban areas, ecological protected and ecological benefited areas, underdeveloped and developed areas, as well as man and nature.

(ii) The principle of "developer protects, beneficiary pays, and actor restores." "Developer protects" means that the individual or entity implementing a project that impacts the environment is required to mitigate and/or offset the impacts of their development activities on the ecosystems. "Beneficiary pays" means that the government or relevant beneficiary of specific ecosystem services shall make necessary compensation to those who contribute to ecological conservation. "Actor restores" means that those who injure or damage the ecological environment shall recover, restore, and comprehensively treat the ecological environment with the purpose of protecting and conserving the ecological function and value of the ecosystem. Although the implementation of eco-compensation in China relies mainly on state power, its funding should not come solely from the national coffer. Under this second principle of eco-compensation, it is essential to clearly define the relevant parties involved in the provision, destruction, use, and/or protection of the ecosystem services so the following rules can be effectively enforced: the developer must pay for the ecological damage caused by developing and utilizing the ecological environment; the party who benefits from ecological environmental protection must pay for enjoying these ecosystem services; and the actor must pay for environmental damage he may have caused.

(iii) The principle of "government-oriented and market-supplemented operation." In China, the government is the main promoter of eco-compensation. Government uses fiscal funds to provide funding source for eco-compensation. At the same time, however, it is also necessary to actively mobilize the market actors to participate in eco-compensation. Exploring market-based eco-compensation is not only a specific manifestation of the principle of developer protects, beneficiary pays, and actor restores, but also an important approach to alleviating national financial pressure and expanding eco-compensation funding sources.

(iv) The principle of "classification guidance and steady implementation." The legal regime of eco-compensation involves a nationwide and multidiscipline systematic work, which should be based on reality, focusing on manageable issues first, before gradually undertaking pilot projects that manifest concrete and continuing positive results.

The above principles will help China establish a unified and multidisciplinary eco-compensation legislation. The establishment of an eco-compensation legal regime is important in facilitating China's current and soon-to-be-launched eco-compensation practice to accurately define the connotation and extension of eco-compensation from various aspects, and to determine China's specific eco-compensation arrangements.

2.1.2 China's National Plan for Priority Development Zones and Eco-Compensation

In December 2010, the State Council approved and released China's first national territory development plan, the National Plan for Priority Development Zones, which was drawn up to promote the establishment of territory functional priority development zoning. The plan is primarily aimed at clarifying territory development pattern, optimizing development structure, improving efficiency of space and resource utilization, enhancing coordination of regional development, and advancing capacity for sustainable development.

The National Plan for Priority Development Zones divides the country's territory into four categories: (i) development zones to be optimized; (ii) key development zones; (iii) limited development zones; and (iv) non-development zones. According to the plan, the country's territory has been classified on the basis of either relevant development purposes or administrative relations. Based on relevant development purposes, the territory is categorized into urbanization areas, major agricultural production areas, and focal ecological function areas; whereas, based on administrative relations, it is categorized into national-level development zones and provincial-level development zones.

"Development zones to be optimized" and "key development zones" refer to urbanization areas of major agglomerations for economy, industries, and trade to make better use of scale of economies and professionalization, and to strengthen the integration of regional and national market and economic globalization. For development zones to be optimized and key development zones, their development intensity and development modes are different. "Limited development zones" include major agricultural production areas and focal ecological function areas. The primary development task of the former is development of comprehensive agricultural production capacity, while the latter is improvement of ecological production capacity. "Non-development zones" are all levels and categories of legally established natural and cultural resource reserves, including other key *ecological function areas*, whereby special protection is needed and where industrialization and urbanization development is prohibited.

The principal role of ecological function areas is to provide ecosystem services (including ecological products). Ecosystem services refer to environmental elements and natural factors that maintain ecological safety, ensure ecological regulation services, and provide better conditions for human settlement through activities that facilitate and promote carbon dioxide absorption and oxygen production, water and soil conservation, water and air purification, wind prevention and sand fixation, climate regulation, noise reduction, dust adsorption, biodiversity protection, and mitigation of natural disasters, etc.

The zoning of ecological function areas relates closely to the establishment of an eco-compensation legal regime. Eco-compensation will mainly focus on limited-development focal ecological function areas and non-development zones. To ensure implementation of the National Plan for Priority Development Zones, the plan has regulated a series of supporting measures on fiscal, investment, and industrial policies and performance assessment procedures. For example, the plan states that, in balanced financial transfer payments, the central budget shall consider item of ecological environmental protection expenditure and item of nature reserve expenditure included in local government expenditure needs, and accordingly increase transfer payments to focal ecological function areas, especially those in Midwest China. Provincial fiscal budget shall improve transfer payment system for governments under the provincial level to strengthen support for focal ecological function areas and to encourage exploration and establishment of intra-governmental supportive mechanisms. Areas that benefit from ecological environmental protection shall take all types of measures such as financial aid, targeted assistance, and counterpart support to pay for damages to focal ecological function areas arising from enhancement of ecological environmental protection.

2.2 Forest Eco-compensation

Broadly speaking, forest eco-compensation includes (i) payments made to recover and restore forest ecology environment, (ii) compensation to individuals or regions for conserving forest ecology environment, and (iii) conservation investment to regions or areas with important ecological value. Among the three, the type of forest eco-compensation with ecological significance is the payments made to recover and restore forest ecology environment; the other two types of compensations are of economic significance. In its broad sense, therefore, forest eco-compensation refers not only to public welfare forest eco-compensation, but also to payments and subsidies invested in key forestry projects (such as the Natural Forest Conservation Project, the Grain for Green Project, and the Key Public Welfare Forest Afforestation Project, etc.), forestry pest control, and forest-fire prevention, among others.

In its limited sense, forest eco-compensation refers specifically to the currently implemented Forestry Ecological Benefits Compensation Fund. Under this mechanism, the Central Fiscal Compensation Fund of Forestry Ecological Benefits has been regarded as special funds granted to operator of key public welfare forests for afforesting, cultivating, conserving, and managing such forests. Forestry Ecological Benefits Compensation is an integrated measure used to regulate the mutual relationship between people who utilize (make profits from) forestry ecological benefits and people who conserve (provide) such benefits. It is an incentive method of forest ecology conservation. The core of such method is that the state (the Central Government) makes payments to "forest protectors."

The definition of forest eco-compensation used in this report is its broad concept.

China's forest eco-compensation practice has undergone a gradual development process—from a policy tool regulated by government departmental files to national legislation, and from local pilot projects to nationwide projects. The establishment of policies and related legal norms on the Forestry Ecological Benefits Compensation likewise went through a complicated process: from early practice, policy preparation, to pilot trials and expanded implementation. This process reveals the gradual change of people's understanding toward forest and related practice development, namely the idea of sustainable development and the establishment of scientific forest management system. At the local government level, different areas have launched various forms of forestry ecological benefits compensation.

2.2.1 The Principles of Forest Eco-compensation

Current laws, ordinance, and regulations related to some extent to forest eco-compensation rarely mentioned the basic principle of forest eco-compensation, which, in general, may be summarized as "beneficiary compensates." There are a few normative documents stating fundamental rules and conditions in making payments and subsidies. Such examples include:

Section 4 of the Management Measures for Forestry Pest Prevention Subsidy issued by the Ministry of Finance and the State Forestry Administration provides that arrangement and use of such subsidies shall be governed by the following terms and conditions: (i) subsidy funds rely mainly on local investments and are supplemented by central subsidies; (ii) dangerous and hazardous pest species take priority of treatment; (iii) ecological function areas are highlighted and preferential policies are released for economically underdeveloped areas; and (iv) use of pollution-free control measures are encouraged.

Section 4 of the Administrative Rules on Forestry Operating Expenses issued by the Ministry of Finance provides that usage of forestry operating expenses shall obey the principle of comprehensive planning and consideration, acting within resource capabilities, diligent work, and efficiently earmarking funds so they are used rationally and yield the greatest returns on investment.

2.2.2 Special Funds of Forest Eco-compensation

Users of forest eco-compensation funds include those who afforest (reforest) and conserve forest resources and restore ecological functions of forests, such as relevant forestry entities and individuals; and those whose interests are restricted or injured for conserving and recovering forest ecological functions, such as civilians involved in returning farmland to forests or in ecological migration. Since the main mode of disbursement of forest eco-compensation funds is through special financial transfer payment, the administrators of such funds are the Ministry of Finance and the local departments of finance, and use of such funds shall be jointly supervised by all levels of financial authorities, forestry authorities, and audit departments.

There are different forest eco-compensation standards depending on the purpose of payment. For example, the Administrative Measures for Central Fiscal Compensation Fund of Forestry Ecological Benefits released by the Ministry of Finance and the State Forestry Administration stipulate that average forest eco-compensation standard is RMB5 per mu per year.[1] The Interim Measures on Management of Forest-fostering Pilot Subsidies issued by the Ministry of Finance and the State Forestry Administration provide that average forest-fostering subsidy standard is RMB100 per mu per year.

The Administrative Measures for Central Fiscal Compensation Fund of Forestry Ecological Benefits also provide some form of financial incentives conditional on the performance of provinces in fostering forest ecology environment. Provinces that violate certain forest ecology regulations shall be penalized by reducing 1% of their respective central fiscal subsidy funds for the following fiscal year. Funds saved by the Central Government from fiscal subsidy

[1] A *mu* is a traditional Chinese unit of land measurement (1 *mu* = 1/15 hectare).

reduction of poorly performing provinces will be used to reward provinces with better management performance, thereby increasing their provincial fiscal funding.

2.2.3 Mode and Procedure of Forest Eco-compensation

According to the type of funding source, forest eco-compensation may be categorized as (i) government-oriented eco-compensation, (ii) society-based eco-compensation, and (iii) market-oriented eco-compensation. Government-oriented eco-compensation covers collection of eco-compensation taxes and/ or fees, financial subsidies, compensation funds investments, concessional loans, and collection of nationwide voluntary tree planting fee, etc. The implementation of government-oriented eco-compensation is quite successful. Society-based eco-compensation includes, among others, nongovernment organizations' (NGOs) capital provision and technology development, relevant corporate social responsibilities, and individual voluntary tree-planting. The scope of society-based eco-compensation is relatively limited. Market-oriented eco-compensation refers to market transactions between the buyer and the provider of forest services, including quota trading, ecological labeling, etc. Currently, market-oriented eco-compensation is still at its start-up phase.

According to the mode of payment, forest eco-compensation may be classified either as *economic* compensation or as *non—economic* compensation. Economic compensation is the most direct method of eco-compensation. It relies on direct payments based on the identification of forest unit area needed to be compensated. Non-economic compensation covers three forms of payments: (i) compensation through preferential policies granted particularly to underdeveloped areas—e.g., mitigating taxes and/ or fees related to non-public welfare forest, granting subsidized loans or low-interest loans and other types of tax relief, and increasing government investments; (ii) in-kind payments, such as the provision of food supplies to the households of farmers who converted their farmlands to forests, provision of forest management and conservation facilities and/or forest-fire prevention equipment, and provision of saplings and seeds; and (iii) intelligence compensation, which includes technical training, consultation, and other capacity-building assistance to improve knowledge and cultivate production and management skills of relevant beneficiaries.

For the procedure of granting such special funds, it is usually necessary for local government to draft a payment scheme and submit to the Central Government for consideration. When approved, the Central Government will then grant the corresponding amount of funds. For example, Section 7 of the Management Measures for Forestry Pest Prevention Subsidy issued by the Ministry of Finance and the State Forestry Administration stipulates that "[a]ccording to the disaster situation forecasted by the forestry pest monitoring station, the State Forestry Administration shall verify the prevention and control scheme submitted by local authorities, or relevant departments or sectors. For provinces that have been badly hit and indeed need to be subsidized, the State Forestry Administration shall propose to the Ministry of Finance its preferred subsidy allocation. After verifying the application submitted by local authorities or relevant departments and sectors, and after reviewing the allocation proposal made by the State Forestry Administration, the Ministry of Finance shall determine a final subsidy plan and grant subsidies according to budget levels. A copy of such determination shall be sent to the State Forestry Administration and competent provincial forestry authorities."

2.2.4 Summary

From current national laws and regulations, there is no clear provision defining the concept and principles of forest eco-compensation. Investors of forest eco-compensation are basically the Ministry of Finance and the local finance departments. Other investors are entities or individuals who destroy or utilize forest resources. Users of forest eco-compensation payments fall under either of the following group: (i) those who afforest (reforest) and conserve forest resources and restore ecological functions of forests; and (ii) those whose interests are restricted or injured for conserving and recovering forest ecological functions. The administrators of forest eco-compensation payments are the Ministry of Finance and the local departments of finance, and use of such payments shall be jointly supervised by all levels of financial authorities, forestry authorities, and audit departments.

For the mode of compensation, forest eco-compensation includes preferential policies, in-kind payments, intelligence compensation, and integration of such different methods. The process of granting funds usually involves the forestry authorities drafting a scheme on the use of funds and submitting the same to the Central Government for approval and fund allocation.

So far, China's forestry projects have generated good ecological, economic, and social benefits. However, existing legislations and policies relating to forest ecology projects, including key public welfare forestry project and the Forestry Ecological Benefits Compensation Fund, are faced with several major problems, such as: (i) definition of the concept of "eco-compensation" is unclear; (ii) compensation standard is too low; (iii) compensation scope and funding sources are very limited; (iv) interests protection of forestry property rights holders have been ignored; (v) compensation relies on project implementation yet there is lack of long-term compensation mechanism; (vi) lack of market-based payment schemes; (vii) inefficient use of funds; and (viii) relevant legal system is not perfect.

To address these problems, China's national legislation on forest eco-compensation need to focus on the following: (i) correctly understanding the complexity and diversity of the establishment of China's forest eco-compensation system; (ii) clarifying the principles and basis of eco-compensation; (iii) legislating specific and detailed regulations on eco-compensation rather than a broad one; (iv) providing diverse compensation methods; (v) better integrating eco-compensation into forest conservation and management; and (vi) establishing a long-term eco-compensation mechanism.

2.3 Wetland Eco-compensation

Policy frameworks for wetland eco-compensation are virtually non-existent in China, and are being actively explored.

To push forward wetland eco-compensation, China has established the Funds for Supporting the Conservation of Wetlands under the State Treasury, and makes payments in accordance with regulations for the management of the state coffer.

According to the Ramsar Convention (or the Convention on Wetlands of

International Importance, especially as Waterfowl Habitat), 41 wetlands in China have been designated as Ramsar Sites for being included in the Ramsar List of Wetlands of International Importance. Consequently, the central budget of wetland subsidy is primarily earmarked to protect these wetlands of international importance, as well as wetland nature reserves and national wetland parks. In 2010, the wetland subsidy funds covered 20 important international wetlands, 16 wetland nature reserves, and 7 national wetland parks. Wetland protection subsidy is mainly used on wetland monitoring and surveillance, and ecology recovery projects. These projects focus on protecting wetlands which are deemed important by relevant local governments or have made certain achievements.

Many local governments invest large amounts of both human and financial resources to protect wetlands located within their respective administrative region. One example is Suzhou City of Jiangsu Province which released in 2010 the "CPC Suzhou Municipal Committee and Suzhou People's Government's Opinions on the Establishment of Eco-compensation mechanism (for Trial Implementation)."

2.3.1 Defining Wetland

The definition, classification, and management of wetlands are covered and dealt with under the realm of wetland protection. In the *Current Land Use Classification* (GB/T 21010-2007)[1], wetland is not included under any land use type. Different departments supervise the use and management of different types of wetland. For example, meadow wetland is supervised by the agricultural department, bush wetland by the forestry department, and river wetland by the water department. In drawing up policies for wetland eco-compensation, it is therefore essential to consider which relevant department to transact with regarding transfer payments of eco-compensation funds.

Further study and review of the glacier's function in terms of water conservation are also needed to help assess whether or not glaciers be considered as a type of wetland. If results of the study count glaciers as a type of wet-

[1] *Current Land Use Classification* GB/T 21010-2007 http://www.tymy.gov.cn/show.aspx?id=224&cid=24, last accessed on 2013-3-7

land, then glaciers should be included among the key conservation projects under the five-year plan for 2011 to 2015 and in the long run.

2.3.2 Funding Sources and Funding Targets

Wetland eco-compensation funding sources and funding targets shall be defined prior to the establishment of compensation rate and standard.

Major funding source can come from transfer payments by the Central Government, while supplementary funding can come from local government financing. One example is Gansu, a province located in inland China, which is an economically under-developed area with fragile but important eco-environment. As a provider of ecosystem services, Gansu has made significant contribution to both national and global ecological safety. It is thereby reasonable to compensate the province of Gansu for the corresponding value of ecosystem services it provides. Another example is Jiangsu, an economically developed coastal province, where the conflict between economic development and ecological protection is particularly prominent and the opportunity costs of environment protection are extremely high. Implementing eco-compensation can help alleviate such conflict.

For wetland eco-compensation arrangements, those who should compensate include, foremost, the Central Government and corresponding provincial governments, followed by the beneficiaries (whether entities or individuals) of ecosystem services. At the initial stage of implementing wetland eco-compensation, the Central Government, as an outstanding representative of ecosystem service beneficiaries, can be the major compensator tasked to make payments to ecosystem service providers.

2.3.3 Compensation Recipients

Individuals or entities entitled to claim and receive eco-compensation include local governments, residents, and agencies involved in promoting wetland ecological protection. Provision of compensation to local government and local people will give them incentives to actively and effectively engage in wetland protection activities. Wetland protection, however, should not compromise economic development nor jeopardize living conditions of local residents. In Zhangye, Gansu Province, for example, over 90% of its land area has been classified as limited-development zones. Local people are thus restricted to develop industries specifically relating to wetland protection. To compensate for such restrictions and to recognize their contribution towards the value of ecosystem services and products, it is only appropriate to give compensations to local government and local people. Wetland protection institutions also need to be compensated for the expenses incurred in undertaking wetland protection-related activities. .

In sum, recipients of wetland eco-compensation include:

(i) Wetland management institutions. Provision of compensation can help enhance their capacity and augment their resources for wetland protection and management, including constructing wetland infrastructure, establishing wetland monitoring system, conducting wetland research, promoting wetland protection awareness and education, etc.

(ii) Local people (residents). The National Plan for Priority Development Zones stipulates the gradual removal of residents in the core zone of nature reserves, and the dramatic reduction of population in both buffer and experimental zones.[1] Such provision would entail two migration measures, i. e. , on-site transfer and off-site transfer. On-site transfer means affected local residents will be absorbed and employed as part of nature reserve's local management and/or conservation personnel. For people taking the on-site transfer mode, compensation could take the form of management fee. Off-site transfer, in essence, refers to ecological migration; and compensation for people taking this transfer mode should be on long-term basis, particularly focusing on addressing their long-term survival and development.

(iii) Local government. Areas of prominent ecological function are usually classified as limited development zones, which is defined in the National Plan for Priority Development Zones as areas restricted for large-scale and high-level industrialization and urbanization development. Restricted development will result in decrease in local fiscal revenue; therefore, to encourage local government's participation in ecological protection, certain compensation is

[1] According to the Regulations on Nature Reserves of the People's Republic of China, a nature reserve is composed of "core zone," "buffer zone," and "experimental zone."

needed. The compensation could take the form of tax return or adjustment in performance assessment indicators to take into account the local government's contribution to the protection of ecological environment, besides the standard indices on industrialization, urbanization, gross domestic product (GDP), etc.

In formulating the rates for wetland eco-compensation, some systematic and reasonable standards must be observed, such as the ones used in compensating forest and grass ecological benefits where specific amount of compensation are calculated per mu. These eco-compensation standards should be flexible and able to adapt to differences in conditions per area, province or region. Among the factors to be considered are differences from place to place in their respective development status, current state of wetland protection, management capacity, level and quality of manpower and material resources needed, and value of wetland protection. Implementation of wetland eco-compensation takes a gradual process, with priority given to the Ramsar sites (wetlands of international importance), wetlands of national importance, and wetland nature reserves and parks at provincial level or national level. For example, there are 717,000 hectares of wetland classified as nature reserves in Gansu Province, accounting for 53.25% of the total wetland area in the province. Among Gansu's nature reserves, 248,000 hectares are considered of national-level importance, 296,000 hectares provincial level, and 173,000 hectares municipal level. In Jiangsu Province, there are 26 wetland nature reserves, with a total area of 456,700 hectares (16.2% of the total wetland area in the province), among which 3 wetland nature reserves are regarded as national reserves. In addition, Jiangsu has established 30 wetland parks at provincial level or national level, and 8 of them are national wetland parks.

2.3.4 Compensation Method

There may be additional methods in implementing wetland eco-compensation other than through public funds, such as project-based compensation, preferential policy-based compensation, and market-based compensation.

With regards to compensation through public funds, it is important to distinguish among recipients, i.e., local government, institutions in the nature reserves, and local residents, especially farmers residing around wetlands.

These farmers are the primary contributors to wetland protection, but they are also the most vulnerable party not only because they are the ones directly affected by policies relating to wetland protection but also because they do not have a voice in the policy making process. As mentioned in the previous section (Sec. 2.3.2), compensation to the local government could take the form of tax return, and/or adjustment in the performance assessment indicator to give some weight to ecological protection. To better manage and monitor conservation efforts of nature reserves, clear measures and regulations need to be set up including source and distribution of corresponding funds.

Under compensation based on preferential policies, it should be clearly emphasized (and verified) that such policies are particularly for wetland protection. In Yancheng, Jiangsu Province, enclosing tideland for cultivation has seriously damaged the coastal tidal flat. This illustrates how a project deemed to promote economic development has adversely affected the ecological environment. It is therefore important that during the planning process of the tideland enclosure, measures were taken to ensure that pursuit of economic development be done in tandem with wetland protection, such as through promotion of ecological tourism, ecological agriculture, etc.

In developed areas, such as Jiangsu Province, pilot projects can be undertaken which would help establish useful compensation methods other than monetary compensation. Since the opportunity cost involved in pursuing environmental protection is relatively high in developed areas, current monetary compensation is inadequate to either stimulate the farmers to modify their agricultural practices to protect the environment, or to meet the financing needs of the local government. If preferential policies can be used to effectively promote ecological agriculture, such intervention may provide local farmers with technical assistance, help them to employ green agricultural production, reduce farmers' dependence for compensation funds, and increase farmers' income while protecting the environment. Supplementary policies may also be applied to reduce local population, to help farmers improve their social standing through good education and technical training, and eventually encourage them to voluntarily move out from the nature reserves (ecological migration).

2.3.5 Monitoring and Evaluation

Management of wetland eco-compensation funds requires that financial departments and wetland departments at all levels establish separate accounts, and the compensation fund users should likewise have their own respective special accounts, so accounting and audit of revenues and expenditures can independently be carried out. Such measure should be applicable to other types of ecosystem compensation.

2.3.6 Summary

Of the three major terrestrial ecosystems—namely, forests, grasslands, and wetlands—eco-compensation policies for forest ecosystem (2001) and grassland ecosystem (2011) have already been established in China. At present, there is neither policy framework on eco-compensation of wetlands, nor a national wetland protection regulation (the Wetland Protection Ordinance is under consideration). In some developed areas, local governments have started to formulate and put into effect policies on wetland eco-compensation.

In China, the conflict between wetland protection and economic development is obvious, especially in relatively developed areas in the eastern regions. The mid-west area has gained more understanding of the advantages of mutually promoting these two aspects. It is necessary to set up wetland eco-compensation mechanism as soon as possible; meanwhile, the mechanism should be implemented and adapted in accordance with the specific situations and needs of each relevant area.

For the better establishment of wetland eco-compensation mechanism, the following suggestions are proposed:

(i) The in-drafting *Wetland Conservation Regulation* should specify the basic principles of and provide legal basis for wetland eco-compensation.

(ii) The governments should stick to "beneficiary pays principle" when formulating policies and regulations concerning wetland eco-compensation, and the Central Government shall provide eco-compensation fund for the wetland nature reserves at the national level. Of the three types of compensation recipients, the compensation to local governments could be financed through the Central Government's "transfer payment to focal ecological function areas." In so doing, wetland eco-compensation funds may be exclusively used to compensate the other two types of recipients, namely the local residents (farmers) and wetland management institutions.

(iii) It should be clearly defined which department manages what type of wetlands in order to provide a clear management framework for the implementation of wetland eco-compensation. For example, grassland wetland and river wetland can be managed by the forestry department. Another example is to establish a cross-department committee, which will coordinate and manage the functions of the different departments, such as forestry, agriculture, water, etc.

(iv) The provincial government should be allowed to adjust the rates used for national-level wetland eco-compensation to match the specific circumstance of each province. According to the findings of the wetland thematic study, there are 36.2 million hectares of natural wetland in China. If the Central Government makes compensation according to the rates of RMB15 per mu for marshlands and RMB10 per mu for lakes, rivers, and coastal wetlands, then the funds needed each year for wetland eco-compensation will reach approximately RMB6.5 billion/year.

2.4 Grassland Eco-compensation

There are two representative views on the concept of grassland eco-compensation:

(i) Grassland eco-compensation refers to the price paid by grassland users or beneficiaries who utilize grassland legally to grassland owners or people who contribute to grassland conservation. This definition includes two levels of meanings. One is "beneficiary pays," i.e., the government or specific beneficiary shall make necessary compensation to those who contribute to grassland conservation. The other is "actor pays," i.e., the producers, developers, and operators who consume grassland resources or adversely impact the ecological environment of grassland shall pay certain price for grassland recovery and restoration.

(ii) Grassland eco-compensation refers to actions to recover, restore, and comprehensively treat the ecological environment of grassland with the purpose of protecting and conserving the ecological function and value of grassland ecosystem, and it involves certain funds, techniques, material resources, or preferential policies and incentives given to local residents who may lose development opportunity because of grassland conservation or grassland resources utilization.

2.4.1 The Principles of Grassland Eco-compensation

The basic principles of grassland eco-compensation are:

(i) Fairness principle. Grasslands are owned by the State, and the ecological function (services) of grasslands contribute to social welfare.

(ii) Polluter pays principle. Entities or individuals that discharge pollutants to grasslands shall pay appropriate fees.

(iii) Beneficiary pays principle. The ecological benefits of grasslands are widespread. Deterioration of the quality of grassland ecological environment may cause suffering to many people; conversely, improvement in its quality may benefit many people. Therefore, people who benefit from improvement of grassland ecological environment shall pay appropriate fees to those instrumental in conserving grasslands and improving grassland ecological environment.

(iv) Gradually promotion principle. The establishment of eco-compensation mechanism should start with the calculation and regulation of rates applied on compensation fees, followed by the creation of a fair system of collection of payments, and gradual implementation. Stipulation of specific compensation should follow the rule of qualitative determination first and quantitative determination later.

(v) Validity principle. The reason why a few eco-compensation schemes were not adopted was because of their high operating costs. Such costs may even affect social and economic development in the long run. Therefore, the establishment of eco-compensation should consider both its long- and short-term effects to ensure its validity and effectiveness.

2.4.2 Special Funds of Grassland Eco-compensation

Under current laws and regulations, major provisions on fees, taxes, and funds involving grasslands include:

(i) Contract cost. Entities or individuals (contractee) with contract to operate state-owned grasslands shall pay to the contractor the agreed cost stipulated in the contract.

(ii) Grassland utilization fee. Entities or individuals who herd, mow, or rake grass on grasslands, which are either owned and operated by grassland owners, or operated by grassland users, or owned by the State but operated by grassland users other than the State, shall seek permission from the relevant grassland operator/owner and pay appropriate fees.

(iii) Grassland Restoration Fund. Collectively owned units or individuals who have user rights over state-owned grasslands shall pay appropriate fees to the Grassland Restoration Fund annually.

(iv) Grassland operation and management fee. Such fee shall be collected by competent administrative department for grasslands or by other units authorized by such department.

(v) Grassland cultivation fee. This fee is mainly used to restore vegetation on certain grassland.

(vi) Grassland Vegetation Recovery Payments. Entities or individuals who plan to utilize grassland for project construction purposes shall pay Grassland Vegetation Recovery Payments.

(vii) Grassland ecological subsidy rewards. These rewards include grazing prohibition subsidy, livestock balance incentive, herder's production subsidy, educational development in pastoral areas, and pastoral training.

As with other ecosystem types in China, the primary sources of funds for grassland eco-compensation are the different levels of government, including the Central Government. Fiscal levies and fees are examples major funding sources. The main beneficiaries of grassland eco-compensation are herdsmen and entities undertaking construction projects, such as building herding fence. Grassland eco-compensation is managed by competent administrative departments for grasslands, namely the husbandry departments, bureaus, or the agricultural bureaus of all levels.

In general, payments from grassland eco-compensation fund may be used for: (i) grazing prohibition subsidy; (ii) livestock balance incentive; (iii) livestock shed and herding fence construction; (iv) herdsmen training for transfer of employment; (v) establishment and maintenance of forage grass reserves; (vi) improvement of natural grassland; (vii) fine grass seed promotion; (viii) grassland vegetation restoration; (ix) grassland fire prevention, as well as rats and other pests control; and (x) other grassland construction and ecological conservation projects.

2.4.3 Mode and Procedure of Grassland Eco-compensation

As mentioned earlier, the main source of funds for grassland eco-compensation comes from central financial transfer payments, and these are augmented by local fiscal funds.

In October 2010, the executive meeting of the State Council decided to establish a grassland ecological conservation subsidy reward mechanism, and mandated the central finance department to allocate RMB13.4 billion annually starting in 2011 to the establishment of said subsidy reward mechanism in eight major prairie provinces and autonomous regions.

2.4.4 Summary

At present, grassland eco-compensation generally applies to livestock balance incentive; subsidies for rational grazing, rest rotation grazing, and grazing prohibition; livestock shed and herding fence construction; forage grass reserve construction; fine grass seed subsidy; and herder's direct subsidies. Financial transfer payments from the Central Government and grants from local-level governments are the primary sources of funds for grassland eco-compensation. Grassland ecological restoration and herders' subsidies are among the key uses of such funds. The principal beneficiaries of grassland eco-compensation are the herdsmen and relevant administrative departments and sectors.

2.5 Watershed Eco-compensation

In China, there is not a legally agreed definition of watershed eco-compensation. In accordance with policies and legal documents relevant to watershed eco-compensation practices, watershed eco-compensation may be described as "when utilization of water resources or discharge of pollutants in certain watershed is regulated by total control standards or cross-sectional assessment standards, and if the water resource capacity of such watershed has not been fully taken advantage of by other regions that it generates positive externalities, and at the same time, the upstream watershed area foregoes development opportunities and increases investments for ecological and environmental protection in order to provide the downstream watershed area with good quality water, then the downstream watershed shall compensate upstream watershed for providing water ecosystem services that are higher than environmental criteria. "[1]

2.5.1 The Principles of Watershed Eco-compensation

There are several versions of the fundamental principles of watershed eco-compensation drawn from different perspectives and references.

From the perspective of rights and duties, the fundamental principle of watershed eco-compensation is summarized as "protectors and beneficiaries have rights to receive compensation, and developers and destroyers have duties to compensate."

According to the Ministry of Environmental Protection's Guidance Suggestion on Promoting Pilot Eco-compensation Projects, the fundamental principle of watershed eco-compensation can be stated as "developer protects, destroyer restores, beneficiary compensates, and polluter pays."

The Henan Province Interim Procedures on Water Environment Eco-compensation sum up the fundamental principle of watershed eco-compensation as "polluter pays and protector benefits."

The Shandong Province Suggestions on Promoting Eco-compensation Pilot Projects in the Southern Yellow River for the South-to-North Water Transfer Project, in the provincially-administered Huaihe River Basin, and in the Xiaoqinghe River Basin summarize the fundamental principle of watershed eco-compensation as "protector benefits and destroyer compensates."

The Xinanjiang River Basin Water Environment Eco-compensation Pilot Project Implementation Plan states its fundamental principles as "prioritize

[1] Quoted from the Framework Report on Watershed Eco-compensation and Pollution Indemnity Policy Design co-prepared by the Chinese Academy for Environmental Planning of the Ministry of Environmental Protection, the Research Institute for Fiscal Science of the Ministry of Finance, and the Policy Research Center for Environment and Economy of the Ministry of Environmental Protection on July 30, 2009.

conservation and compensate fairly; continuously pursue improvement of water quality; local-level orientation but Central Government supervision; monitoring data; and use compensation to promote governance."

From the perspective of compensation type, watershed eco-compensation may be described as "government-oriented and market-regulated."

From the perspective of compensation procedure, watershed eco-compensation should be "promoted gradually according to local condition."

2.5.2 Special Funds of Watershed Eco-compensation

The main funding source of watershed eco-compensation comes the financial allocation made by all levels of government. The standard financial allocation set by the different levels of government varies depending on the gap between actual water quality and the target water quality standard, and is determined by simultaneously considering the cost of environmental governance with local economic and social development situation (Ministry of Environmental Protection's Guidance Suggestion on Promoting Pilot Eco-compensation Projects).

Based on the aforementioned principles, a few provinces have formulated relevant normative documents. For example, Henan Province has calculated the standard rates of watershed eco-compensation as RMB2,500 per ton for chemical oxygen demand and RMB10,000 per ton for ammonia nitrogen, according to the water pollution control requirements and governance costs. Specific eco-compensation payments are determined according to (i) the flux of excessive contaminations at reliable monitoring site, and (ii) the stipulated eco-compensation standards. The formula for calculating the flux of excessive contaminations is the difference between the actual value of water quality drawn at specified monitoring site and the target water quality value multiplied by the water quantity of the monitoring site (Henan Province Interim Procedures on Water Environment Eco-compensation).

In addition, there are similar provisions in the Shandong Province Suggestions on Promoting Eco-compensation Pilot Projects in the Southern Yellow River for the South-to-North Water Transfer Project, in the provincially administrated Huaihe River Basin, and in the Xiaoqinghe River Basin, as well as in the Fujian Province Administrative Method of the Minjiang River Basin, and the Jiulongjiang River Basin Water Environmental Protection Special Funds.

As the major investors of watershed eco-compensation the governments at all levels provide funds for eco-compensation through financial transfers, but it is unclear from which budget item the government should earmark such funds. The relation between eco-compensation funds, the water resources charges, and sewage charges is also vague.

At the same time, the governments at all levels are also the major users of watershed eco-compensation funds, especially the governments of upstream watersheds and the governments of water source areas. Contractors of pollution treatment or ecological recovery projects are likewise users of watershed eco-compensation funds.

The administrator of watershed eco-compensation funds is the environmental protection department and the fiscal authority at all levels. The fiscal authority is in charge of withholding watershed eco-compensation funds and making transfer payments, while the environmental protection department is tasked with the examination and approval of watershed eco-compensation project as well as with the supervision of the use of funds.

Watershed eco-compensation funds should in general be used to cover costs of environmental pollution treatment and ecological conservation, and compensate development opportunity loses suffered by upstream watershed areas. However, local practices differ from place to place. Watershed eco-compensation funds are not fully used for upstream watershed compensation.

For example, the Henan Province Interim Procedures on Water Environment Eco-compensation provide that funds of watershed eco-compensation are to be used for upstream and downstream ecological compensation, water pollution treatment, water quality and quantity monitoring capacity building, and awarding provincially-administrated municipalities who successfully meet the target water environment quality standards, etc. Henan's Interim Procedures (Section 2) also state that "eco-compensation funds refer to payment withheld by the provincial finance department to compensate downstream ecological damage from upstream watershed areas which fail to meet the target cross-section water quality standards." "Management of eco-compensation funds follows the principles of openness, fairness, and impartiality, and accepts social supervision (Section 3)." "Use of the funds of eco-compensation shall be strictly in accordance with relevant provisions. These funds should not be misappropriated nor diverted to other uses. Such funds shall likewise not be used to balance the budget and final accounts of the government at the corresponding level (Section 9)."

2.5.3 Methods and Procedure of Watershed Eco-compensation

There are three modes of watershed eco-compensation: financial transfer payment, project subsidy, and individual compensation. In general, financial transfer payment and project subsidy are the major modes used in the current watershed eco-compensation.

Financial transfer payment refers to the transfer of collected watershed eco-compensation funds from the upper level government to lower level local government in the upstream area. Project subsidy refers to the use eco-compensation funds to invest in projects specifically aimed at recovering, restoring, and treating the ecological environment. Individual compensation refers to payment made to compensate individual entity or person who directly contributes to ecological conservation and restoration and/ or makes special sacrifice.

2.5.4 Summary

In general, current watershed eco-compensation mainly applies to compensation between upstream and downstream areas for watershed conservation. It refers to payment made by downstream beneficiary to upstream protector. The major funding source of watershed eco-compensation is financial transfer payments made by concerned local governments at all levels along the watershed region. Such funds are mainly used for pollution treatment and ecological restoration of the watershed. The major beneficiaries of these funds are the local governments to whom financial transfer payments are made, or project contractors to whom such funds are invested to carry out relevant watershed protection projects.

Currently, local legislation on watershed eco-compensation may provide experience in drafting the regulations on eco-compensation, such as in terms of usage procedure of funds, approval of project subsidy, and usage supervision mechanism.

2.6 Marine Eco-compensation

In China, the State Council has selected Weihai of Shandong Province, Lianyungang of Jiangsu Province, and Shenzhen of Guangdong Province as the pilot cities for marine eco-compensation. Of the three cities, Weihai is the most active in its engagement to explore and implement marine eco-compensation.

At present, there are no systematic rules on marine eco-compensation at the national legislation level. At the local level, Shandong Province has issued the Interim Administrative Measures for Marine Ecological Damages and Loss Compensation in 2010; but, this interim document focuses mainly on ecological damages and compensation for ecological losses.

2.6.1 The Principles of Marine Eco-compensation

The fundamental principle of marine eco-compensation may be summarized as "protectors and beneficiaries have rights to receive compensation, and developers and destroyers have duties to compensate."

The Shandong Interim Administrative Measures for Marine Ecological Damages and Loss Compensation in 2010 state its fundamental principle as "marine utilization shall be compensated, and marine damage shall be paid."

2.6.2 Special Funds of Marine Eco-compensation

Based on the experiences from other types of eco-compensation, the major funding sources of future marine eco-compensation may come from central financial transfer payments, collections from entities and individuals who use the sea (and the marine resources), donations, and damages or compensations received through marine ecological damage litigation.

There are three types of existing charges and fees which exhibit similar features as marine eco-compensation: the Charge for Sea Area Utilization, the Ocean Dumping Fee, and the Sewage Charge for Ocean Engineering.

According to Section 3 of the Shandong Interim Administrative Measures for Marine Ecological Damages and Loss Compensation, the major contributors to marine eco-compensation are entities and individuals liable for marine ecological damages and/or losses, and the major user of marine eco-compensation funds are the different levels of government.

Section 4 of the Shandong interim administrative measures state that the calculation of marine ecological damages as well as marine ecological losses shall be in accordance with the Shandong Province Assessment Methods for Marine Ecological Damages and Loss Compensation (Shandong: DB37/T1448-2009).

Furthermore, the Shandong Interim Administrative Measures for Marine Ecological Damages and Loss Compensation provide very specifically, under sections 14, 15, 17, 18, 19, 20, and 21, on what the uses will be of the marine eco-compensation funds. This document declares that the government has rights to collect and use funds of marine eco-compensation through financial budget allocations and grants. The oceanic administrative authorities and the fishery administrative authorities are tasked to determine and approve specific items of expenditure.

2.6.3 Mode and Procedure of Marine Eco-compensation

The mode and procedure of marine eco-compensation are discussed in sections 9 to 12 and section 16 of the Shandong Interim Administrative Measures for Marine Ecological Damages and Loss Compensation. Of particular importance are sections 9, 10, and 11 where stipulations are made that projects involving marine resources exploitation and utilization, determination of compensation standards for marine ecological damages must be made when carrying out marine environmental impact assessment of these projects, and such marine ecological damage compensation fees shall be paid before granting project approval. If certain applicant refuses to pay marine ecological damage compensation fees, then the approval process shall be terminated. These provisions may ensure the validity of marine ecological damage compensation. In addition, it demonstrates the State's commitment to promote marine ecological conservation. Such provisions should be taken into account in the process of drafting the regulations on eco-compensation.

2.6.4 Summary

The funding source of marine eco-compensation is relatively limited, and generated mainly from fees collected from marine ecological claims made by national government departments and other relevant sectors on behalf of the State against parties causing marine ecological damages and losses. It is necessary to arrange for more funding sources in the future, such as public donations, special funds established through the State finance, etc.

Marine eco-compensation is a new type of charges collectable independent from other marine administrative charges such as the Charge for Sea Area Utilization, the Ocean Dumping Fee, and the Sewage Charge for Ocean Engineering. Therefore, it is essential to clearly provide a legal definition of marine eco-compensation to government legislation, and present appropriate regulating measures to effectively distinguish it from, and manage it with, the above-mentioned three existing types of administrative charges.

2.7 Inter-regional Eco-compensation

2.7.1 Practice on Inter-regional Eco-compensation

Coordinated development across regions is the necessary condition for achieving sustainable development. In recent years, many problems faced by China, such as shortage of natural resources, ecological balance, environmental pollution, and unbalanced regional development, have become bottlenecks for the country's future economic growth. In addition, the disparity in regional economic growth is the main impediment to realizing coordinated development across all regions, which has adverse impacts on national economic growth (through consumption) in the short term and will certainly affect social equity and stability in the long term.

The establishment of inter-regional eco-compensation policy system will help facilitate the coordinated development of all regions. Under the management approach of "space control" and "function zoning", the externalities of various function areas are very obvious. Most of China's ecological protected areas are found in the less developed western regions, while most ecological beneficiary areas are in the relatively developed eastern regions. Maintaining and providing ecological services require manpower, material, and financial resources. Meanwhile, there will be restrictions imposed on development opportunities. If the providers of ecological services are not compensated and the beneficiaries freely benefit from such services, then the economic development gap between the ecological protected areas and the ecological beneficiary areas will gradually widen. Eco-compensation, therefore, can play a major role in achieving the coordinated development of all regions.

2.7.1.1 The Beijing-Tianjin Sandstorm Source Control Project in Zhangjiakou City and Wulanchabu City

Zhangjiakou City (Hebei Province) and Wulanchabu City (Inner Mongolia Autonomous Region) both implemented the project of dealing with the source of sand storm to keep the environment of Beijing and Tianjin areas clean. The project included forestation in barren hills and desert, conduct of grain for green program, creation of farmland (pasture) shelterbelt, grassland management, prohibition of excess grazing, construction of water conservancy facilities, comprehensive management of small watershed and ecological migrants, etc.

During the field studies, it was discovered that the people of Zhangjiakou City and Wulanchabu City had little, if any, awareness of inter-regional eco-compensation. The officials of Zhangjiakou had relatively better awareness of inter-regional eco-compensation than their counterparts in Wulanchabu, and the former can take the initiative to seek some compensation from beneficiary regions. However, there were almost no corresponding laws and regulations on regional eco-compensation.

At present, the eco-compensation of Zhangjiakou City and Wulanchabu City mainly comes from vertical government financial transfers in the form of project funds. For example, Zhangjiakou City got all kinds of environmental project funds totaling RMB4.76 billion from higher authorities during 2008—2010. During 2000—2010, Siziwang Qi in Wulanchabu City received RMB566,825,600 from the Beijing and Tianjin Sandstorm Source Control Project, of which RMB464,619,500 (or roughly 82% of the total) was invested by the government and the remaining RMB 102,206,100 came local-level support (including investments/donations by the masses).

As a beneficiary region, Beijing City did not compensate directly, but assistance to Wulanchabu City and Zhangjiakou City in the form of city-to-city development assistance. A lot can be learned from this mode of compensation.

Mutual assistance between Beijing City and Inner Mongolia started in 1996, and a new cooperation was forged in 2010. Currently, there are 8 districts in Beijing City and 8 banners[1] in Wulanchabu City which have established some form of collaborative relationship.

In 1995, the State Council established corresponding assistance and cooperation between Beijing City and Zhangjiakou City: Beijing City supports Zhangjiakou City by financing ecological construction projects, donating money for the poor rural areas, promoting agricultural cooperation, actively taking part in the protection of water resources and the environment, etc. In return, Zhangjiakou City has agreed to supply vegetables to Beijing, develop its eco-tourism, and provide Beijing with its surplus labor. Such cooperative efforts have strengthened awareness on ecological construction and environmental protection, and promoted involvement and investments in green projects as well as soil and water conservation projects.

Chicheng County of Zhangjiakou City has joined the project on "returning rice fields to dry land" since 2006 to protect and sustain the water supply for Beijing. Every year, Beijing compensates Chicheng County farmers with capital subsidy amounting to RMB550 per mu. With the implementation of the project, dry land has so far reached 32,000 mu, and the water supplied to Beijing has increased more than 20 million cubic meters annually.

2.7.1.2 Eco-compensation of Shannan-Qinba Biodiversity Ecological Function Area

Shannan, which is the southwest area of Shanxi Province, is located in the Qinling-Bashan Mountain Area. The Qinling Mountains is situated to the North of Shannan, and the Bashan Mountains to the South. From the west to

[1] A banner is an administrative division of the Inner Mongolia Autonomous Region in the People's Republic of China. Banners were first used during the Qing Dynasty, and today, banners are county level divisions in the Chinese administrative hierarchy. There are 49 banners in total.

the east of Shannan area are Hanzhong City, Ankang City, and Shangluo City. The Hanjiang River flows through Shaanan from west to east. The Shaannan area belongs to the Qinba Biodiversity Ecological Function Area, which has been listed as one of the national key ecological function areas. It is also an important water conservation area of the South-to-North Water Diversion Project

Currently, eco-compensation policy and measures implemented in the Shannan-Qinba Biodiversity Ecological Function Area include: (i) subsidies for loss of earnings for implementing the Natural Forests Conservation Project; (ii) subsidies for loss of earnings for implementing the Grain for Green Project; and (iii) financial transfer payments for national key ecological function area. For example, from 2000 to 2012, the Zhenan County received RMB2,270,000 annually in subsidies for loss of earnings for implementing the Natural Forests Conservation Project. As to the subsidies for loss of earnings for implementing the Grain for Green Project, Zhenan County received RMB470,000 in 2002, RMB1,400,000 in 2003, and RMB1,780,000 annually during the period 2004—2012. These two types of subsidies were made through financial transfer payments by the Central Government to local areas where revenues of local government decreased after implementing the Natural Forests Conservation Project and the Grain for Green Project. The specific calculations of these subsidies are made according to different ratios. For example, the subsidy for loss of earnings for implementing the Natural Forests Conservation Project made by the Central Government is 80% of the total actual revenue loss suffered by the local area.

From 2008 to 2011, Zhenan County received a total of RMB46,250,000 in financial transfer payments for national key ecological function area, and these payments were broken down per year as follows: RMB19,150,000 in 2008; RMB13,710,000 in 2009; RMB10,030,000 in 2010; and RMB3,360,000 in 2011. The objectives for establishing this type of financial transfer payments were: (i) to safeguard national ecological security; (ii) to guide local government to strengthen ecological environmental protection; (iii) to improve local government's capacity for basic public service support in the national key ecological function areas; and (iv) to promote a sustainable socio-economic development. The process of calculating the amount of transfer payments involves the selection of objective factors that influence local government revenue income; the consideration of cost difference coefficients such as population size, habitable area, altitude, and temperature; and the use of normative formula to calculate the payments distribution. Other factors, such as special ecological and environmental protection expenditures and guidance subsidies paid by the provincial government, shall be considered as well on the basis of various local revenue and expenditure gap in determining the specific payments distribution. The nature of this type of transfer payments is generally financial transfer payments.

2.7.2 Summary

The problems of inter-regional eco-compensation are quite broad and include the following: (i) awareness and recognition of the inter-regional eco-compensation are poor, and the distribution of responsibilities among eco-compensation stakeholders is difficult to define; (ii) ecological protection and restoration are very arduous tasks, yet investments in relevant ecological protection and restoration project are insufficient resulting in a huge funding gap in the local governments' matching funds; (iii) it is difficult to raise farmers' income in the project areas due to shortage of local governmental financial support and lack of follow-up industrial support capacity; (iv) the existing eco-compensation rate is low, and the scope of eco-compensation is small and not flexible enough to adjust to the varying conditions of different localities; (v) the eco-compensation mode is relatively simple, lacking of market-oriented participation and long-term effective compensation mechanism; (vi) the related laws and regulations are not perfect; and (vii) the supervision and implementation of laws and regulations are not strict.

For legislating inter-regional eco-compensation, the following recommendations are given:

First, establish and complete inter-regional eco-compensation related laws, regulations, and policies. Implementation of such compensation policies should be done in close coordination with other relevant policies, and supported by well-defined measures and mechanisms for management, monitoring, and evaluation.

Second, inter-regional eco-compensation should abide by the following fundamental principles: the polluter pays principle; the user pays principle; the beneficiary pays principle; and the principle of promoting regional coordinated and sustainable development.

Third, establish a multi-channel and multi-mode long-term eco-compensation mechanism based on governmental financial transfer payments and supplemented by market-oriented schemes. Coordinate the establishment of intra-regional and inter-provincial horizontal eco-compensation. Establish special eco-compensation funds. Strengthen awareness-raising, education, and dissemination of knowledge on inter-regional eco-compensation.

Fourth, enhance scientific research and technical support for inter-regional eco-compensation to clearly identify regional functions of certain type of areas, as well as responsibilities, duties, and benefits distribution among eco-compensation stakeholders.

Fifth, make site-specific and time-specific eco-compensation standards. At the current stage, payments of eco-compensation should first consider the compensation for the cost of ecological environment protection and restoration, for the rights and interests losses suffered by people who contribute to ecological environmental protection, and for the development opportunity loss suffered by certain localities. Adopt comprehensive compensation methods for the different modes of payment—e. g. , cash payments, in-kind payments, follow-up industrial supports, project investments, and tax incentives. Appropriately increase compensation standards or fees, and gradually reduce or abolish local government financial investment.

Sixth, reform the local government cadres' appraisal mechanism. In the key ecological function areas, assessment of certain cadre's performance should focus on quota of ecological environmental protection and restoration, and lessen weight for economic performance valuation. Include the performance of maintaining and increasing the ecological function value of an administrative region as a key target of cadres' appraisal.

Seventh, further explore other ways and means of realizing inter-regional eco-compensation and building multi-channel funding sources in conjunction with regional coordinated development and poverty alleviation.

2.8 Mineral Resources Development Eco-compensation

2.8.1 Introduction

Mineral resources eco-compensation refers to a system which regulates the relationship of the stakeholders in the process of mineral resources exploitation and utilization, and makes the parties who harm the natural eco-environment bear the costs of the restoration and conservation of the natural environment according to relevant rules. Therefore, we need to ensure the efficient implementation of this system through proper legislation.

After years of theoretical research and practical exploration, China has formulated several mineral resources development eco-compensation policies including the system of compensated use of mineral resources, the system of deposits for ecological restoration, and the system of eco-compensation fee. Now it is necessary for China to examine these experiences, review the lessons learned, and formulate comprehensive laws and regulations in this field.

(i) The mineral resource development company (as the implementing party) use its own funds to establish the mineral resources eco-compensation mechanism, which mainly includes: system of paid use of resources represented by the resource taxes; land reclamation system; recovery and management of mine environment margin (petty cash) system; mineral resources and eco-compensation fees (Fund) system; the mining enterprise sewage charges system; and forest vegetation recovery payments system that is associated with the mine production life, the trees and woodlands compensation, resettlement compensation system, etc.

(ii) To establish the mineral resources eco-compensation mechanism, the different levels of government, as the implementing authority, use fiscal funds which are particularly earmarked for eco-environment restoration and protection projects. Such funds include: land consolidation and reclamation funds'; mining groundwater protection management funds; funds for mining environmental monitoring; funds to support industrial development in the resource-exhausted cities; funds for mining eco-environment recovery and management (including ecological forest construction, etc.).

(iii) The mineral resource eco-compensation being implemented by a third party is based on market mechanisms such as the processing and utilization of mine tailings and waste management, the development and utilization of coal-bed methane, the development and utilization of the landscape. The mechanism is characterized by the production and construction projects, the revenue generated to fully cover the compensation costs which rose from environmental damage, resulting in the formation of a virtuous circle under the market mechanism to attract maximum social capital investment to the mineral resources eco-compensation activities which is concerned with the public service.

2.8.2 Practice of Mineral Resources Development Eco-compensation: Shanxi's Coal Sustainable Development Fund

Shanxi Province has established a series of regulations and policies on coal industry eco-compensation based on a sustainable development coal pilot program, in particular the Coal Sustainable Development Fund.

2.8.2.1 Fund Collection

The fund is collected every month based on the collection standard (fees) of different types of coal and the adjustment coefficient of the mine production capacity. The formulas used for calculating fund collection are:

Monthly amount of fund collected in a coal mine	=	the collection standard of the type of coal in the mine × the adjustment coefficient of the mine production capacity × the mine's raw coal production in the month
Monthly amount of fund collected in a company	=	the total of all the funds collected in the company's coal mines

The unified applicable collection standards of different types of coal, as set by the Shanxi Province based on its ecological restoration and management efforts in coal mines and the extent of social burdens associated with the operations of coal mining companies, are as follows: (i) RMB5—RMB15 per ton for steam coal; (ii) RMB10—RMB20 per ton for anthracite; and (iii)

RMB15—RMB20 per ton for coking coal. In 2007, the standards applied in Shanxi, after taking all relevant factors into consideration, were close to the maximum amount: RMB14 per ton for steam coal; RMB18 per ton for anthracite; and RMB20 per ton for coking coal.

2.8.2.2 Share of the Fund

The collected fund is managed by the three levels of government: province, city, and county. If a coal mine company located in Shanxi is established with investment from a key provincial state-owned enterprise or from a central state-owned (or central holding) enterprise, its fund payment all goes to the provincial level. Fund payments from other coal mine companies are shared among the three government levels in the following proportion: 60% at the provincial level, 20% at the city level, and 20% at the county level.

2.8.2.3 Uses of the Fund

Based on the original rationale for the establishment of the Coal Sustainable Development Fund, this fund is primarily used to address issues that coal mining enterprises cannot solve on their own, namely: (i) interregional ecological environment management; (ii) support for the transformation of resource-based cities (or areas) and the development of key successive industries; and (iii) related social problems caused by coal mining.

First, managing the interregional ecological environment includes management of river system destruction; water resource losses and water pollution; air pollution and coal gangue pollution; vegetation destruction and ecological degradation; and geological disasters caused by land destruction and subsidence. Second, supporting the transformation of resource-based cities or coal mining areas and the development of key successive industries cover the construction of important infrastructure in those cities and areas, and the promotion of industries in line with national industrial policies, such as coal chemical industry, equipment manufacturing industry, materials industry, tourism industry, services industry, high-technology industry, and agriculture industry. Third, solving social problems caused by coal mining includes separating companies from social functions; renovating shanty towns; developing social causes closely related to the sustainable development of the coal industry, such as scientific technology, education, culture, public health, employment, and social security; and promoting the development of other social causes.

2.8.2.4 Results of Shanxi's Eco-compensation for Coal Mining

The Coal Sustainable Development Fund has effectively established a compensation mechanism that not only helps restore the eco-environment of Shanxi Province but also facilitates the transformation of resource-based cities (or coal mining areas) and development of key successive industries. Likewise, the Fund assists in releasing the social burdens of coal mining enterprises and in solving numerous social problems caused by coal mining. These findings fully reflect the functioning of the principle of "developer protects, actor/destroyer restores, polluter pays" and have thus achieved good ecological and social effects.

2.8.3 Summary

The major problems confronting the implementation of existing mineral resources development eco-compensation are (i) lack of specific supporting legal regime, and (ii) shortage of funds, or ambiguous source of sustainable funding. Legislating mineral resources development eco-compensation shall clearly define compensation source and target; systematically establish the compensation standards and rates; and set up other needed compensation arrangements (such as payment mode, monitoring, etc.) and public participation measures. It can also provide some form of incentive to mineral resources operator and developer to promote the proper use and protection of natural resources and the environment. However, ensuring the protection and restoration the eco-environment requires sufficient and sustainable funding.

In establishing a new mechanism for mineral resource development eco-compensation, some key issues need to be considered.

First, in accordance with the factors of direct cost, external effects, and supply and demand relationships of mineral resources, it is necessary to fairly adjust the price of mineral resources to internalize external social costs.

Second, establish a scientific system of paid use of mineral resources, in which resource consumption tax is collected according to the mineral resource reserves and resource tax is collected according to the sale value of resources.

Third, build a national-level public interest eco-compensation fund and support the development of all kinds of ecological services agencies and individuals.

Fourth, fully establish the mechanism for mineral resources eco-compensation fees (funds) and, at the same time, conclude the current trial of the Coal Sustainable Development Fund.

Fifth, support the creation of a third-party agency that will be tasked to review and assess ecological footprints and eco-labeling of mineral resources.

Sixth, complete the establishment of a system for mineral resources exchange to promote reasonable distribution and utilization of mineral resources.

Seventh, set up a scheme of supporting policies for ecological services agencies consisting of grants, interest subsidies, and tax breaks.

Eighth, strengthen supervision on the implementation of special laws and regulations.

3. FISCAL AND TAXATION POLICY OF ECO-COMPENSATION AND ITS ECONOMIC IMPACT

3.1 The Fiscal and Taxation Policy of Eco-compensation

3.1.1 General Transfer Payment at the Central Government Level

The current setup of eco-compensation mechanism in China is mainly guided by the government. The Central Government allocates considerable financial resources for ecological and environmental programs each year, mainly in the form of transfer payments from the exchequer. Through general transfer payments and special transfer payments, the Central Government performs its responsibility of environment protection, and inspires local governments to fulfill their environmental responsibilities actively.

At present, general transfer payments include the following: (i) transfer payments for the Natural Forests Conservation Project; (ii) transfer payments for converting farm land into forestland and/or grassland (Grain for Green Transfer Payments); (iii) financial transfer payments for resource-exhausted cities; and (iv) transfer payments for national key ecological function areas.

China has implemented a series of special transfer payments system, primarily focusing on major ecological projects, such as: (i) the Natural Forests Conservation Project; (ii) the Grain for Green Project; (iii) the Returning Pastureland to Grassland Project; (iv) the Beijing-Tianjin Sandstorm Source Control Project; (v) the Ecological Public Welfare Forest Compensation Project; and (vi) the Grassland Ecological Protection Reward Mechanism.

3.1.2 Financial Transfer Payment at Local Government Levels

Besides financial transfer payments from the Central Government, many provinces and cities have also been actively engaged in some form of eco-compensation financial programs involving local financial transfer payments. Such programs have been launched at the level of and below the provincial government.

Zhejiang Province, for example, has taken the lead in carrying out general transfer payments on eco-compensation. In 2008, the Zhejiang Provincial People's Government released the "Zhejiang Province Pilot Scheme of Financial Transfer Payments for Eco-environmental Protection" (ZZBF No. [2008] 12) to fully implement provincial financial transfer payments for eco-environmental protection to municipalities and/or counties located at water-source areas of major river systems. As the party designated to arrange financial transfer payments for eco-compensation within the province, the provincial finance department raises necessary funding for transfer payments according to the principle of "protector benefits and who contributes more benefits more." Meanwhile, the provincial finance department uses two relevant sectors of eco-environmental protection (water, air) as the basis for calculating payments. It combines relevant pollution reduction measures to calculate and distribute transfer payments by using factor method and coefficient method.

With regard to arrangements concerning local financial transfer payments below provincial level, many local governments, such as Guangdong and Zhejiang, have implemented initiatives which provide valuable lessons to other local governments. A few provinces have established specific local forestry eco-compensation fund within the provincial government financial budget for the protection of local ecological public welfare forest. Guangdong Province has created an eco-compensation scheme for the upstream Dongjiang River within its administrative jurisdiction. Under this scheme, the provincial financial department arranges special funds to be used for water resource conservation and water quality protection in the Dongjiang River Basin.

3.1.3 Inter-regional Horizontal Financial Transfer Payment

A few pilot projects have been carried out to explore horizontal financial transfer payments on eco-compensation between different administrative areas. Such projects are mostly and voluntarily conducted by and between local governments, and mainly occur between well-defined upstream and downstream ecosystem service beneficiaries and providers. In practice, according to the geographical locations of the ecosystem beneficiaries and providers, inter-regional horizontal financial transfer payments may be classified either asintra-regional eco-compensation, i. e., eco-compensation made within the same administrative region; or inter-governmental (inter-provincial) eco-compensation, i. e., eco-compensation made between two or more administrative regions. Negotiation arrangements vary greatly between intra-regional eco-compensation and inter-provincial eco-compensation.

The Fujian Province Jiujiang River Basin Eco-compensation Arrangement is a good example of an intra-regional eco-compensation scheme. Examples of inter-provincial eco-compensation are the Beijing-Hebei Water Provision Co-operation Project and the Xinanjiang River Basin Eco-compensation Project.

3.1.4 Ecological Tax System

There is presently no direct eco-compensation tax in China. However, some taxes and non-tax revenues indirectly have "polluter-pays" or "user-pays" content, such as consumption tax, resource tax, urban maintenance and construction tax, vehicle and vessel tax, farmland occupation tax, urban land use tax, and mineral resources compensation fee. A few other types of governmental fees and revenues genuinely reflect the idea of eco-compensation—e. g., pollutant discharge fee, eco-environment compensation fee, and mining environmental restoration and management deposit.

3.2 Economic Operation Model Relating to Eco-compensation

Ecosystem service plays an important role in supporting economic and social development. According to general economic theory, capital, land, and labor are necessary inputs for macroeconomic operation; however, ecosystem service basically provides the same fundamental inputs (and functions) in the macroeconomic operation.

The factor inputs of capital, land and labor, together with ecosystem service inputs, have jointly safeguarded the economy's normal operation. If we over-utilize the ecological resources and recklessly exploit the ecological environment, we may, in the short run, achieve rapid economic growth. But such growth is temporary as future ecosystem service function will greatly be reduced once the effects of environmental damages set in. The basic foundation of economic development will collapse, thus adversely affecting sustainable economic development.

Since its economic reform and opening up, China's fast economic growth pattern has heavily depended on industrial development and less on tertiary sector development. Such mode of economic growth imposes substantial burdens on China's ecological resources and environment resulting in a rapid decline of ecosystem services, especially in ecologically fragile areas. The decline of ecosystem services is not conducive to environmentally sustainable development; therefore, it is necessary to protect the country's eco-environment and to enhance long-term service function of the ecosystem. Eco-compensation is an essential means to establish China's long-term environmental protection mechanism.

Eco-compensation can be regulated to effectively adapt to the specific interests of different parties (individuals, enterprises, and governments), which will inevitably influence their respective behavior and gradually result in positive impacts on economic performance.

First, eco-compensation enables the ecosystem to recover from past exploitation and improve its capacity to provide necessary resources and services towards a sustainable socio-economic development. It also enhances the potential of the ecosystem to absorb and transform wastes, which are expected byproducts of economic growth, into useful and safe functions. As such, improvement in the ecosystem's service function can pave the way to more favorable conditions for economic development and human survival.

Second, due to restrictive measures, however, resources from ecosystem used as inputs in economic production will be reduced, development of high-energy consumption and/or high-pollution industries will be restricted, and inputs of capital, land, and labor will decline. These may affect the income of some families and the economic growth of some regions.

Third, from the perspective of capital investment, eco-compensation requires substantial financial investment. If investment comes from national finances, it will affect allocation for other expenditures. If it comes from the coffers of local governments whose jurisdiction benefits from ecosystem services, it will involve transfer payments from one region to another. If it comes from general taxation, it means that people from across the country will make transfer payments to a part of the population. No matter where the funding source comes from, it will have a great impact on the economic system.

This report will mainly focus on the short-term impacts of eco-compensation on the macroeconomic system since long-term impacts will not yet influence the current economy. First, eco-environmental protection will restrict the inputs of factors such as capital, land, and labor, thereby slowing down macroeconomic growth. Second, the increase of governmental financial transfer payments will result in increase of revenue, which will also slow down the pace of macroeconomic growth.

As a public good, eco-environmental protection is mainly promoted by the government. In the process of implementing eco-compensation, the Central Government finance is burdened with bearing the main costs of eco-compensation. The composition of the targets of eco-compensation is complex, but households being the basic unit, are the priority target in the implementation of China's eco-compensation scheme. At the macro-level, therefore, it is important that compensation standard be adjusted according to the effect of ecosystem protection efforts on household income. For such eco-compensation to be effective, the rate should at the very least cover for the amount of income loss. Such a simple and feasible standard will help ensure that the stakeholders will positively engage in the eco-protection work to improve ecosystem services and restore damaged ecosystem.

The process of estimating the eco-compensation standard consists of three steps:

First, estimate total macroeconomic losses caused by ecological protection activities and use this value as the primary basis for assessing eco-compensation standard. Total economic losses may be measured by calculating reduction in the inputs of labor, land, and capital investment as a result of ecological protection.

Second, estimate total losses of household income caused by ecological protection activities since households are the main targets of eco-compensation. The basic rule here is that the amount of compensation given to households should be equal or above the value of impact on their incomes. Household is just a small unit of the economy in general; therefore, the aggregate economic losses caused by ecological protection activities is always much greater than the reduction of the households' incomes.

Third, measure and calculate eco-compensation standard. After estimating the total losses of the household income caused by ecological protection activities, the calculated values shall be classified according to some well-defined categorization to obtain the specific eco-compensation standard for each of the different eco-protection effort. For example, when establishing the eco-compensation standard for activities returning farmland to forestry, the total loss of the household income shall be classified according to the size of the area being returned to forestry. Hence, compensation given to farmers will be on a per mu basis.

3.3 Problems and Recommendations

3.3.1 Problems

In general, China's current fiscal system does not include eco-compensation schemes, and the existing fiscal policies related to eco-compensation are marred with various implementation problems.

Central financial transfer payment is the major funding source for eco-compensation. Currently, however, the Central Government does not give sufficient weight and consideration to eco-environmental issues when determining the allocation of financial transfer payments, which results in deficiency of financial support for eco-compensation. Moreover, local governments lack financial guarantees for eco-environmental protection and governance effort, which influences local governments' ability and enthusiasm to undertake eco-compensation projects.

Existing schemes of Central Government transfer payments to local governments do not comprise any clearly defined eco-compensation-specific program. Most of these transfer payments are conducted through projects such as the conversion of cultivated land into forests, the restoration of grazing land to grassland, the Natural Forests Conservation Project, and other ecology and environment protection and administration projects, many of which have inherent design, implementation, and management problems.

Though eco-compensation based on programs and projects is easy and convenient in practice, it nonetheless lacks long-term basis and stability since it is bound by the terms and conditions of corresponding program or project. Moreover, as some specialized transfer payments require relevant matching funds from local governments, they impose a huge burden on the coffers of concerned local governments thereby either squeezing away other fiscal expenditures vital to the delivery of basic services or causing deficiencies in eco-compensation projects due to lack of supporting funds. Unfortunately, the areas needing the most eco-compensation measures are, more often than not, the most economically disadvantaged regions. Also, the final results and effects of eco-compensation projects may be vulnerable to and affected by the manner by which specialized funds for these projects are managed, whereby many departments like forestry, agriculture, water resources, and environment protection are involved. Such arrangement can easily lead to disputes and problems with respect to responsibility sharing and coordination.

In addition to the lack of fiscal support and effective legal foundation for eco-compensation, there are no horizontal transfer payments between local governments currently in place in China. Consequently, most of the eco-compensation projects at present are at a non-institutional and unstructured stage, and the final outcomes of which remain to be seen. A major problem in the implementation of eco-compensation is the lack of coordination among the various players and stakeholders. In the realm of eco-compensation, those who benefit from environmental protection efforts are usually the more developed regions who can afford to pay, while those who undertake ecological conservation are the less developed regions who suffer from lack of funds. Hence, government-level intervention (in the form of financing, coordination, regulation, etc.) is essential. Compensation standards are also a problem since generally agreed methods for evaluating and assessing ecological services are virtually nonexistent yet.

There are also no specialized environmental taxes targeted on eco-compensation. Though some tax and non-tax revenues are supposedly for eco-compensation purposes, most of them did not take eco-compensation into consideration when said revenues were designed. In the case of non-tax revenues, the government, especially local governments, have imposed miscellaneous fees in the name of eco-compensation (although not all does work in eco-compensation) but there are some apparent defects in the design of these levy polices, which hinder the incentive effect of eco-compensation. Among the various fees, some are already duplicate charges. Also, as most fees are controlled separately by different departments, conflicts of interest may arise resulting in levied money being channeled to targets other than eco-compensation.

Chinese eco-compensation projects theoretically take the costs of ecological protection and development opportunity as the primary factors used in calculating rates for eco-compensation. However, these methods are far from perfect. In practice, ecological protection cost is almost always the only factor being considered even if it is not balanced enough. The value of opportunity cost of development is seriously underestimated, if not totally overlooked, when assessing a reasonable compensation standard. Such a low compensation standard has become one of the main obstacles that limit the protection, conservation, and restoration of local ecology.

Finally, there is no specific law or regulation that will guide both the central and local governments on how to manage and operate the transactions (including finances) relating to eco-compensation.

3.3.2 Recommendations

At present, the government, especially the Central Government, shall play a leading role in the implementation of eco-compensation, especially with respect to enhancing its financial support for eco-compensation.

First, the central fiscal transfer payment system needs to be improved, including maximizing the use of general transfer payment scheme and fulfilling special transfer payment obligations.

Second, horizontal fiscal transfer payment system for eco-compensation should be established. Such scheme should include the following modes of transfer payment: between downstream and upstream areas; between developed and protected areas; between ecological beneficiary and ecological protected areas; and between other areas manifesting a similar relationship between ecological beneficiary and ecological constructor. Coordination from the upper level of government is necessary in establishing such a system.

Two approaches may be taken in the establishment of inter-governmental horizontal fiscal transfer payment. Under both approaches, the governments are tasked to ensure that eco-compensation fund is used for ecological protection and basic public services provision. One approach is to let the Central Government determine the compensation standards. Beneficiaries, such as downstream areas, remit their payments to the Central Government which will be used to set up a special eco-compensation fund for ecological restoration and protection of selected areas. Another approach is to let local governments interact with each other, under the close supervision of the Central Government, in establishing and implementing a relatively stable system of horizontal fiscal transfer payment. Under this approach, government of beneficiary area will directly pay the government of eco-compensation area.

Third, the system of eco-environmental taxes and charges should be refined and properly regulated prior to its gradual implementation.

Fourth, the compensation standard and payment scheme should be clearly established. The most important and basic eco-compensation is the payment to households. Compensation standard for households should take into account the decline of household income as a result of ecological protection, and the corresponding compensation rate should not fall below the income loss or income foregone.

Fifth, relevant legislation on eco-compensation should be clearly drafted and systematically processed to facilitate its prompt promulgation. Well-crafted legislation is needed to regulate, provide funds, and guide the successful implementation of eco-compensation scheme.

4. CONCLUSION

4.1 Background on China's Eco-compensation Legislation and Practice

China has been recognized globally for its efforts and contributions to establishing and implementing eco-compensation. At present, China is carrying out pilot projects in grassland eco-compensation, forestry eco-compensation, and watershed eco-compensation. Valuable lessons and experiences have been drawn from these projects. The current major concern is how to integrate eco-compensation schemes into the overall government fiscal policy and incorporate such schemes into a larger macro-strategy to sustainably raise funds for ecological conservation and protection. Also an issue is how to manage and coordinate the functions and roles of the different departments, sectors, and agencies of all levels of government in the implementation of eco-compensation.

Findings from thematic study, on-site investigation, and research of various local eco-compensation practices in several areas reveal that the type of ecosystem determines the applicable utilization pattern and conservation mode of natural resources. The views, understanding, and attitude toward the value of ecological protection of people from economically developed areas differ from those coming from underdeveloped areas; therefore, different measures and arrangements are used accordingly.

4.2 Proposal to China's Eco-compensation Legislation

Although relevant eco-compensation regimes and their taxation framework have been defined in certain fields such as forest and grassland in national laws and regulations, a comprehensive eco-compensation mechanism has not yet been established; neither is there an integrated special legislation on eco-compensation.

In response to calls for eco-compensation legislation, the following proposals are submitted:

First, on the basis of existing laws, regulations related to eco-compensation in certain extent, and local practices, China should establish and improve national and local eco-compensation mechanism, and draft and enact the Eco-compensation Regulations.

Second, the concept of "eco-compensation" should be clearly defined. Differentiate between "eco-compensation" implemented in China and "PES" which is commonly used in the international community. An alternative is to redefine "eco-compensation" to include market-based mechanisms. For consistency purposes, the Draft Eco-compensation Regulations may retain current "eco-compensation" definition to merely refer to government subsidy and transfer payment, and just insert an additional definition of PES. Otherwise, the Regulations may adopt another term to include both eco-compensation and PES.

Third, the proposed Eco-compensation Regulations should include the following content:

(i) Clarify eco-compensation system in different fields; define ecological beneficiary, ecological beneficiary, ecological compensation, and other relevant concepts, objects and scopes; clearly distinguish the boundary between the responsibility of eco-compensation and the liability for damages;

(ii) Determine basic principles of eco-compensation. Define investors and ways of contributing investment to be regulated in Central Government and/ or local government made eco-compensation policies and regulations;

(iii) Define respective functions, duties, and responsibilities of the State Council and local authorities. Define the supervision and administrative system at all levels of government in eco-compensation implementation;

(iv) Define subjects of eco-compensation, specifically to whom compensation shall be made;

(v) Establish various eco-compensation methods including monetary compensation, compensation in kind, technology compensation, preferential policies, industrial compensation, and market-based compensation, etc.

(vi) Draw up eco-compensation rates and standards fully considering temporal and spatial differences. To reasonably design and establish national eco-compensation rates and industrial eco-compensation rates, and to allow provincial people's governments to establish local eco-compensation rates according to the national rates.

(vii) Provide mechanisms to recognize the value of ecosystem services in decision-making processes and specifically link PES, as well as eco-compensation, to planning processes, including strategic environmental assessment, environmental management planning, and land-use planning. Planning and monitoring units differ among sectors and government authorities; hence, mechanisms that provide incentives for sectors and agencies to cooperate should be put in place;

(viii) Create a long-term, multi-channeled, and multi-mode eco-compensation mechanism primarily guided by government financial transfer payment and supplemented with market-based compensation schemes. Finalize the central financial transfer payment system. Establish horizontal eco-compensation financial transfer payment scheme, and determine the corresponding basic rules of such horizontal eco-compensation. In addition, a good ecological environment taxation system is also necessary to facilitate the successful implementation of the eco-compensation mechanism.

(ix) Establish central and local special government funds for eco-compensation on the basis of existing general financial transfer payment, and define the source and use of such funds.

(x) Implement a qualification certificate system of ecological damage assessment and enhance establishment of ecological damage assessment database and index system.

(xi) Establish all three types of PES arrangements—namely public payments, private payments, and trading mechanisms—using as reference relevant international practices on government payments, private payments, and market-oriented trading schemes such as carbon trading, water rights trading, etc.

(xii) Establish fixed indicators to evaluate the performance of eco-compensation measures; provide for more flexible and long-term indicators for PES and other market-based mechanisms; and provide guidelines on ecosystem-specific measurement and monitoring;

(xiii) Establish and finalize organization, coordination, supervision, and evaluation of eco-compensation regimes; and

(xiv) Ensure that the eco-compensation regulations is harmonized with the laws governing the sectors and resources that will be eligible for eco-compensation and market-based mechanisms to ensure that conflicts between legal instruments do not hinder the effectiveness of the eco-compensation system.

第一章　生态补偿立法的基础*

第一节　生态补偿的定义

一、中国政策文件中的生态补偿

自20世纪90年代以来，随着我国生态保护形势的日益严峻以及国际上生态系统服务价值观念的兴起，中国早已在政策层面关注生态补偿制度的构建。“生态补偿”被提升到“机制”的高度，成为一个典型的社会环境政策用语，其具体表述形式从生态建设和环境保护补偿机制、生态环境恢复补偿机制、生态环境补偿机制等逐渐统一为生态补偿机制。[1]

2012年11月8日，在中国共产党第十八次全国代表大会上，胡锦涛

---

* 本章撰稿人：汪劲，课题组组长兼任生态补偿国内法律专家，生态补偿专家咨询委员会委员，法学博士，北京大学法学院教授、博士生导师，兼任中国环境与发展国际合作委员会中方委员；袁巍，生态补偿国内法律专家助手，北京大学法学院博士生。

〔1〕 仅仅以国务院发布的政策性文件为例。使用“生态建设和环境保护补偿机制”的主要包括：《国务院关于进一步推进西部大开发的若干意见》（国发〔2004〕6号），2004年3月。使用“生态环境恢复补偿机制”的主要包括：《国务院2005年工作要点》（国发〔2005〕8号），2005年4月；《国务院关于促进煤炭工业健康发展的若干意见》（国发〔2005〕18号），2005年6月；《国务院关于加快发展循环经济的若干意见》（国发〔2005〕22号），2005年7月。使用“生态补偿机制”的主要包括：《国务院关于做好建设节约型社会近期重点工作的通知》（国发〔2005〕21号），2005年6月；《国务院关于落实科学发展观 加强环境保护的决定》（国发〔2005〕39号），2005年12月；《中共中央 国务院关于推进社会主义新农村建设的若干意见》（中发〔2006〕1号），2005年12月；《国务院2006年工作要点》（国发〔2006〕12号），2006年3月；《国民经济和社会发展第十一个五年规划纲要》，2006年3月；《节能减排综合性工作方案》（国发〔2007〕15号），2007年5月；《国家环境保护“十一五”规划》（国发〔2007〕37号），2007年11月；《关于加强环境保护重点工作的意见》（国发〔2011〕35号），2011年10月。使用“生态环境补偿机制”的主要包括：《国务院2007年工作要点》（国发〔2007〕8号），2007年3月；《国务院2008年工作要点》（国发〔2008〕15号），2008年3月；《关于2008年深化经济体制改革工作意见的通知》（国办发〔2008〕103号），2008年7月。

总书记作了《坚定不移沿着中国特色社会主义道路前进 为全面建成小康社会而奋斗》的主题报告，其中明确要求："深化资源性产品价格和税费改革，建立反映市场供求和资源稀缺程度、体现生态价值和代际补偿的资源有偿使用制度和生态补偿制度。"2013年3月5日，温家宝总理在第十二届全国人民代表大会第一次会议上所作的政府工作报告中也明确提出："深化投融资体制改革，推进价格改革，健全资源性产品价格形成机制和生态补偿制度。"可见，建立生态补偿制度已是我国生态保护领域的一项紧迫任务。

但是，目前只有原国家环保总局（现环保部）发布的《关于开展生态补偿试点工作的指导意见》（环发〔2007〕130号）明确提出了"生态补偿机制"的定义，即以保护生态环境、促进人与自然和谐为目的，根据生态系统服务价值、生态保护成本、发展机会成本，综合运用行政和市场手段，调整生态环境保护和建设相关各方之间利益关系的环境经济政策。[1]

从这个定义看，生态补偿包括以下几个要素：第一，生态补偿以保护生态环境、促进人与自然和谐为目的；第二，生态补偿的补偿标准必须综合考虑生态系统服务价值、发展机会成本、生态保护成本三方面的因素；第三，生态系统服务的手段以行政手段和市场手段为基础，两者缺一不可；第四，生态补偿的具体内容体现为调整相关当事人之间的利益关系；第五，生态补偿的本质是一项环境经济政策。

二、理论研究中的生态补偿

（一）非法学视角下的生态补偿

在学界，生态补偿是环境科学、环境经济学、生态学等多门学科共同关注的话题，所以每个学科都从自身独特的研究视角对生态补偿作出了界定。这些学科对生态补偿的定义大体上可以归纳为两类。

第一类定义强调生态补偿对于保护生态系统服务（生态功能）的重要意义，同时也强调了生态补偿作为经济手段在实现利益关系调整中的重要作用。2007年，中国科学院李文华院士等人将生态补偿界定为"以保护和可持续利用生态系统服务为目的，以经济手段为主调节相关者利

---

〔1〕 原国家环保总局（现环保部）：《关于开展生态补偿试点工作的指导意见》（环发〔2007〕130号），2007年8月24日。

益关系的制度安排。”[1]2010年，他们又将生态补偿的定义扩展为“以保护生态环境，促进人与自然和谐发展为目的，根据生态系统服务价值、生态保护成本、发展机会成本，运用政府和市场手段，调节生态保护利益相关者之间利益关系的公共制度。”[2]

这类定义把生态系统服务价值、经济手段、利益关系作为生态补偿的核心因素，其主要考虑因素是：“建立生态补偿机制是落实科学发展观、构建和谐社会的重要措施，也是健全生态保护经济激励机制和融资机制的有效手段。当前，我国的生态保护及其相关的污染防治存在共同的问题，即由于环境利益及其相关的经济利益在保护者、破坏者、受益者和受害者之间的不公平分配，保护者得不到应有的经济回报，缺乏保护的经济激励；破坏者未能承担破坏环境的责任和成本，受害者得不到应有的经济赔偿。这种环境及其经济利益关系的扭曲，不仅使中国的生态保护面临很大困难，而且也阻碍了地区间、人群间的协调发展。要解决这类问题，必须建立一种能通过调整相关利益主体的利益分配关系，达到激励生态保护行为目的的政策。建立生态补偿机制既是有效保护生态环境的紧迫需要，也是建立和谐社会的重要措施，具有重要的战略意义。”[3]

学界还有不少定义与李文华院士等人主张的生态补偿定义相似。例如，《环境科学大辞典(修订版)》将生态补偿机制(mechanism of ecological compensation)界定为：为维护、恢复或改善生态系统服务功能，调整相关利益者的环境利益及其经济利益分配关系，以内化相关活动产生的外部成本为原则的一种具有经济激励特征的制度。[4] 又比如，万本太等人认为：“生态补偿是以保护自然生态系统服务功能、促进人与自然和谐为目的，运用财政、税费、市场等多种手段，调节生态环境保护的相关利益方经济利益关系，以公平分配相关各方环境保护责任和义务，并实现生态环境

[1] 李文华、李世东、李芬、刘某承：《森林生态补偿机制若干重点问题研究》，载《中国人口·资源与环境》2007年第2期，第13页。

[2] 李文华、刘某承：《关于中国生态补偿机制建设的几点思考》，载《资源科学》2010年5月，第791—792页。原文脚注略。该定义后为李文华院士主持的中国生态补偿机制与政策研究课题组所采纳，参见《中国生态补偿机制与政策研究》，科学出版社2007年版。

[3] 李文华、李世东、李芬、刘某承：《森林生态补偿机制若干重点问题研究》，载《中国人口·资源与环境》2007年第2期，第13页。

[4] 《环境科学大辞典(修订版)》，中国环境科学出版社2008年版，第566页。

保护外部效益内部化的一系列制度安排和政策措施。[1]

第二类定义强调生态补偿是将生态保护活动外部性予以内部化的经济手段，生态补偿制度的设计目标是运用制度激励人们提供生态产品这一公共物品。例如，刘峰江、李希昆认为，生态补偿是防止生态资源配置扭曲和效率低下的一种经济手段，具体而言是通过一定的法律手段将生态环境保护的外部性内部化，让生态保护产品的消费者支付相应的费用，生态保护产品的生产者获得相应的报酬；通过制度设计解决好生态产品这一特殊公共产品消费中的'搭便车'现象，激励公共产品的足额提供，通过制度创新解决好生态投资者的合理回报，激励人们从事生态环境保护投资并使生态资本增值。"[2]

上述两类生态补偿定义的共同点在于，都突出了生态补偿主要利用经济手段来调整相关主体之间的利益关系，并且这种调整必须通过制度化的形式表现出来。这为从法学视角分析生态补偿提供了基础，因为法律正是调整主体之间社会关系的工具，同时相较于其他制度领域，法律制度更加重视自身的体系化、规范化。

（二）法学视角下的生态补偿

中国国内法学界，也有不少学者对生态补偿进行了界定，归纳起来看主要有四种代表性观点。

第一种观点从资源开发利用行为入手，分析了开发利用资源的主体与因开发利用资源而受到损害的主体、保护资源的主体之间的关系后，认为“生态效益补偿即指国家或社会主体之间约定对损害资源环境的行为向资源环境开发利用主体进行收费或向保护资源环境的主体采取利益补偿性措施，并将所征收的费用或补偿性措施的惠益通过约定的某种形式转达到因资源环境开发利用或保护资源环境而自身利益受到损害的主体，以达到保护资源的目的的过程。”[3]

第二种观点从人与自然之间、人与人之间的关系来解析生态补偿所体现的利益关系，认为“生态补偿在法律层面，至少包括以下几个方面：

---

[1] 万本太、邹首民主编：《走向实践的生态补偿——案例分析与探索》，中国环境科学出版社 2008 年版，前言部分。

[2] 刘峰江、李希昆：《生态市场补偿制度研究》，载《云南财贸学院学报：社会科学版》2005 第 1 期，第 38 页。

[3] 杜群：《生态补偿的法律关系及其发展现状和问题》，载《现代法学》2005 年第 3 期，第 186—191 页。

(1) 从事对生态环境有影响的行为时对生态环境自身的补偿。如修建大坝时,环境评价报告中要求必须修建的巡鱼通道。这体现了人与自然的关系;(2) 开发利用环境资源时对利益受损的主体的补偿。(3) 开发利用所带来的生态风险(包括对环境的风险和对人的风险)的补偿。这种补偿针对的是环境风险的不确定性。如设立的生态风险基金。这既体现了人与自然的关系又体现了人与人的关系;(4) 对保护治理生态环境的补偿,包括对因保护环境所带来的机会丧失的补偿。如退耕还林还草的补偿金。这体现了人与人的关系。"[1]

第三种观点以更宏观的视角从生态补偿活动的具体表现来定义生态补偿,认为"生态补偿从狭义角度理解就是指对由人类的社会经济活动给生态系统和自然资源造成的破坏及对环境造成的污染的补偿、恢复、综合治理等一系列活动的总称;广义的生态补偿则还应包括对因环境保护丧失发展机会的区域内的居民进行资金、技术、实物上的补偿,政策上的优惠,以及为增进环境保护意识,提高环境保护水平而进行的科研、教育费用的支出。"[2]

第四种观点围绕着国家的行为来定义生态补偿,认为"生态补偿理应包括以下两层涵义:一是指在环境利用和自然资源开发过程中,国家通过对开发利用环境资源的行为进行收费以实现所有者的权益,或对保护环境资源的主体进行经济补偿,以达到促进保护环境和资源的目的;二是国家通过对环境污染者或自然资源利用者征收一定数量的费用,用于生态环境的恢复或者用于开发新技术以寻找替代性自然资源,从而实现对自然资源因开采而耗竭的补偿。"[3]

上述四种代表性观点为我们理解生态补偿提供了一定的参考。法学视角下的生态补偿定义应当关注对不同主体之间发生的、以生态保护为

---

〔1〕 王清军、蔡守秋:《生态补偿机制的法律研究》,载《南京社会科学》2006 年第 7 期,第 73—74 页。

〔2〕 吕忠梅:《超越与保守一可持续发展视野下的环境法创新》,法律出版社 2003 年版,第 355—356 页。

〔3〕 曹明德:《对建立我国生态补偿机制的几点思考》,载 http://erelaw. tsinghua. edu. cn/news_view. asp? newsid = 301,最后访问日期:2013 年 4 月 26 日。之后曹明德教授对生态补偿的定义又进行了限缩,认为生态补偿就是指"是指生态系统服务功能的受益者向生态系统服务功能的提供者支付费用"(见曹明德:《对建立生态补偿法律机制的再思考》,载《中国地质大学学报(社会科学版)》2010 年第 5 期,第 28—35 页)。

内容的社会关系、利益关系或法律关系的调整。因而,相对具体的主体特征、主体间的权利义务关系内容才是生态补偿法学定义的核心要素。

三、立法中的生态补偿

(一) 生态补偿的源流分析

"生态补偿"一词的来源,目前还没有一个确切的考证。它既非环境科学、生态学等自然科学的固有词汇[1],也非经济学等社会科学的创造。

经济学主要从外部性理论、稀缺性等角度来将生态环境这一传统的公共物品纳入经济价值分析的轨道,并且通过关注对生态价值进行评估的经济手段为生态补偿提供理论支持和技术协助。

在自然科学中,"补偿"一词有特定含义。"补偿能力(compensation)"是指"受到害虫取食的作物所具有的一种自发性自我弥补损害的能力"。[2] 这一自发性能力,也可以扩及至整个生态系统。对此,我国的生态学研究早就已经持类似观点:"在长期进化过程中,通过物质循环与能量交换,生物圈与生态系统之间建立了相互协调与补偿关系,并使生物圈及生态系统都具有一定限度的调节功能……"[3]在英文中,"ecological compensation"在20世纪60年代就已经出现,并且也具有类似的意涵。[4]"补偿"的这一特定含义,引导着我们使用"生态补偿"来描述自然界自我修复与维持的能力。但是,人类对自然资源利用的欲求已经使得这种自我恢复能力远远无法保护资源自身,需要借助人力干涉来帮助完成自然界的修复过程。

至此,"生态补偿"的原意已然无关紧要,重要的是通过什么样的方式来保障和激励人们采取措施实现这一目的。在这样的背景下,对生态

---

〔1〕 目前国内的很多研究认为,"生态补偿"一词被收录在《环境科学大辞典(修订版)》(中国环境科学出版社2008年第2版,第566页)。然而,该辞典仅有"生态补偿机制"一词,其定义明显受到了2007年原国家环保总局发布的《关于开展生态补偿试点工作的指导意见》的影响。不仅如此,在笔者所检索的多个环境科学、生态学、生物学辞典中也未有"生态补偿"一词。

〔2〕《环境科学大辞典(修订版)》,中国环境科学出版社2008年版,第25页。

〔3〕 马世骏:《现代化经济建设与生态科学——试论当代生态学工作者的任务》,载《生态学报》1981年6月刊,第176页。

〔4〕 Vinogradov, B. V, "Ecological Compensation and Replaceability, and the Extrapolation of Plant Indicator", in A. G. Chikishev (edtor), *Plant Indicators of Soils, Rocks and Subsurface Waters*, Consultants Bureau, New York, 1965, pp. 180—187.

补偿的理解进入了社会制度领域。对这一转变的学术探讨在20世纪80年代就已经出现:“所谓生态补偿就是从利用资源所得到的经济收益中提取一部分资金并以物质或能量的方式归还生态系统,以维持生态系统的物质、能量输入输出的动态平衡。”[1]

由此看来,政策和立法中的“生态补偿”,不过是在生态系统所具有的自我补偿、自我修复功能基础上加入人为因素,通过人力来帮助生态系统实现功能恢复,并进而以制度化的形式表达出来的社会机制或者制度。这应当是理解生态补偿的基础。

(二)生态补偿的制度定位分析

制度定位是指一项制度在整个制度体系中的地位,或者是指对一项制度与其他相关制度关系的描述。任何制度的产生和发展都有其自身的定位,否则这项制度存在的合理性就值得质疑。同时,制度定位清晰与否,直接影响到与该制度相关的概念是否明晰以及该制度适用范围是否明确。

在汉语中,“补偿”意味着“抵消(损失、消耗);补足(缺欠、差额)”,而“赔偿”意味着“因自己的行动使他人或集体受到损失而给予补偿”。[2] 可见,“赔偿”通常是在行为人的行为具有可归责性的情况下使用,它与具体的行为主体是紧密联系在一起的。

就其法学含义来看,“赔偿”一词常见于两个领域:国家赔偿与损害赔偿。国家赔偿是行政法的一个专门领域,我国还制定有《国家赔偿法》。损害赔偿则常见于民事法律关系中,最有代表性的损害赔偿是侵权责任中的损害赔偿与违约责任中的损害赔偿。而在这些损害赔偿情形中,都存在具体的责任人,责任人的行为与损害后果存在关联,由责任人承担损害赔偿责任。所以,“赔偿”一词在法律概念中的使用,大体上与其在现代汉语中的涵义是相吻合的。

也正因如此,我国《侵权责任法》共有五十多处使用了“赔偿”一词,而仅有五处(四个条文)使用了“补偿”一词。《侵权责任法》中使用“补偿”一词的情况包括:(1)第三人因防止、制止侵权行为而受到损害,侵权人逃逸或无力承担责任时,第三人请求受益人予以适当补偿(第23条);

---

〔1〕张诚谦:《论可更新资源的有偿利用》,载《农业现代化研究》1987年第5期,第22页。

〔2〕中国社会科学院语言研究所词典编辑室编:《现代汉语词典》,商务印书馆2005年版,第108、1028页。

(2) 自然原因引发危险,紧急避险造成损害,紧急避险人可给予适当补偿(第31条);(3) 没有过错的完全民事行为能力人在暂时没有意识或者失去控制造成他人损害的情形下,对受害人给予适当补偿(第33条);(4) 抛掷或坠落物造成损害,难以确定具体侵权人,由可能加害的建筑物使用人给予补偿,除非另有证据证明该使用人不是侵权人(第87条)。上述四种情况下,给予补偿的人(受益人、紧急避险人、侵害人、建筑物使用人)并不一定采取一定行为(比如第一种情形下的受益人),其行为也不一定就是合法行为(比如第三种情形下的侵害人),他们不承担赔偿责任的原因在于他们不具有可归责性,不可称其为责任人。

除了《侵权责任法》,还有不少法律也在使用"补偿"一词。例如,征地补偿费(《村民委员会组织法》)、建设管道影响土地使用的补偿、政府与管道企业协商管道调整的补偿方案(《石油天然气管道保护法》)、国家对电价进行管理所引起的费用补偿(《可再生能源法》)、征收补偿、征用补偿、建设用地使用权提前收回的补偿(《物权法》)。在这些法律中使用"补偿"而不是"赔偿",也是因为行为人不具有可归责性。

因而可以认为,生态补偿是有别于生态损害赔偿的另一项制度安排。生态损害赔偿是因违法行为造成生态破坏后果所应承担的责任,而生态补偿是在合法行为给自然生态造成损害的情况下而适用的制度。例如,山东省在2010年发布了《海洋生态损害赔偿费和损失补偿费管理暂行办法》,其中明确区分了缴纳"海洋生态损害赔偿费"和"海洋生态损失补偿费"分别对应的情形。前者主要适用于"发生海洋污染事故、违法开发利用海洋资源等行为导致海洋生态损害"的情况,后者主要适用于"实施海洋工程、海岸工程建设和海洋倾废等导致海洋生态环境改变"的情形。

所以,生态资源利用行为的合法或违法直接影响到行为人承担的义务是补偿或赔偿。"补偿"意味着生态资源利用行为的合法性,而合法的资源利用行为通常已经过政府有关部门审核批准、甚至已缴纳相关费用。所以我们才看到,我国生态补偿实践和立法基本围绕着各级政府来开展。我国土地公有制更是加深了这一观念,即生态补偿实际上是由各级政府作为土地所有者代表向土地利用人支付费用,以确保土地利用人保护生态资源的活动。

此外,生态补偿与管制型立法也存在根本差异。管制型立法是通过控制人们对环境资源的利用活动来实现污染防治、生态保护的目的。也就是说，管制型立法的中心问题是界定环境利用行为合法与非法的界线。在界线以内，环境利用行为合法有效，他人或者社会公众负有容忍义务；在界线以外，环境利用行为违法，管制型立法对其施加法律上的制裁。倘若立法对这条界线不予变动，那么对于在界线以外的违法行为仅需要强调执法的严格性即可。但是，对于人们负有容忍义务的合法行为也会带来或多或少的环境问题，如何让合法行为也关注这种关联性并最终实现生态资源保护目的，就成为生态补偿的关键所在。

综上，生态补偿的制度定位应当从根本上区分于生态损害赔偿制度，并且也应当不同于管制型立法。生态补偿主要关注于那些合法开发利用自然资源的行为，主要通过经济手段来确保这些合法开发利用自然资源的主体采取措施保护环境。

（三）生态补偿的立法界定

从立法的角度来看，生态补偿应当具有三方面含义：第一，中央人民政府或者地方各级人民政府为了实施生态保护措施，以金钱、物质或其他方式弥补因此受到损失的主体；第二，合法开发利用自然资源的主体，向政府缴纳治理、恢复生态系统费用；第三，合法开发利用自然资源的主体，向保护该自然资源的主体支付费用。

从中央人民政府或者地方各级人民政府的角度来看，由于我国对重要自然资源实行全民所有制，政府代表国家对自然资源享有权利。因而政府可以说是生态保护的最大获益者，政府应该将其财政收入的一部分用于补偿由于政府采取生态保护措施而受到损失的人，这体现了受益者付费、受损者获补的原则。通常，受损者获补的范围包括三个方面，其一是他人为保护生态所作投入给予的补偿，其二是他人放弃了发展机会所致损失给予的补偿，其三是划定区域禁止开发，进行的保护性投入和补偿。

除了各级人民政府，合法开发利用自然资源的主体也是自然资源的直接受益主体。合法开发利用自然资源的主体的受益体现在两个方面：其一是对以物质形态存在的自然资源的开发利用享有利益，比如开采矿产资源的企业通过矿产开采获取直接的经济利益；其二是通过利用自然资源所提供的生态系统服务享有利益，比如河流上游的森林和湿地过滤水质，从而为河流下游的居民提供清洁水源。

由此看来，对生态补偿作出立法上的界定时，最重要的问题在于明确接受补偿的主体与支付补偿的主体，以及明确表现两者之间关系的具体形式。对于生态补偿的双方主体，我们可以分别使用"生态受益者、损害者"与"生态保护者、受损者"的概念。"生态受益者、损害者"，是指从维护和创造生态系统服务价值等生态保护活动中受益，或者开发利用环境和自然资源损害生态环境的个人、单位和地方人民政府。"生态保护者、受损者"，是指为维护和创造生态系统服务价值投入人力、物力、财力或者发展机会受到限制，或者因生态损害遭受损失的个人、单位和地方人民政府。"生态受益者、损害者"与"生态保护者、受损者"双方之间的关系通常以资金补助、项目支持、政策优惠等方式表现出来。

综上所述，生态补偿应当是指各级人民政府和生态受益者、损害者通过资金补助、项目支持、政策优惠等方式，对生态保护者、受损者损失的弥补。

第二节　中国生态补偿的立法与实践发展

一、生态补偿立法的发展

（一）国家层面的立法

自20世纪90年代以来，中国陆续颁布了一些与生态补偿相关的法律法规，这些法律法规大多规定了通过补助手段对生态效益保护者进行补偿。

例如，1994年发布的《自然保护区条例》第23条规定："管理自然保护区所需经费，由自然保护区所在地的县级以上地方人民政府安排。国家对国家级自然保护区的管理，给予适当的资金补助。"

2001年公布的《防沙治沙法》第25条第3款规定："采取退耕还林还草、植树种草或者封育措施治沙的土地使用权人和承包经营权人，按照国家有关规定，享受人民政府提供的政策优惠。"第33条规定："国务院和省、自治区、直辖市人民政府应当制定优惠政策，鼓励和支持单位和个人防沙治沙。县级以上地方人民政府应当按照国家有关规定，根据防沙治沙的面积和难易程度，给予从事防沙治沙活动的单位和个人资金补助、财政贴息以及税费减免等政策优惠。单位和个人投资进行防沙治沙的，在投资阶段免征各种税收；取得一定收益后，可以免征或者减征有关税收。"

2002年修订后的《草原法》第35条第2款规定："在草原禁牧、休牧、轮牧区，国家对实行舍饲圈养的给予粮食和资金补助，具体办法由国务院或者国务院授权的有关部门规定。”第 48 条第 2 款规定：“对在国务院批准规划范围内实施退耕还草的农牧民，按照国家规定给予粮食、现金、草种费补助。”

2002 年公布的《退耕还林条例》，国家按照核定的退耕还林实际面积，向土地承包经营权人提供补助粮食、种苗造林补助费和生活补助费。

在已经颁布的法律法规中，也有不少明确使用了“生态效益补偿”、“生态保护补偿”等与生态补偿相似的概念。

例如，1998 年修订后的《森林法》规定：“国家设立森林生态效益补偿基金，用于提供生态效益的防护林和特种用途林的森林资源、林木的营造、抚育、保护和管理。”2000 年公布的《森林法实施条例》第 15 条第 3 款规定：“防护林和特种用途林的经营者，有获得森林生态效益补偿的权利。”

2008 年修订的《水污染防治法》第 7 条规定：“国家通过财政转移支付等方式，建立健全对位于饮用水水源保护区区域和江河、湖泊、水库上游地区的水环境生态保护补偿机制。”

2010 年修订的《水土保持法》第 31 条规定：“国家加强江河源头区、饮用水水源保护区和水源涵养区水土流失的预防和治理工作，多渠道筹集资金，将水土保持生态效益补偿纳入国家建立的生态效益补偿制度。”

从这些法律法规可以看到，它们共同的特点之一就是高度分散，每部立法都在自身关注的领域来规范生态补偿活动，缺乏一部统一的、高层次的立法来对生态补偿进行规定。它们的另一个共同点是补偿方式主要采用补助的手段，仅有个别立法规定了政策优惠等其他方式。

（二）地方层面的立法

在国家层面的法律法规的推动下，中国地方层面也有不少立法涉及生态补偿。

例如，浙江省 1999 年公布的《浙江省农业自然资源综合管理条例》第 19 条规定：“县级以上人民政府应当在农业自然资源重点保护山区和水源涵养区建立生态环境保障制度，增加资金投入，加强对农业自然资源的保护。省人民政府应当加大对重点保护山区和水源涵养区的转移支付力度，并逐步建立生态环境补偿专项资金。”

2005 年，浙江省政府通过《关于进一步完善生态补偿机制的若干意见》，明确建立和完善生态补偿机制的原则是“统筹协调、共同发展，公平公正、权责一致，循序渐进、先易后难，多方并举、合力推进"，主要途径和措施包括：在健全公共财政体制、调整优化财政支出结构中，加大财政转移支付中生态补偿的力度；加强资源费征收使用和管理工作，增强其生态补偿功能；积极探索区域间生态补偿方式，支持欠发达地区加快发展；加强环境污染整治，逐步健全生态环境破坏责任者经济赔偿制度；积极探索市场化生态补偿模式，引导社会各方参与环境保护和生态建设。

广东省政府 1998 年 10 月颁布了《广东省生态公益林建设管理和效益补偿办法》，明确政府对生态公益林经营者的经济损失给予补偿。省财政对省核定的生态公益林按每年每亩 2.5 元给予补偿，不足部分由市、县政府给予补偿。

二、生态补偿实践的发展

在国家和地方立法的推动下，生态补偿实践也得到了较快发展。实践中生态补偿的方式也由以往单一的政府补助模式，开始朝着多样化的方向发展。从目前的实践来看，中国实施的生态补偿主要有四种模式。

第一种模式是国家财政补助或补贴模式，由国家财政设立专门的补助费用或者补贴费用，向保护自然生态的个体发放，从而鼓励他们采取措施继续保护所利用土地上的自然资源。

例如，在湿地保护领域，国家林业局联合财政部在 2010 年 5 月颁布《关于 2010 年湿地保护补助工作的实施意见》（财农〔2010〕114 号），明确设立"中央财政湿地保护补助资金"。2011 年 11 月，财政部和国家林业局又颁布《中央财政湿地保护补助资金管理暂行办法》（财农〔2011〕423 号），其中明确规定中央财政湿地保护补助资金（以下简称补助资金）是指中央财政预算安排的，主要用于林业系统管理的国家重要湿地、湿地类型自然保护区及国家湿地公园开展湿地保护与恢复相关支出的专项资金。补助资金主要用于监测监控设施维护和设备购置支出、退化湿地恢复支出、管护支出（劳务费为主）。

第二种模式是基金模式，通过设立专门性基金向自然生态保护者支付保护费用。

例如，在森林保护领域，财政部和国家林业局在 2007 年 3 月发布《中央财政森林生态效益补偿基金管理办法》（财农〔2007〕7 号），其中明确由中央财政安排专项资金建立中央财政森林生态效益补偿基金，主要用于公益林的营造、抚育、保护和管理。

第三种模式是税或费模式，通过向破坏自然生态的主体征收税或费，把筹集的资金用于向保护自然生态的主体支付费用。

例如，我国《资源税暂行条例》（国务院令〔1993〕第139号）明确规定，在我国境内开采规定的矿产品或者生产盐的单位和个人应当缴纳资源税，征税后通过财政转移支付来实现对自然生态保护的投入。

第四种模式是仍处于探索阶段的创新模式，主要集中在流域生态补偿活动中。

例如，为明确安徽、浙江两省在新安江流域水质保护方面的责任，财政部和环保部于2011年10月印发了《新安江流域水环境补偿试点实施方案》，开展省际流域生态补偿试点工作。按照该《实施方案》，在具体补偿方式上，设立新安江流域水环境补偿资金，以两省跨界断面的补偿指数作为补偿依据。补偿资金额度为每年5亿元，其中中央财政出资3亿元，安徽和浙江两省分别出资1亿元。补偿指数的确定，需要根据高锰酸盐指数、氨氮、总氮、总磷四项指标在2008年至2010年三年平均值为基本限值来测算。补偿指数小于或等于1，浙江省将1亿元拨付给安徽省；补偿指数大于1或新安江在安徽省界内出现重大水污染事故，安徽省将1亿元拨付给浙江省；在上述两种情况下，中央财政资金均拨付给安徽省。补偿资金用于新安江流域产业结构调整和产业布局优化、流域综合治理、水环境保护和水污染治理、生态保护等方面。为实现省际跨界断面考核，安徽与浙江两省共同协商起草水环境补偿协议，经财政部、环保部审定签订正式的补偿协议。财政部、环保部共同对协议内容进行指导，并且分别负责对补偿资金进行监督、组织两省对跨界断面水质进行监测。

第三节　中国生态补偿立法的理论基础

一、生态系统服务付费的兴起与发展

（一）生态系统服务的概念演变与类型化

美国斯坦福大学两位学者认为，生态系统服务的现代关注源于1864

年马什(George Perkins Marsh)出版的《人类和自然》(Man and Nature)一书。[1] 该书将生态系统功能描述为微小生物体的活动:"土壤、水、植物和动物体内的导管与流体、我们呼吸的空气,都充斥着微小的生物体,它们在自然界的有机和无机王国里发挥着非常重要的作用。显然,在人类生活的物质经济中占据重要地位的很多物品,其化学的以及在很多情形下机械的特征必定受到其内在的有机因素影响。同样显而易见的是,所有农业和工业活动都倾向于干扰这种因素的自然安排。"[2]

伴随着对生态系统功能认知的深入,人们逐渐将生态系统功能描述为生态系统向人类提供的服务。比如,德格鲁特(De Groot)等把生态系统功能看做是生态系统过程的子概念,是生态系统向人类直接或者间接提供服务的能力,具体而言包括调节功能(regulation function)、生境功能(habitat function)、产出功能(production function)和信息功能(information function)四种类型。[3] 久而久之,生态系统服务(ecosystme/environmental/ecological service)[4]的概念由此被提出并广为传播。

最早将生态系统功能描述为向人类提供的一种服务的,是1970年一份名为《关键性环境问题研究》(Study of Critical Environmental Problems)的报告。该报告中使用了"环境服务"(environmental services)一词,并列举其范围包括:害虫防治、昆虫授粉、捕鱼、气候调节、土壤保持、洪水防控、土壤形成、物质循环、大气构造。[5]

之后,在1974年,环境服务的范围又被扩充到维持土壤肥力和维持基因库,并被命名为"全球环境的公共服务功能"(public-service functions of the global environment)。而在20世纪七八十年代,"全球生态系统的公

---

〔1〕 Harold A. Mooney & Paul R. Ehrlich, "Ecosystem Services: A Fragmentary History", in Gretchen C. Daily (editor), *Nature's Services: Societal Dependence on Natural Ecosystems*, Island Press 1997, pp. 11—17.

〔2〕 George Perkins Marsh, "*Man and Nature; or, Physical Geography as Modified by Human Action*", New York: Charles Scribner, 124 Grand Street, 1864, p. 108.

〔3〕 De Groot R S, Wilson M A, Boumans R M J, "A Typology for the Classification, Description and Valuation of Ecosystem Functions, Goods and Services", *Ecological Economics*, 2002(41), pp. 393—408.

〔4〕 该词还有其他类似表述,比如生态系统服务(ecosystem service)、环境服务(environmental service)、自然服务(nature' services)、环境收益(environmental benefit)等等。本文对这些表述不加区分,统一称为"生态服务"。

〔5〕 Study of Critical Environmental Problems(SCEP), *Man's Impact on the Global Environment*, MIT Press 1970.

共服务”(public services of the global ecosystem)、“自然服务”(nature's services)、“生态系统服务”(ecosystem services)等表述相继出现。[1]

目前对生态系统服务的概念界定主要来自学界,并有多种表述。霍姆兰德(Holmland)和哈默(Hammer)区分了基础性的生态系统服务与需求性的生态系统服务。前者对于生态系统和人类的生存至关重要,包括调节性服务(调节食物链和营养平衡等等)与链接服务(提供生态系统之间的链接);后者的目的仅是满足人类需要,包括信息服务(为人类提供有用的生物信息)与文化服务(为人类提供食物等物质以及娱乐、美学享受)。[2] 博伊德(James Boyd)和班茨哈弗(Spencer Banzhaf)认为,“生态系统服务是自然界的构成部分,为增进人类福利而被直接享有、消耗或者利用。”[3]也有学者将生态系统服务界定为是由“自然生态系统提供的支撑生命和增强生命的服务”。[4]

1997 年,科斯坦萨(Robert Costanza)等人在《自然》(Nature)杂志上发表了一篇生态系统服务价值评估的论文,该文认为生态系统服务是“自然资本中的物质流、能量流和信息流,它与人类人造资本结合后为人类提供着福利”;生态系统服务的类型包括气体调节、气候调节、紊乱调节、水调节、退化控制和沉积物保留、土壤形成、营养物质循环、废物处理、授粉、生物控制、生物避难、食物生产、原材料、基因资源、娱乐、文化等等。[5]

斯坦福大学生态学教授戴利(Gretchen C. Daily)主编的《自然的服务:对自然生态系统的社会依赖》一书对生态系统服务的定义被学界广为引用。戴利教授认为,“生态系统服务是自然生态系统以及构成生态系统的物种,为维持和满足人类所需而依赖的客观状况和过程。它维持着生

---

〔1〕 Harold A. Mooney & Paul R. Ehrlich, “Ecosystem Services: A Fragmentary History”, in Gretchen C. Daily (editor), *Nature's Services: Societal Dependence on Natural Ecosystems*, Island Press 1997, pp. 14—15.

〔2〕 Celia Holmland & Monica Hammer, “Ecosystem Services Generated by Fish Populations”, *Ecological Economics*, 253 (1999,29(2)).

〔3〕 James Boyd and Spencer Banzhaf, “What are Ecosystem Services? The Need for Standardized Environmental Accounting Units”, *Resources for the Future*, DP 06-02, January 2006, p. 8, available at: http://www.rff.org/rff/Documents/RFF-DP-06-02.pdf, last visited: September 12, 2012.

〔4〕 Geoffrey Heal, *Nature and the Marketplace: Capturing the Value of Ecosystem Services*, Island Press 2000, p. 1.

〔5〕 Robert Costanza et al., “The Value of the World's Ecosystem Services and Natural Capital”, *Nature*, 253(May 15, 1997).

物多样性和生态系统产品(ecosystem goods)的提供……并且也实实在在是支持生命的功能。"生态系统服务的类型包括:空气和水净化、减缓洪涝灾害、废弃物排毒与分解、土壤及其肥力的再生与恢复、农作物与自然作物的授粉、农业害虫控制、传播种子及营养物质转移、维持生物多样性、防止紫外线伤害、部分调节气候、保持人类文化多样性、提供优美景观及智力激励因素。[1]

2001年6月,联合国启动了一项被称为"千年生态系统评估"(Millennium Ecosystem Assessment)的国际合作项目,吸收了来自95个国家的1360位专家参与。该项目极大扩展了生态系统服务在全世界范围的影响,并对各国政策和法律制定产生了积极推动作用。

在该项目的综合报告中,生态系统服务被界定为"人类从生态系统获得的收益",具体包括四个类别[2]:

(1) 供给服务(Provisioning Services),是指生态系统提供食物、纤维、燃料、基因资源、生物化学物质、天然药材、药物、装饰资源、淡水等等。

(2) 调节服务(Regulating Services),是指从生态系统调节过程中获得的收益,比如调节空气质量、调节气候、调节水分、调节侵蚀、调节水质和处理废弃物、调控疾病、调节害虫、授粉、调节自然灾害等等。

(3) 文化服务(Cultural Services),是指通过精神满足、发展认知、思考、消遣和体验美感而使人类从生态系统获得的非物质收益,包括文化多样性、精神与宗教价值、知识系统、教育价值、灵感、美学价值、社会关系、故土情结、文化遗产价值、消遣与生态旅游等等。

(4) 支持服务(Supporting Services),是指对于其他生态系统服务生产所必需的服务类型,它对人类的影响常常具有间接性或者持续较长时间,包括土壤形成、光合作用、初级生产(有机体对能量和养分的吸收和累积)、养分循环、水循环等等。这四个类别的划分并非绝对,各种类型彼此之间可能存在交叉之处。比如,按照直接影响或间接影响以及持续时间长短,侵蚀调节既可以被认为是调节服务,也可以被认为是支持服务。

---

[1] Gretchen C. Daily, "Introduction: What Are Ecosystem Services?", in Gretchen C. Daily (editor), *Nature's Services: Societal Dependence on Natural Ecosystems*, Island Press 1997, pp. 3—4.

[2] 参阅联合国千年生态系统评估:《生态系统与人类福祉(综合报告)》(Ecosystems and Human Well-Being: Synthesis),第40页,岛屿出版社(Island Press)2005年。载 http://www.maweb.org/en/Synthesis.aspx 最后访问日期:2012年7月11日。

值得一提的是，中国在2010年发布的《全国主体功能区规划》中提到了“生态产品”与“主体功能”的概念：“生态产品指维系生态安全、保障生态调节功能、提供良好人居环境的自然要素，包括清新的空气、清洁的水源和宜人的气候等。生态产品同农产品、工业品和服务产品一样，都是人类生存发展所必需的。生态功能区提供生态产品的主体功能主要体现在：吸收二氧化碳、制造氧气、涵养水源、保持水土、净化水质、防风固沙、调节气候、清洁空气、减少噪音、吸附粉尘、保护生物多样性、减轻自然灾害等。”[1]

可见，在中国，生态功能区提供的主体功能与生态系统服务的概念相近，这也是我国吸纳接收生态系统服务与生态功能理念的具体表现。

（二）生态系统服务付费兴起的推动因素

“生态系统服务付费”（Payment for Ecosystem/Ecological/Environmental Services, PES）又常被称为“环境服务付费”，是随着生态系统服务概念的提出以及人们对其认知的逐步深入，在各国立法、政策与实践中出现的生态保护手段。

生态系统服务概念的提出及其类型化，是推动生态系统服务付费兴起的第一个因素。戴利教授对生态系统服务概念与类型的探讨以及联合国“千年生态系统评估”项目，均是直接推动力量。生态系统服务概念和类型为开展生态系统服务付费的实践提供了科学依据和确信，同时也为从功能视角来看待自然资源提供了方法和途径。

生态系统服务付费兴起的第二个推动因素是生态系统服务价值评估的研究成果。现有的价值评估研究表明，处于特定生态系统的生态系统服务，其价值可以通过一定方法予以量化，使其具有与其他产品进行对比的可能性。价值评估为“付费”提供了一定的技术支撑。但是，受制于现有评估研究的不足，生态系统服务价值评估仍有较大的深入空间。

生态系统服务付费兴起的第三个推动因素是部分实例的广为宣传。其中，美国纽约市投资自然资本的实例以其鲜活性与说明力得到广泛认可。

1996年，纽约市为自然资本投资了10亿到15亿美元，以便在今后十多年时间里节省成本开支60—80亿美元……纽约市的饮用水来自于卡

---

〔1〕《全国主体功能区规划》（国发〔2010〕46号），2010年12月21日发布。

茨基尔山(Catskill mountains)的水流流域。直到最近,通过植物根系和土壤微生物对河流的净化,以及通过土壤的过滤和沉降,水质足以达到美国环保署规定的标准。但是污水、肥料和土壤里的农药降低了这种净化功效,使得纽约市饮用水质不再符合环保署的要求。纽约市面临抉择:要么恢复卡茨基尔山的生态完整性,要么投入60—80亿美元资本成本用以兴建过滤设施(并且每年的运营费用大约为3亿美元)。换而言之,纽约市要么投资自然资本,要么投资实物资本,哪个选择更有吸引力?……为解决水质问题,纽约市启动了“环境债券发行”,筹措资金用于恢复水流流域生态系统。发行债券的成本由节省的开支来弥补:资本投资支出(60—80亿美元)以及每年的运营成本(3亿美元)。[1]

纽约市投资自然资本的实例有别于传统方式,提供了一条通过投资于生态系统服务来实现生态保护目标的途径,并且迎合着生态系统服务广为传播的需要。在此,纽约市关注的是来自饮用水源河流沿岸土地的“污水、肥料和土壤里的农药”,采取的主要措施是购买沿岸土地或者与土地所有人签订土地管理的协议,以减少这些物质对河流水质的影响。

(三)生态系统服务付费的实践发展

生态系统服务本质上就是生态功能,生态系统服务付费是为了保护生态系统服务而进行的付费活动。因而,在生态系统服务概念被提出之前,一些国家开展的以保护生态功能为目的的实践活动实质上也是生态系统服务付费,尽管这些实践并没有冠以“生态系统服务付费”或者其他相似名称。

例如,美国自20世纪30年代开始就已经开始实施一些制度,通过向农民进行直接支付来达到土壤保护的目的。20世纪80年代以来,美国在农业休耕领域实施的“保护储备计划”(Conservation Reserve Program, CRP)更是典型的例子。CRP最初规定在1985年《食品安全法》(Food Security Act of 1985)中,之后在2002年的《农业安全与农村投资法》(Farm Security and Rural Investment Act of 2002)和2008年的《食品、保护和能源法》(Food, Conservation, and Energy Act of 2008)中都延续了该计划并在内容上稍作调整。

2008年《食品、保护和能源法》规定:“部长应该制定和实施保护储备

〔1〕 Chichinilsky, Graciela, and Geoffrey Heal, “Economic Returns from the Biosphere”, *Nature*, 629(February 1998).

计划,该计划通过签订合同来登记土地。该计划旨在帮助(本条 b 款所述的)土地的拥有者和经营者来保护和改善这些土地的土壤、水源以及野生动植物资源,并处理州内、区域内或全国范围内与保护事项有关的事宜。"[1]按照该法,适于实施 CRP 的土地主要是高度易蚀的农田,或者是如果继续进行农业生产会促使土壤、水源或空气质量退化的农田。[2] 并且,为了判定土地是否需要实施 CRP,在满足一定前提条件的情况下,将考虑在一个农事年内将该土地用于种植农产品。[3]

CRP 的实施方式是签订合同。部长在决定签订 CRP 合同前,应考虑到所涉土地在提高土地肥力、确保水源质量、保护野生动植物栖息地或其他环境效益方面的作用;并且,部长可以在不同州或地区设定不同的判定标准;此外,在同等环境效益下,当土地所有人或经营者是土地所在地的居民时,他们的合同应得到优先考虑。[4]

在合同期限方面,通常情况下,该法授权部长可签署有效期为 10—15 年的合同。[5] 并且,基于适当的州机构申请,部长应指定部分地区内的流域区域作为优先保护区(比如北美洲五大湖区、长岛区等等),符合条件的流域区域应包括由于农业生产活动而对水质和动植物生存地造成负面影响的区域。[6] 当签订的合同到期后,该合同所涉土地应被考虑重新登记在 CRP 计划中。[7]

关于依照 CRP 合同支付的年度租金,该法要求部长考虑必要的租金数额,以鼓励高度易蚀农田的所有者和经营者参与 CRP 计划。租金数额的确定,由土地所有者或经营者按照部长决定的方式进行投标,或者由部长决定其他适当的方式来确定数额。在租金支付方式上,该法既允许现金支付,也允许以货代款支付,以货代款支付应由商品信用公司(Commodity Credit Corporation)来进行。[8]

此外,在 CRP 合同规定范围内,该法允许土地所有者或经营者将所

---

〔1〕 Food, Conservation, and Energy Act of 2008, Sec 2101; 16 USC § 3831(a).

〔2〕 Food, Conservation, and Energy Act of 2008, Sec 2102; 16 USC § 3831(b).

〔3〕 16 USC § 3831(c).

〔4〕 Food, Conservation, and Energy Act of 2008, Sec 2110; 16 USC § 3834(c).

〔5〕 16 USC § 3831(e).

〔6〕 Food, Conservation, and Energy Act of 2008, Sec 2104; 16 USC § 3831(f).

〔7〕 16 USC § 3831(h).

〔8〕 16 USC § 3834(d).

涉土地转而用于种植防风林或转换为湿地。[1]

表面来看,美国实施的CRP并未提及“生态系统服务”,但是CRP合同签订前政府需要考虑所涉土地为“提高土地肥力、确保水源质量、保护野生动植物栖息地或其他环境效益”提供的功能,而这正是生态系统服务的关注内容。所以,早期的生态系统服务付费实践不具有“生态系统服务付费”的“形”,却具有其“实”。

生态系统服务付费实践的近期发展具有两方面特点。

第一,随着生态系统服务概念的提出以及人们对其认知的深入,“生态系统服务”开始真正成为生态系统服务付费实施的内核。这意味着,“生态系统服务”不仅被法律或者政策明文认可,并且它也成为构建生态系统服务付费整体制度安排的基础。

哥斯达黎加是世界上第一个在法律上规定生态系统服务付费的国家。1996年,哥斯达黎加颁布了《森林法》,该法明文认可了森林提供的四项环境服务[2]:(1)减少因温室效应而产生的温室气体排放;(2)水文服务,提供人类生活、灌溉以及能源生产所需的水资源;(3)保护生物多样性;(4)提供娱乐和生态旅游所需的优美景观。在此基础上,哥斯达黎加通过“国家森林融资基金”(Fondo Nacional de Financiamento Forestal—National Fund for Forest Financing, FONAFIFO)来勾连森林生态系统服务的提供者与受益者,实现付费保护的目的。

越南2008年发布《森林环境服务付费试点政策》,明文认可了三项森林环境服务:水资源调节与供给服务;保护土壤、减少冲蚀、防止水库沉降的服务;提供生态旅游的服务。而越南在2010年发布的《森林环境服务付费政策法令》,在《试点政策》的基础上将森林环境服务的类型扩充为五类[3]:(1)保护土壤,减少对蓄水库、河流、溪流的冲蚀和沉降影响;(2)调节和维持水源,满足社会生产和生活所需;(3)森林的碳固定和碳保存,通过防止森林退化和森林土地减少来降低温室气体排放,实现森林可持续发展;(4)保护自然景观和森林生物多样性,发展旅游服务;

---

〔1〕 16 USC § 3835(a).

〔2〕 Stefano Pagiola, *Payments for Environmental Services in Costa Rica*, Munich Personal RePEc Archive(MPRA) Paper No. 2010, 2007, p. 2, available at: http://mpra.ub.uni-muenchen.de/2010/01/MPRA_paper_2010.pdf last visited: September 14, 2012.

〔3〕 Decree on the Policy for Payment for Forest Environmental Services, No: 99 /2010/ND-CP, Article 4.

(5)提供产卵地、喂养和自然播种地,提供水资源,发展水产业。在此基础上,越南通过中央与地方的森林保护和发展基金来实现由森林生态系统服务的受益者向提供者支付费用。

第二,不仅政府更加活跃地参与生态系统服务付费实践,政府之外的主体也逐渐成为生态系统服务付费的主体。

2008 年 12 月,美国农业部开设了"生态系统服务与市场办公室"(Office of Ecosystem Services and Markets)这一新机构,并在 2010 年更名为"环境服务市场办公室"(Office of Environmental Services Markets),其主要职责在于为生态系统服务市场建立统一可行的标准,搭建生态系统服务市场的基础设施,从而促进生态系统服务市场的发展。[1]

个人(自然人、法人、非法人机构等等)之间开展生态系统服务付费也得到不少国家立法的肯定。越南的《森林环境服务付费政策法令》在付费方式上既认可了"间接支付",也认可了"直接支付"。所谓间接支付,是指以中央基金或者省级基金(在不具备设立基金条件的省份,由指定的政府机构或组织发挥同样作用)为中间人,以政府事先确定的支付标准,由森林生态系统服务的利用者向提供者支付费用;所谓直接支付,是指通过森林生态系统服务的利用者与提供者自愿协商,在具备可能性的条件下,由利用者直接向提供者支付费用。关于直接支付的限制性规定,《法令》仅要求,支付同一类型的森林生态系统服务的标准不能低于《法令》中为间接支付所界定的标准。[2]

第三,随着参与生态系统服务付费主体的增多,生态系统服务付费的实施形式也开始超越简单的政府公共性支付而朝着多样化方向发展。个人与个人之间的生态系统服务付费就是一个明显例证。围绕着生态系统服务付费而出现的利益关系也因此更加复杂。

二、生态系统服务付费的定义与反思

(一)生态系统服务付费的定义

虽然很多国家的立法或者政策对"生态系统服务"的概念进行了界

---

〔1〕 USDA website: http://www.fs.fed.us/ecosystemservices/OEM/, last visited: September 14, 2012.

〔2〕 Decree on the Policy for Payment for Forest Environmental Services, No: 99 /2010/ND-CP, Article 6.

定,但明确界定“生态系统服务付费”的并不多,越南的《森林环境服务付费政策法令》即是一例。该法第3(3)条将生态系统服务付费界定为:“森林环境服务付费是一种供给或者支付关系,其中由森林环境服务的使用人依照本法令第6条向森林环境服务的提供人付费。”[1]

与越南立法的界定相似,被学界广为接受的一种生态系统服务付费要素式界定由国际林业研究中心(Center for International Forestry Research, CIFOR)的经济学家伍德(Sven Wunder)在2005年提出,并获得了多个国家立法与政策的支持。

伍德认为,生态系统服务付费包含五个要素[2]:(1) 存在一项自愿的交易,从而完全有别于强制性的管制手段;(2) 明确界定的生态系统服务,这既可以指那些能够通过测量计算的生态系统服务价值,也可以指通过调整土地利用等方式很有可能确保提供生态系统服务的情况;(3) 由至少一位生态系统服务的买方来购买;(4) 由至少一位生态系统服务的卖方来出售;(5) 只有确保卖方持续地提供生态系统服务时才能存在付费。

在伍德看来,生态系统服务付费具备两方面特点:第一,它是一种经济激励手段,与管制型手段大相径庭;第二,它更多地通过直接手段(而非通过税收、补贴等间接手段)来保护生态。

这五个要素构成了理想化的生态系统服务付费。理想化的生态系统服务付费本质上就是生态系统服务买卖,买方与卖方就生态系统服务的类型、价格、提供方式、提供时间等等方面达成一致,并通过合同确立法律关系。合同的成立要件与生效要件由此可以得到适用。通过理想化的生态系统服务付费,生态系统服务的经济价值在市场上得以完全体现。

但是,伍德在考察了多个国家的生态系统服务付费制度安排后,发现没有一个制度安排完全满足上述五个要素,而只是或多或少地具备其中部分要素。因而他也坦承,上述五个要素仅仅是纯理论的界定,受制于其他因素,这些要素难以圆满。

---

〔1〕 Decree on the Policy for Payment for Forest Environmental Services, No: 99 /2010/ND-CP, Article 3(3).

〔2〕 Sven Wunder, *Payment for Environmental Services: Some Nuts and Bolts*, CIFOR (Center for International Forestry Research) Occasional Paper No. 42, 2005, pp. 3—8. Available at: http://www. cifor. org/publications/pdf_files/OccPapers/OP-42. pdf, last visited: March 14, 2012.

对于第一个要素，受制于生态系统地理分布状况等因素，自愿的生态系统服务供需双方往往局限在小范围内，难以形成大范围市场。对于第二个要素，科学证明的不足使得对生态系统服务的功效期盼大打折扣；举例来说，森林保护一般被认为可以增加清洁水源的供应，但在特定环境下，这种关联性是不是清洁水源增加的真正原因或主要原因还有待科学证明。对于第五个要素，有的国家提供了其他法律及政策工具来保障生态系统服务得以持续提供（比如限制土地利用的法律制度），其他一些国家只能通过成本高昂的监控措施来实现。

作为妥协，伍德认为，我们也完全可以从一种宽泛的、纯文字理解的角度来界定生态系统服务付费，即任何旨在促进生态系统服务提供的支付行为都可以被称为生态系统服务付费。

伍德所界定的生态系统服务付费，可以通过两条路径得以实现。第一条路径是（这也是伍德理论中最核心、最具理想化的部分），当对生态系统服务的价值评估在技术上已臻成熟时，生态系统服务实际上就是它所依附的生态要素（土地、森林、草原等等）所提供的产品，这种产品可以被价值化、货币化，从而成为自愿交易的标的。此时，生态系统服务完全可以被界定为一种财产。如果可以给生态系统服务标定价格，很多生态保护的困境都可以迎刃而解。

作为第一条路径的替代，第二条路径是，当对生态系统服务的价值评估在技术上不成熟时，生态系统服务是在一种模糊状态下（不具有科学确信）被提供的。此时，通过求助于双方约定限制对生态要素的利用行为（限制开发土地或者要求在土地上种植草地等等），以确保该生态要素起到提供生态系统服务的作用，尽管这种作用的经济效益还无法精确计量。

（二）对生态系统服务付费定义的反思

对生态系统服务付费定义的理解，应当从以下几方面来考虑：

第一，生态系统服务及其所依附的自然物质资源是生态系统服务付费本质的依托。生态系统服务付费以提供生态系统服务为目的，也是伴随着社会重视生态功能保护以及对生态系统服务认知的深入而出现的制度性安排，所以生态系统服务付费的本质与生态系统服务紧密相关。

生态系统服务是生态系统向社会提供的支撑性功能，这种功能不是凭空出现，而是有赖于特定的自然物质资源。自然科学的研究成果也为我们提供了一定程度的确信，即位于特定环境下的自然物质资源为其所在的生态系统提供着哪些功能，并由此使社会受益。自然物质资源是生态系统服务的物质基础，也是分析生态系统服务付费本质的物质依托。

第二，生态系统服务付费实现其目的的主要方式是对自然物质资源财产利用行为的调整。生态系统服务付费的目的是确保生态系统服务的提供，而生态系统服务依托于自然物质资源，所以这一目的的达成需要对自然物质资源财产权利人利用财产的行为进行调整，使其朝着更有利于该自然物质资源提供生态系统服务的方向努力。从各国生态系统服务付费实践来看，通过协议自愿调整或者通过法律强制要求调整自然物质资源财产权利人对财产的利用行为是一个共通的特点。

生态系统服务提供方（收费方）所做的行为调整在这些生态系统服务付费实践中有多种表现形式。在美国纽约市投资自然资本、美国保护储备计划改进农田使用的例子中，生态系统服务提供方都需要改进自己利用土地的行为，从损害或者干扰该土地提供生态系统服务的利用方式转变为保护该土地提供生态系统服务的利用方式，具体措施包括在土地上恢复植被、更多使用生态农药、减少对土地的过度开垦等等。在哥斯达黎加的环境服务付费中，土地权利人或者森林管理人可以选择植树造林、保护林地上的植被或者维持土地上的森林状况。在越南的森林环境服务付费中，土地使用人或者森林管理人被要求在土地上植树造林。

所有这些行为调整均服务于生态系统服务付费所希望保护的生态系统服务以及具体的实施情况，因为对物质资源财产权利人享用财产的行为进行调整，即意味着改善了该物质资源财产提供生态系统服务的能力。生态系统服务付费对自然物质资源财产利用行为的调整，其目的是确保生态系统服务的提供。因而，这种调整是在生态系统服务这一新知识的推动下，对既有的、利用自然物质资源财产的行为的纠偏。

第三，对生态系统服务付费本质的理解离不开财产观念变迁这一背景。生态系统服务付费通过调整自然物质资源财产利用行为来确保生态系统服务得到提供，那么为什么要对自然物质资源财产权利人利用财产的行为进行调整？这一问题与另一项对生态系统服务付费的质疑息息相关，即付费的根据在哪里？如果说付费的根据是对物质资源权利人利用土地提供生态系统服务的奖励与赞许，那么这何尝又不是他所本应尽到的义务？生态系统服务提供者（收费者）的现有行为在污染河流、破坏农田、损毁森林资源，这些难道不是本来就应当禁止的行为？

正如有学者形象地描述这一质疑："最明显的问题是，你为什么需要向某人付费，以制止他因放养牛造成的水体污染？他从一开始就不应该把河流弄脏。你为什么需要向一个污染者付费？我会向一个人付费，阻止他抢劫我吗？这完全说不过去！"[1]

个人利益的倡导者会主张，财产权利制度的中心问题是"权利人能做什么"，法律没有明确限制的范围皆属于权利人的权利范围。因而，当法律没有明文限制，"污染者付费"也没有将其适用范围无限扩展时，任何制度都应当对现有的、稳定的财产权利状况给予足够的尊重。

社会利益的支持者会认为，相较于"权利人能做什么"，"权利人不能做什么"更值得关注。倘若生态系统服务对社会的存续发挥着重要作用，法律应当致力于发展义务性规则来限缩权利人的权利范围，而不是向权利人支付费用，使其做本应做到的行为。

对此质疑，无法简单地用个人利益服从社会利益或者社会利益让步于个人利益的办法加以解答。对该质疑的回应离不开财产观念变迁这一背景。财产权利的范围深受其所处时代的财产观念的影响。变迁社会带来财产观念的变化，财产权利范围调整与利益损失如影相随。在19世纪的城市中，人们可以向街道随意倾倒废水，企业也可以任意向大气排放废气，这些行为并不被认为是不道德或者非法的行为。然而，"受到新制定的法律规制的财产所有人是他们无法合理预料的变化的不幸受害者。农民无法知道自己使用的杀虫剂是有毒害的，沿河岸投资的企业家无法预料现代水污染防治法律的出现……类似于工业革命这般猝不及防、翻天覆地的变化，留下了一大群未得到补偿的受害者。妨害法的'合理期待'或'原则'概念对此却无从加以解释。"[2]

顺应社会发展与资源稀缺的趋势，生态系统服务概念把被忽视已久的生态功能具体化、类型化、可评估化，从根本上影响着人们对物质资源财产的认识。因而，生态系统服务作为一种新知识或者新认知与财产观念变迁紧密融合在一起。对自然物质资源财产利用行为的调整乃是财产观念变迁的直接后果。

---

〔1〕 James Salzman, "What is the Emperor Wearing? The Secret Lives of Ecosystem Services", *Pace Environmental Law Review*, 28(2011), pp. 591—603.

〔2〕 Joseph L. Sax, "Property Rights and the Economy of Nature: Understanding Lucas v. South Carolina Coastal Council", *Stanford Law Review*, Vol. 45, No. 5 (May, 1993), pp. 1433—1449.

由此看来,对生态系统服务付费的质疑实际上是站在社会变迁的不同时间点而产生的不同视角。站在社会变迁的后端往前看,生态系统服务付费旨在通过支付费用,对物质资源财产权利人利用财产的行为进行调整,以使其更符合保护生态系统服务所需;站在社会变迁的前端往后看,生态系统服务付费就成了向义务负担者支付费用以确保其履行义务的制度。

第四,生态系统服务付费是生态系统服务提供的制度化保障。生态系统服务是随着人们对自然生态系统认知的深入所掌握的新知识。尽管生态系统服务概念被提出之前的很长一段时间里,人们对生态功能、生态价值的认知已经达到一定程度,但这种认知停留在模糊不清、道德约束为主的阶段。生态系统服务概念试图将生态功能、生态价值具体化和类型化,从而为人们观察、评估生态功能、生态价值提供了工具性手段。

如果说生态系统服务概念将生态功能、生态价值具体化、类型化是自然科学的重大贡献,那么生态系统服务付费正是这一贡献的社会制度化延伸。自然科学成果具备启蒙的积极因素,社会科学可以将这种积极因素用类似于行为守则的方式表达出来。通过生态系统服务付费,人们似乎可以看到一个有别于传统市场的生态系统服务市场;在其中,人们依靠于遵守市场规则、尊重彼此权益的社会规范来达到保护生态系统服务的目的。值得一提的是,不管是私法主导的实践还是公共立法主导的实践,换言之不管是服务于个人利益需要还是社会利益需要,生态系统服务付费均是对特定类型生态系统服务的保护。

第五,生态系统服务付费作为生态系统服务提供的制度化保障,是对生态系统服务付费参与者之间利益关系的认可或者固化。这些利益关系总是与自然物质资源这一物质基础联系在一起,所以它们都体现着财产上的利益需求。利益包括个人利益和社会利益,这两者都可以通过财产得到体现;财产权利人对财产的占有、使用、收益和处分均是个人利益的表现,而规范个人财产利用、追求社会整体秩序的财产规范则是社会利益的体现。换言之,财产不仅是孤立地存在于个人利益世界中,它也是实现社会整体秩序的因素。

综合上述五个方面,生态系统服务付费应当是实现利益平衡的法律制度安排。在这里,“利益”是指在生态系统服务或者生态功能影响下、不同主体之间产生的利益需求;“平衡”则是对多方利益需求进行衡量兼顾而产生的结果状态;“法律制度安排”就是以法律制度构建的形式对利益平衡结果的予以固化。

三、中国生态补偿立法对生态系统服务付费的理论借鉴

（一）个人与社会之间的利益平衡

正如前文所述,生态系统服务付费应当是实现利益平衡的法律制度安排。利益平衡存在多种形态,其中个人与社会利益的平衡应当是我国生态补偿利益平衡机制构建的起点。

首先,我国自20世纪90年代以来开展生态补偿实践的主要形式,是在政府主导下通过财政转移支付等手段向生态环境保护者支付费用,所以我国的生态补偿自始就与社会利益紧密相关。

其次,我国目前仍处于发展阶段,政府和社会对经济发展与社会发展的关切度显然要胜于对环境保护的关注,立足于此背景的生态补偿必然需要向社会利益倾斜。

最后,对个人利益的保护以个人权益的充分确认为前提,但是受到我国长期公有制经济发展的影响,个人对自然物质资源的利用权属关系仍在不断改革调整之中。例如,2012年12月31日,中共中央、国务院发布《关于加快发展现代农业进一步增强农村发展活力的若干意见》,其中明确提出“全面开展农村土地确权登记颁证工作。健全农村土地承包经营权登记制度,强化对农村耕地、林地等各类土地承包经营权的物权保护。用5年时间基本完成农村土地承包经营权确权登记颁证工作,妥善解决农户承包地块面积不准、四至不清等问题。”个人财产权属的不明确使得个人利益观念发展先天不足。

以实现个人与社会之间的利益平衡作为构建我国生态补偿机制的起点,同样有利于生态补偿中个人与个人之间利益平衡的实现。随着生态补偿立法与实践的深入发展,生态功能或者生态系统服务保护的观念逐渐深入人心,以生态系统服务为中心的个人利益问题才会慢慢浮出水面。

（二）生态补偿实现个人与社会利益平衡的制度构建

个人与社会之间的利益平衡可以采取公权力规制方式与利益引导方式。公权力规制方式主要是通过生态功能区划制度,从宏观上把握重要的生态功能区域,通过限制这些区域内自然物质资源的开发利用或者调整资源利用人的行为,来满足社会利益需求。利益引导方式通过构建以

生态系统服务为中心的公共性支付、公共地役权制度和行为监督制度来实现引导个人利益服务于社会利益需求。

生态功能区划方面，我国在2010年发布了《全国主体功能区规划》（国发〔2010〕46号），将全国国土空间划分为优先开发区域、重点开发区域、限制开发区域和禁止开发区域。

其中，限制开发区域包括了“国家重点生态功能区”，其功能定位是“保障国家生态安全的重要区域，人与自然和谐相处的示范区”，其发展“以保护和修复生态环境、提供生态产品为首要任务，因地制宜地发展不影响主体功能定位的适宜产业，引导超载人口逐步有序转移”。《全国主体功能区规划》提供了“国家重点生态功能区名录”，并将国家重点生态功能区细分为水源涵养型、水土保持型、防风固沙型和生物多样性维护型四种类型。

以《全国主体功能区规划》为依据，并结合各地实际情况，我国各省也相继制定省内的《主体功能区规划》，进一步明确了重点生态功能区在各省的分布以及发展方向。重点生态功能区把具有重要生态价值、为社会提供重要生态系统服务的区域划定出来，通过限制在该区域内土地的利用来保护它们所提供的生态系统服务，社会利益由此得到实现。

在利益引导方式的制度化构建方面，我国生态补偿实践仍有继续深入空间。利益引导的制度构成之一是以生态系统服务为中心的公共性支付，“生态系统服务”与“公共性支付模式”是其中的两个核心。

我国生态补偿实践尽管强调了对生态系统功能保护的重要性，但并未将生态功能或者生态系统服务作为制度构建的核心问题。生态补偿如果欠缺对生态系统服务的界定，其整体制度构建会显得异常散乱，让人无从理解。在公共性支付模式方面，我国实践虽然普遍采用了公共性支付的模式，但在具体形式上存在补贴补助、税费、财政专项资金、专门性基金等多种模式，并且在生态系统服务在这些模式中的定位不甚清晰。构建全国性的生态补偿机制必然需要在这些模式中择一而为。

对于上述问题，建立生态补偿基金制度是一项较好的选择。

首先，生态补偿基金制度在我国森林生态保护领域早已累积了不少经验。我国1984年的《森林法》第6条规定设立林业基金制度，1998年修改后的《森林法》规定由国家设立森林生态效益补偿基金，用于提供生态效益的防护林和特种用途林的森林资源、林木的营造、抚育、保护和管理。

从 2001 年开始,财政部和国家林业局发布了《森林生态效益补助资金管理办法(暂行)》(财农[2001]190 号),开始进行中央森林生态效益补偿基金的试点。2004 年,财政部和国家林业局发布《中央森林生态效益补偿基金管理办法》(财农[2004]169 号),正式建立中央森林生态效益补偿基金,保护重点公益林资源,促进生态安全。2007 年,《中央森林生态效益补偿基金管理办法》的内容得到修订,财政部和国家林业局重新发布了《中央财政森林生态效益补偿基金管理办法》(财农[2007]7 号),其中明确:"森林生态效益补偿基金用于公益林的营造、抚育、保护和管理。中央财政补偿基金是森林生态效益补偿基金的重要来源,用于重点公益林的营造、抚育、保护和管理。"森林生态效益补偿基金近三十年的发展历程足以为我国建立全国性的生态补偿基金提供参考。

其次,国际上的经验也表明,通过全国性的生态补偿基金来实现具有生态系统服务内容的公共性支付也是可行的,哥斯达黎加和越南的森林生态系统服务付费即是如此。

最后,学界也有不少学者支持设立全国性的生态补偿基金。比如有学者建议,我国应按照公法上的财团法人模式建立生态补偿基金,以向生态系统服务提供者给予货币资助,"如果《生态补偿条例》可以成为完成该项法律制度创建的载体,则建议在该条例的"生态补偿方式"专章中设若干条款组成条款群来具体规定:生态补偿基金的立法定义、法律性质、类型、设立条件和程序、行政管理、资金来源、内部治理结构及其职能、使用范围;并在"生态补偿的申报支付程序"专章中规定生态补偿基金申请支付的一般性程序;在"使用监督与后评估"专章中规定生态补偿基金的公共监督;最后,还应在有关专章中规定相应的法律责任。"[1]

但是,如何将各领域(森林、草原、湿地、流域等等)生态系统服务的内容整合到生态补偿基金制度中,这对于构建全国性的生态补偿机制是一项挑战。这是因为,我国现有经验以及国际上的生态系统服务付费经验,通常都以某个特定领域的生态系统服务保护为目标。对此,设计生态补偿基金应当在满足形式统一的前提下保持各领域公共性支付的独特性,以与相应领域的生态系统服务类型及内容相一致,并且尽可能避免因

---

〔1〕 竺效:《我国生态补偿基金的法律性质研究——兼论〈中华人民共和国生态补偿条例〉相关框架设计》,载《北京林业大学学报(社会科学版)》2011 年 3 月刊,第 8 页。

领域交叉所出现的重复补偿。

利益引导的制度构成之二是公共地役权制度。在英美法国家,公共地役权制度完全可以借用私法关系中的地役权制度,因为两者适用的规则和法律效果极为相似。比如,美国法上的保护地役权(conservation easement)就是一种公共地役权,它的制度形成完全立足于传统地役权制度。由于制度形成没有过多地纠结于法律体系上的问题,保护地役权才能得以成型。

我国继受大陆法传统,对于制度概念及其界限问题尤为关注。我国《物权法》规定的相邻关系显然无法满足公共地役关系需要,因为相邻关系主要存在于不动产的相邻权利人之间,而生态补偿着眼于调整自然物质资源权利人对资源的利用行为,这里既没有相邻的不动产,也没有任何可供观察的土地利用行为(比如铺设管道)。

我国《物权法》规定的地役权制度继受了传统大陆法中的约定地役权,其构成要件和适用规则受到诸多限制,也无法用以支撑公共地役权理论。然而,在我国的部分行政规制立法中,通过公权力规制为公共地役权提供了基础,比如《电力设施保护条例》(1998 年施行)第 15 条规定,在架空电力线路保护区内不得兴建建筑物、构筑物,也不得种植可能危及电力设施安全的植物。

公权力规制本身具有较好的公信效力,因此可以实现公共地役权制度在制度化的利益引导方式中的作用。但同时,行政规制立法的制定有其适用范围的局限,无法满足生态补偿中多种形式的资源利用行为调整的需要。

此外,通过修改土地、森林等不动产资源的登记内容,加入因生态补偿所产生的资源利用限制或者调整,自然物质资源的登记制度似乎也可以用来发挥与公共地役权相似的作用。

综合上述内容来看,随着我国生态补偿立法和实践的发展,通过何种制度来确保资源利用调整的长期有效性,是一个值得继续深入探讨的问题。

利益引导的制度构成之三是对自然物质资源权利人的行为监督,其目的是确保生态补偿目的的最终实现。在具体制度构建时,针对不同类型的资源利用主体,行为监督的模式应当有所区别,比如,对于企业或者机构性主体,由政府对其行为予以监督较为便利,而对于农民等个人主体,政府监督就不太现实。

从我国生态补偿的现有实践来看,行为监督已经是一项重要的制度构成,监督主体既有政府也有集体组织和单位。

例如,在森林生态效益补偿基金的运行过程中,国家林业主管部门首先与承担管护任务的国有林业单位和集体签订重点公益林管护合同,之后再由国有林业单位与管护人员、集体与个人签订管护合同。《中央财政森林生态效益补偿基金管理办法》(财农[2007]7号)第18条规定:“凡违反重点公益林管理规定,或因管护不善造成重点公益林破坏及生态功能持续下降的,省级林业主管部门应按照有关规定对责任单位采取适当处罚措施。”在这里,林业主管部门对中央森林生态效益补偿基金负责,国有林业单位和集体对林业主管部门负责,管护人员和个人对国有林业单位和集体负责。对于个人而言,直接的监督依据是管护合同,直接的监督主体是国有单位或者集体组织。

综上,我国现有的生态补偿实践表明,构建实现个人与社会之间利益平衡的制度体系,尚存在两个主要方面的不足:第一,欠缺以生态系统服务为中心构建的统一的公共性支付模式,使得生态补偿的立法与实践缺乏核心架构;第二,对自然物质资源财产的利用限制没有体现到相应财产的登记制度中,使得对财产利用的调整缺乏长久性保障。

当前,以生态系统服务为中心建立生态补偿基金制度是我国生态补偿立法所需要考虑的首要问题。以明确的生态系统服务类型及内容为依据,确立生态系统服务提供者和接受者,规范生态补偿基金的资金来源与使用方式,调整自然物质资源财产权利人对资源的利用行为以保护生态系统服务,这是生态补偿与生态系统服务付费所共同享有的、实现个人与社会之间利益平衡的途径。

第二章　森林生态补偿的理论与实践*

第一节　森林生态补偿概述

森林系统是地球生态环境系统重要的组成部分。它不仅能够有序维持环境系统，还能调节气候、涵养水源、保持水土、防风固沙、改良土壤，对维持环境系统动态平衡起到至关重要的作用。同时，森林资源也具有重要的经济价值和社会价值，如何处理好森林保护与利用的关系是十分重要的问题，也具有极高的学术理论价值。

森林生态补偿制度是实现森林生态价值的重要途径。正确地认识中国森林生态补偿制度，诠释森林保护的经济问题和生态保护问题，是我国森林资源保护的客观需要，也是建立和谐的森林系统、实现可持续发展的需要，更是生态文明建设的需要。生态补偿是协调生态保护和生态可持续利用冲突关系的经济手段。系统地梳理和分析当前森林生态补偿的主要形式和内容是指导我国进一步保护和发展森林资源的重要基础和前提。本部分主要从宏观层面系统地梳理和阐述我国森林生态补偿的主要形式和内容。

一、森林生态补偿的概念

（一）森林生态补偿的含义

广义上来讲，森林生态补偿包括对森林生态环境本身的补偿，对个人或区域保护森林生态环境的行为的补偿，以及对具有重要生态环境价值的区域或对象的保护性投入。森林生态效益补偿不仅包括公益林生态补偿，还包括对林业重点工程建设、森林病虫害防治、森林防火等事项的补

---

* 本章撰稿人：温亚利，课题组森林生态补偿国内专家，管理学博士，教授，博士生导师，北京林业大学经济管理学院副院长，兼任中国林业经济学会理事、中国自然博物馆协会常务理事兼自然保护区分会副主任和秘书长等；姜雪梅，女，森林生态补偿国内专家助手，管理学博士，北京林业大学经济管理学院讲师。

偿。狭义上来看,森林生态补偿就是指目前推行的森林生态效益补偿基金制度所涵盖的内容。其中,中央生态效益补偿基金是对重点公益林管护者的营造、抚育、保护和管理付出给予一定补助的专项资金。

森林生态效益补偿本质上讲是指调整利用与保护森林生态效益的主体间利益关系的一种综合手段,是保护森林生态的一种手段和激励方式,其核心内容是国家对森林保护者进行经济补偿。据此,本书采用广义概念,将天然林保护工程、退耕还林工程、重点生态公益林建设列入生态效益补偿的范畴。

在我国生态环境保护与管理中,生态效益补偿具有四个层面上的含义:一是对生态环境本身的补偿;二是生态环境补偿费,即利用经济手段对破坏生态环境的行为予以控制,将经济活动的外部成本内部化;三是对个人与区域保护生态环境或放弃发展机会的行为予以补偿,相当于绩效奖励或赔偿;四是对具有重大生态价值的区域或对象进行保护性投入等。第一种意义的补偿是生态学意义上的补偿,而后三种是经济学意义上的补偿,是生态、环境和自然资源保护的经济手段和机制。

（二）森林生态补偿的方式

森林生态补偿的方式是指补偿主体采用何种途径来实施补偿,即补偿活动的具体形式。

1. 按照补偿主体划分

按补偿主体划分,森林生态补偿方式可以分为以政府为主导、以社会为主导和以市场为主导的几种补偿方式(参见图表 2.1)。

图表 2.1　基于补偿主体划分的森林生态补偿

补偿方式	具体表现	实施效果
政府为主导	征收生态补偿税费	实施成熟阶段
	财政补贴制度	
	加大补偿资金投入	
	优惠信贷	
	收缴全民义务植树绿化费	
社会为主导	NGO 提供资金技术	实施范围较小
	企业承担社会责任	
	个人义务植树	

（续表）

补偿方式	具体表现	实施效果
市场为主导	一对一市场交易	起步实施阶段
	可配额的市场交易	
	生态标志	

森林的保护和建设对于全国具有全局性、整体性意义，其生态效益具有很强的公共性。从一般意义上讲，受益范围局限于某一特定辖区的公共物品就应该属于地方性公共产品。如果其受益范围是跨辖区的，甚至是全国范围，则该产品就是全国性公共产品。如果根据公共产品的受益范围来确定分担公共产品成本的辖区范围，那么国家应当是森林生态效益补偿的重要主体。从国家安全和国家利益角度出发，中央政府也应当对森林保护和建设给予政策和财政支持。同时，森林生态保护和建设活动是具有外部经济性的活动，所产生的生态效益会使许多地区的人们受益。从长远看，森林地区的生态保护和建设活动将改善本地区的生态环境，提升森林资源的生态价值，提高地区自我发展能力，促进本地区经济社会的良性循环和可持续发展。地区是生态环境建设的最终受益者。因此，根据"谁受益，谁补偿"的原则，政府应当作为森林生态效益补偿的补偿主体。总的来说，国家作为公共利益的代表，应是生态效益补偿的重要主体之一，具体分为中央、省、市及社区四级国家补偿主体。现阶段，在具体的实施过程中，我国森林生态效益补偿方式主要是以政府为导向，补偿资金来源主要依靠国家财政扶持（投入、补贴、减免税收）和相关地区、部门、行业等对生态效益的补偿。

健康的森林生态系统创造的生态价值蕴含着物化了的人的辛勤劳动，形成特殊劳动产品。一方面，对于为生产森林生态产品而付出的成本，受益的地方、企业和个人应当给予补偿，使生态保护者得到相应的回报；另一方面，地方、企业和个人开发利用森林资源以及污染破坏森林生态环境的行为，损害了森林的生态功能或导致生态价值丧失，必须对森林生态环境的损失做出经济补偿。此外，社会补偿主体还应该包括以 NGO 为代表的愿意承担责任的社会主体，他们以保护生态环境为己任，能够提供资金、技术等补偿手段。因此，社会补偿主体是森林生态效益补偿的微观补偿主体，分为生态受益主体、生态破坏主体和生态责任承担者三类，具体包括地方、企业、个人及 NGO 等。

随着市场经济的成熟，以市场为主导的补偿方式逐渐成为被关注的方式。当前以市场为主导的补偿方式主要有一对一交易、市场贸易、生态标记等。一对一的市场交易是指在受益方和保护方明确，利益关系清晰，特别是一对一的情况下，可以通过协商，直接进行生态系统服务的市场买卖交易；可配额的市场交易是指如果生态系统服务市场中的买方和卖方数量比较多或不确定，而生态系统提供的可供交易的生态环境服务是能够化为可计量的、可分割的商品形式，如污染排放量等，则可以使这些指标进入市场进行交易，即开放贸易方式。如《联合国气候变化框架公约》及《京都议定书》下的碳清洁发展机制项目、配额生物多样性保护和湿地保护交易机制等生态标志是一项广泛开展的制度，可以作为生态保护区和生态补偿的一种创新政策工具加以应用。这里广义的生态标志物和服务既包括产品生态标志，也包括旅游景区、文化和自然遗产地标志。

2. 按照补偿方法划分

森林生态补偿按照补偿方法可以划分为经济补偿和非经济补偿。经济补偿方式是一种最为直接的生态补偿方式，主要通过明确补偿单位面积而直接提供补偿资金。而非经济补偿按照补偿方法主要有三种：(1) 政策补偿，在经济发展滞后地区，“给政策，就是一种补偿”，如对非公益林，减轻相关税费就是对其生态效益的最大补偿；(2) 实物补偿，如提供森林管护设施、森林防火器材、树苗种子等；(3) 智力补偿，主要指提供技术培训、咨询和帮助。(参见图表 2.2)

图表 2.2　基于补偿方法划分的森林生态补偿

补偿方式		具体表现
经济补偿		明确规定单位面积补偿费用
非经济补偿	政策补偿	税费减免、财政投入
	实物补偿	提供粮食、提供设施、种苗
	智力补偿	技术培训、信息咨询

这三种非经济补偿方式分别表现为：

第一，政策补偿。如政策倾斜实际上就是一种补偿。生态建设与环境保护是一种外部性很强的行为，完全按照市场机制是不可能提供市场所需要的生态环境资源的。这时就需要政府机制来解决，但完全依靠政府提供经济补偿，又涉及政府财力问题，所以，对那些为生态环境建设做出贡献的经济主体给予补贴，如低息贷款、税金减免、加大投入等，以激励他们的积极性，也是一种很好的补偿方式。

第二，实物补偿，是指补偿者将物质、劳力和土地等作为补偿手段缓解补偿对象部分的生产要素和生活要素问题，改善补偿对象的生活状况以增强其生产能力。这类补偿方式有利于提高物质使用效率，在补偿资金缺乏的情况下具有非常重要的经济意义，主要表现为为退耕农户补偿粮食等。

第三，技术（智力）补偿，是指补偿主体开展智力服务，提供无偿技术咨询和指导，培养受补偿地区或群体的技术人才和管理人才，向其输送各类专业人才，提高受补偿者生产技能，技术含量和管理组织水平。这类补偿在经济落后地区尤为重要和明显，在某些情况下，对受补偿地区进行技术（智力）补偿比给予经济补偿更能促进受补偿区的经济发展和生态环境的保护。

综上所述，在具体补偿过程中补偿方式是多元化的。单纯实施经济补偿，从眼前看似乎比较符合补偿地农户的意愿，但受补偿区经济发展水平落后，居民受教育程度较低，对补偿资金的使用在一定程度上存在很大的盲目性，常常造成大量资金浪费。而且，由于经济补偿的资金有限，在某些情况下，实施物质补偿、政策补偿、技术补偿或不同方式的组合比经济补偿更具现实和长远意义。

二、中国森林生态效益补偿制度的历史考察

（一）森林生态效益补偿制度的发展

中国森林生态效益补偿制度的确立经历了一个曲折的过程。具体来看，可以分为四个阶段。

第一，探索阶段。

1978—1998 年为森林生态效益补偿的探索阶段。1978 年改革开放后，我国由计划经济向市场经济过渡，森林资源保护与利用矛盾逐渐凸显，森林生态效益补偿的概念和思想也逐渐被提出。伴随着对森林生态效益价值认识的逐步加深，1984 年《森林法》对林地使用权、林木所有权等问题作出规定，突出强调林地使用者和林木所有者的权益保护问题。1992 年，国务院批准国家体改委《关于一九九二年经济体制改革要点的通知》，该文件明确提出“要建立森林生态效益补偿制度，实行森林资源有偿使用”。1993 年国务院《关于进一步加强造林绿化的通知》指出“要改革造林绿化资金投入机制，逐步实行征收森林生态效益补偿制度”。1994 年国务院第 16 次常务会议通过的《中国 21 世纪人口、环境与发展

白皮书》也要求建立森林生态效益补偿使用制度，实行森林资源开发补偿费。

第二，试点阶段。

1998—2004 年为森林生态效益补偿的试点阶段。1998 年《森林法》修订案中明确规定："国家设立森林生态效益补偿基金，用于提供生态效益的防护和特种用途林的森林资源，森林的营造、抚育、保护和管理，森林生态效益补偿基金必须专款专用"。1998—1999 年为天然林资源保护工程的试点阶段，1999—2001 年为退耕还林工程的试点阶段。其中 2000 年国务院颁布的《森林法实施条例》规定，防护林、特种用途林的经营者有获得森林生态效益补偿的权利。2001—2004 年为森林生态效益补助资金试点阶段。2001 年起，国家每年拨付资金 10 亿元作为森林生态效益补助资金，在 11 个省（区）的非天然林保护工程范围内开展森林生态效益补助试点，补助标准为每年 75 元/hm^2，主要用于国家重点公益林的保护和管理。2001 年召开了全国森林生态效益补助资金试点启动工作会议，选择河北、辽宁、黑龙江、山东、浙江、安徽、江西、福建、广西、新疆等 11 个省区的 685 个县和 24 个国家级自然保护区先行试点，涉及 1333.3 万 hm^2 重点防护林和特种用途林。

第三，实施阶段。

自 2004 年以来为森林生态效益补偿的正式实施阶段。在天然林资源保护工程 2000 年 12 月正式启动、退耕还林工程 2002 年 1 月全面启动的基础上，2004 年 12 月 10 日国家林业局召开的森林生态效益补偿基金制度电视电话会议宣布，正式建立中央森林生态效益补偿基金。中央森林生态效益补偿基金的建立，标志着森林生态效益补偿基金制度的实质性确立，其重点是对公益林管护者因营造、抚育、保护和管理公益林而支出的费用给予一定补助。基金的补偿范围为国家林业局公布的重点公益林林地中的有林地，以及荒漠化和水土流失严重地区的疏林地、灌木林地、灌丛地。同时，中央政府将先期拿出 20 亿元人民币对全国重点公益林进行森林生态效益补偿。2006 年发布的《中华人民共和国国民经济和社会发展第十一个五年规划纲要》明确提出了在天然林保护区、重要水源涵养区等限制开发区域建立重要生态功能区、促进自然生态恢复。

第四，推进阶段。

随着 2007 年集体林权制度改革的进一步顺利推进，支持集体林业发展的配套政策措施也在进一步完善。2009 年的中央一号文件，进一步提出了要提高中央财政森林生态补偿标准。2011 年，全国已有 25 个省（区、市）建立了地方森林生态效益补偿基金制度。在中央财政补偿国家生态公益林 6.89 亿亩、补偿资金 58.81 亿元的基础上，补偿地方公益林 0.29 亿 hm^2，金额 35.20 亿元。诸如北京等生态公益林占森林面积绝大部分比重的省市，公益林生态补偿得到了进一步的推进。同时，退耕还林等林业重点工程补助期限到期后，国家制定新的政策来完善和推进相关补偿的实施和深化。

（二）中国森林生态补偿的主要政策和法律

我国的森林生态补偿机制经历了从初期的政策个别调整到国家立法普遍调整，个别地方试点先行到扩大范围实施六大林业工程的渐进过程。我国森林生态补偿机制逐步完善的过程，不但需要依靠林业系统内部出台政策法律，中央下发相关文件，还得力于地方的大力配合以及森林相关部门的配套措施的完善。

1. 中央层面的政策和法律

我国的森林生态效益补偿的政策和法律出台经历了一个曲折的阶段，从 1978 年党中央、国务院决定在我国“三北”地区大规模实施营造防护林体系工程到现在规模宏大的林业六大工程的建设。图表 2.3 大体反映了历年来我国林业系统出台的补偿政策和相关法律。从表中可以看到，我国森林生态效益补偿政策和法律的演变，经历了早期实践——摸索前进与政策准备——试点先行——扩大范围实施的不同阶段伴随着对可持续发展理论、科学森林观、科学森林管理体系的不断认识而不断发展。

图表 2.3　林业系统的补偿政策

时间	颁布机关	政策或法律名称	内容
2000	国家林业局、国家计委、财政部	关于开展 2000 年长江上游、黄河上中游地区退耕还林（草）试点示范工作的通知	退耕还林（草）试点范围确定为长江上游（以三峡库区为界）的云南、四川、贵州、重庆、湖北和黄河上中游（以小浪底库区为界）的陕西、甘肃、青海、宁夏、内蒙古、山西、河南、新疆（含生产建设兵团）13 个省（自治区、直辖市）的 174 个县（团、场）。每亩退耕地每年补助粮食（原粮）的标准，长江上游地区 300 斤，黄河上中游地区 200 斤，每斤粮食按 0.7 元折算，由中央财政承担，以省为单位统一记账。粮食调运费用由地方财政承担，不能转嫁到农民身上。

（续表）

时间	颁布机关	政策或法律名称	内容
2000	国务院	长江上游、黄河上中游地区天然林资源保护工程实施方案	天保工程从1998年开始试点，2000年全面启动。从2000年到2010年工程资金总投入将高达962亿元。其中中央补助金占80%，主要用于长江上游、黄河上中游地区的公益林建设、森林管护事业费、政策性支出补助费、职工基本养老保险补助费、下岗职工基本生活保障费、下岗职工一次性安置补助费。
2000	国务院	东北、内蒙古等重点国有林区天然林资源保护工程实施方案	规定富余人员的分流安置和企业养老保险的社会统筹。中央财政主要投资，补偿费用包括：森林管护事业费、政策性支出补助费、职工基本养老保险补助费、下岗职工基本生活保障费、下岗职工一次性安置补助费等。
2002	国务院	关于进一步完善退耕还林政策措施的若干意见	国家无偿向退耕户提供粮食、现金补助。粮食和现金补助标准为：长江流域及南方地区，每亩退耕地每年补助粮食（原粮）150公斤；黄河流域及北方地区，每亩退耕地每年补助粮食（原粮）100公斤。每亩退耕地每年补助现金20元。粮食和现金补助年限，还草补助按2年计算；还经济林补助按5年计算；还生态林补助暂按8年计算。补助粮食（原粮）的价款按每公斤1.4元折价计算。补助粮食（原粮）的价款和现金由中央财政承担。
2003	国务院	退耕还林条例（第367号国务院令）	国家按照核定的退耕还林面积，土地承包经营权人提供补助粮食、种苗造林补助和生活补助费。
2003	中共中央、国务院	关于加快林业发展的决定	第17条："……公益林业要按照公益事业进行管理，以政府投资为主……凡纳入公益林管理的森林资源，政府将以多种方式对投资者给予合理补偿……公益林建设投资和森林生态效益补偿基金，按照事权划分，分别由中央政府和各级地方政府承担。
2004	财政部、国家林业局	中央财政森林生态效益补偿基金管理办法（财农[2004]169号）	中央财政补偿基金平均标准为每年每亩5元，其中4.75元用于国有林业单位、集体和个人的管护等开支；0.25元由省级财政部门（含新疆生产建设兵团财务局，下同）列支，用于省级林业主管部门）含新疆生产建设兵团林业局，下同）组织开展的重点公益林管护情况检查验收、跨重点公益林区域开设防火隔离带等森林火灾预防、以及维护林区道路的开支。

（续表）

时间	颁布机关	政策或法律名称	内容
2004	国家林业局和财政部	国家林业局财政部重点生态公益林区划界定办法	国家林业局在全国范围内组织开展了重点公益林的区划界定工作，从近 40 亿亩林业用地中，划定了 15.62 亿亩重点公益林，其中，非天保工程区 8.3 亿亩，天保工程区 7.32 亿亩。
2004	国家林业局	营利性治沙管理办法	第 2 条第 2 款规定："营利性治沙活动是指不具有沙化土地所有权或者使用权的单位和个人，在依法取得土地使用权后，以获取一定经济收益为目的，采取各种措施对沙化土地进行治理的治沙活动"。 第 18 条第 3 款规定："对验收合格的森林、林木和林地，从事营利性治沙的单位和个人应当持治理合格证明文件，依法申请森林、林木和林地权属登记。" 第 19 条规定："从事营利性治沙的单位和个人可以依照防沙治沙法的规定，享受资金补助、财政贴息以及税费减免等政策优惠。"
2007	财政部、国家林业局	中央森林生态效益补偿基金管理办法	第 4 条规定：中央财政补偿基金平均标准为每年每亩 5 元，其中 4.75 元用于国有林业单位集体和个人的管护等开支；0.25 元由省级财政部门（含新疆生产建设兵团财务局）列支，用于省级林业主管部门（含新疆生产建设兵团林业局）组织开展的重点公益林管护情况检查验收、跨重点公益林区域开设防火隔离带等森林火灾预防，以及维护林区道路的开支。

1998 年特大水灾发生后，我国在天然林分布比较集中，生态地位十分重要的 12 个省（自治区、直辖市）开始天然林保护工程试点。2000 年 10 月，国务院正式批准了《长江上游、黄河上中游地区天然林资源保护工程实施方案》和《东北、内蒙古等重点国有林区天然林资源保护工程实施方案》，标志着我国的天然林资源保护工程在 1998 年、1999 年试点基础上正式启动。

1999—2001 年为退耕还林工程的试点阶段。通过采取"退耕还林（草），封山绿化，以粮代赈，个体承包"的生态建设综合措施，在四川、陕西、甘肃 3 省开展退耕还林试点示范，标志着"退耕还林"试点示范阶段的开始。根据国务院西部开发会议精神，国家林业局、国家计委、财政部发出《关于开展 2000 年长江上游、黄河上游地区退耕还林（草）试点示范工作的通知》（国发［2000］124 号文件），试点工作在两大流域 13 个省

(市、区)和新疆生产建设兵团展开。2002 年 4 月,国务院又下发了《关于进一步完善退耕还林政策措施的若干意见》。这些政策措施的出台标志着退耕还林工程进入了全面实施阶段。

2004 年正式建立中央森林生态效益补偿基金。财政部、国家林业局发布的《中央财政森林生态效益补偿基金管理办法(财农[2004]169号)》,标志着我国森林生态效益补偿基金制度的实质性确立。

而林业系统的生态补偿法律,则仅限于《森林法》及《森林法实施条例》所提到的部分。

2. 地方层面的政策和法规

我国地方层面的森林生态效益补偿的实践开展的较早,形式也较多样化。各地的实践大体上分为三类:一是 1990 年代初在中央有关建立林业基金的推动下所做出的一些收取规费的决定(这时还没有明确这些收费是否用于森林生态效益补偿,仅仅以林业建设基金的名义征收);二是按照"谁受益,谁补偿"的原则向公益林的受益方收取生态效益补偿费,收取的费用用于公益林建设;三是将补偿费直接纳入地方财政支出预算,例如广东与福建。图表 2.4 显示历年来地方林业部门所出台的相关法律。

图表 2.4　地方林业林业部门的生态补偿政策

省份	政策或法律名称	内容
广东	广东省森林保护管理条例	各级政府每年应从地方财政支出中安排不低于 1% 的资金用于造林、育林、护林、生态公益林建设和林业科技教育。
	广东省生态公益林建设管理和效益补偿办法	规定各级政府每年财政安排的林业资金中,用于生态公益林建设、保护和管理的资金不少于 30%;禁止采伐的公益林,省政府对生态公益林经营者的经济损失给予补偿;由省财政按每年每公顷 37.5 元给予补偿,不足部分由市、县给予补足。

（续表）

省份	政策或法律名称	内容
辽宁	辽宁省森林生态效益补偿基金管理实施细则、 辽宁省水资源费征收管理暂行办	实施征收水资源费，并从水资源费中划出一部分列为扶持水源涵养林和水土保持林建设资金；从1988年开始，对省内采矿、造纸工业企业、药材、蚕茧收购企业等和拥有直接开发水资源、自备水工程的企事业单位、机关、团体、部队和集体、个体企业等征收林业开发建设基金和水资源费，决定从征收的水资源费中，每年拿出1 300万元，用于水源涵养林和水上保持林的建设，促进了全省林业的发展。
新疆	关于加快林业改革和发展的决定	规定了森林生态效益补偿基金的征收范围和标准，主要包括机关、团体、企事业单位的职工，按月工资总额的一定比例征收，石油、矿产部门按产量征收，由林业主管部门安排用于生态公益林建设与保护以及野生植物保护。
	关于进一步加快林业发展的意见	提出从2005年起，自治区财政预算安排森林生态效益补偿基金，专项用于自治区森林生态效益补偿，用于支持公益林保护工程。
	新疆维吾尔自治区中央财政森林生态效益补偿基金管理使用实施细则	根据我区实际情况，按照不同地类的重点公益林的管护难易程度，确定不同的管护支出标准。
浙江	浙江省森林生态效益补偿基金管理办法	第一类、第三类公益林的管护支出标准为每亩4元，其中：护林人员管护费用每亩2.5元，公共管护费用每亩1元（其中省统筹安排0.6元），管理费用每亩0.5元；其余为补偿支出。第二类公益林的管护支出中，公共管护费用为每亩1元（其中省统筹安排0.6元），管理费用为每亩0.5元；其余为护林人员管护费用。
	浙江省人民政府关于进一步完善生态补偿机制的若干意见	根据全省经济社会发展和财力增长状况，省级财政逐步增加预算安排，重点支持“生态公益林建设”等项目。

（续表）

省份	政策或法律名称	内容
内蒙古的临河和吉林省的长春		对受益于防护林的农田，每公顷征收7.5—15元的防护林生态补偿费专款用于农田防护林的抚育管理和更新改造。
河北省承德地区		通过自发协商，北京每年从财政补偿该地区丰宁县100万元，天津从财政每年补偿丰宁县40万元。
河南	河南省森林生态效益补偿基金管理办法	对资金管的各方面、各环节都做了具体的规定，各实施单位对补偿基金实行专项管理，分账核算。已实行国库集中支付的，资金拨付按照国库集中支付有关规定办理：未实行国库集中支付的，资金由县级财政部门或林业主管部门采取报账制等方式拨付。
吉林	《吉林省重点公益林管理办法》、《吉林省重点公益林管护办法》、《吉林省重点公益林检查验收办法》、《吉林省中央财政森林生态效益补偿基金管理办法实施细则》	从管理方面，着重强化政府行为，将其纳入国民经济和社会发展计划。各地各单位根据实际。制定工作人员、管护责任人、监管员聘用和考核制度。实行行政领导任期目标责任制，逐级签订责任状，完善奖惩机制。
甘肃	甘肃省森林生态效益补偿基金管理实施细则（暂行）	明确中央和省级财政补偿基金的补偿对象、补偿标准。
	甘肃省农业生态环境保护条例	第四条中规定了补偿原则后，又在第十四条中规定“禁止任何单位和个人非法采集国家和地方重点保护的农业野生植物或者破坏其生长环境。禁止采集、出售、收购国家一级保护农业野生植物，因特殊需要申请采集国家一级保护农业野生植物的，按国家有关规定办理。采集、出售、收购国家二级保护农业野生植物的，应当经采集地县级农业行政主管部门审核，向省农业行政主管部门申请办理采集、出售、收购许可证。” 规定农业生态环境保护实行谁污染谁治理、谁开发谁保护、谁利用谁补偿、谁破坏谁恢复的原则。

（续表）

省份	政策或法律名称	内容
广西		每年由财政从水电经费中拨出100万用于水源涵养林和水土保持林建设。
陕西		规定水利和水保部门每年从征收的水资源费中提取10%拨交林业部门用于营造水源涵养林。
四川		从80年代中期，市政府决定从青城山风景区的门票收入中拿出25%交给林业部门，用于护林防火。

3．森林生态补偿政策和法律的特点

纵观林业系统所出台的补偿政策和法规，我国目前的森林生态效益补偿制度是一种初级的、低层次的、不充分的补偿制度，无论是补偿形式、补偿标准、资金来源都缺乏多样性。目前，我国还未建立起有效的激励机制，鼓励国家、集体、个人投入到以生态建设为主的林业建设中来，还未充分发挥森林生态效益在国家生态保护中的重要作用。通过分析发现，林业系统的补偿政策和法律存在以下特点：

（1）我国的森林生态效益补偿是以公共财政为支付手段对森林生态效益的外部性进行补偿，以提供林农的生活保障，保护其植树造林的积极性，确保森林资源的可持续发展。

（2）森林生态补偿政策与新农村建设有着密切关系，通过森林生态效益补偿，可以改善生态环境，不仅为农业稳产高产提供保障，也为社会提供适宜的人居环境，构建生态农村，促进人与自然和谐，美化环境，并增加农民收入。

（3）我国森林生态效益政策的制定不是一蹴而就的，是经过长期的探索与发现问题——试点区域解决——推广实施的过程。我国的森林生态效益补偿政策主要包括：天然林保护工程生态效益补偿、退耕还林工程生态效益补偿、生态林生态效益补偿。

（4）森林生态补偿的基本原则是“谁受益，谁保护”。但目前的政策法规并不能体现这一宗旨。我国森林生态效益补偿政策是政府主导型的，主要形式为政府拨款，按规定向林农补贴，缺乏辅助的市场手段、法律保障。生态补偿资金的主要来源为中央财政拨款，地方政府支出各不相同。

(5)《中央森林生态效益补偿基金管理办法》详细规定了森林生态补偿的资金来源为中央财政，补偿标准为："中央财政补偿基金平均标准为每年每亩5元，其中4.75元用于国有林业单位集体和个人的管护等开支；0.25元由省级财政部门……"此外，该办法还规定了补偿对象。

(6) 地方政府对于生态补偿的政策探索较为积极，形式也更为丰富。除将补偿费直接纳入财政预算（如广东、福建），某些省份也探索根据"谁受益，谁补偿"原则收取生态效益补偿费（如新疆：对机关、团体和企事业单位职工每年按月工资总额收1—40元，原油经营按1元/吨、成品油1.5元/吨，非金属矿石、有色金属矿、黄金矿按0.05元—0.3元/吨，生态旅游门票加征10%，林地采集药材收入的3%收取费用，用于生态公益林建设与野生动物保护）。

第二节　森林生态补偿案例分析

一、天然林保护工程与退耕还林工程

为加强生态公益林建设和生态环境的保护，我国应开展天然林保护工程，退耕还林工程等林业重点工程，同时实施生态公益林补偿相关政策，达到遏制生态环境恶化，保护生物多样性，促进社会、经济的可持续发展的目的。

（一）天保工程公益林管护及补偿

1. 公益林管护

自2000年天保工程全面启动后，为保护和管理非天保工程区的公益林，2001年中央财政设立了森林生态效益补助资金，出台了《森林生态效益补助资金管理办法》（暂行）（财农[2001]190号），并在非天保工程区的11个省区进行了试点工作。试点结果表明，这一制度极大地调动了公益林所有者和经营者、特别是广大农民管护公益林的积极性，公益林资源管理取得显著成效。全国生态公益林管护模式大致可以分为专业管护、委托管护、联户管护、自主管护和代理委托五种模式。在管护模式的基础上，首先应当确定生态公益林的管护主体。

以辽宁省为例，辽宁省林业厅在《关于推进生态公益林管护机制改革的意见》中做了如下规定："对于生态公益林，已承包到户的，在管护方式上可采取委托管护、联户管护、自主管护等方式，形成以委托管护为主、联

户为辅兼有少数自主管护的管护格局，补偿资金中管护费要按照管护合同要求补助给相应的管护人员，用于补植、抚育等森林经营补助要直补到户；未承包到户的生态公益林，要明确管护主体，采取专业管护形式，落实好管护责任。”该意见还对生态公益林管护模式的适用范围进行了界定："第一，专业管护，对国有林场、苗圃、自然保护区等国有单位和集体所有未承包到户的公益林安排专职护林员，继续采取专业管护形式。补植、抚育等森林经营补助，国有单位要直补到单位，集体要补到村，村级组织可均分到户；第二，委托管护，林农对山林没有依赖性的少林地区，或林改到户的生态公益林面积较小、零散、难于独立管护的，由村民代表大会讨论决定，征得林权所有者同意后，推荐专职护林员进行委托管护，签订委托协议书后，再与林业主管部门签订管护合同，纳入乡镇林业站统一管理。补植、抚育等森林经营补助，由村级组织直补到户；第三，联户管护，林农对山林依赖性强的地区，要将公益林的管护权落实到户，建议先从已开展林地经济活动具备独立管护经营能力的种养户开始，采取“联户管护”的方式，推荐联户代表负责联户范围内的公益林管护，联户代表与林业主管部门签订管护合同，纳入乡镇林业站统一管理。联户形式可以以自然村、村民小组或地块作为责任区进行组合。对于自然村或村民小组面积过大、人数过多的，也可以进一步化小组织。补植、抚育等森林经营补助，由联户代表负责发放到户；第四，自主管护，对面积较大具备自主管护经营能力的有林大户可自主管护，本人同意也可以委托管护，由管护责任人与林业主管部门签订管护合同，纳入乡镇林业站统一管理。对自留山、生态公益林区划界定前已承包经营的山林，由自留山户主、承包经营者自主管护，经权利人同意，也可以委托管护或联户管护。自主管护的补植、抚育等森林经营补助，要直补到户；第五，代理委托，对已实行自主管护但没有按照合同规定完成管护责任的个人，可取消其管护权利，由乡镇林业站代理进行委托管护。”

2. 公益林补偿

2004 年 5 月，国家林业局、财政部联合发布了《国家重点公益林区划界定办法》（林策发[2004]94 号）。同年，根据《财政部国家林业局关于印发〈中央森林生态效益补偿基金管理办法〉的通知》（财农[2004]169 号），在全国范围内组织开展了重点公益林区划界定工作，正式建立了中央财政森林生态效益补偿基金制度。根据 2004 年区划界定结果，天保工程区有 0.49 亿 hm^2 重点公益林，占全国重点公益林面积的 46.9%，这些重点公益林由于已经安排了天保工程管护经费，没有再享受中央财政森林生态效益补偿基金。2012 年，国家林业局会同财政部，根据 2009 年《国家林业局财政部关于印发〈国家级公益林区划界定办法〉的通知》（林资发[2009]214 号），完成了国家级公益林补充区划的审核工作，并发布了《国家林业局关于国家级公益林补充区划审核结果的通知》（林资发[2012]183 号）。按照新的区划界定结果，全国国家级公益林总面积为 1.24 亿 hm^2，其中，天保工程区 0.59 亿 hm^2，占全国的 47.9%；在天保工程区的 0.59 亿 hm^2 中，集体和个人所有的国家级公益林 0.23 亿 hm^2，占全国集体和个人所有的国家级公益林的 42.5%。天保工程二期对森林管护补助政策进行了调整完善，在继续实施森林管护补助政策的同时，新增了中央财政森林生态效益补偿基金政策，即对天保工程区集体和个人所有的国家级公益林，实行与非天保工程区同样的中央财政森林生态效益补偿政策，每年每亩补助 10 元钱；对天保工程区集体和个人所有的地方公益林，主要由地方财政安排补偿基金，中央财政每年每亩补助森林管护费 3 元钱。这项政策的调整，完善了天保工程区公益林补偿机制，也对工程区公益林管护提出了新的要求。

2011 年至 2012 年，中央财政每年下达天保工程区 12 个省（区、市）集体和个人所有的国家级公益林生态效益补偿基金 28.6 亿元，补偿面积 2.86 亿亩；地方公益林管护费 10.95 亿元，管护面积 0.24 亿 hm^2。目前，在全国天保工程区 12 个应当建立地方公益林补偿制度的省（区、市）中，已经有 9 个省（区、市）对集体和个人所有的地方公益林出台了不同标准的补偿政策。其中，云南省的补偿标准最高，每亩补偿达 10 元；湖北、重庆、四川、河南 4 个省（市），省级财政每亩补偿 7 元；山西省财政每亩补偿 5 元；贵州和甘肃两省，省、市、县财政合计每亩补偿 5 元；内蒙古自治区财政每亩补偿 3 元。各地林业计财、资源、林改与天保部门协调配合，逐步将公益林区划界定结果落实到县、乡、村、户，建立了公益林档案，夯实了公益林管护和补偿兑现的基础。有的省（区、市）将公益林管理机构与天保工程管理机构合并，有力地促进了天保工程区的公益林管护。大部分省（区、市）财政厅、林业厅出台了森林生态效益补偿基金使用管理办法，规范和加强了公益林补偿资金的使用，同时为了保障林权所有者的利益，在办法中明确规定了用于支付集体和个人所有的公益林的补偿费数额。如内蒙古自治区规定，把国家级公益林每亩每年补助10元钱中的6.5元补偿到集体经济组织或个人；云南省规定，支付给林权权益人的补偿资金不得低于森林生态效益补偿资金的50%。（参见图表2.5）

图表2.5 公益林生态保护和补偿相关管理办法

相关管理办法	颁发部门
《森林生态效益补助资金管理办法》（暂行）	财农[2001]190号
《国家公益林认定办法（暂行）》	林策发[2001]88号
《关于进一步做好退耕还林还草工作的若干意见》	国发[2000]24号
《国家重点公益林区划界定办法》	林策发[2004]94号
《财政部国家林业局关于印发〈中央森林生态效益补偿基金管理办法〉的通知》	财农[2004]169号
《财政部国家林业局关于印发〈中央森林生态效益补偿基金管理办法〉的通知》	林资发[2009]214号
《国家林业局财政部关于印发〈国家级公益林区划界定办法〉的通知》	林资发[2009]214号
《国家林业局关于国家级公益林补充区划审核结果的通知》	林资发[2012]183号

当前，全国生态公益林补偿模式一般为国家和省级财政出资，对生态公益林的所有者或经营者进行直接补偿。根据《中央财政森林生态效益补偿基金管理办法》的有关规定，森林生态效益补偿基金主要用于公益林的营造、抚育、保护和管理；中央财政补偿基金平均标准为5元/亩/年；重点公益林所有者或经营者为个人的，中央财政补偿基金支付给个人；重点公益林所有者或经营者为林场、苗圃、自然保护区等国有林业单位或村集体、集体林场的，中央财政补偿基金的管护开支范围是：向重点公益林管护人员购买劳务、建立森林资源档案、森林防火、林业有害生物防治等。

在《中央财政森林生态效益补偿基金管理办法》的基础上，福建、江西、浙江等省在《福建省生态公益林管理办法》、《江西省生态公益林管理办法》、《浙江省生态公益林管理办法》等文件内也对生态补偿资金的负担及使用做了相应补充。以福建、江西、浙江三省为例，经过省财政补贴后的生态公益林补偿标准均略高于国家标准。自2010年1月开始，江西省将纳入中央和省补偿范围的5100万亩生态公益林补偿标准由8.5元/亩.年提高到10.5元/亩.年；福建省从2010年起省级以上重点生态公益林补偿标准调整为12元/亩.年（省级以上自然保护区15元/亩/年）；浙江省自2007年制订并出台了《浙江省生态环保财力转移支付试行办法》，按照“谁保护，谁得利”、“谁改善，谁得利”、“谁贡献大，谁得利多”的原则，根据公益林面积、大中型水库面积和水质、大气质量指标，运用因素法、系数法对全省八大水系源头的森林和水源保护实施了生态补偿，全省平均补偿标准为 17 元/亩. 年，部分库区的生态补偿标准能够达到 20 元/亩/年。

（二）退耕还林工程、森林保护及生态补偿

退耕还林工程于 1999 年试点，2002 年全面启动。工程范围包括 25 个省（区、市）和新疆生产建设兵团，涉及 2279 个县（含县级单位）3200 万农户 1.23 亿农民。1999—2005 年累计完成退耕地造林 0.09 亿 hm^2，宜林荒山荒地造林 0.13 hm^2亿亩，封山育林 0.01 亿 hm^2，中央累计投入资金 1030 亿元。退耕还林的主要政策措施是：国家无偿向退耕农户提供粮食、生活补助费，国家向退耕农户提供种苗造林补助费。在粮食和生活费补助年限方面，1999—2001 年还草补助按 5 年计算，2002 年以后按 2 年计算；还经济林补助按 5 年计算；还生态林暂按 8 年计算。退耕还林的主要目的是解决水土流失和土地沙化问题。

2010 年底，退耕还林工程区 1.24 亿退耕农民人均获得中央财政直接补助 2000 元，占退耕农民人均年纯收入的 10%。在西部省区的 401 个工程县中，这一比例高于 20%，不仅在很大程度上缓解了老少边穷地区的贫困程度，而且帮助广大农民顺利度过了近几年频繁发生的雨雪冰冻、洪涝、干旱、地震等自然灾害。退耕还林实施 10 年来，党中央国务院为巩固好已有退耕还林成果，从 2008 年起，中央专门安排了巩固成果专项资金，批复了各工程省（区、市）的巩固成果专项规划，并从 2008 年起分 8 年集中安排巩固成果建设任务和资金，平均每年投资达 115 亿元。在巩固退耕还林成果的进程中政府鼓励退耕农民发展后续产业，各地通过多种途径加强对退耕农户的林业生产技能培训，大大提高了退耕农民的增收致富技能。各地在巩固成果建设项目中还发展了大量木本粮食、油料、干鲜果品树种，进一步拓展了退耕农户的增收致富门路。根据国家统计局对 24 个工程省区的监测调查结果，2010 年退耕户人均纯收入在退耕还林直接补助明显减少的情况下，仍然比 2009 年增长了 17%，剔除价格因素影响，实际增长 13%，比全国农民人均纯收入增速高出 2.1 个百分点；而且，退耕户贫困发生率比 2009 年下降了 1.6 个百分点。这主要得力于包括林业后续产业在内的退耕农户家庭经营性纯收入的增长。

退耕还林工程实施初期，国家实行资金和粮食补助制度，按照核定的退耕地还林面积，在前 8 年无偿向退耕还林者提供适当的补助粮食、种苗造林费和现金（生活费）补助。根据这项制度，长江流域及南方地区、黄河流域及北方地区每亩退耕地每年补助原粮分别为 150 公斤和 100 公斤，生活补助费 20 元。补助期限是：还生态林暂为 8 年，还经济林为 5 年，还草为 2 年。每亩退耕地和宜林荒山荒地补助种苗造林费 50 元。鉴于退耕还林前期出现的诸多问题，2007 年国家暂停退耕造林任务。2008 年之后，国家延长了一个退耕还林政策补助周期，对退耕还林户的补助政策减半，余下的资金由各地集中使用，用于改善退耕户生计和发展后续产业。在 2012 年 10 月 13 日召开的“全国巩固退耕还林成果部际联席会议第三次会议”上，巩固退耕还林成果、继续推进退耕还林工程建设被列为十二五林业发展的重点关注问题。目前已有贵州、四川、甘肃等十几个省区明确要求重启退耕还林工程。许多省区都是在遭受干旱、地震、泥石流等重大自然灾害后，迫切要求扩大退耕还林面积的。如贵州省就提出增加退耕还林面积 20 万 hm^2，云南省也希望国家安排退耕还林 26.67 万 hm^2。图表 2.6 所示为退耕还林工程生态补偿的相关管理办法。

图表 2.6　退耕还林生态补偿相关管理办法

相关管理办法	颁发部门
关于开展 2000 年长江上游、黄河上中游地区退耕还林（草）试点示范工作的通知	林计发[2000]111 号
国务院办公厅关于完善退耕还林粮食补助办法的通知	国办发[2004]34 号
国务院办公厅关于切实搞好“五个结合”进一步巩固退耕还林成果的通知	国办发[2005]25 号
国务院关于进一步做好退耕还林还草试点工作的若干意见	国务院国发[2000]24 号
退耕还林条例	国务院令第 367 号
中共中央国务院《关于加大统筹城乡发展力度进一步夯实农业农村发展基础的若干意见》	（中发[2010]1 号）

二、地方森林生态补偿典型案例分析

（一）林农对重点生态公益林补偿认知及影响因素案例研究

为了了解和掌握地方森林生态效益补偿的实施情况，课题组以北京市、陕西、江西和湖南3个省为研究区域(包括了北京市昌平、房山、怀柔、延庆、密云、平谷、通州在内的16个县(市)),并以陕西省周至县、太白县、眉县、洋县、佛坪县,江西省遂川县,湖南省花垣县、泸溪县、凤凰县、古丈县为案例,对中国森林生态补偿进行了实地调研,并进行了实证分析。

调研主要采用问卷调查、半结构式访谈、二手资料收集、大事记等方法。在研究过程中,项目组深入研究区域,通过与当地林农、村干部等人的一对一的问卷调查,获取最基层的一手数据,同时通过与林业站、保护站、林场的工作人员,林业局、相关保护区管理局管理者的问卷调查与访谈,了解他们对中国森林生态补偿的认知与意愿,并收集二手资料。

具体技术路线如下:

(1) 二手资料的收集和调查。其内容包括掌握案例省、县(市)、乡(镇)的森林资源与社会经济基本情况;了解案例省、市(县)政府、林业主管部门在森林生态工程方面相关政策措施以及各行政区域森林生态补偿发展的基本情况;确定调研地点并设计调研问卷。

(2) 村级座谈会。参与者包括村干部、村民代表等。调研组通过与这些关键人物的座谈,了解当地的具体情况和森林生态补偿的具体形式,并收集村层面的二手资料。

(3) 入户访谈与问卷调查。在村级座谈的基础上,项目组结合访谈中发现的一些具体问题,对村民进行入户访谈,结合一对一的问卷调查,了解他们对森林生态补偿的认知与意愿。主要的调研内容为:家庭成员及工作情况;家庭收入及结构,特别是林业收入比例;有哪些林业生态项目;这些林业生态项目是否对农户进行了补偿;林农对森林生态补偿的认知与意愿;对进一步完善森林生态补偿的评价及建议;对相关政策与法律的认知程度与需求。

1. 北京林农对重点生态公益林补偿认知及影响因素案例研究

(1) 背景

作为中国的首都,北京市森林资源经营主要以生态建设目标为主。近年来,特别是北京奥运会申办成功以来,北京市不断加快园林绿化建设步伐,建成了一大批绿色工程。这时期,北京森林资源总量大幅提高、生态环境显著改善,呈现出以生态公益林为主的森林特点。截至2009年末,北京市全市生态林(地)共计919568.67公顷,国有88300.36公顷,集体831268.31公顷。其中,山区生态公益林(地)842520.13公顷,国有

69638.66 公顷,集体 772881.47 公顷。为了保护好山区造林绿化成果,提升山区绿色生态屏障建设和管理水平,建立有利于山区生态环境建设的长效机制,切实维护好农民的利益,实现山区经济可持续发展,建设好首都生态环境,北京市提出了山区生态公益林补偿机制,开展了山区生态公益林管护工作。2004 年,北京市印发了《北京市人民政府关于建立山区生态林补偿机制的通知》(京政发〔2004〕25 号),明确提出"养山就业、规范补偿、以工代补、建管结合"的方针,全面开展了山区集体所有生态林补偿机制工作,实现了对 67.4 万公顷山区生态公益林的基本管护工作。

山区集体生态林补偿机制的实施,使得山区森林质量得到一定的提高,同样也促进了山区农民的就业增收。课题组以森林生态补偿为研究对象,选取了北京的昌平、房山、怀柔、延庆、密云、平谷和通州 7 个区县具有代表性的 21 个乡镇,61 个样本村进行实地调研。

(2) 调查分析

根据北京市第七次森林资源清查数据的统计,2009 年末全市林地面积为 1046096.37 公顷,其中有林地 658914.08 公顷、疏林地 5576.31 公顷、灌木林地 305808.43 公顷、未成林造林地 21103.88 公顷、苗圃地 16900.89 公顷、无立木林地 4836.4 公顷、宜林地 32757.76 公顷、辅助生产林地 198.62 公顷,非林地 594957.6 公顷;全市的林木绿化率为 53.64%,森林覆盖率为 36.75%,远远高于全国 20.36% 的森林覆盖率。其中,山区林木绿化率为 71.35%,森林覆盖率为 50.97%;平原林木绿化率为 26.36%,森林覆盖率为 14.85%。

北京市生态公益林补偿资金的发放一定程度上减少了北京市山区和平原农村之间的收入差距。由于生态公益林补偿资金按照每村生态公益林面积进行发放,山区生态公益林面积较大,平原的生态公益林面积则比较低。从对延庆、密云的调研情况来看,上述两县都存在生态公益林面积非常大的山区村,以 40 元/亩/年的补偿标准测算,部分村庄的农民在不付出任何劳动的情况下,户均即可获得约 10000 元的收入。然而,部分平原村的生态效益补偿资金全村仅为 800 元/年。长此以往,会造成农民对国家补助的过度依赖,也会增加农民对补助标准进一步提高的预期。

① 林农对北京市生态公益林改革中存在问题的认识

第一,生态公益林经营利用的限制问题。在林权制度改革后,经营商品林的利润空间增大,林农对山林更加重视,造林积极性高涨,而作为林农生产资料的森林被划为生态公益林,无疑对林农本身的经济利益产生较大影响,并可能导致生态公益林保护压力的增大。在国家和地方财政补偿不足的情况下,设置过高的经营利用限制,既不利于生态保护,又容易激化政府和林农的矛盾。应该兼顾公益林所有权的林农和经营者的经济利益,不能把生态公益林区等同于自然保护区,不分类别一律采取严格的禁伐等保护性措施,应建立规范化的合理利用机制,允许林农在被保护的森林里开展有序的生产活动,以增加经济收入,缓解生态公益林保护压力。换言之,只要经营者不破坏森林资源,在不影响生态公益林提供生态环境服务的同时,可以对生态公益林进行合理的开发利用。政府或林业管理部门需构建和完善相关机制,对可以开展经营活动的生态公益林进行区划,明确可以开展的经营活动类型,并加强技术指导和监督。

第二,缺乏生态公益林信息监管系统。生态公益林森林经营的首要目的是为了增加森林蓄积量,提高森林质量,但是现有生态公益林管理过程中存在着重补偿、轻效果的现象,政府和林业主管部门在对生态公益林进行补偿之后,忽视了对森林资源保护、管理和更新的监管,这样也就无法对生态公益林的管护效果进行判断,也限制了生态公益林管理制度的创新。只有建立了生态公益林信息监管系统,在统一监测指标体系下对生态公益林的产权、基本信息和经营过程进行全面监测,才可能在将来实现生态公益林的管护和补偿分开,才能够对管护的效果进行监测,真正意义上全面发挥公益林的生态效果。

第三,生态公益林补偿资源来源渠道单一。全国各省区森林生态效益补偿基金来源渠道比较单一,基本上是各级财政预算拨款,受益单位未能承担补偿责任,没有真正意义上的利益连接机制。这一方面造成政府负担过重,另一方面也造成生态公益林补偿标准过低,给部分利益损失巨大的经营者造成了很大的经营压力。而真正意义上的补偿机制,应是依据“谁受益,谁补偿,谁拿钱”的原则,在区域之间、上下游之间、产业之间多层次、多渠道筹集补偿资金,这样才能调动社会有关方面的积极性。

第四,生态公益林补偿标准偏低。自 2010 年开始,全国各省区的生态公益林补偿标准基本都在原有程度上有所提高,但相比于商品林的经营收益,补偿标准仍然偏低。当前,福建省级以上重点生态公益林补偿标准为 12 元/亩/年,江西省生态公益林补偿标准为 10.5 元/亩/年,这只相当于一根毛竹的价格，不仅难以弥补林农生产经营的损失，而且据有关专家测算，也远远不能满足生态公益林30元/亩/年的平均培育成本。国家规定生态公益林实行严格采伐管理，限制或禁止采伐，对生态公益林的管护带来了负面影响。有学者对福建省生态公益林改革的现状、问题进行过调查，在林农意见最大的问题排序上，“生态公益林限制经营利用”的选项排在第一位。同时，过低的补偿标准也使得林农经营林地的意愿降低，很可能造成生态公益林质量下降乃至盗砍盗伐现象的出现。

第五，生态公益林权利主体责任不明确。应赋予生态公益林权利主体相关的法律权利，着眼于促进区域内生态环境持续改善和生态质量持续提高。然而，就算是权利明确，责任不明确以及责任感不强，也难以调动权利主体参与生态公益林管护的积极性。对此，应通过完善法律、法规和管理办法，规定公益林的权利主体不能任意撂荒和改变用途等责任以及提高生态质量的义务。在明确责任的前提下，使用者有义务在林业相关部门的指导下对林分质量较差的生态公益林进行合理改造，以改善林分结构，促进森林进展演替，发挥更大的生态效益。对于在一定时期内达不到相应要求的应采取必要的强制性措施。

② 林农对公益林补偿问题的认识和看法

第一，补偿标准过低。在北京市7个郊区县的调查中发现，农民认为补助标准过低。北京市新颁布的《关于建立山区生态公益林生态效益促进发展机制的通知》(京政发[2010]20号)中对生态公益林补偿标准进行了进一步提高，确立为40元/亩/年，其中40%用于森林健康经营管理，60%用于生态补偿。从现有补偿标准来看，北京市生态公益林补偿标准属于全国最高，比国家规定的10元/亩/年的标准有了很大程度上的提高。但是，从调研数据来看，经过受偿意愿的测算，此次林改调研中受访的588名农户受偿意愿标准为50.46元，较之实际发放到农民手中的24元还有很大差距。调研组认为，受偿意愿较高的主要原因在于北京市居民生活水平较高。从北京市农村居民实际收入情况来看，全市2009年农村居民可支配收入为11986元，远远高于全国其他省份，也间接造成了农村居民的受偿意愿要求较高。

第二，公益林管护目标单一。在林改之后，北京市公益林管护补助标准进一步提高，护林员以防火为主的护林目标与北京林改“兴林富民”的目标相差甚远。在调研过程中发现，样本村的护林员的管护职责集中在森林防火上,护林员在某些地区也被称为防火员,并没有将管护目标确定在森林质量的提高上。根据相关管理办法,护林员的职责应该是广泛的,包括森林抚育、病虫害防治以及森林防火等诸多内容。在实践层面,现有的护林员主要还是承担了防火职能。此外,各村委会由于资金、技术等方面的原因,每年自发造林的情况比较少见,通常都依赖于林业部门的植树。通过调研问卷可以看出,2009 年护林员组织或参与的造林的数量一项中,该项内容基本没有,由此可见其功能缺失的严重性。

第三,生态公益林信息监管缺失。与其他地区生态公益林改革相似,北京市公益林改革在提高生态公益林补偿标准的同时,缺乏对生态公益林信息的监管。如前文所述,生态公益林信息监管体系建立的目的在于确保公益林得到有效管护,实现资源数量增加、质量提高、功能提升。如果缺乏监测数据的支持,管护效果的监督将成为一句空话。

第四,缺乏利益联动机制。在林改过程中,除明晰产权等权属外,最重要的是建立林地、林木与农民三方的利益联动机制。具体到生态公益林,应该将管护的效果和生态公益林补贴联系起来,以管护的效果作为主要的考核标准给予生态公益林补贴。然而,在调研过程中发现,现有的管护制度缺乏利益联动机制。由于公益林管护目标单一,虽然林业站、村委会等会对本村内护林员进行签到,却存在管护效率低下的问题。大部分地区护林员的工资是固定金额,护林员工资与其管护效果基本没有紧密的联系,可能导致激励的缺失,进而造成护林员工作积极性减弱。护林员的选拔主要照顾公平,通过抓阄、轮换和按户分配的方式选拔,在一定程度上牺牲了生态林管护的效率,也不利于公益林的可持续发展。此外,仅按照生态公益林面积估算补贴的做法容易使农民在获得补贴后疏于管理林地,导致花费了大量资金与森林资源质量下降的现象共存。因此,应该为护林员建立相应的利益联动机制,将护林员的工资与管护效果相结合,通过管护和补偿分开的方式对护林员的管护效果进行监督,并根据效果确定管护资金的发放。只有在利益联动机制的激励下,才能真正地调动起护林员的护林积极性,才能提高护林的整体效率。

第五,补助的福利化。当前,北京市生态效益促进发展机制的补助标准刚刚获得市委、市政府的通过,尚未下拨到农民手中。但是从护林员资金的使用情况分析,绝大多数农民认为护林员工资是带有福利性质的,村委会在制定本村护林员选拔政策时也比较倾向于“抓阄”、“轮换”等相对公平的方式，少数几个采用“指定护林员”制度的村庄也在考虑进行模式的转换。

③ 林农对生态补偿及公益林管护的政策需求

北京市人口高度密集，经济高度发达，森林资源在保护生态环境、涵养水源、满足市民休闲游憩需求方面具有至关重要的作用。北京市的森林资源构成呈现出较强的地域特点，生态公益林占森林资源总量的比重较高。因此，建立合理的生态补偿制度和公益林管护制度，对提高北京市森林资源质量，保护生态环境具有重要作用。

北京市从2004年开始生态公益林补偿制度，通过每年1.92亿元的生态补偿资金的投入和大约4万名护林员的护林工作，生态公益林管护取得了一定的效果。当前约有61%的受访农户对生态公益林的管护效果表示满意，但本次调查发现，北京市生态公益林补偿及管护仍然存在着更高的政策需求。

第一，生态补偿资金需要进一步提高。经过数年的宣传教育和集体林权制度改革所带来的权属意识增强，大多数老百姓能够意识到生态公益林的外部效益，形成较为强烈的生态补偿要求。调查数据显示，认为国家应该对生态公益林进行补偿的受访者占到了全部样本农户的97.8%。对生态补偿需求的原因调查显示，约有35%的农户认为应该得到生态公益林补偿的理由是要为管护付出成本，另有34.5%的农户认为是由于生态公益林限制了森林资源的经济利用。针对当前的生态公益林补偿，认为补偿金额太低的农户占到了总受访农户的70%以上，约有60%的被调查者认为应当加强资金支持，提高生态公益林补偿的水平。

第二，生态补偿资金需要更加明晰的使用规则。在调研中发现，虽然已经实施了5年的生态补偿，仍有3%的百姓不知道本村是否有护林员。许多群众表示生态公益林补偿资金从未发放到户，也没有进行广泛的宣传。另外，有30%的被调查农户认为应该建立有效的生态公益林补偿资金监督机制，以保障资金的使用能够落到实处。乡镇层面的林业管理干部也表示，今年建立的生态效益促进发展机制虽然规定了24元/亩的森林健康经营资金，但具体怎么分配还没有明确。从基层林业管理部门来说，他们希望知道如何使用该生态效益促进发展机制的资金，以明确相应的工作方法和目标。

第三，护林员工资水平要求进一步提高。在本次调研的样本中，有护林员的家庭占到总户数的36.9%，护林员的平均工资为400.8元/月，约有56%的受访者表示护林员的工资不合理，这部分受访者期望的护林员工资平均值为每月735.2元，表明当前的护林员工资水平与护林员的期望之间有着较大的差距。被调查农户普遍表示，由于工资水平过低，护林员的工作成为鸡肋，具有较强工作能力的人都不愿意从事公益林管护工作，从事护林员工作的村民效率较低。由此推理，从事公益林管护的人，大多抱有一种应付差事的心理。因此，提高护林员的工资水平成为一种普遍存在的需求。而具体如何实现这一需求，需要进一步加强资金支持，或减少护林员数量，或加强资金的集中使用。

2. 陕西林农对重点生态公益林补偿认知及影响因素案例研究

(1) 背景

陕西省地处内陆腹地，分陕北、关中、陕南3个自然区域，跨越温带、暖温带、北亚热带3个气候带。全省林业用地1226.67万公顷，占土地总面积的59.60%。森林覆盖率37.26%。陕西既是全国南水北调重要的水源涵养区，也是水土流失重点治理区，生态区位重要，是生态建设重点省份之一。

1998年，随着国家组织实施天然林资源保护工程，陕西省即展开了试点工作，并于2000年全面实施天保工程。工程建设期11年，覆盖除西安市城三区以外的104个县(市、区)，涉及119个县级实施单位。国家对天保公益林造林的平均投入是4 500元·公顷;2004年，根据国家林业局联合财政部发布的《重点公益林区划界定办法》的规定，陕西省全省共区划公益林796.15万公顷，占林地面积71.74%，其中有林地476.05万公顷。2011年，陕西省开始实施天保二期工程，实施期限10年，总投资2440.2亿元。其目标是力争到2020年，森林面积增加1500万亩，森林蓄积增加1亿立方米，森林碳汇增加1.83亿吨，构建起比较稳定的森林生态屏障。此外，陕西省自然条件复杂，生态系统、生物物种及遗传多样性丰富，“国宝”大熊猫数量居全国第二位，陕西洋县的朱鹮是世界唯一能够繁殖的种群。另外，秦岭还有金丝猴、羚牛等多种珍稀动物。为保护野生动物，陕西省建立了一定数量的自然保护区，如陕西长青国家级自然保护区、朱鹮国家级自然保护区、佛坪国家级自然保护区、太白山国家级自然保护区等。

通过重点森林生态工程的实施，各级保护区的成立，陕西森林资源得到了休养生息，天然林资源呈恢复性增长，野生动物得到了有效的保护，森林的生态功能得到了明显增强。但是，重点森林生态工程的实施与保护区的相继建立及保护力度的加大，周边居民的采药、放牧、伐木等直接依赖自然资源的传统生活方式受到制约，尤其是天然林保护工程、退耕还林工程实施以后，社区经济出现下滑，甚至出现返贫现象。生态建设与社会经济发展的矛盾成为不可回避的问题。

(2) 调查分析

① 陕西省研究区域基本情况

I. 宝鸡市太白县基本情况及样本村选择

太白县位于陕西省宝鸡市东南部，因境内有秦岭主峰太白山而得县名。县东与眉县、周至县、佛坪县接壤；县南与洋县、留坝县毗邻；县西与留坝县、凤县相连；县北与宝鸡市渭滨区、陈仓区、岐山县互毗。县境辖东西全长66.7公里，南北宽53.4公里，总面积2780平方公里，约占宝鸡市辖区总面积的15.5%，居全市各县区面积第二位。全县辖7镇66个行政村和一个街道办事处，总人口5.2万人，是陕西省乃至全国人口密度最小的县。2010年太白县实现国内生产总值37813万元，按可比价计算比上年增长12.6%，其中：第一产业完成增加值13684万元，增长10.0%；第二产业完成增加值15493万元，增长15.6%；第三产业完成增加值8636万元，增长9.6%。第一产业和第三产业增加值增长速度和所占份额有所提高。太白县农业生产按照“突出绿色菜，狠抓中药材，发展果畜菌”的总体目标，在稳定和发展粮食生产的同时，着力发展能为农民增加收入的绿色蔬菜、中药材、杂果种植和家畜养殖，农业和农村经济发展达到了一个新的水平，实现现价农业总产值22850万元，比上年增长10%。

太白县森林面积390多万亩，木材蓄积量1900多种。森林植被达2170多种；有野生动物270余种，其中国家级保护动物有55种，大熊猫、金丝猴、羚牛等驰名中外；名贵中药材1900多种，党参、杜仲、天麻等畅销国内外。故太白有“天然植物园”、“天然医药宝库”、“亚洲动物园”之美称。太白县不断推进实施天保工程和退耕还林工程，2010年造林28000亩，封山育林1万亩，退耕还林2400亩，主要林产品产量增加，完成林业总产值4505万元，比上年增长16.7%，其中林产品产值为2461万元，比上年增长10.9%。

项目组从研究目的出发，选择了太白县柴胡村、六家村、马尔山村和寺院村,共150户农户为研究对象,通过入户访谈和问卷调查等方式,了解其对森林生态补偿的意愿和认知。

II. 宝鸡市眉县基本情况及样本村选择

眉县隶属陕西省宝鸡市,位于关中平原西部,地处秦岭主峰太白山下,行政区域横跨渭河两岸,地形地貌由南而北依次为山区、浅山丘陵区、黄土台塬区、渭北平原区,总体呈现"七河九原一面坡,六山一水三分田",被誉为"关中明珠"。西距宝鸡市65公里,东距省会西安市120公里,东与周至县接壤,南和太白县毗邻,西连岐山县,北界扶风县。县境东西宽37.5公里,南北长39.8公里。总面积856平方公里,其中耕地面积40.8万亩。全县总人口30.2万人,其中非农业人口3.7万人,农业人口26.6万人,农业劳动力15.6万人;总人口中,男性15.4万人,占50.9%;女性14.8万人,占49.1%;汉族人口占99.9%。2011年眉县实现生产总值(GDP)623518万元,比上年增长14.8%。其中第一产业实现增加值133300万元,比上年增长6.5%;第二产业实现增加值322453万元,比上年增长19.6%;第三产业实现增加值167765万元,比上年增长11.4%。人均生产总值20748元,比上年增长20.3%。三大产业占国民经济的比重分别为:第一产业21.4%,第二产业51.7%,第三产业26.9%。

眉县近年来大规模开展了北坡绿化、平原绿化和天然林保护及退耕还林工程等行动,生态建设卓有成效,全县森林覆盖率达到55%,农田林网控制率达到92%,村庄林木覆盖率达到76%,城区绿化覆盖率达到36%,绿地率达到34%,人均绿地面积4.7 m^2。眉县被评为全国平原绿化先进县。2011年,眉县全力实施天然林保护和退耕还林及绿色走廊工程,全年完成整片造林24000亩,零星植树110万株,完成育苗面积6300亩。

项目组从研究目的出发,选择了眉县营头镇大湾村为样本村,共调查了大湾村19户农户,通过入户访谈和问卷调查等方式,了解其对森林生态补偿的意愿和认知。

② 样本村被调查农户家庭基本信息

此次调研的123户农户中,总人口为374人,家庭平均人口数量超过3人;其中最多一家6口人,最少一家1口人;家庭人口为三人的家庭最多,为58户;123户农户中,劳动力总数量为258人,平均劳动力数量超过2人。有两个劳动力的家庭最多,有63户。

样本农户中,户主平均年龄51岁,男性户主占77.05%,全部为汉族。户主的身体健康状况较好,身体状况一般及良好者115人,占总体的93.50%。户主的教育程度偏低,大专以上学历仅为15人,具体比例见图表2.7。户主从事的职业呈现多元化态势,其中农业为主59人;农业17人;非农为主35人;非农业12人。此外,在非农类型工作中,"本市务工"为户主主要的非农工作类型,本市务工者占50.82%。户主从事的行业比例如图表2.7所示。

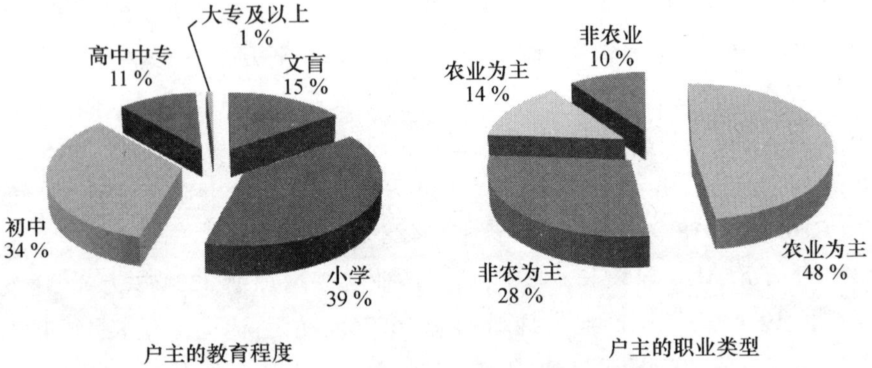

图表2.7 样本农户从事的行业比例

被调查的123户农户的耕地总面积为683.7亩,主要为旱地,水田面积仅为2亩。每户农户平均耕地面积为5.56亩,每户拥有耕地面积从0亩到13亩不等。由于亩产量高并且易于打理,大部分的农户都以种植玉米为主,2010年样本农户共种植1076亩,收获205151市斤,平均每户种植8.75亩,收获1667.89市斤。很多农户还种植小麦,2010年样本农户共种植227亩,收获123430市斤,平均每户种植1.85亩,收获1003.50市斤。在被调查的农户中,大部分农户粮食能满足自用,仅有8.94%的农户需要另外购买或者换取粮食。农产品除了自用外,农户还将剩余的粮食出售。其销售方式主要分为三种方式:商贩上门收购、国家收购和自己送到交易市场出售。还有一些其他方式,例如直接利用某种粮食换取另一种粮食的出售方式等。其中商贩上门收购占主导地位,87.67%的农户都将粮食买给上门收购的商贩。

根据调查的123户样本统计得出,2010年样本农民总收入为2984127元,人均年收入为7978.95元,2010年样本农民总支出为1756257元,人均年支出为4695.87元。

从收入结构角度看，在农业收入中，种植业收入占农户收入的4.08%，养殖业收入占4.32%，林业收入占8.74%；在非农收入中，外出打工收入所占比重最大，占总收入的52.18%，工资收入占12.11%，土地流转收入占0.59%，护林员收入占4.87%，个体经营收入占16.47%，政府低保收入占1.52%，其他收入占0.04%。由此看来，外出打工收入是农户的重要收入来源，而林业收入所占份额较小，仅为占8.74%，林业收入中，山林药材和山野菜的采集收入占4.93%，退耕还林补贴收入占1.90%，经济林收入占0.82%，护林员收入占0.59%，公益林补偿收入占0.39%，用材/薪材林经营收入占0.11%。（参见图表2.8）

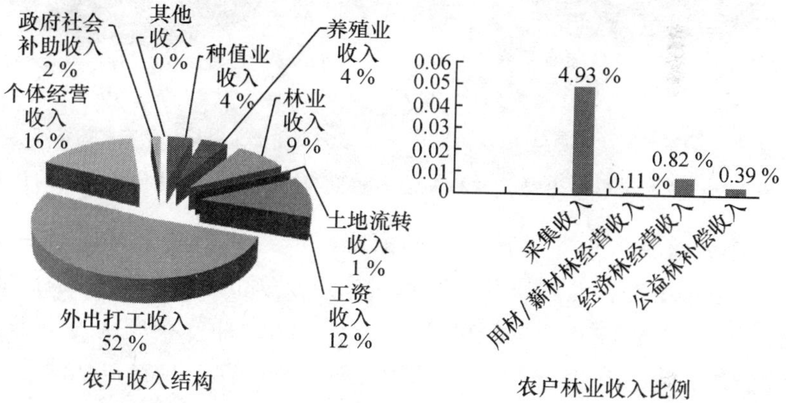

图表2.8 样本农户的收入结构与农户林业收入比例

从支出角度看，123个样本农户生产性支出共748351元，占农户总支出的42.61%，生活性支出为1007906元，占57.37%。其中教育支出占生活支出的54.87%，通过访谈可知，教育支出主要为孩子的高中、大学费用，由此可以看到，教育支出依然是农户的重要负担。

③ 农户对生态公益林的认知及意愿

被调查的两县均有国家重点生态公益林，123户农户共有生态公益林4597.5亩，平均每户37.38亩，林地块数从没有到4块不等，其中拥有一块生态公益林的农户最多；样本农户共收到生态公益林补偿18229.95元，分配方式均为按所有面积分配，平均每户148.211元，补偿起始年份最早为2007年，大部分农户得到补偿的起始年份为2008年。从调查的一手数据看，对123户样本农户的平均补助折合每亩3.97元。

从样本农户对生态公益林补偿满意度和意愿来看，80.00%的农户对生态公益林补偿满意，20.00%的农户对生态公益林补偿不满意。

73.53%的农户认为补偿形式应为现金补偿,4.41%的农户认为补偿形式应为粮食或者其他食物的方式补偿,22.06%的农户认为补偿形式应为护林员的工资。41.56%的农户认为目前的补偿金额较为合理,58.44%的农户认为目前的补助金额较低,他们的期望补偿金额从10元到100元不等,平均为41.12元。(参见图表2.9)

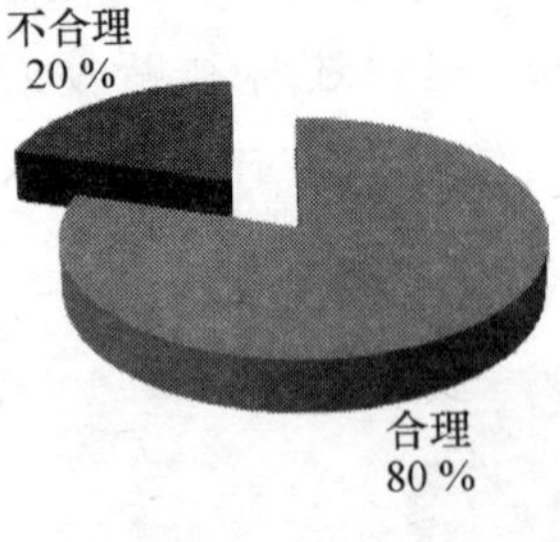

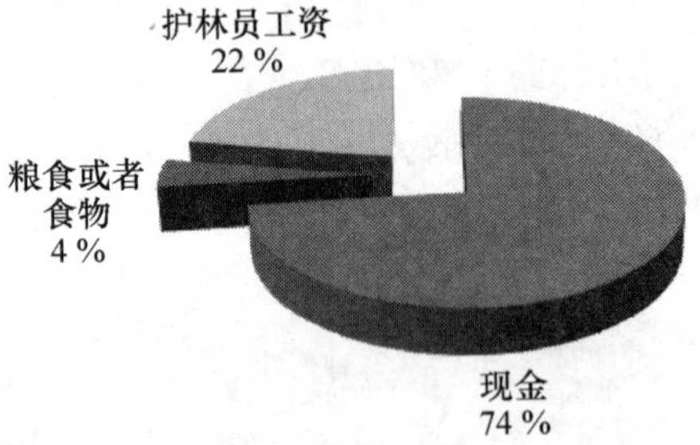

图表2.9　样本农户对生态公益林补偿满意度与对生态公益林补偿方式的认知

生态公益林工程对林区农户的家庭生产经营活动带来了一定的影响,项目组对生态公益林工程及政策对农户家庭带来的影响进行了调查,调查结果如图表2.10所示。从表中可以看出,大部分农户认为生态公益林工程对家庭生产经营活动影响不大,但是66.67%的农户认为生态公益林工程实施后野生动物破坏庄稼更加严重了,35.19%的农户认为生态公益林工程实施使耕地面积减少了,22.43%的农户认为生态公益林工程实施减少了木材采伐量,18.69%的农户认为生态公益林工程实施增加了能源支出,11.21%的农户认为生态公益林工程实施减少了林下经营等副业的收入。部分样本农户也认为生态公益林工程对家庭生产经营活动有一定的积极影响,主要体现在剩余劳动力的转移(22.22%)和生态旅游收入的增加(13.89%)。

图表2.10　农户对生态公益林工程家庭生产经营活动影响的认知

	耕地面积	木材采伐量	能源支出	林下经营等副业收入	野生动物破坏庄稼	剩余劳动力就业	生态旅游收入
积极影响	12.04%	4.67%	0.93%	2.80%	0.93%	22.22%	13.89%
无影响	52.78%	72.90%	80.37%	85.98%	32.41%	68.52%	83.33%
消极影响	35.19%	22.43%	18.69%	11.21%	66.67%	9.26%	2.78%

结合样本农户对生态公益林工程家庭生产经营活动影响的认知,项目组针对生态补偿政策存在的问题,对样本农户进行了调查。结果显示

大部分农户认为补偿过程中补偿资金发放不及时、发放不足额、适用不透明、权力关系不对等问题基本不存在，详见图表 2.11。但是 49.58% 的农户认为生态公益林补偿金额太少，其中 33.61% 的农户认为补偿金额小的问题比较严重。

图表 2.11　样本农户对补偿政策存在问题的认知

	补偿资金发放不及时	补偿资金发放不足额	补偿金额小	资金使用不透明	权利关系不对等
比较严重(%)	12.61	1.68	33.61	6.72	6.72
一般(%)	3.36	1.68	15.97	5.88	4.20
不存在问题(%)	84.03	96.64	50.42	87.39	89.08

3. 湖南省案例点林农对重点生态公益林补偿认知及影响因素分析

(1) 背景

湘西土家族苗族自治州(以下简称湘西州)位于湖南省西北部，云贵高原东侧的武陵山区，辖吉首市和泸溪、凤凰、花垣、保靖、古丈、永顺、龙山 7 个县，总面积 15461 平方千米，境内有汉、土家、苗、回、瑶、侗、白等 30 个民族，人口 283 万。湘西州属老少穷地区，由于远离经济核心地区，接受大中城市的辐射带动作用较弱。国家启动西部大开发战略以来，湘西州 8 县市首批被国家纳入比照享受西部大开发政策范围。2004 年 6 月，湖南省委、省政府出台了《关于加快湘西地区开发的决定》，编制印发了《湘西地区开发总体规划》。2011 年 11 月，为加快连片特困地区发展和脱贫致富步伐，国务院扶贫开发领导小组在湘西吉首市召开武陵山片区区域发展与扶贫攻坚试点启动会，以武陵山片区区域发展与扶贫攻坚为试点，先行先试，积累经验，为全国扶贫攻坚发挥示范引领作用。

湖南省花垣县、泸溪县、凤凰县和古丈县位于武陵山腹地，是区域发展重点扶持县，森林资源丰富，生态屏障地位重要。在西部大开发、武陵山片区区域发展与扶贫攻坚试点背景下，研究湘西州森林生态补偿，不仅有助于协调社会经济建设与生态文明建设的协调发展，同时也有利于林区农民的增收脱贫。

(2) 调查分析

① 湖南省研究区域基本情况

I. 湘西州泸溪县基本情况及样本村选择

泸溪县地处湖南省西部，湘西土家族苗族自治州的东南方，武陵山脉向雪峰山脉过渡地带。其地貌自东向西南排成“川”字形状，西高东低，由西向东倾斜，沅江沿县境南向北流入洞庭湖，大部分属低山地区。东邻沅陵，南接辰溪、麻阳2县，西连吉首、凤凰，北靠古丈。东西宽57.4公里，南北长60.7公里，总面积1,565.5平方公里，其中耕地面积13.89千公顷，含水田10.56千公顷，旱地3.33千公顷。泸溪县共辖7乡、8镇，134个村委会、17个居委会，690个村(居)民小组。总人口29万人，其中少数民族15.53万人。2010年第一季度，泸溪县实现农林牧渔服务业总产值10422万元，按可比价计算，同比增长4.5%。其中农业2470万元，增长6.3%；林业441万元，增长3.5%；牧业6903万元，增长3.9%；渔业95万元，增长3.7%；2010年完成地区生产总值39亿元，增长15%，其中一、二、三产业增加值分别为4.7亿元、22.2亿元和12.1亿元，分别增长6.2%、19%和9.5%。

泸溪县土地总面积156550.3公顷，其中林业用地面积120583.6公顷，占77.0%，非林地面积35966.7公顷，占23.0%。在林业用地中有林地面积31433.7公顷，占26.07%；疏林地面积1955.2公顷，占1.62%；灌木林面积71885.6公顷，占59.62%；未成林造林地面积12388.2公顷，占10.26%；无立木林地面积491.7公顷，占0.41%；宜林地面积2411.8公顷，占2.0%；苗圃地面积17.9公顷，占0.02%。全县共区划生态公益林35011.8公顷，占林业用地面积的29.4%，其中国家公益林面积34377.0公顷，占公益林的98.04%；地方公益林634.8公顷，占1.96%。森林覆盖率达45%，林木蓄积量74.13万立方米。用材林木286种，有松、杉、樟、楠等优良木材和银杏、杜仲、香果、黄连等珍贵树种。经济林木20余种，以油桐、油茶、椪柑、板栗为大宗。现在耕地20.6万亩，主要农作物有稻谷、油菜、辣椒、荸荠、莲藕、大蒜、椪柑等。种植椪柑面积达13万亩，总产量2万吨，为全国之冠，并连续三年荣获全省优质水果评比金奖。玻璃椒远销国内外。泸溪被称为“中国椪柑之乡”。

II. 湘西州凤凰县基本情况及样本村选择

凤凰县是湖南省湘西土家族苗族自治州所辖八县市之一。东与泸溪县交界，南与麻阳县相连，西同贵州省铜仁市、松桃苗族自治县接壤，北和吉首市、花垣县毗邻。凤凰县山地丘陵面积占总面积的2/3，其余为谷底、盆地。1995年末总人口7.79万户、348,155人。其中农业户6.88万户，农业人口314,972人。在总人口中土家族41,822人，苗族186,737人，回族730人，侗族152人，其他民族203人。苗族人口占总人口的

53.64%。2009年,凤凰县实现生产总值298109万元,增长13.1%。其中第一产业增加值55200万元,增长4.8%;第二产业增加值54962万元,增长15.5%;第三产业增加值187947万元,增长14.6%。按常住人口计算,人均生产总值为8424元。在全县生产总值中,三次产业结构由上年的19.6:18.5:61.9调整为18.5:18.4:63.1。

凤凰自然资源丰富,有耕地面积349.45平方公里,占土地总面积的19.96%,人均耕地约1亩。林牧用地面积大,有林地998.67平方公里,占土地总面积的57.03%,宜牧草场113.8万亩,理论载畜量近10万个黄牛单位。新造能源林杉树400.2亩,雷竹170.8亩,楠竹268.7亩,油茶3842.1亩,油茶低改1545.5亩,猕猴桃569.2亩,总面积6796.5亩。凤凰县树种325种,其中有子遗树种银杏、鹅掌楸;珍贵树种杜仲、香果;水杉、珙桐被列为国家一级保护树种;主要用材林有杉、松、柏、椿、柳杉、樟等。其主要经济林有油桐、油茶、漆树、核桃、板栗、山苍子、柑桔等。药用植物有680种,如首乌、黄栀子、益母草、金银花、八角枫等。

② 湘西州公益林补偿办法及基本情况

自2001年实行森林分类区划界定和实施分类经营以来,湘西自治州历经"十五"、"十一五"期间的大力建设,取得了可喜的成绩。"十一五"期间,国家和各级政府对生态建设十分重视。国家建立了生态公益林生态效益补偿制度,每年通过财政转移支付由国家财政对国家级生态公益林进行生态补偿,补偿标准为每亩5元。湖南省在国家的政策基础上进一步制定和完善了适合本省的生态公益林补偿制度,同时启动了省级公益林补偿制度,补偿标准与国家标准一致。

I. 生态公益林区划界定历程

根据国家体改委和国家林业局、湖南省体改委和省林业厅关于林业经济体制改革的要求及国家林业局和省林业厅的部署和安排,湘西自治州于1999年8月完成了湘西州林业分类经营总体规划,2001年7月完成了湘西自治州森林分类区划界定,2004年7月完成了湘西自治州国家重点公益林区划界定工作。全州共区划界定生态公益林794.42万亩,占林地面积47.3%,其中国家重点公益林501.36万亩,地方公益林293.06万亩。2007年9月完成省级公益林区划界定,全州区划界定省级公益林103.8万亩,湘西自治州3万亩。2010年4月,湘西自治州完成国家级和省级公益林区划和调整,全州区划国家级公益林568.40万亩,省级公益林126.56万亩,公益林总面积占林业用地面积的40.80%。2011年8月,完成2004年漏划的国家级公益林上报,全州上报82.52万亩。

2001年国家开始实施森林生态效益补助资金试点,湘西自治州小溪国家级自然保护区14.59万亩的国家重点公益林纳入了试点范围;2004年实施省级森林生态效益补偿基金试点,湘西自治州69万亩的生态林纳入了试点范围;2006年省林业厅、财政厅下达给湘西自治州中央新增重点公益林补偿面积159.68万亩,下达新增省级补偿面积24.9万亩。到2011年止,国家级重点公益林补偿面积507.81万亩,涉及全州七县一市的134个乡镇,1184个村,惠及217666户农户;省级公益林补偿面积103.77万亩,涉及95个乡镇,611个村,惠及62478户农户。

II. 湘西自治州公益林分布区域

湘西自治州生态公益林分布区域广,生态区位复杂,地形地类多种多样。全州生态公益林建设以生态重要区位为建设重点,以主要交通干线与河道两侧绿化、森林公园、森林生态旅游区为景观建设重点。形成以交通干线与河道两侧多功能型公益林为纽带,城市城镇环境型公益林为中心,森林公园、森林旅游度假区等景观型公益林为辐射状分布的总体格局。形成了布局合理的生态公益林体系,构建了完整的湘西绿色生态屏障,使之生态环境优化,满足了生态防护、生物多样性的需要。湘西自治州生态公益林主要分布在:沅江二级支流乾城流、峒河、洗车河等18条河流两岸第一层山脊以内,库容6亿立方米以下的大中小型水库(碗米坡、黄石洞、卡硼等水库)周围第一层山脊以内,铁路、国、省、县道两旁第一层山脊以内,省级、州级、县级自然保护区、森林公园、风景名胜区、旅游胜地,城市生态圈(州级城市以10—15公里为半径的圆形区域,县(市)城市以城市中心点为圆心,5—10公里为半径的圆形区域),山体坡度在36度以下,土层瘠薄、岩石裸露,森林采伐后难以更新或森林生态环境难以恢复的地区,坡度46度以上险坡地段及易发生滑坡、泥石流地区。

③ 样本村被调查农户家庭基本信息

I. 农户家庭基本信息

此次调研的泸溪县和凤凰县农户共78户,其中男性户主62人,占79.49%,女性户主16人,占20.51%。其中汉族15人,苗族45人,土家族14人,除蒙古族、回族和满族之外其他少数民族4人。户主的身体健康状况较好,身体状况一般及良好者72人,占总体的92.31%。户主的教育程度偏低，大专以上学历仅为1人。户主从事的职业呈现多元化态势，其中农业为主18人；农业44人；非农为主9人；非农业6人。（参见图表2.12）

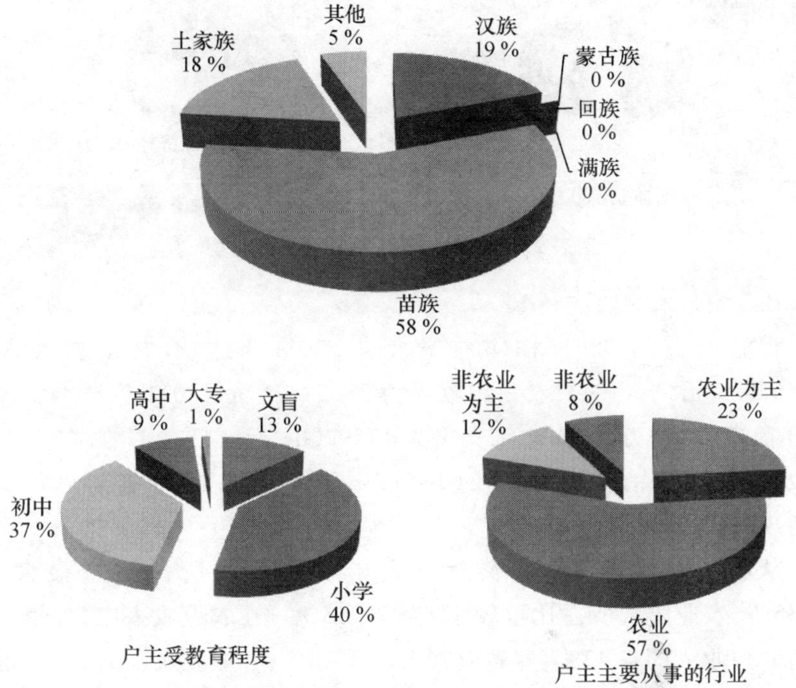

图表2.12　样本农户中少数民族分布、户主受教育程度及其主要从事的行业情况

II. 农户家庭生产经营情况

被调查的78户农户的耕地总面积为1055.1亩，主要为水田，旱地面积仅为189.4亩，水田面积为475.1亩。每户农户平均耕地面积为6.09亩，每户拥有耕地面积从0亩到14.2亩不等。近年来凤凰县和泸溪县农户水田面积基本保持不变。2011年凤凰县和泸溪县农户粮食总补贴收入（补贴面积为耕地面积）达20098.6元，每户农户平均获得粮食补贴257.67元，每户获取的粮食补贴从0元到1498元不等。依据大部分农户表示，2011年粮食补贴为每亩100元或每亩80元。

调查的78户农户中，共有70户农户有林地，林地总面积为1126亩。所种树种种类比较多，经济林的品种主要为李子、茶叶、柑橘、椪柑、油茶、梨树等，商品林的树种主要为杉木、松树、桤木、马尾松、沙树等。所有林业的生产经营全部以单户经营的模式进行。此次调查农户的林木主要为

中幼林、近熟林和成熟林；林木种类主要是生态公益林和经济林，没有农户经营竹林。（参见图表 2.13）

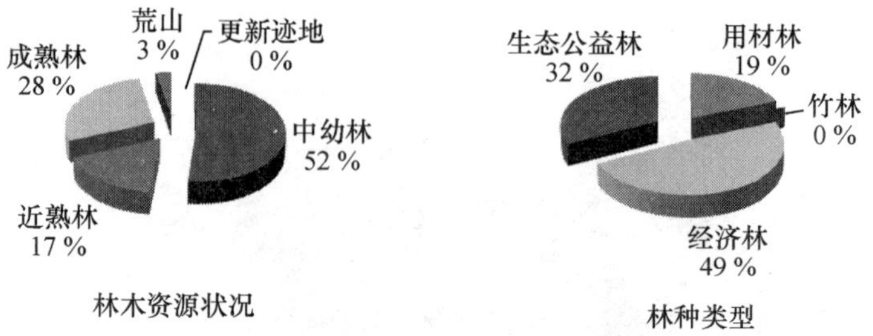

图表 2.13　林木资源状况与林种类型

III. 农户家庭收支情况

根据调查的 78 户样本统计得出，2011 年样本农民总收入为 2965656.5 元，平均每户农户年收入为 38021.24 元，2011 年样本农民总支出为 1372569 万元，人均年支出为 17597.04 元。只有 11 家农户 2011 总收益成负值，占总农户比例的 14.1%，总体上收入水平能够满足农民生活现状。

从收入结构角度看，农户收入中非农收入所占比重很大，为 68.35%，农业收入所占比重较小，为 31.65%。在农业收入中，种植业收入占农户收入的 4.42%，养殖业收入占 8.28%，林业收入占 7.35%，退耕还林收入占 0.60%，粮食补贴收入占 0.35%，在非农收入中，工资收入和外出打工收入所占比重最大，分别占 12.93% 和 58.41%，土地流转收入无，护林员收入无，个体经营收入占 3.39%，政府补助收入占 0.30%，借贷收入占 0.73%，其他收入占 3.09%。具体情况见图表 2.14。

由上面的统计数据可见，凤凰县和泸溪县农民以非农收入为主，其中工资和外出打工比重最大。这是湘西自治州特殊的地理位置决定的。与其他区县一样，凤凰县和泸溪县很多农民都能在区县或镇里找到一份较稳定的职业。

从支出角度看，78 个样本农户总支出 137.26 万元，生产性支出共 21.22 万元，占农户总支出的 15.46%，生活性支出为 116.04 万元，占 84.54%。其中，教育支出 10.635 万元，占总支出的 7.75%。通过访谈可知，教育支出主要为孩子的高中、大学费用。由此可以看到，教育支出依然是农户的重要负担。

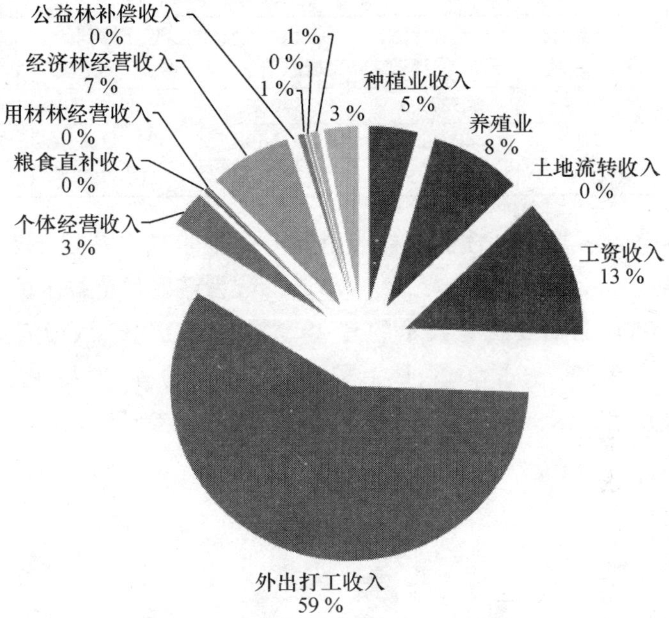

图表 2.14　农户收入结构

④ 林农对重点生态公益林补偿认知

凤凰县和泸溪县均有国家重点生态公益林,其生态公益林分配方式为分林到户的有 46 户,占 58.79%;集体管护的有 12 户,占 15.38%;自己也不清楚是何种方式的有 20 户,占 25.64%。其中,61.54% 的农户认为生态公益林应该分林到户,10.26% 的农户则认为应该由集体管护,剩下 28.20% 的农户认为哪种方式都可以。

凤凰县大湾村的农户表示不清楚有没有生态公益林的补偿,而老家寨的农户则基本上都得到了生态公益林补偿。泸溪县 90% 的农户都表示有生态公益林补偿。凤凰县的农户并不清楚自家是否分到了生态公益林以及生态公益林的补偿形式,而泸溪县的农户家庭都已经分到了生态公益林,从样本农户对生态公益林补偿满意度和意愿来看,泸溪县的农户均对生态公益林的补偿方式表示满意。而且大部分农户得到了以现金为主要形式的补偿,并认为此种形式很合理(52%)。调查表明 44.87% 的农户表示自家曾对生态公益林进行管护,48.72% 的农户表示没有对自家生态公益林进行管护,6.41% 的农户表示自己也不清楚。对于自家进行管护的生态公益林,农户对其存在的问题及其严重程度的认知情况如图表 2.15 所示。

图表 2.15　农户对生态公益林管护问题的认知

	补偿金额低，缺乏动力	不允许利用，无法获得收益	面积太大，难以管护，	没有分林到户，缺乏积极性	护林员管护水平低
不存在	31.25%	43.75%	58.06%	60%	54.84%
一般	37.5%	40.625%	19.36%	23.33%	29.03%
严重	31.25%	15.625%	22.58%	16.67%	16.13%

被调查的两县农户对于森林经营需要的技术项目持以下态度：认为需要辅导造林技术的有27人，占34.61%；认为需要种苗技术的有29人，占37.18%；认为需要抚育技术的有28人，占35.90%；认为需要病虫害防治技术的有39人，占50%；认为需要采伐技术的有22人，占28.20%；认为需要其他技术支持的有15人，占19.23%。（参见图表2.16）

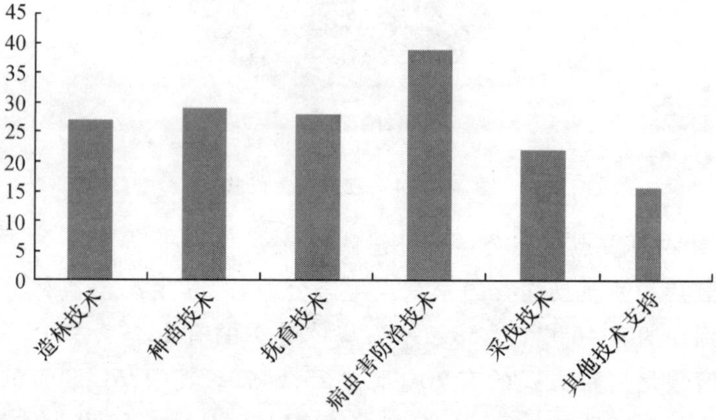

图表 2.16　样本农户对森林经营技术需求

（二）林农对其他林业生态补偿反映及影响因素分析

1. 湖南省案例点林农对退耕还林补偿认知及影响因素分析

（1）背景

参见“湖南省案例点林农对重点生态公益林补偿认知及影响因素分析”。

（2）调查分析

① 湖南省研究区域基本情况

I. 湘西州花垣县基本情况及样本村选择

花垣县位于湘西州西北部，地处湘、渝、黔边陲，是个以苗族为主的少数民族聚居山区。其东与保靖夯沙为界东南与吉首阳孟、德夯毗邻，南方与凤凰县两林相连，西南与贵州省松桃苗族自治县木树隔河相望，西北与重庆市秀山县洪安、峨容以河为界,北与保靖县毛沟、清水一水之隔,东北与保靖县复兴、水田相接。南北长49.5公里,东西宽38.5公里,总面积1,108.69平方公里。其中,耕地面积17.40千公顷,含水田10.12千公顷,旱地7.28千公顷。2009年,花垣县实现生产总值475663万元,增长1.7%。其中,第一产业实现增加值38758万元,增长4.9%;第二产业实现增加值328269万元,下降1.6%;第三产业实现增加值108636万元,增长6.9%。第一产业增加值占生产总值的比重为8.1%,比上年上升0.3个百分点;第二产业增加值比重为69.0%,下降3.1个百分点;第三产业增加值比重为22.9%,上升2.8个百分点。2010年,花垣县地区生产总值482955万元,下降2.7%。其中,第一产业增加值41686万元,增长3.8%;第二产业增加值320796万元,下降8.1%;第三产业增加值120273万元,增长9.0%。2011年全年实现生产总值54.1亿元,同比增长1.8%。

2010年,花垣县年末人口总数305259人,少数民族233269人,其中苗族人口占少数民族总人口的91.17%,土家族人口占少数民族总人口的8.51%。城镇人口数98331人,城市化率为34.06%。花垣县是个以苗族为主的少数民族聚居山区,其国土总面积达1108.7平方公里,其中耕地面积达15920公顷。山下平川种植稻谷、包谷等粮食作物;山上坡地种植花生、辣子、草烟、猕猴桃等经济作物;有猪、牛、羊、麻鸭等养殖业也很发达;森林面积达68400公顷,森林覆盖率50.0%,林木蓄积量110万立方米。

II. 湘西州古丈县基本情况及样本村选择

古丈县位于湖南省西部,湘西自治州中部偏东,酉水之南,峒河之北。东与沅陵接壤,南与吉首、泸溪相接,西抵保靖,北和永顺交界。东西宽51.36公里,南北长40.52公里,总面积1,297.45平方公里。其中耕地7.72千公顷,含水田5.66千公顷,旱地2.06千公顷。全县辖11乡、4镇和1乡级国有林场,总人口13. 74万人,其中以土家族苗族为主的少数民族占了总人口的85%。古丈县素有"林业之乡、名茶之乡、举重之乡、歌舞之乡"的美称,也是闻名于世的"古丈毛尖"茶的主要产地之一。全县年国内生产总值33047万元,其中林业总产值4197万元,农村住户人均纯收入1233元/年。

2008年,古丈县实现生产总值8.2亿元,与上年相比增长10.3%。

其中第一产业增加值1.87亿元,增长4.1%;第二产业增加值1.96亿元,增长15.6%;第三产业增加值4.37亿元,增长10.9%。按常住人口计算,人均生产总值为6354元。在全州生产总值中,三次产业结构由上年的23.6:23.6:52.8调整为22.8:23.9:53.3。

古丈县内森林资源丰富,历来就有“林业之乡”的美称。古丈县植被属中亚热带常绿阔叶林带,植物种类繁多,树种资源丰富,共有乔灌木95科、318属、918种。全县国土总面积129745.4公顷,其中林地面积106270.7公顷,占总面积的81.9%;非林地(林地以外的农地、水域、未利用地及其他用地)面积23474.7公顷,占总面积的18.1%。古丈县现有各类公益林70996.5亩,其中国家重点公益林543600亩、省级公益林166369.5亩。在国家重点公益林中,水源涵养林192730.5亩、水土保持林31028.5亩、自然保护区林40587亩。古丈县森林覆盖率61.86%、林木绿化率73.32%。全县拥有森林面积153万亩,活立木蓄积量4218561立方米,较“八五”有了较大增长,增长了33.6%。全县森林覆盖率为61.86%,林木绿化率为73.32%,按可比指标计算,林木绿化率较“八五”时的70.7%增长了2.62个百分点。此外,林业、茶叶、柑桔等山地开发和山羊饲养也是古丈县农村经济发展的优势。2006年古丈县茶园面积达到8.5万亩,茶叶生产加工总量达1300吨,实现产值4500万元,产品销售到国内20多个省市,出口到30多个国家和地区,是古丈县一大支柱产业。

② 湘西州退耕还林补偿办法及基本情况

在退耕还林工作中湘西州的主要做法是抓好“三个结合”、“三个确保”和“三个落实”。“三个结合”一是与农村经济结构调整相结合。把退耕还林工程作为调整农村产业结构、促进地方经济发展和增加农民收入结合起来,每年从扶贫开发等资金中配套3000万元用于经济树种的种苗经费调整树种结构。二是与农村能源建设相结合。通过实施农村能源建设工程,力争用5年时间基本解决全州51万户农户用能问题。全州每年拨出专项资金2000万元用于节能工程配套退耕还林。三是与扶贫开发相结合。通过退耕还林工程的带动,促进全州林果业、畜牧业、旅游业及其他相关产业的发展,解决好退耕还林后群众的生产、生活和生计等问题。退耕还林工程实施以来,解决了10万户贫困户的吃饭问题。

“三个确保”一是突出重点,确保生态目标。对25度以上的坡耕地以及生态脆弱的公路沿线、主要河流两岸、水库及城镇周围和旅游风景区，重点治理。二是因地制宜，确保群众生计。三是依靠科技，确保工程质量。“三个落实”一是组织落实。州、县、乡三级建立退耕还林领导机构和工作班子，层层建立目标责任制，层层签订责任状，建立严格的考核、奖惩制度，并将其纳入各级政府目标考核。二是工作经费落实。州委、州政府按每亩1元的标准解决州林业部门的工作经费，对完成任务的乡镇按每亩1元的标准进行奖励。县市按每亩10元的标准解决好县市林业部门工作经费，按每亩2元的标准解决乡镇退耕还林工作经费。三是种苗落实。搞好种苗建设规划，加强国有场圃、乡镇林业站苗圃基地建设，积极支持农民和其他经济组织育苗，扩大种苗生产能力，形成州、县市、乡镇三级种苗生产供应体系。

湘西州退耕还林基本情况：

2000年至2008年，全州共完成退耕还林工程建设计划任务26.15万hm^2，其中退耕地还林13.18万hm^2，宜林荒山荒地造林12.07万hm^2（含灾后荒山重建0.3万hm^2），封山育林0.9万hm^2。其中生态林面积24.01万hm^2，经济林面积2.14万hm^2。退耕还林工程已覆盖全州158个乡镇2108个村（居）民委员会，53.1万农户共212.4万人。退耕还林工程建设不仅产生了明显的生态效益，而且带来了明显的经济效益和社会效益，为湘西州林业的跨越式发展、广大农民脱贫致富奔小康和地区经济可持续发展作出了巨大的贡献。退耕还林受到了湘西广大干部群众欢迎，群众生态意识不断增强，生态优先发展、生态环境建设和生态保护观念已深入人心。

取得的成效：

第一，森林资源总量增长，森林生态防护功能明显。退耕还林工程的实施使生态恶化的状况得到有效改善，农业基础设施进一步完善，森林植被覆盖面积及质量得到提高。林地全部郁闭后，全州可净增有效森林面积近25.3万hm^2，林业用地面积增加到114.5万hm^2，占国土总面积的73.8%，比退耕还林前增加了7.57%，有林地面积增加了15.94%，人均拥有有林地面积达到0.24 hm^2，森林活立木蓄积量达到2633万m^3，人均拥有林木蓄积量达到9.92 m^3，森林覆盖率可达到75.5%，比退耕还林前上升15个百分点。主要交通沿线和库区、河流两岸已基本实现绿化。在已完成的退耕还林工程造林中25度以上的陡坡耕地面积达7.87万

hm^2,占退耕地还林面积的63.2%。水土保持部门第二次遥感数据表明,退耕还林后全州水土流失面积比退耕还林前减少了7.34%,水土流失危害明显减少。如永顺县红色老区塔卧镇,退耕还林前,一眼望去全是坡耕地及荒山荒地,每逢暴雨,河水猛涨且浑浊数天不清,冲毁农田多处。实施退耕还林后,山变绿了,水也变清了,自然灾害损失明显减轻,村民都讲这是退耕还林带来的好处。

第二,退耕还林促进了地方经济的发展。2007年统计资料显示,退耕还林后全州总耕地面积比退耕还林前减少了3080hm^2,农林牧渔业总产值达到了604208万元(以现行价计算,以下同),比退耕还林前(2000年)增加了257700万元,其中农业总产值355518万元,增加了128373万元;林业总产值44991万元,增加了28170万元;牧业总产值184448万元,增加了92985万元;渔业总产值13618万元,增加了2539万元;粮食作物总产量84.58万t,平均亩产增加了23.3 kg;干鲜果(板栗、核桃、水果)产量达56.99万吨,比退耕还林前增产43.38万吨;农民人均纯收入达到2255元,比退耕还林前增加了978元。

第三,带动了农村产业结构调整。湘西州在实施退耕还林中提出了生态林30%、兼用林50%、经济林20%的退耕还林林种结构调整目标,把发展生态经济兼用的乡土珍稀树种作为退耕还林的重点。科学选择了林药间作、林竹混交、林草间种、林果间种等多种退耕还林模式。建成了以桤木、马尾松、日本落叶松、湿地松等用材及造纸工业原料林200余万亩,橙、柚、落叶水果等经济林30多万亩;以湘西油板栗、核桃、香榧、银杏、香桂、香樟、楠木、红豆杉、杜英、仿栗、大叶樟、三木药材等生态经济兼用林140余万亩。

湘西州以“公司+农户+基地”的模式,招商引资,大力发展后续产业。分别建成了以湖南老爹公司为龙头的猕猴桃产业基地10万亩;以湘泉制药有限公司为龙头的杜仲、黄柏、厚朴和吴茱萸等木本药材基地30万亩;以喜阳集团为龙头的农产品加工出口桔柚基地80万亩。退耕还林使土地资源得到了合理利用,促进了农村产业结构的调整,原始的农业生产方式得到根本性的转变。由于退耕还林,许多农村劳动力从长年劳作的坡耕地上解放出来从事其他非农产业的劳动,从而促进了农村劳动力的合理的配置,拓宽了山区人民群众勤劳致富的路子。

③ 样本村被调查农户家庭基本信息

此次调研的花垣县和古丈县农户共122户，其中男性户主92人，占75.41%；女性户主30人，占24.59%。总人口中汉族4人，回族1人，苗族69人，土家族41人，其他少数民族7人。(参见图表2.17)

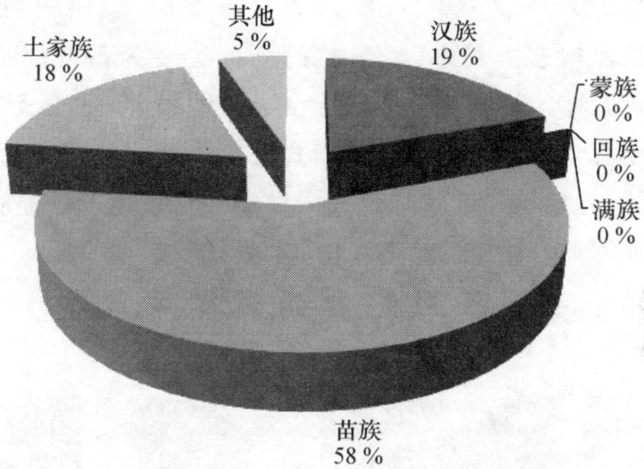

图表2.17　样本农户中少数民族分布情况

户主的身体健康状况较好，身体状况一般及良好者110人，占总体的90.16%。户主的教育程度偏低，大专以上学历仅为2人。户主从事的职业呈现多元化态势，其中农业为主13人；农业88人；非农为主10人；非农业11人。(参见图表2.18)

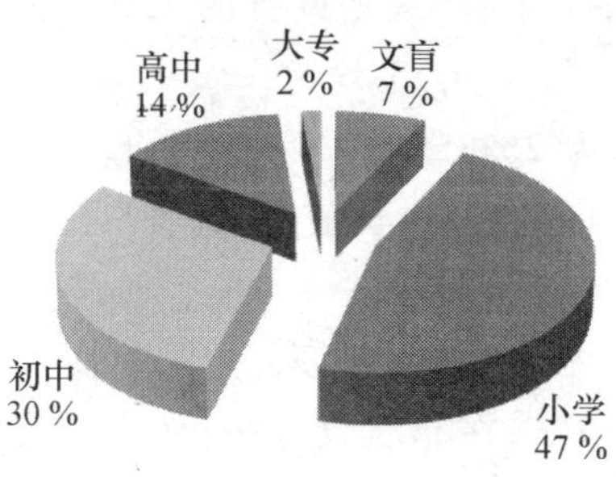

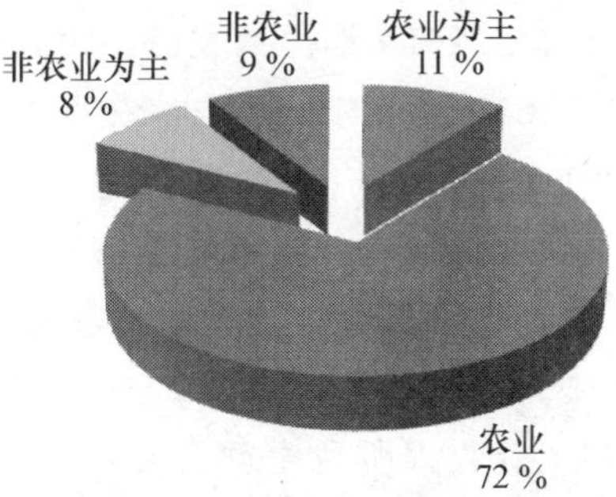

图表2.18　户主受教育程度及其主要从事的行业

调查的122户农户的耕地总面积为834.07亩，主要为旱地，旱地面积为551.5亩，水田面积为281.57亩。每户农户平均耕地面积为6.83亩，每户拥有耕地面积从0亩到53.5亩不等。近年来花垣县和古丈县农户水田面积大体保持不变,略有减少。2011 年凤凰县和泸溪县农户粮食总补贴收入(补贴面积为耕地面积)达 34707.7 元,每户农户平均获得粮食补贴 284.49 元,每户获取的粮食补贴从 0 元到 2000 元不等。2011 年粮食补贴范围为每亩 20 至 150 元不等。

被调查的 122 户农户中, 109 户农户有林地,总面积为 3535.4 亩。所种树种种类比较多。其中,经济林的品种主要为茶叶、柑橘、核桃、油茶、梨树等;商品林的树种主要为杉木、松树、桤木、马尾松、沙树等。所有林业的生产经营全部以单户经营的模式进行。此次被调查的农户的林木主要为中幼林、近熟林和成熟林。林木种类主要是生态公益林和经济林,没有农户经营竹林。(参见图表 2.19).

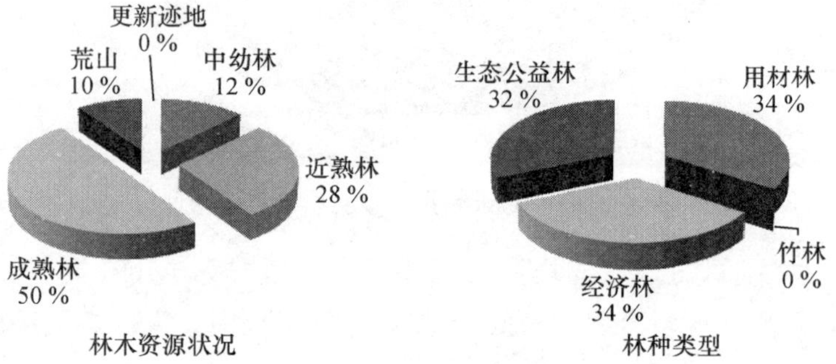

图表 2.19 林木资源状况与林种类型

课题组还对农户家庭收支情况进行了调查,根据调查的 122 户样本统计得出,2010 年样本农民总收入为 5475071 元,平均每户农户年收入为 44877.63 元。2010 年样本农民总支出为 2658555 万元,人均年支出为 21791.43 元。其中,只有 18 家农户 2010 总收益成负值,占总农户比例的 14.75%,总体上收入水平能够满足农民生活现状。

从收入结构角度看,在农业收入中,种植业收入占农户收入的 4.0%,养殖业收入占 13%,林业收入占 7%;在非农收入中,外出打工收入和工资收入所占比重最大,分别占总收入的 41% 和 19%。土地流转收入几乎不占比重,护林员收入也可以忽略不计,个体经营收入占 12%,政府低保收入可以忽略不计,其他收入占 6%。由此看来,外出打工收入是农户的重要收入来源,而林业收入所占份额较小,仅为 7%。林业收入中,山林药材和山野菜的采集收入占 1%,退耕还林补贴收入可以忽略不计,具体情况见图表 2.20。由上面的统计数据可以看出,花垣县和古丈县农民以非农收入为主,其中工资和外出打工比重最大。这是湘西自治州特殊的地理位置决定的，与其他区县一样，花垣县和古丈县很多农民都能在区县或镇里找到一份较稳定的职业。

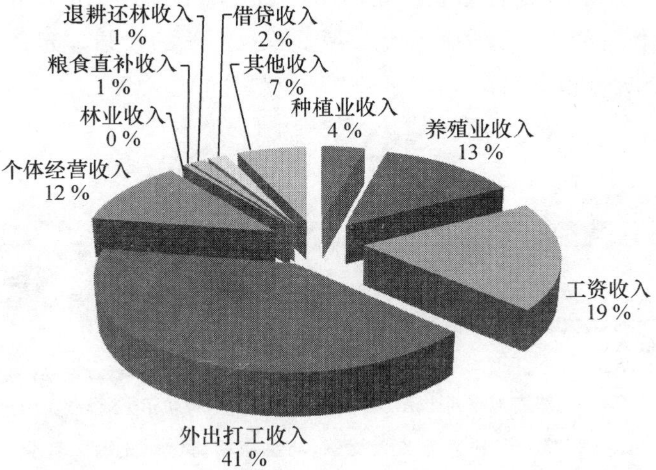

图表 2.20　农户收入结构

从支出角度看，122 个样本农户总支出 2658555 元，生产性支出共 464655 元，占农户总支出的 17%，生活性支出为 2193900 元，占 83%。其中教育支出 406600 万元，占总支出的 15.29%。通过访谈得知，教育支出主要为孩子的高中、大学费用，由此可以看到，教育支出依然是农户的重要负担。

④ 林农对退耕还林补偿认知

花垣县和古丈县均有退耕还林，对于两县一期的退耕还林共有 539.9 亩，土地一共 222 块，退耕地距离农户家最近只有 0.5 里，最远则有 100 里。有 49% 的农户在 2001 年开始进行退耕还林，17% 的农户在 2002 年开始退耕，29% 农户在 2003 年开始退耕，其余农户退耕起始年在 2004 到 2009 年间。花垣县和古丈县一期退耕补贴的标准均为 230 元每亩，大部分农户在退耕前主要种植作物玉米和桐油等，退耕后主要种植树种有杉木、松树、茶叶、桤树和板栗等。

二期农户退耕还林共有 481.2 亩，土地块数为 179 块，退耕地距离农户家最近只有 0.2 里，最远则有 200 里。33% 的农户在 2009 年开始进行二期退耕还林，33% 的农户在 2010 年开始进行二期退耕还林，34% 农户在 2011 年开始二期退耕还林。花垣县和古丈县二期退耕补贴的标准均为 125 元每亩，此次退耕前主要种植作物是玉米、黄豆、红薯等，退耕后主要种植桤树、桔子、松树、板栗等,还有个别农户种植梨树。

39%的农户表示退耕地有收入,61%的农户表示退耕地没有收入。41%的农户认为种粮食的收入要高于退耕还林的收入,36%的农户则认为退耕还林后的收入比种粮食高一些,其余23%的农户表示两者收入没有太大变化。(参见图表2.21)

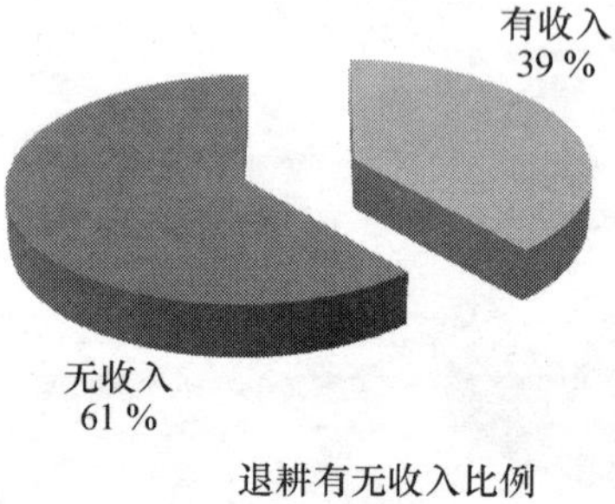

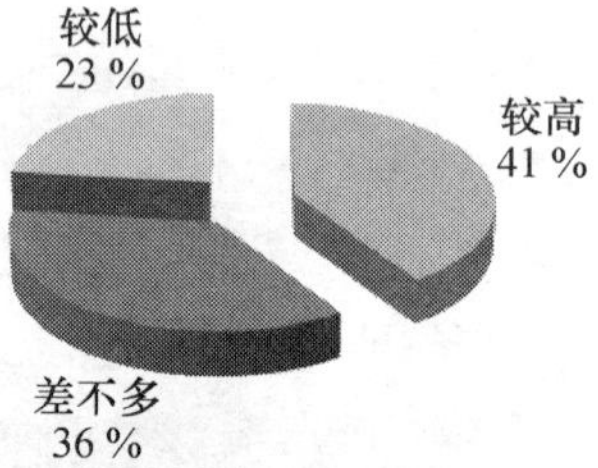

图表2.21　退耕有无收入比例、与种粮相比退耕地收入变化

在调查中,项目组对花垣县和古丈县参与退耕还林工程的农户面临的问题进行了调查,样本农户对退耕还林一期的问题普遍反映为时间太短、林子品种差、产品销路差、面积太小和公益林没有收益等,具体情况见图表2.22。

图表2.22　退耕还林一期工程的问题

	时间太短	林子品种差	产品销路差	面积太小	公益林没有收益
不存在(%)	60.05	40.5	58.7	60	64
一般(%)	17.5	40.5	19.3	23.33	21
严重(%)	21.25	19	22	16.67	15

调查的花垣县和古丈县农户希望参与退耕还林的主要原因有以下几点,认为退耕还林可以获取退耕补贴的有42人,占总农户的34.43%;可以增加家庭收入的有43人,占35.25%;能节省劳动力的有44人,占36.06%;认为退耕还能够防止水土流失的有52人,占42.62%;就是想服从国家政策安排的有35人,占28.69%;其他原因参与退耕园林的有17人,占13.93%。(参见图表2.23)

两县参与一期或二期退耕还林的农户中,45%的农户表示退耕还林的补贴不能弥补退耕前种植粮食的损失,55%的农户则表示退耕还林的补贴还是能弥补其带来的损失的。如果退耕还林二期工程的补贴减半,对两县的调查显示,仍有92%的农户表示愿意参加,只有8%的农户选择

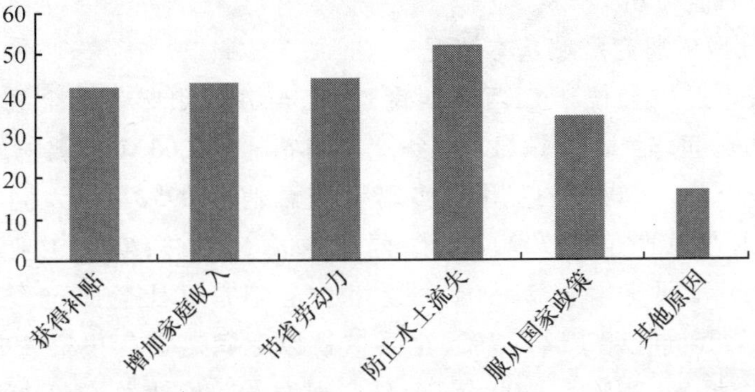

图表 2.23　样本农户参与退耕还林原因

要退出工程。而且33%的农户表示即使补贴停止也会选择复耕。

2. 江西省案例点林农对退耕还林补偿认知及影响因素分析

(1) 背景

江西是我国率先启动新一轮集体林权制度改革的省份之一。江西省森林覆盖率60.05%，活立木蓄积量3.5亿立方米，林业在江西经济社会发展中具有举足轻重的地位。2004年，根据《中共中央、国务院关于加快林业发展的决定》精神，江西省委、省政府出台了《关于深化林业产权制度改革的意见》，在7个县(市)进行改革试点，并于2005年4月将林权改革在全省全面推开。2007年，全省林权制度主体改革基本完成，包括森林生态补偿在内的后续配套政策相继出台，并取得了明显成效。

遂川县国土总面积467万亩，其中林地369万亩，活立木蓄积量1003万立方米、立竹4655万根，森林覆盖率77.4%，是2004年江西省7个试点县之一。其后，遂川县首个通过林改验收，并在2006年8月成功召开了全国林改经验交流现场会。遂川县自2002年开始实施国家生态公益林保护项目，目前全县公益林面积达88.6万亩，涉及26个乡镇、场和林业公司。10年来，遂川县先后制定了《公益林管护核查办法》、《公益林护林员管理办法》、《公益林资金管理办法》等规章制度，实行专业护林，严格验收等方式，同时建立并完善了财政、银行、林业三部门联动的公益林补助资金发放体系，完善了公益林管护体系。江西省遂川县作为我国重要的林权制度改革实验区，在全国林改的背景下，以其为研究对象，探究中国森林生态补偿，具有重要意义。

（2）调查分析

① 江西省研究区域基本情况

吉安市遂川县位于江西省西南边境，与井冈山毗邻。全县总面积3144平方公里，辖11个镇，12个乡，2个国有林场，308个行政村，现有总人口55万人。2009年遂川县实现生产总值450952万元，同比增长13.9%；工业总产值357290万元，同比增长56.6%；实现工业增加值105000万元，同比增长21.4%。遂川县全年完成社会固定资产投资659445万元，同比增长62.7%；全县城镇以上固定资产投资498489万元，同比增长87.99%。2009年，全县实现农林牧渔业总产值158399万元，同比增长12.2%，其中，农业产值67592万元，同比增长3.2%；林业产值39573万元，同比增长42.5%；牧业产值36656万元，同比增长5.5%；渔业产值8578万元，同比增长5.1%。

遂川森林资源丰富，建国后，遂川成为国家重点商品林生产基地，先后被江西省定为主要林区县、重点开发林区县和重点林业县。遂川是“中国金桔之乡”、“中国油茶之乡”，“遂川鸟道”为全国三大鸟类迁徙通道之一。林业是遂川的支柱产业和国民经济的重要组成部分。目前，全县森林面积177399.1公顷，占林业用地面积的72.2%；活立木蓄积量1003万立方米，列江西省第二位，比1994年增长38.7%；毛竹面积20644公顷，立竹4655万根，分别比1994年增长21.55%和55%；森林覆盖率达77.4%，超出全省平均水平（60.5%）16.9个百分点，比1994年提高10.1个百分点。

2004年，遵照党中央、国务院《关于加强林业改革的决定》，江西、福建在全国率先启动集体林权制度改革。2004年8月，江西在全国率先启动林改，遂川作为江西林改的7个试点县（市）之一，在江西省率先启动林改。2005年，全县明晰产权28万宗地，发放新版林权证近8万本，整理林权宗地档案资料30余万份。遂川县在江西省第一个通过林改验收，取得了显著成效，并在2006年8月成功召开了全国林改经验交流现场会。

调研组从遂川县基本情况出发，结合遂川县林权制度改革的政策背景，选择了三抚村、五斗江村、富民村、石坑村和上芫村为样本村，共调查了大湾村106户农户。通过入户访谈和问卷调查等方式，调研组了解了其对退耕还林补偿的意愿和认知。

② 遂川县退耕还林基本情况

遂川县2002年开始实施退耕还林项目,重点实施地区是县内水土流失严重,土壤日趋沙化,地力衰竭的地区。项目规划实施单位为23个乡镇,2个国有林场,1个林业公司,共计面积6万亩(退耕地还林3万亩,荒山荒地造林3万亩)。

遂川县退耕还林项目的补助发放办法主要为补助粮食发放、现金发放和种苗的发放三种形式:粮食补助为每亩退耕地每年补助原粮150公斤。国家规定按报账制办法发放补助粮食。退耕还林第一年,粮食补助分两次兑付,第一次在完成整地并经县级人民政府指定的主管部门检查验收合格后兑付,第二次在退耕还林成活率验收合格后兑付。以后每年在幼林抚育,管护验收合格后分两次兑付。现金发放形式为每亩退耕地每年补助现金20元。现金分为种苗和造林费及生活费。造林费和生活补助由县林业局统一发放。退耕地种苗分经济林木种苗和生态林木种苗,经济林木种苗原则上由退耕户根据种植传统和种植习惯自行购买,林业局发放苗木补助费;生态林木则是在农户意愿的基础上,由林业局统一发放,苗木统购采用公开招投标的方式,本着"先近后远,先选内后选外"的原则进行采购。

遂川县在退耕还林工程实施过程中,依据各个乡镇的具体情况,积极创新退耕还林经营机制,鼓励大户承包,推行"大户承包,所有权流转","公司+农户","集中管护,分户经营"和"户退户还"等多种运作模式。如"公司+农户"形式的"江西翔云生物药业有限公司+珠田,盆珠,大汾,营盘圩等乡(镇)","大户承包,所有权流转"形式的遂川县枚江乡中团村。

③ 样本村被调查农户家庭基本信息

此次调研的106户农户中,总人口为447人,家庭平均人口数量超过4人。其中最多一家12口人,最少一家1口人;家庭人口为4人的家庭最多,为48户。106户农户中,劳动力总数量为288人,平均劳动力数量超过2人,有2个劳动力的家庭最多,有43户。

样本农户中,户主平均年龄54岁,男性户主占98.11%,全部为汉族。户主的教育程度偏低,大专以上学历仅为21人,占19.81%,具体比例见图表2.24。户主从事的职业在家务农较多,其中在家务农为70人,占66.04%;农业为主兼打工和副业21人,占19.81%;长期在外打工的有4

人，占 3.77%；有固定收入的有 9 人，占 8.49%，其他收入有 2 人，占 1.89%，具体情况见图表 2.24。

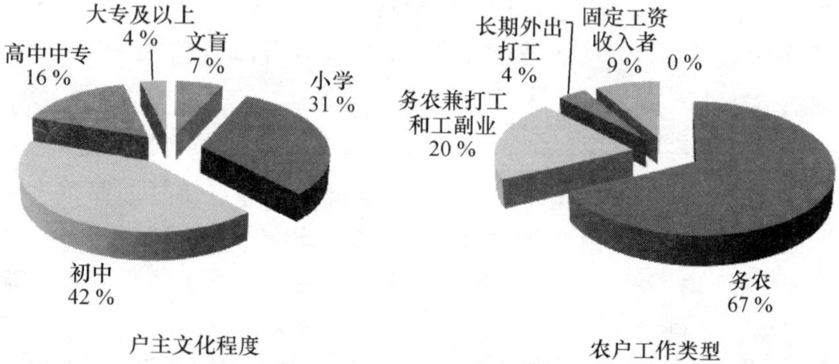

图表 2.24 户主文化程度与农户工作类型

被调查的 123 户农户的耕地总面积为 446.2 亩，主要为旱地，为 390.4 亩，水田面积为 55.8 亩，比例分别为 87.49% 和 12.51%。每户拥有耕地面积从 0 亩到 10 亩不等，平均耕地面积为 4.21 亩，其中户均旱地面积 3.68 亩，户均水田面积为 0.53 亩。由于亩产量高并且易于打理，大部分的农户都以种植玉米为主。2010 年样本农户共种植玉米 209 亩，收获 132290 市斤，平均每户种植 3.48 亩，收获 2496.04 市斤。此外，很多农户还种植水稻。农户的农作物大部分自用，仅有 15 户农户将剩余的粮食出售，销售方式主要分为三种方式：商贩上门收购、国家收购和自己送到交易市场出售。其中商贩上门收购占主导地位，67.67% 的农户都将粮食卖给上门收购的商贩。

根据调查的 123 户样本统计得出，2010 年样本农民总收入为 3760848.7 元，人均年收入为 8413.532 元，2010 年样本农民总支出为 2457950.7 元，人均年支出为 5498.771 元。

从收入结构角度看，在农业收入中，种植业收入占农户收入的 1.17%，养殖业收入占 1.34%，林业收入占 25.25%；在非农收入中，外出打工收入所占比重最大，占总收入的 31.45%，工资收入占 7.44%，土地流转收入占 9.44%，个体经营收入占 4.73%，政府低保收入占 0.12%，粮食直补收入占 4.46%，其他收入占 14.61%，具体情况见图表 2.25。由此看来，外出打工收入和林业收入是农户的重要收入来源，林业收入所占份额较其他省份也比较大，其中又以用材林收入比重最大，占 24.36%，林业收入中，山林药材和山野菜的采集收入占 0.05%，退耕还林补贴收入

占0.20%，经济林收入占0.51%，护林员收入占0.11%，公益林补偿收入占0.02%。（参见图表2.25）

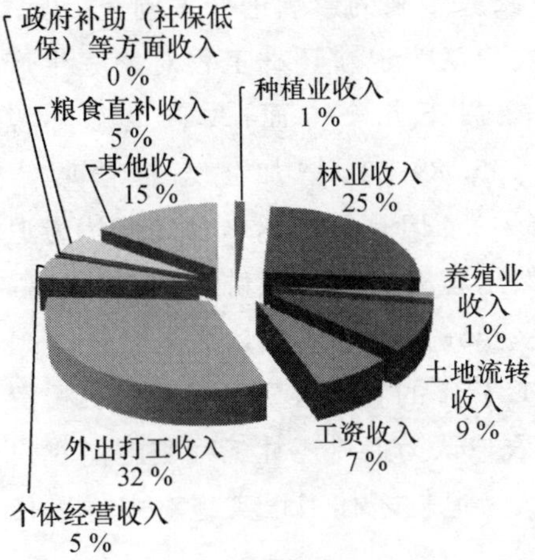

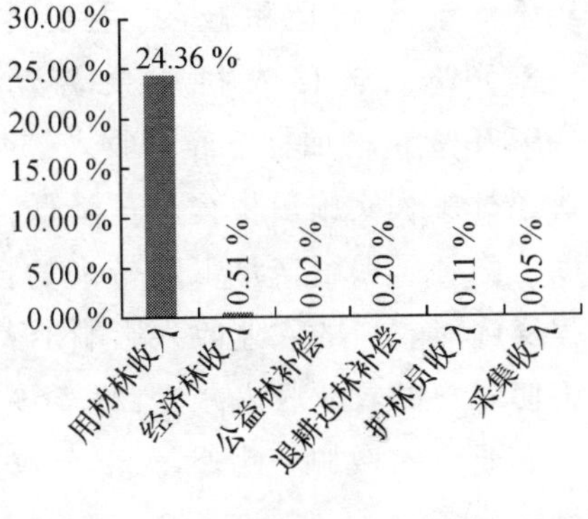

图表2.25　样本农户收入结构及其林业收入比例

从支出角度看，106个样本农户生产性支出共814042.7元，占农户总支出的33.12%，生活性支出为1643908元，占66.88%。其中教育支出占生活支出的8.85%。

④ 农户对生态公益林的认知及意愿

遂川县106户农户中有65户有退耕还林，纳入退耕还林的面积为62.7亩，平均每户0.98亩，林地块数均为1块，其中拥有1块生态公益林的农户最多。样本农户补偿起始年份最早为2002年，最晚为2005年。截至2010年，其中60户农户已经达到退耕还林工程一期（8年）年限，进入退耕还林工程二期，有5户因为退耕较晚，还处于退耕还林工程一期。样本农户2010年共收到退耕还林补偿7467元，分配方式均为按所有面积分配，平均每户114.8769元，从调查的一手数据看，65户有参与退耕还林工程的样本农户中，折合平均每亩补助119.09元。

从样本农户对退耕还林工程补偿满意度和意愿来看，97.92%的农户对生态公益林补偿满意，2.08%的农户对生态公益林补偿不满意。93.48%%的农户认为补偿形式应为现金补偿，6.52%的农户认为补偿形式应为粮食或者其他食物的方式补偿。40.00%的农户认为目前的补偿金额较为合理，60.00%的农户认为目前的补助金额较低。认为不合理的农户主要为进入退耕还林工程二期的农户（89.36%），他们主要希望二期补偿能够保持一期标准。

退耕还林工程对林区农户的家庭生产经营活动带来了巨大的影响，课题组对退耕还林工程及政策对农户家庭带来的影响进行了调查(见图表2.26)。从表中可以看出，大部分农户认为退耕还林工程对家庭生产经营活动影响是积极的，主要体现在以下几个方面：改善生态环境(78.56%)，转移农村剩余劳动力(35.89%)，增加生态补偿收入(89.78%)，增加林下经营收入(34.56%)。但是所有样本农户都认为退耕还林工程实施后粮食产量降低，虽然工程对农户的退耕补贴在一定程度上弥补了粮食产量下降带来的损失。45.12%的农户认为退耕还林工程实施对农户的农业收入影响不大，31.32%的农户认为退耕还林工程实施使农户的农业收入减少，23.56%的农户认为退耕还林工程实施使农户的农业收入增加。此外，大部分农户认为退耕还林工程实施对木材采伐量影响较小。

图表2.26 退耕还林工程对农户家庭生产经营活动的影响

	粮食产量	生态补偿收入	农业收入	木材采伐量	林下经营等副业收入	剩余劳动力转移	生态环境
积极影响(%)	0	89.78	23.56	9.67	34.56	35.89	78.56
无影响(%)	0	6.54	45.12	87.45	45.67	56.75	14.36
消极影响(%)	100	3.68	31.32	2.88	19.77	7.36	7.08

结合样本农户对退耕还林工程家庭生产经营活动影响的认知，课题组针对生态补偿政策存在的问题，对样本农户进行了调查，大部分农户认为补偿过程中补偿资金发放不及时、发放不足额、使用不透明、权利关系不对等问题基本不存在，详见图表2.27。但是88.24%的农户认为退耕还林补偿金额太少，其中49.58%的农户认为补偿金额小的问题比较严重。

图表2.27 样本农户对补偿政策存在问题的认知

	补偿资金发放不及时	补偿资金发放不足额	补偿金额小	资金使用不透明	权利关系不对等
比较严重(%)	11.76	12.61	49.58	10.08	4.20
一般(%)	6.72	3.36	38.66	5.04	1.68
不存在问题(%)	81.51	84.03	11.76	84.87	94.12

(三)林农对林业生态工程补偿认知及影响因素分析

本研究以陕西、江西、湖南、北京4个省市，包括陕西省周至县、太白县、眉县、洋县、佛坪县、宁陕县，江西省遂川县，湖南省花垣县、泸溪县、凤凰县、古丈县在内的 9 个县(市)和北京市昌平、房山、怀柔、延庆、密云、平谷和通州 7 个区县为案例,基于农户视角,对中国林业生态工程补偿进行了实际调研,并进行了实证分析。在调研过程中,课题组对以上 16 个县(市)的 1017 户农户进行了入户调查,并填写调查问卷。

问卷中涉及我国当前正在实施的重点林业生态工程,包括天然林资源保护工程(天保工程)、国家重点生态公益林工程、退耕还林工程等三个工程。其中天保工程只有陕西省涉及,而国家重点生态公益林工程和退耕还林工程四个省市 16 县(市)均有涉及。陕西省由于全面实施天保工程,国家暂未将陕西省纳入生态效益补偿范围。因此,陕西省生态公益林补偿依靠天保工程资金进行拨发。

在调查中调查组发现,陕西省太白县和眉县,湖南省泸溪县和凤凰县农户对生态公益林认知度较高,北京的生态公益林具有一定的典型性,江西省遂川县、湖南省花垣县和古丈县等对退耕还林工程认知度较高。

结合以上各县的具体情况,项目组对 1017 户农户对我国现阶段林业生态工程补偿的整体认知和影响因素进行了调查和分析。因为林业生态工程对林区农户的家庭生产经营活动带来了一定的影响,课题组对林业生态工程及政策对农户家庭带来的影响进行了调查。从调查结果(见图表 2.28)可以看出,大部分农户认为林业生态工程对家庭生产经营活动影响不大,但是 75.10% 的农户认为林业生态工程实施后野生动物破坏庄稼更加严重了,29.20% 的农户认为林业生态工程实施使耕地面积减少,18.30% 的农户认为林业生态工程实施减少了木材采伐量,14.47% 的农户认为林业生态工程实施增加了能源支出,17.47% 的农户认为林业生态工程实施减少了林下经营等副业的收入。部分样本农户也认为林业生态工程对家庭生产经营活动有一定的积极影响,主要体现在剩余劳动力的转移(14.66%)和生态旅游收入的增加(20.09%)。

图表 2.28　样本农户对林业生态工程对家庭生产经营活动影响的认知

	耕地面积	木材采伐量	能源支出	林下经营等副业收入	野生动物破坏庄稼	剩余劳动力就业	生态旅游收入
积极影响(%)	8.85	4.02	2.13	2.62	2.49	14.66	20.09
无影响(%)	61.95	77.68	83.40	79.91	22.41	75.43	77.35
消极影响(%)	29.20	18.30	14.47	17.47	75.10	9.91	2.56

结合样本农户对林业生态工程家庭生产经营活动影响的认知,课题组针对林业生态补偿政策存在的问题,对样本农户进行了调查,大部分农

户认为补偿过程中补偿资金发放不及时、发放不足额、适用不透明、权力关系不对等问题基本不存在，详见图表 2.29。但是 47.14% 的农户认为林业生态补偿金额太少，其中 27.62% 的农户认为补偿金额小的问题比较严重。

图表 2.29 样本农户对补偿政策存在问题的认知

	补偿资金发放不及时	补偿资金发放不足额	补偿金额小	资金使用不透明	权利关系不对等
比较严重	7.93%	1.75%	27.62%	4.90%	4.95%
一般	3.96%	2.19%	19.52%	4.41%	4.46%
不存在问题	88.11%	96.05%	52.86%	90.69%	90.59%

从调查中可以看到，得到的初步结论与文献综述中的结论是呼应的，但是应该看到不同的林业生态工程，因不同的国家政策、补偿数额和形式的不同，对农户的家庭生产经营活动有着不同的影响。结合调研一手数据和收集的资料，本研究结合案例的形式对不同的林业生态工程进行了深入分析。

（四）小结

结合调研情况，通过对农户基本信息和农户对林业生态工程认知及意愿的案例研究，我们发现生态补偿标准太低是农户面临的主要问题。从生态公益林视角看，每亩林地每年折合不到 10 元；从退耕还林工程视角看，进入二期以来，补偿标准减半，每亩林地每年得到的补偿仅为 100 多元。这些补偿都难以弥补农户相应的经营林业和种植业的机会成本。但是可以看到，农户普遍对补偿的方式和形式较为满意，而且通过林业生态工程的实施，有助于农村剩余劳动力的转移，把很多农民从土地上解放了出来。这些人通过进城打工等增加了收入。同时生态工程的实施，改善了生态环境，也得到了广大林农的认可。

三、森林生态补偿的效果及影响

（一）国家重点生态公益林生态补偿效果及影响分析

实施生态公益林生态效益补偿使森林资源管护有了比较可靠的保障，管护能力得到一定程度的增强，取得的成效比较显著，主要表现在以下几个方面。

第一，重点公益林得到有效保护，森林灾害及林政案件明显减少。国家生态公益林实施生态补偿之后，补偿区内森林案件、森林火灾和森林病虫害发生率明显降低。例如，浙江省2005年全省森林火灾受害面积和损失立木蓄积，与上年同期相比分别下降了83%和90%，同时，盗伐、滥伐林木案件较上年同期有明显下降，生态公益林得到了有效保护；北京市建立森林生态效益补偿制度后，森林火灾次数下降了85.71%；广西壮族自治区重点公益林林地逆转面积控制在0.007%，林业病虫害得到有效防治，森林火灾、林政案件明显减少。

第二，公益林质量有所提高，生态环境趋于改善。实施生态补偿机制之后，重点公益林林分质量有所提高，生态环境趋于改善。实施森林生态效益补偿，使公益林资源总量稳步增长，林分结构得到改善，质量逐步提高。例如，2005年江西省崇义县重点公益林林分活立木总蓄积量为278.96万m^3，比2002年增长了9%。江西省通过公益林补偿政策的实施，重点公益林抚育力度加大，以杉松阔混交林、落叶和常绿阔叶混交林为主体的森林群落结构正逐步形成，混交林面积占乔木林面积的比重由15.2%上升到52.1%。浙江省方面，《浙江省水土保持监测公告》显示，2000年，浙江省水土流失面积为16212.36km^2，占全省总面积的15.38%，通过生态公益林建设和治理，至2005年下降到13654.13km^2，占全省土地总面积的12.95%。2000年，浙江省建德市水土流失面积为497.35km^2，占全市总面积的21.46%，通过生态公益林建设和治理，至2005年下降到319.3km^2，占全市土地总面积的13.79%，下降了35.8%。另外，2007年浙江省林业科研部门对该省197万hm^2重点生态公益林的监测结果显示，森林生态效益明显好转，其中涵养水源量165.56万吨，固定二氧化碳1703.34万吨，释放氧气1238.6万吨，贮碳量996.46万吨，减少土壤流失量7132万吨。

第三，林农参与公益林管护积极性得到调动，收入增加。森林生态效益补偿制度的建立，提高了广大林农生态保护意识，调动了林农参与公益林管护的积极性。各地在安排补助资金时，不分所有制性质、不分经济成分，将财政资金直接补助给重点公益林管护人员，得到了林农的拥护。部分山区农民通过参与公益林管护增加了收入。据测算，目前中央财政森林生态效益补偿政策已使7000多万农民直接受益。

但是，也有不少研究表明，林农获得的生态补偿并不能弥补其原有的损失。例如，划归公益林后，为便于管理，主要措施是进行封山，封山之后全面禁伐、禁止打柴等。这样，对农民的生计就会有一些影响。而地方政府和林业主管部门在制订具体措施时,对这方面明显考虑不多,这将是制约公益林建设可持续性的隐患。

例如湖南省平江县瓮江镇塔兴村村民凌高玉的 3.87hm^2(58 亩)山林全部被划为生态公益林,其于 2002 年 5 月获得补助 200 多元(为 2001 年补助),2002 年的补助费调查时尚未到手。山上的树有杉树、松树与其他杂木。杉树、松树为用材,杂木主要用于薪柴。原来除了杉树、松树的砍伐需要办理有关手续外,一般砍柴、砍杂木、砍竹子等都没有严格的规定。现在除竹子、笋子仍可以利用,其他的均不能砍。划为生态公益林后对经济有较大影响,一是收入的减少(如烧炭收入),二是支出的增加,主要是燃料支出的增加,现在主要靠煤和煤气,每天要增加 1.5 元左右的支出,全年 500—600 元。取暖所需的木炭,价格有时高达 80 元每担,比原来翻了一番。[1]

森林作为一种特殊的资源,木材生产、林副产品和林地上更多的收益,是林农的基本经济目标,森林的生态效益是国家和地方政府的主要目标。进行公益林建设试点以后,地方政府为了便于管理、整齐划一,实行"一刀切"的封山措施。尽管名义上保持林权不变,但实际上林农对林木的使用权、处置权等均受到过多的限制,势必会影响农民进行生态公益林建设的积极性。对此,应该结合当地实际,进行公益林管理制度与模式的创新,探索一条既保证生态公益林建设,又有利于当地农民生计的管理模式。

另外,左停等对湖南 3 个森林生态效益补助试点县进行了实地调研,发现自该政策实施以来,当地的生态环境得到了显著改善,具体体现在森林乱砍滥伐现象减少、火灾减少、水土流失改善,但对农户的生计而言,则存在正反两方面的影响:一是,农户能通过获得森林生态效益补偿资金和更多的从事非农活动而受益;二是,农户也增加了燃料方面的支出,并大幅度减少了从林业中所获得的现金收入,在一定程度上减少了农民的净福利。但这两方面影响力的大小取决于农户生计对山林收入的依赖程度。

邢红等从宏观层面评价了北京森林生态效益补偿机制的影响作用:① 从环境层面出发,加大了森林管护力度,加强了病虫害的监测预报工

---

〔1〕 左停等:《森林生态效益补助项目实施中的社会经济问题研究——湖南省试点情况个案调查》,载《林业资源管理》2003 年第 5 期,第 1—4 页。

作,扩大了森林面积,提高了林分质量;② 从社会经济出发,认为生态补偿机制吸纳了许多农村劳动力,解决了农村部分剩余劳动力的问题,并使其生活得到了改善。李芬等对海南 120 户农户的实地调研发现:① 70% 左右农户认为生态公益林建设改善了当地的环境效益;② 当地群众被雇佣为护林员,可以增加就业、收入;③ 提供信息,能够改善当地的交通等方面。但调查同时发现,由于部分地区生态公益林区的划定,使得农户在经济发展与森林生态保护之间、耕地面积减少与剩余劳动力之间存在矛盾。此外,管理机构也存在经费短缺、缺乏专业技术人员以及缺乏森林经营主体参与的困难。

吴伟光等研究了生态公益林政策对浙江林农的影响,他认为公益林建设对当地林农收入和家庭能源消费结构未产生明显的影响。这有两方面原因:① 浙江是全国经济发达地区之一,林农的收入水平及非农收入比例均较高,其生计方式对森林资源的依赖程度较低,使得生态公益林建设对其的影响不明显;② 浙江省在开展公益林建设之前普遍实行了封山育林制度,在山林未达到采伐期的情况下,对林农收入的影响也不能充分体现。此外,通过计量经济分析,表明林农参与公益林建设的意愿与林农的收入、教育程度呈正相关,与薪柴占家庭能源消费的比例呈负相关关系。[1]

(二)其他林业生态工程生态补偿效果及影响分析

1. 退耕还林工程

退耕还林是我国实施西部开发战略的重要政策之一,其基本政策措施是“退耕还林,封山绿化,以粮代赈,个体承包”。为了更好的实行退耕还林政策,国家实行退耕还林资金和粮食补贴制度,2004 年国务院办公厅下发了《关于完善退耕还林粮食补助办法的通知》,通知规定,国家按照核定的退耕地还林面积,在一定期限内无偿向退耕还林者提供适当的补助粮食、种苗造林费和现金(生活费)补助。黄河流域以及北方地区,每亩退耕地每年补助原粮 100 公斤、现金 20 元,还生态林的至少补助 8 年,还经济林的补助 5 年,还草的补助 2 年。每亩退耕地和宜林荒山荒地补助种苗造林费 50 元。近几年,我国的退耕还林工程已取得了一些初步成效,对我国的生态环境建设和林业发展产生了重要的影响。

---

〔1〕 杨希、周圣坤:《公益林生态效益补偿研究综述》,载《安徽农业科学》2010 年 21 期,第 11597— 11601 页。

(1) 退耕还林产生了可观的经济效益,不少研究者对退耕还林工程的效果做了评价,认为工程在以下几个方面取得了显著效果:

① 固碳效益。我国2003—2005年二氧化碳的固碳总量为0.7967亿吨,总价值199.179亿元,不仅产生了可观的经济效益还取得了可观的由减少温室气体所产生的生态效益。还有专家估计退耕还林后农户从退耕林可获得可观碳汇收益,这对增加退耕农户的收入、坚定实施国家退耕还林政策起到了激励和促进的作用,同时为减少我国温室气体缓解气候压力做出了贡献。

② 水源涵养。退耕还林后,林地的水源涵养功能得到进一步增强,这对林地蓄水、调节径流、削洪抗旱和水质净化等多方面都起到了很大的正面作用,而且还产生了183.95亿元的经济效益。

③ 土壤保持。在各项生态效益指标中我们可看到土壤保持这一项的生态效益在所有生态指标中表现最为突出,达到了42818.7亿元。土壤保持不但在预防各种地质灾害、减少沙化和荒漠化中起到的作用是无可替代的,而且对改善相关的经济建设和发展也起到了支撑的作用。

综上,我们发现实施退耕还林产生了效果喜人的经济与生态收益,它不仅改善了生态环境,还获得了巨大的经济效益,这两方面为提高改善我国绿色GDP提供了一个良好的借鉴,也为退耕还林的后续措施提供了坚实的基础。

(2) 有利于调整农村产业结构、促进地方经济发展和农民脱贫致富。

退耕地区大多是边远贫困地区,其经济基础薄弱、产业结构单一,但退耕还林后根据市场需求积极发展林果业、畜牧业、农产品加工等,来加快农村产业结构调整、促进产业多样化为农民提供比耕地更多、更有致富前景的机会,而且退耕后释放的劳动力也为其他各项经济建设提供充足的劳动力资源,有利于农民转变观念,积极配合国家退耕还林战略计划。这里退耕还林后计算出的林地产值达到了32.241亿元,可见其经济前景是相当可观的。

(3) 退耕还林还产生了显著的生态效益,在加快国土绿化进程、治理水土流失、涵养水源、防治土地沙化方面取得了可喜的成绩。有专家估计,退耕还林工程将使占国土总面积82%的工程区森林覆盖率平均提高

2个多百分点。[1]

研究发现，退耕还林不仅能产生巨大的经济效应，而且对于保护生态环境及社会的可持续发展也提供了坚实的支撑，应继续加大力度巩固退耕还林政策，进一步完善各项措施，努力使退耕还林发挥其最大的生态和经济效益。

2. 天然林保护工程

在我国，天然林正在随着人们伐树造田的行为而逐渐减少，这种情况严重影响了森林生态系统的稳定，影响着人们生活环境的美化。随着经济与社会的发展，人们已经认识到天然林对人们生产、生活的重要作用，开始着手建设天然林的保护工程。天然林保护工程的建立，可以有效地保护天然林，使天然林充分发挥其重要的作用，如有效遏制水土的流失，净化空气中的有害气体，维护生态环境的稳定等。实施天然林保护工程是党中央、国务院针对我国生态状况，站在国家和中华民族长远发展的高度，着眼于经济与社会可持续发展的全局，做出的重大战略决策。为确保天然林保护工程顺利实施，国家财政安排了巨额资金，在工程建设中制定了相关的资金投入和管理规定，如《天然林资源保护工程财政资金管理规定》、《重点地区天然林资源保护工程建设资金管理规定》、《林业重点工程资金违规责任追究暂行规定》等。

资金是保证天然林保护工程顺利进行的主要因素，随着我国经济建设的发展以及国家对天然林保护工程的重视提高，政府对于建设天然林保护工程的资金已经基本到位，从2000年到2010年国家对天然林保护工程总投入将达到962亿元，除大兴安岭林业集团公司国家全额补助外，其他省（区、市）中央补助80%，地方配套20%。中央投入资金按照资金来源和用途分为国家财政专项资金和国家基本建设资金两部分，基本建设投资180亿元，占总投入的18.7%，财政专项资金投入782亿元，占总投入的81.3%。随着资金的投入，我国的天然林保护工程也取得了一些成效，对我国的林业建设和环境保护产生了重要影响。

首先，天然林资源得到有效保护主要表现在林地面积增加、森林面积、蓄积量大幅度提高，森林的小气候调节作用明显增强，森林防护效益增强，对涵养水源、改善水质起到了很大作用。在实施天然林保护工程

---

[1] 林剑平等：《我国生态补偿中退耕还林政策实施评价》，载《现代商贸工业》2010年第3期，第66—67页。

时,大幅度调减木材产量,实行森林资源管护制度,大大减少了森林资源消耗,森林植被得到有效保护和恢复,森林、灌木林地面积增加,丰富了生物多样性,生态功能不断增强,天然林面积蓄积量逐年增加,天然林资源得到有效恢复,天然林质量不断提高,为实现林业的可持续发展奠定了良好基础。如海南省1998—2005年,全省共完成人工造林2.047万hm^2,为1997年以前10年造林的总和,封山育林面积累计达到2.2万hm^2。2005年,全省森林面积188.7万hm^2,森林蓄积量达10474万m^3,森林覆盖率由1997年的48.7%提高到2005年的55.6%。全省生态公益林面积已达89.9万hm^2,占森林总面积的43.5%。天然林面积已从1996年的61.3万hm^2增加到现在的65.9万hm^2,其中原始森林13.3多万hm^2,使全省生态公益林的生态功能大大增强,又给野生动物提供了生存繁衍环境,种群数量日益增加,生态环境进一步改善。其次,自天然林保护工程实施后,通过电视、报纸等媒体的宣传,特别是相关森林管理奖惩制度的制定与严格执法,企业职工和社区村民们对天然林保护的意识大大提高,形成全林区依法治林、依法护林的氛围,有效提高了人们的环境保护意识。此外,天然林保护工程的对森工企业转变经营方式、增加经济效益以及提高职工收入都起着重要作用。

（三）中国森林生态补偿综合效果及影响分析

当前中国政府主导实施的重大生态建设工程包括退耕还林,天然林保护,三北防护林建设,退耕还草,京津风沙源治理等。这些项目的主要投资来源是中央财政资金和国债资金,项目区域范围广,投资规模大,建设期限长,是当前国家生态保护和建设的重要举措。

退耕还林(草)工程。中国制定了退耕还林(草)10年规划,规划范围涉及全国22个省市,准备10年之内完成退耕还林面积530万hm^2,宜林荒山造林800万hm^2,控制水土流失面积3600万hm^2,防风固沙控制面积7000万hm^2。为了实现上述目标,国家在政策、资金和物资方面提供了前所未有的支持。2002年国务院制定了《退耕还林条例》,对工程的内容、范围、措施、各部门的责任等做了明确规定。退耕还林工程的补偿包括国家对退耕农户和地方政府两部分,对退耕农户国家无偿提供粮食、种苗费和管护费补助;对地方财政因退耕还林减收部分国家采取转移支付的方式进行补偿。

天然林保护工程。主要思路是对林场实施分类经营,即将主要林区划分为重点生态公益林、一般生态公益林和商品林基地等,对重点生态公益林实施严格保护,通过经营商品林弥补天然林采伐量减调的缺口。按照全国天然林保护工程规划，长江上游和黄河中上游地区是天保工程实施的重点区域，分布有天然林 7000 万 hm^2，占全国 1.07 亿 hm^2天然林的 69%。在停采的基础上，加快长江上游、黄河上中游地区工程区内宜林荒山荒地造林绿化，封山育林 367 万 hm^2，造林 866 万 hm^2，使这一地区森林覆盖率由目前的 17.5% 提高到 21.24%。整项工程合计总投入 1064 亿元，其中基本建设投资占 18.8%，财政专项资金投人占 81.2%。国务院还规定对于因限采停采而造成还贷困难的森工企业的金融债务可以予以减免（国家林业局《天然林保护工程综述》，2003）。

退牧还草工程。2002 年 12 月 16 日，国务院正式批准西部地区 11 省市实施退牧还草工程。从 2003 年开始，用 5 年时间，在蒙甘宁西部荒漠草原、内蒙古东部退化草原、新疆北部退化草原和青藏高原东部江河源草原，先期集中治理 10 亿亩，约占西部地区严重退化草原的 40%。退牧还草将采用禁牧、休牧和划区轮牧三种方式进行，退牧还草期间，国家将对牧民进行粮食和饲料补助。

三北防护林体系建设。工程涉及东北、华北、西北的主要生态脆弱区，建设区域横跨近半个中国。三北防护林体系建设期限共 73 年，整个规划项目区范围 406 万 km^2，被认为是世界上最大的生态建设工程。据国家林业局统计资料，自 1978 年开始实施以来，累计造林 23.5 万 km^2，在一定范围、一定时期和部分地区提高了森林覆盖率，改善了当地的生产生活条件。

京津风沙源治理工程规划范围为 45.8 万 km^2。林业部 1999 年制定的《京津风沙源治理规划》，项目设置了封山育林、退耕还林、营造防沙固沙体系、退牧还草和生态移民等十大措施，从 2001 年到 2010 年，将完成退耕还林 263 万 hm^2、营林造林 500 万 hm^2、草地治理 1060 万 hm^2，修建水利配套设施 11.4 万处，小流域综合治理 2.3 万 km^2，生态移民 18 万人。

工程成效体现在：① 水土流失面积有所下降，10 年间中国水土流失面积由 367 万 km^2下降到 356 万 km^2。② 森林覆盖率有所增长，达到了 16.55%。③ 部分荒漠化地区出现了人进沙退的良好局面，陕西省榆林地区从 1994 年到 1999 年，流沙面积减少了 1.037 万 hm^2，毛乌素、科尔沁两大沙地部分地区结束了沙进人退的历史。[1] 但中国的生态环境形势仍

---

〔1〕 张力小：《三北防护林体系工程政策有效性评析》，载《北京大学学报》（自然科学版）2003 年第 4 期，第 594—600 页。

在进一步恶化，荒漠化仍在以每年1万km^2的速度扩张，其中沙漠化扩展速度为$3436km^2/a$，石漠化发展速度为$2500km^2/a$，水土流失面积在总量下降的同时，每年新增面积也达到1万km^2，许多重要生态功能区生态功能受到了损害乃至丧失，中国生态环境形势开始从结构破坏向功能紊乱转变。[1]

第三节　森林生态补偿实践中存在的问题与立法建议

森林是维持一个国家和地区生态平衡、环境安全的重要支柱。随着我国经济和社会的发展，国家及社会已经开始重视林业生态工程建设。森林生态补偿主要包括天然林保护工程、退耕还林工程和重点生态公益林建设等，具体情况如图表2.30所示。

图表2.30　我国森林生态效益补偿实施情况

试点阶段	保护范围的划定	实施省区	涉及的法律与规章
天然林保护工程 1998—1999年（2000年正式启动）	未经人为措施而自然起源的原始森林和天然次生林、人工林中被划为防护、特用等公益林	包括长江上游地区和黄河上中游地区，有湖北、重庆、四川、贵州、河南、陕西、黑龙江、内蒙古等17个省（自治区、直辖市）	《天然林保护工程专项资金管理办法》（1998年）、《重点地区天然林资源保护工程建设项目管理办法》（试行2001）、《天然林资源保护工程管理办法》（2001）等
退耕还林工程 1999—2001年（2002年正式启动）	25°以上坡耕地应当按照当地人民政府制定的规划，逐步退耕，植树种草；退耕还林工程主要包含水土流失、风沙危害严重的重点地区	范围涉及长江上游地区和黄河上中游地区的25个省区和新疆生产建设兵团（工程涵盖2293万hm^2退耕地）	《退耕还林工程建设检查验收办法》（2001）、《退耕还林条例》（2002）、《退耕还林工程建设监理规定》（2003）等
重点生态公益林建设 2001—2004（2004年正式建立中央森林生态效益补偿基金）	重点生态公益林林地中的有林地，以及荒漠化和水土流失严重地区的疏林地、灌木丛地、灌丛地	在全国推广（涵盖面积为26万hm^2）	《重点生态公益林界定办法》（2001）、《中央森林生态效益补偿基金管理办法》（2004）、《中央财政森林生态补偿基金管理办法》（2007）

资料来源：《中国生态补偿机制政策研究课题组. 中国生态补偿机制政策研究》。

我国森林生态补偿仍处于起步阶段，无论是补偿主体、客体还是补偿

〔1〕　国家环境保护总局自然生态司：《中国国家生态报告》，中国环境科学出版社1999年。

机制都存在一定的不规范和不完善等问题。为了进一步探讨这些问题，项目组2010年8月至2012年4月在北京、陕西、江西、湖南等地进行了实地调研，对森林生态补偿问题进行了深入的分析和研究。

一、林业生态工程生态补偿主要问题及成因分析

森林生态补偿已经在世界范围内广泛开展，这对于促进生态系统服务市场化、为生态建设筹资、改善生态质量、增强人们的生态保护意识等起到重要作用并积累了不少经验，然而生态补偿仍停留在个案研究水平上，理论探讨和实际应用之间还有不小的距离，尚未形成一套广泛适用的生态补偿机制，尤其是如何确立补偿标准、生态补偿与地区经济发展的关系、如实现受益者补偿等问题未能解决。目前看来，我国森林生态补偿存在着以下问题。

（一）森林生态补偿范围过窄

目前我国的森林生态补偿主要局限于退耕还林、天然林保护、重点生态公益林补偿等内容，其他方面的补偿目前较少。然而在国际上，森林生态补偿的实施范围已经很广。如美国的土地休耕计划；欧盟对传统水土保持措施，甚至地边田埂生物多样性的保护措施等；哥斯达黎加为保护森林和减轻温室气体排放而建立的可确认贸易补偿制度（Certified Tradable Offsets，CTOs）；巴西在恢复退化林地和增加保护区面积的进程中实施的生态增值税、建立永久性私有自然遗产保护区等；瑞典、丹麦、荷兰和德国等国将收入税向危害环境税转移等。可见，与其他国家相比较，我国的森林生态补偿还有许多方面有待开展。

（二）“输血式”补偿不利于生态建设长远目标的实现

目前我国大多数生态补偿项目为“输血式”补偿，过于注重经济支付，忽视对受偿者行为有重要影响的社会经济因素的考虑。目前我国森林生态补偿的受偿者以农民群体为主，从实地调研的结果可以看出，农民这一群体由于受教育程度较低（参见图表2.31），自身素质相对不高，他们往往更注重眼前利益而忽视长远利益。从经济学角度来讲，作为一个理性经济人，农民行为的目的是实现自身利益的最大化。因此，由于林业周期长等特点，在我国目前“输血式”的补偿机制下，无法保证生态建设的可持续性。例如“退耕还林”工程的实施，一期工程规定期限为八年。一期工程退耕补贴较高，能够在一定程度上弥补林农的经济损失，因此农

民对于该政策的支持和配合度较高。而进入到二期工程补偿标准降低以后,农民对此项工程的积极性渐弱,农民配合度的降低对森林资源的长期经营会产生一定影响,不利于森林可持续地发挥其生态效益。

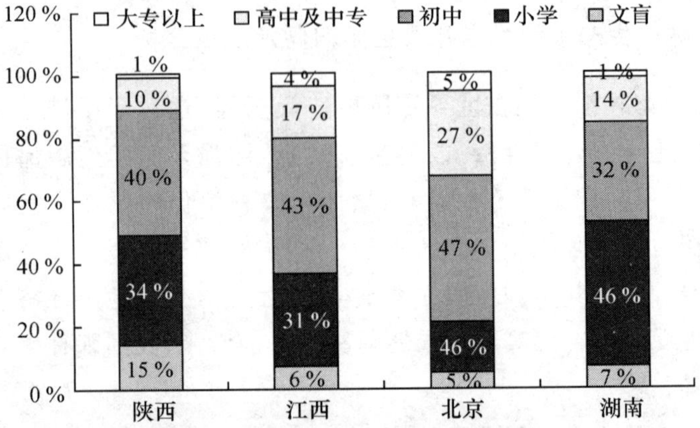

图表 2.31 实地调研各省农民受教育程度现状

(三)森林生态补偿资金来源渠道单一

在欧盟等国家和地区,实际上非政府组织和地方政府在森林生态补偿实践中发挥着相当大的作用,企业与地方政府、企业与农场主之间为保护生态环境而达成的诸多契约构成了生态补偿的基本框架。然而在我国,生态补偿的资金来源主要包括财政转移支付和专项基金两种。其中财政转移支付是最为主要的生态补偿资金来源。从目前我国生态补偿的财政转移支付方式看,纵向转移支付占绝对主导地位,即中央对地方的转移支付,而区域之间、流域上下游之间、不同社会群体之间的横向转移支付微乎其微。这种完全由中央政府买单的方式显然与"受益者付费"的原则不协调。由于林业生态工程建设投资巨大,单纯依靠国家和地方政府势必影响其规模和进度。因此,有必要拓宽林业生态工程建设的资金来源,以保证林业生态工程建设顺利而持续地进行。

(四)森林生态补偿标准不合理

我国目前的森林生态补偿(如退耕还林、重点生态公益林补偿等)标准基本上采用"一刀切"的政策。而实践中由于其区域、环境等因素,森林资源的差异性非常明显。无论是退耕还林还是重点生态公益林,不同的区域森林资源对于生态效益的贡献有所差异。以退耕还林为例,不同地区实施退耕还林政策以后,对于退耕树种的选择问题都是以当地政府引导为主,农民很少自主选择树种。而实地调研结果显示(参见图表2.32),有些省份退耕后以种植用材林,而有些省份退耕以后种植经济林,因此可以看出,虽然同为退耕还林政策,但其政策实施导致的结果对于生态建设的贡献有所差异。

图表2.32　各省区退耕还林生态补偿情况

省份	案例点	退耕前 主要作物	退耕后 主要树种	补贴标准 (一期工程)
陕西	洋县、宁陕	水稻、玉米	板栗、梨树	230元/亩
江西	遂川、井冈山	水稻	枫树、杉木	210元/亩
北京	郊区7县区	玉米	板栗、柑橘、桃树、梨树等经济林	50公斤粮食、20元现金/亩
湖南	泸溪、古丈、凤凰、花垣	玉米、黄豆、茶叶	桤木、马尾松、柏树等	230元/亩

资料来源:根据各省实地调研资料整理。

由于补偿标准的制定缺乏科学依据,没有体现因地制宜,导致执行过程中出现了许多问题和矛盾。对于究竟应如何确定补偿标准目前在国际上也没有统一的做法。从欧盟来看,机会成本法是相对较为广泛采用的方法,即根据各种环境保护措施所导致的收益损失来确定补偿标准,然后再根据不同地区的资源环境条件等因素制定出有差别的区域补偿标准。另一个可以借鉴的例子是美国的退耕补偿政策。虽然美国退耕项目的补偿资金全部由政府提供,但政府并不统一规定一个补偿标准,而只是首先根据其所确立的实现森林多功能目标,建立了"环境效益指数"和"根据土壤特点经过调整的租金率"这两个评价体系,用于估算能够基本反映各地实际情况的租金率。然后,美国政府借助竞标机制和遵循农户自愿的原则来确定与各地自然和经济条件相适应的租金率(即补偿标准)。这种方式确定的补偿标准实际上是农户与政府博弈后的结果,化解了许多潜在的矛盾。

(五)生态补偿基础性支撑制度缺乏

尽管近些年来我国出台了一系列与资源和环境保护相关的法律法规,但就生态补偿来讲,其基础性的支撑制度仍非常缺乏。总体来讲,立法进程滞后于生态环境保护与建设的发展是森林生态补偿最主要的问题。我国目前关于森林生态效益补偿没有专门的立法,现行包含"生态效益补偿"原则性条文的法律法规也主要是上世纪80年代出台的《森林法》、《草原法》、《渔业法》等。生态补偿的法制化进程起步晚,这样就注定关于森林的生态补偿制度的确立相应“迟到”。《森林法》中明确的确定了森林生态补偿的原则，但是这一条文过于原则性和概括性，并且该法确立森林补偿制度后迟迟没有出台相关配套规定。这也使得我国在很长一段时间内在森林生态补偿方面存在“有规定但无可实际操作依据”的问题。随着立法进程的推进，在《森林法实施条例》出台之后，关于森林生态补偿的内容才渐渐有了增加。另一方面，从《中央财政森林生态效益补偿基金管理办法》第 2 条、第 4 条中不难发现，我国现阶段的“森林生态补偿”仍然是一种财政补贴的形式，而不是真正意义上的“补偿”。

此外，我国森林生态补偿缺乏有效的监管评估机制。在实地调研过程中发现，目前各省市的生态补偿项目都存在着不同程度的补偿资金下拨不及时、私自扩大使用范围、补偿政策不透明等问题，这些问题大大降低了补偿资金的使用效率，不但进一步加重了国家财政负担，而且阻碍了森林生态系统服务功能的实现。

二、重点生态公益林补偿主要问题及成因分析

我国的生态补偿工作才刚刚起步。以已实践多年并取得了很大成绩的退耕还林为例，这项工程在执行过程中存在着“贯彻生态目标不到位”和“给农民的补偿不到位”的问题。前者表现在护林环节上，农民出钱出力确保生态效益的动力不足，后者表现为经济补偿没有及时全部兑现给农民，加上后续产业开发未跟上，一些地区尤其是少数民族地区出现了贫困面增大的趋势。作为中国第一个大规模生态补偿实践，“生态目标”不能实现将影响到这一政策的成败。由于生态林的成长和生态效益发挥需要近十年的时间，生态效益又主要是公益性的，因此生态目标在其他目标中最为脆弱，很容易成为急功近利的牺牲品。而“经济补偿”落实不到位，不仅会使退耕还林难于持续或出现反复，还可能在一些地方加剧社会矛盾。这也说明，真正的生态补偿机制的建立是一种远比想象深刻的社会利益大调整和制度创新。

除此之外，城市水源地的发展与保护的矛盾，江河上游水资源利用与中下游用水的矛盾，生态屏障的建设与投入的矛盾，喀斯特地区过度开垦导致的水土流失和沙漠化问题，草原过度放牧或过度耕种带来的风沙问题，以及自然保护区的保护问题等都需要予以解决。虽然已有许多政策措施，但由于没能从机制上解决生态价值补偿问题，即使一些地方的保护

与发展关系得到协调，也还有许多不稳定因素，影响可持续发展。这正是近年来人们纷纷呼吁解决生态补偿问题的原因。

（一）公益林的划分不合理

按照森林的主导功能不同，我国将森林划分为公益林和商品林，其中公益林包括防护林和特种用途林，我国《森林法》第8条确立的森林生态效益补偿基金，仅对提供生态效益的防护林和特种用途林规定了补偿。我国《公益林与商品林分类技术标准》按重要程度将公益林划分为特殊保护林、重点保护林与一般保护林三个保护等级。

但是，现阶段普遍存在着公益林没有进行具体区划，责任不明确的问题。目前我国仅对公益林和商品林进行了分类而没有进行现地区划界定，给森林生态效益补偿的实施带来了困难。做好公益林分类规划是实现生态效益补偿的前提，但如果不进行公益林的区划界定，只进行分类规划，公益林没有真正落实到山头地块，没有经林权所有者或经营者认可，没有签订现场界定书，则会出现该补偿的不能被补偿或补偿了并未达到补偿目标的情况。责任不明，就会出现补偿资金不能提供到位，或拿到补偿金而不去管护的不良现象发生。

根据实地调研的结果，江西省依据2001年全省分类经营区划，公益林面积543.97万hm^2，占林业用地的51.8%，商品林面积506.83万hm^2，占林业用地的48.2%。到2007年江西省公益林补偿面积已增至340万公顷，占全部林地面积的32%，其中重点公益林补偿面积204.13万hm^2，地方公益林省级补偿面积135.87万hm^2。江西省自然条件好，光照和雨量充足，树木生长比较快，很多林地更适宜发展经济林、用材林和薪炭林，但是政府却常常将其划分为公益林，任意扩大公益林的面积，严重降低了森林的生态效益。

再以湖南湘西自治州为例，为响应生态建设政策，该州对森林资源类型的划分进行了调整，原本的马尾松、侧柏等用材林被划归为公益林。通过图表2.33和图表2.34中湘西自治州2010年公益林的调整数据统计可以看出，省级重点公益林和国家重点公益林的总量都有所增加，尤其是省级重点生态公益林，比调整前增长了21.94%。此次调整是当地林业局对森林资源的调整和划分，调整的目的是为了提高森林资源质量，实现生态效益。而在具体调整时，生态公益林没有一个明确的界定和科学划分依据，因此，调整以后的公益林是否合理没有进行科学的验证。

图表 2.33 湘西州林业局 2010 年公益林调整统计表(调整后)

单位	国家级公益林(万 hm^2)					省级公益林(万 hm^2)				
	合计	国有	集体	个人	其他	合计	国有	集体	个人	其他
自治州	378373.9	9979.5	70957.0	297395.2	42.2	84380.9	590.6	12801.2	64306.6	4.7
吉首市	18038.7	91.6	84.9	17861.5	0.7	9188.6		15.3	9173.3	
凤凰县	29113.3	2190.1	21199.6	5723.6		5123.0		2566.5	2555.7	0.8
泸溪县	41787.6	1229.9	925.4	39632.3		6466.6	465.8	1.3	5999.5	
花垣县	20002.8	40.9	1.6	19960.3		22480.0	10.1	47.5	22422.4	
保靖县	65284.5	1168.2	14069.4	50005.4	41.5	9599.5		2591.3	7004.3	3.9
古丈县	41511.0	5134.8	1044.7	35331.5		5822.4	49.7	39.0	5733.7	
永顺县	101314.5		640.2	100674.3		6677.8				
龙山县	61321.5	124.0	32991.2	28206.3		19023.0	65.0	7540.3	11417.7	

资料来源:根据实地调研整理得出。

图表 2.34　湘西州林业局 2010 年公益林调整统计表(调整前)

单位	国家级公益林(万 hm^2)					省级公益林(万 hm^2)				
	合计	国有	集体	个人	其他	合计	国有	集体	个人	其他
自治州	335842.0	6507.2	53630.5	275662.1	42.2	69200.1	3958.5	12870.8	45688.3	4.7
吉首市	18038.7	91.6	84.9	17861.5	0.7	5551.6		15.3	5536.3	
凤凰县	25553.3	2190.1	19419.7	3943.5		5033.3		2566.5	2466.0	0.8
泸溪县	41787.6	1229.9	1017.0	39540.7		6466.6	465.8	1.3	5999.5	
花垣县	19996.0	40.9	1.6	19953.5		5754.9	10.1	15.6	5729.2	
保靖县	61626.4	1168.2	12325.5	48091.2	41.5	9599.5		2591.3	7004.3	3.9
古丈县	36240.0	1768.3	941.8	33529.9		11093.4	3417.6	140.5	7535.3	
永顺县	85910.0		654.1	85255.9		6677.8				
龙山县	46690.0	18.2	19185.9	27485.9		19023.0	65.0	7540.3	11417.7	

资料来源:根据实地调研整理得出。

（二）公益林的价值未有效利用

2007年底，江西省印发了《关于加强森林采伐管理的通知》（赣林资字[2007]447号），对公益林采伐作出了限制，对特殊保护的公益林实行了最严格的保护措施，禁止采伐；重点保护的公益林可采伐必要的抚育和更新性质采伐；一般保护的公益林可进行合理性改造。这样的规定以保护国家生态效益为重心，具有十分重要的生态意义，但是在实际采伐中仅仅按照硬性规定，且受到严格的采伐许可程序的限制，极易造成公益林经济价值的损失，有的自然条件好的林区，林木生长较快，禁止采伐会失去很多经济效益，若能将公益林的生态效益和经济效益有机结合起来，合理的利用公益林资源，会带来“双赢”的效果。

另外，现有的生态公益林相当一部分是在消灭荒山基础上建设起来的，其森林植被结构简单，森林资源总体质量不高，且结构不尽合理，人工纯林、针叶林居多，混交林、阔叶林少，相当部分生态公益林的生态功能等级偏低。而林农对相关生态林种植的技术和知识有限，对怎样科学合理与最大化利用公益林缺乏相应的认识，往往造成生态公益林的经济效益和生态效益得不到最大平衡。

（三）补偿方式和资金来源单一

森林生态效益作为一种公共物品为一定范围之内的所有成员提供生态系统服务，但是各种接受生态效益服务的主体并没有为此而支付相应的价格。在这个过程中，森林生态效益输出正外部性，提供了防风固沙、涵养水源、保持水土、净化空气等多种生态效益，但这种生态产品由于外部性的存在而面临供给不足的状况。森林生态效益的补偿主体多年来一直由政府部门担任，这导致了我国森林生态效益补偿法律体系建设的滞后。我国森林生态效益补偿的资金常年依靠公共财政，而这种单纯地通过财政补偿方式进行的森林生态效益补偿，已经带来了比较严重的赤字问题；同样的，由于投资主体过于单一，导致补偿工作力度不够，实施效果不佳。

森林生态效益具有正外部性，因此它的社会价值曲线高于它的需求曲线，它的社会成本曲线等于它的供给曲线。森林生态效益的价值曲线与其供给曲线的交点量是对社会而言有效率的量，其需求曲线与供给曲线的交点量则是均衡水平下的数量（参见图表2.35）。可见，均衡水平下森林生态效益的数量是低于全社会所要求的最适数量的。正是由于这种

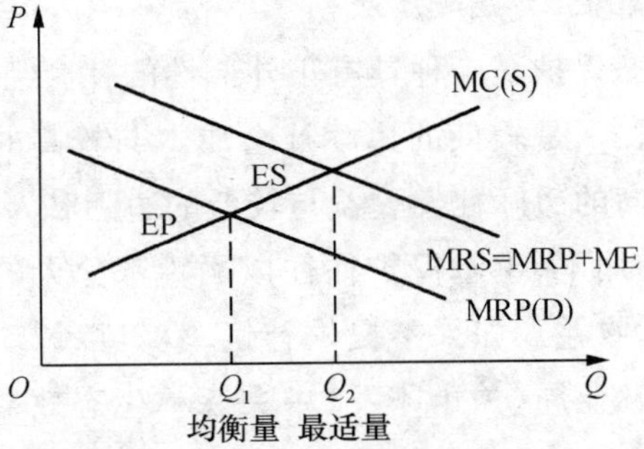

图表 2.35　森林生态效益的外部经济性

没有得到补偿的正外部性，森林生态效益的实际供给在逐渐减少，最终供给量变化小于全社会的最适量，进而导致森林生态效益的供给不足问题。因此，必须拓展实施补偿的对象范畴。

我国《森林法》第 8 条规定："国家设立森林生态效益补偿基金。"该条虽然是《森林法》中唯一一条对森林生态效益补偿制度进行的规定，但从规定中可以了解到国家对森林生态效益补偿的方式是依赖于基金的，很多学者也往往将森林生态效益补偿的内涵界定在资金补偿方式以内，很少有学者论述到补偿方式的多样性。此规定的不足是明显的，补偿方式决定了在生态效益补偿上要课以资金更多更重的负担，如果资金不到位将会造成生态效益投资者和保护者的利益损失，降低他们对生态效益补偿的信赖利益，易造成更大的生态损失。

与此同时，资金的来源方式也过于单一，现有的补偿资金几乎全部来源于(中央与地方)财政拨款，用于公益林的营造、抚育、保护和管理。而南方很多地区又取消了市县乡所有的木竹收费项目，取消了木竹农业特产税等。据统计，湖南全省减免的林业税费达到 14.6 亿元一年，虽然林农的负担较之以前有所减轻，但是在高额的林业工作经费面前，尤其是在生态公益林补偿方面，基层财力遭遇了严峻的挑战，而且到目前为止我国还未真正建立依靠政府、社会、市场等多元化筹资机制所应形成的生态效益补偿基金，中央和地方财政负担沉重，很难满足我国大约有 1 亿平方米生态公益林营造与管护的实际需要。

此外，由于权属纠纷、管理体系不完善、工作协调不力等原因造成补偿基金不能及时发放到位的现象偶有发生。个别乡镇在资金发放过程中还存在漏户的现象。

（四）补偿标准低，欠缺激励机制

众所周知，生态保护是一种具有正外部性的社会经济活动，实施过程中会引发两种矛盾：一是较低的边际社会成本与较高的边际私人成本之间的矛盾，二是较高的边际社会收益与较低的边际私人收益之间的矛盾。在这两种矛盾的作用下，生态保护往往以牺牲部分人的当前利益来获取社会大范围的长远收益。如果不提供补偿，就难以调动人们参与的积极性。财政部、国家林业局《关于印发〈中央森林生态效益补偿基金管理办法〉的通知（财农［2004］169号）》规定：中央补偿基金平均补助标准为每年每亩5元，其中4.5元用于补偿性支出，0.5元用于森林防火等公共管护支出。补偿性支出中用于专职护林人员的劳务费用每年每亩1元，补偿性支出的其余部分即每年每亩3.5元拨给林农个人，由林农个人用于重点公益林的营造、抚育和管理。这样低的补助标准，不能弥补林农因不能进行商品性采伐或其他生产活动而造成的损失，有些林农不愿意将自己承包经营的森林、林木、林地纳入生态效益补偿的范围。生态效益补偿的数额应该相当于没有划定生态公益林以前，经营者从森林经营中所获得的经济收入，使公益林经营者得到与其他项目经营者基本相同的盈利。否则会挫伤公益林经营者的积极性，达不到补偿目的。

例如，湖南湘西州存在着生态效益补偿基金偏低，林农积极性不高的问题。问题出现的原因在于，实行林权制度改革后，大幅度降低了林业税费，木材价格上涨，林农更看重眼前利益（按照目前650万/立方米的行情，林农采伐一根4米长小头直径4公分的杉木就有12元钱），禁伐、限伐积极性不高，甚至“监守自盗”，给公益林补偿、管理工作带来难度，同时也进一步锐化了森林资源保护与林农生活水平提高的矛盾。另外补偿金的标准大致相同，未体现出奖惩原则，不管生态公益林的经营者管护好坏与否，都实行统一的补偿数额，没有对生态保护作出杰出贡献者的特殊奖励，也没有对管护者经营不周的惩罚性措施，其不公正的结果必然导致对生态保护的忽视和补偿资金的浪费。

（五）管理机构不健全，基础设施不完善

公益林补偿是我国目前森林生态补偿的重要项目，但由于目前没有专门的管理机构，因此公益林生态补偿，尤其是资金的管理、发放和监督难以实施。

以湖南湘西州为例，目前州、县（市）两级还没有成立专门的生态公益林管理机构，而是挂靠在资源林政科（股）。生态公益林管理涉及面广、任务重、技术性强，没有专门的管理机构，生态公益林管理很难到位，从而影响生态公益林建设和补偿工作的进展。

在陕西、江西和北京调研过程中也发现，个别县市、乡镇生态公益林的档案资料仍然存在不齐全、不规范的现象，因此对于生态公益林补偿的申报和发放都造成了一定影响。所以，建立和完善公益林档案管理制度，实现公益林档案信息化、数字化、科学化、网络化管理，实现公益林档案信息的动态共享和实时更新的工作还有待于完善。

专职护林人员责任、工资分配不均，护林员综合素质较低也是普遍存在的问题。据湖南湘西州林业局数据显示，全州生态公益林面积611.58万亩，专职护林员1607人，平均每个护林员需看护公益林3800亩。护林员的管护工作一般仅限于本村，有的村公益林面积较多，有的较少，这就导致护林员的任务和责任分配不均。管护面积的多少决定了护林员的工资收入，进而影响护林员的积极性。还存在护林员文化程度不高、年龄偏大等问题，从而造成一些护林员虽有责任心但力不从心、巡山记录填写不规范等问题。因此，应当将护林员纳入社会福利体系，由各级政府进行管理，提高护林员待遇和社会保障，建立护林员选拔、培训体系和监督、考核制度，完善护林员管理办法。

此外，除了个别集体和国有林场有瞭望台，设有防火线，配备有固定电话等通讯设施，基本能满足护林防火等需要。大部分的乡镇目前基本上还没有防火设施，自身防火功能较弱。加之病虫害防治药剂和森林资源监测设备、仪器等的缺乏，也在一定程度上影响了管护效益的正常发挥。

三、中国林业生态补偿政策及立法体系问题分析

在市场经济相对比较成熟的国家，如果因为要追求森林生态效益而对森林的所有者或经营者的生产经营行为加以限制，就必须对由此给所有者和经营者带来的损失进行补偿。在补偿资金的筹措上，除了公共财政预算，大多数林业发达国家都建立了林业基金。我国森林生态补偿的政策及立法主要存在以下问题：

（一）生态补偿内涵与外延界定不清

在现行的立法中，对生态补偿的涵义没有明确的界定。《生态补偿条

例(草案)》规定:“生态补偿是指国家、各级人民政府以及其他生态受益者给予生态保护建设者因其保护生态的投入或失去可能的发展机会而进行的补偿。”生态补偿分为两种类型,一是自然资源开发利用导致生态破坏所引发的生态补偿,如我国规定的水资源费、矿产资源补偿费、森林生态效益补偿基金等;二是因为生态建设和维持原生态所引发的生态补偿,我国对此没有相关的规定。从科学的定义而言,生态补偿是生物有机体、种群、群落或生态系统受到干扰时,所表现出来的缓和干扰、调节自身状态使生存得以维持的能力,或者可以看作生态负荷的还原能力。[1] 从制度建设方面看,生态补偿是以保护和持续利用生态系统服务为目的,以经济手段为主要方式,调节相关者利益关系的制度安排。对生态补偿的理解有广义和狭义之分:广义的生态补偿包括对保护生态系统和自然资源所获得效益的奖励或破坏生态系统和自然资源所造成损失的赔偿,包括对造成环境污染者进行收费;狭义的生态补偿概念与目前国际上使用的生态系统服务付费(payment for ecosystem services,简称为 PES)或生态效益付费(payment for ecological benefit,简称 PEB)有相似之处。国外的生态补偿主要是根据生态系统服务功能的价值量向环境保护和生态建设者支付费用,以激发他们保护环境和进行生态建设的积极性。[2]

对生态补偿的内涵及其外延的界定不清会导致生态补偿的性质、目的、范围的不确定性。补偿应是一种损失性的弥补,从我国法律规定中可以看出,森林生态补偿基金不仅是用于损失性弥补,而且还需要营林、抚育、护林和防火等方面的支出。造成目前这种状况的原因在于,长期以来,我们对森林的生态价值认识不足,对保护生态环境的行为没有给予合理的经济回报,生态环境保护中的受益者没有付出合理的费用。因此,正确认识生态补偿涵义是建立生态效益补偿机制首先要解决的问题。

(二) 补偿标准偏低

从中国的森林生态补偿的立法和实践来看,生态补偿基金是按照公益林的面积进行发放的,实行统一的标准,而没有考虑各地环境条件和地方财政状况的差异,而地方生态公益林的补偿标准一般都低于国家生态公益林的补偿标准。据调查,生态公益林的营造费为 2100 元/hm^2,而管

〔1〕 环境科学大辞典编委会:《环境科学大辞典》,中国环境出版社 1991 年版,第 20 页。

〔2〕 孔凡斌:《中国生态补偿机制理论、实践与政策设计》,中国环境科学出版社 2010 年版,第 13 页。

护费用至少 150 元/hm^2。

另外，重点防护林和特种用途林禁伐后，林农生活及转产所需要的补偿约为 300 元/hm^2。就算以目前补助标准最高的北京市来评估，国家重点生态公益林的补助标准是由国家补助的 75 元/hm^2 加上地方财政补助的 245 元/hm^2，补助的费用既不够营造的费用，也不够管护的费用，更不能弥补因禁伐而造成的经济损失。过低的中央补偿价格，会使林农、林业生产经营单位毫不犹豫的选择经济效益，而不顾及社会效益。而进行地方调整，则会改变这一局面。

（三）补偿覆盖面过于狭窄

从补助面积看，根据《中央森林生态效益补偿基金管理办法》第 2 条的规定："森林生态效益补偿基金用于公益林的营造、抚育、保护和管理。中央财政补偿基金是森林生态效益补偿基金的重要来源，用于重点公益林的营造、抚育、保护和管理。"目前，国家认定的重点生态公益林面积为 1.05 亿 hm^2，中央仅对其中的 0.45 亿 hm^2 实施了补偿。而进行地方调整，则可以在短时期内解决补偿覆盖过于狭窄的局面，例如，为规范和加强补偿基金管理，泸溪县结合当地实际，根据《中华人民共和国森林法》、《湖南省财政森林生态效益补偿基金实施细则》，制定了当地的森林生态效益补偿基金制度。

此外，在对重点与普通公益林的补偿覆盖方面，还存在的其他问题有：首先，重点公益林补偿数额过低，很难达到生态补偿效果；其次，普通公益林目前基本不补偿，而普通公益林数量巨大，由此造成与商品林经营没有竞争上的优势；最后，公益林与商品林分类经营，但区别划分它们的技术规范不明晰。[1]

（四）补偿渠道单一，缺少市场化机制

国家对森林生态效益进行补偿的方式主要依赖于基金的建立。因此，财政转移支付是我国当前主要的生态补偿途径。这些补偿主要用于天然林保护、退耕还林和生态林建设的补助，没有实现对当地农民经济损失的完全补偿，也没有体现生态受益者应当给予补偿的原则。例如，天然林保护工程明确规定中央财政投入 80%，地方财政配套 20%，但在实际实施过程中落实率不到 30%，很多地区根本就没有配套。[2]

---

〔1〕 李苗：《我国森林生态效益补偿法律制度研究》，西北民族大学学位论文，2011 年。

〔2〕 李爱年：《生态效益补偿法律制度》，中国法制出版社 2008 年版，第 157 页。

《森林法》虽然为建立森林生态效益补偿提供了法律框架，但实际操作起来还有一定的难度。而《环境保护法》明确指出，环境保护的责任主要在地方，所以，进行生态补偿的主要责任也应落实到地方政府，在一些主要依靠财政支持的地方，要发挥中央和地方财政的双重作用，做到地方为主，中央财政资金为辅。笔者认为，所谓的政府补偿主要是以各级政府为补偿主体，以财政转移支付、区域补偿政策、环境税费制度等手段进行的森林生态效益补偿活动。简单点说，就是政府根据森林生态效益的大小、数量多少对生态效益的提供者进行的支付。其产生的原因在于：由于森林本身具有生态效益，并且森林所有者没有从森林的生态效益中获得经济利益，所以要求受益者（包括破坏者）给森林所有者提供一定形式的补偿。[1] 政府通过税收、信贷和直接收费等手段向森林生态效益的受益方征收费用，从而迫使他们将外部性问题纳入到自己的经济决策当中。

就森林生态效益补偿机制而言，从其运作主体的角度来看，可以界定为以政府为主体的生态补偿运作方式和以市场为主体的生态补偿运作方式。[2] 政府补偿的方式有一个重点问题需要敲定，即补偿的基线问题。基线一旦确定，"谁来交"、"交多少"、"谁多交谁少交"这类问题就都能够得以解决。总而言之，政府在森林生态效益补偿中所发挥的作用，应当是灵活地把握"竞争"与"控制"的幅度，这样就能在实施价格管制、合理化资源配置以及保证社会利益的前提下，充分发挥市场的作用。[3] 而市场补偿的概念是相对于政府补偿而言的。各市场交易主体在补偿活动中所扮演的不是完全自由市场的角色，而是在政府所制定的相关标准、政策以及法律法规的范畴内所实施的市场交易活动。在服务森林生态效益补偿和改善生态环境的活动中，市场补偿形式发挥着重大作用。一方面，市场交易手段克服了政府补偿形式的若干弊端，诸如垄断所造成的低效率等情况，促进了各市场交易主体的竞争，从而提高了生态效益补偿工作的效率；另一方面，市场交易活动作为政府补偿的有效辅助措施，提升了社会

---

〔1〕 杨彬：《浅析森林生态效益补偿机制的建立与完善》，载《民营科技》2009 年第 10 期，第 123 页。

〔2〕 朱广芹、韩浩：《. 基于区域碳汇交易的森林生态效益补偿模式》，载《东北林业大学学报》2010 年第 10 期，第 109—111 页。

〔3〕 史芳、杨振威：《建立以省为单位的"碳源—碳汇"交易制度》，载《中国经济导报》2008 年 11 月 8 日，第 B02 版。

效益,增进了社会福利[1],也在一定程度上实现了较高的经济效率和公共物品的最佳配置。

需要指出的是,虽然市场交易活动是双方通过基于财产权的私人契约实现的自愿交换,但是市场方法只能在产权制度下解决一部分外部性问题,而不能完全消除外部性问题。基于此,将政府与市场双方结合的森林生态效益补偿方式是一种折中的做法。具体说来,就是部分公共物品可以由政府之外的市场提供,市场据此可以部分介入公共物品的供给。可以采取的方案如图表2.36所示:

图表2.36　政府与市场机制相结合的补偿方式方案

主要机制 / 辅助机制	政府协调机制	市场交易机制
政府协调机制	政府强制力机制	由政府管制的自由市场机制
市场交易机制	政府主导的市场交易激励机制	市场交易价格机制

上图所反映的是将政府协调机制与市场交易机制的特点进行相应组合所得出的新机制。可以将其理解为几种用于协调森林生态效益补偿活动的制度安排。比如说,虽然在森林生态效益补偿模式中引入的市场机制,但这决不是说公共物品的交易价格完全等同于自由市场价格。合理的做法应当是政府对物品定价、资源配置等划定一个标准,在此标准范畴内发挥市场的作用。

特别是,对于中国这样区域经济发展水平差异巨大的国家而言,普遍存在着补偿工作无法由政府或者市场某一方完全负责提供的事实。笔者所研究的主要是森林生态效益补偿问题,该问题处于准公共物品研究范畴,因此,本研究以中国不同地区的准公共物品的供给比重来说明。

图表2.37中,X轴表示中国不同区域的经济发展水平,从原点O出发按照箭头所示方向表示经济落后地区向经济发展地区的过渡;Y轴表示中国政府在准公共物品上的资金投入占其对公共物品总投入的比重。由图可知,中国准公共物品的供给存在显著的区域性差异,考虑森林生态效益这种准公共物品的市场化交易活动,必须考虑这种客观情况,将政府

〔1〕 刘峰江、李希昆:《生态市场补偿制度研究》,载《云南财贸学院学报》(社会科学版)2005年第1期,第38—40页。

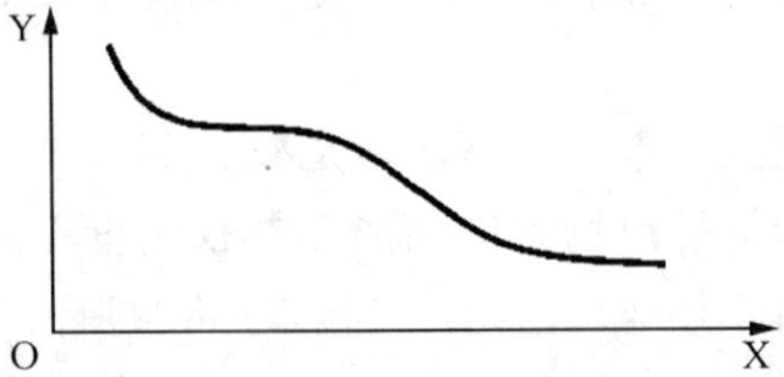

图表 2.37 政府提供准公共物品的比重图

与市场两种机制相结合。也就是说,公共物品的供给不是非此即彼的,在大多数情况下政府与市场的作用必须兼而有之,同供给双方的联合作用来提供,才是公共物品供给的最有效方式。

除此之外,考虑到能力问题,笔者认为社会团体以及环保组织等非政府、非营利机构不是森林生态效益补偿工作的主体,但是可以作为一个有效的辅助。如,此类组织或机构可以在宣传动员等方面起到重要作用,也可以深入基层,以最实际最具体的方式传播森林生态效益补偿理念,为政府和市场补偿工作的进行除去一些不必要的麻烦,以提高效率。我国完全可以积极利用国际间公共物品贸易(如碳汇贸易)的形式来促进我国森林生态效益补偿工作的进展。如,我国在过去的十几年时间里,一直积极与《京都议定书》中的相关国家开展森林碳汇贸易方面的合作,不仅在一定程度上弥补了我国林业建设方面的资金缺口,而且还在一定程度上改善了我国的生态状况。[1]

(五)资金的使用效率不高

在生态补偿实施过程中,关键的两个环节是补偿者和补偿对象,其他的中间环节只是起到承上启下的作用。因此,尽量减少中间环节,会在很大程度上提高生态补偿资金的使用效率。在美国,尽管州、县的有关政府部门也参与了退耕计划的实施,但这些部门主要行使技术保障和服务的职能,不承担具体的退耕活动,不介入补偿资金的分配。与之相比,中国生态补偿的中间环节显然太多。而实行地方调整,地方政府可直接同经营者签订生态补偿合同,并将补偿资金直接分发到经营者的手中。

四、中国森林生态补偿的政策和立法建议

通过对目前森林生态补偿诸多问题的分析可以看出,对于森林生态

---

〔1〕 王蓉:《论森林生态效益补偿的公共财政途径》,载《中南林业科技大学学报》(社会科学版)2010年第1期,第52—55页。

补偿问题，目前在我国对于生态系统服务的供给方（受偿方）、受益方（支付方）以及供给方向受益方提供何种服务、提供多少难以明确界定。具体而言，无论是我国林业重点生态工程（如退耕还林）的生态补偿，还是重点生态公益林补偿，都在补偿主体、补偿范围、资金来源、补偿标准以及补偿基本制度保障等方面存在一定的问题。这些问题存在的原因一方面是缺乏立法保障，另一方面是缺乏一个完善的制度体系来对生态补偿进行界定、管理和监督。因此，应该从基本的法律制度和政策方面入手，来完善森林生态补偿机制。

总之，现阶段中国森林生态补偿问题的研究尚处于探索阶段，森林生态补偿需要不断的实践，相关政策需要渐进式推行，以便更稳定、更有效的服务森林生态建设工作。

我国森林生态补偿机制在不断地探索中，对生态效益的评估，补偿对象及标准的制定，补偿方法的实施等多个方面都进行了摸索和实践，政府经济补偿形式仍为主要补偿方式，在今后的发展中，要适时的引入市场激励机制，建立政府与市场相结合、经济补偿与非经济补偿相结合的多种补偿方式，以便更有效的服务森林建设工作。

这里所说的森林生态补偿，是针对森林生态保护和生态公共物品提供过程中导致的所有者和经营利用者的利益损失。国家对于森林的所有者给予利益损失的补偿，以消除生态建设过程中所产生的不公平，使所有者的利益得到保障，提高所有者的积极性。为此，本研究以此为前提，以林农、集体组织以及国有林场等为补偿主体，为森林生态补偿的立法和政策制定提供依据。

（一）充分认识中国森林生态补偿制度构建的复杂性和多样性

森林生态补偿制度的复杂性，表现在我国有关森林等重要资源的产权、制度是处于不断发展变化的过程。总体而言主要表现为自然资源产权从新中国建立初期公有私有兼具逐渐向全部公有（集体和国家所有）演进。而到现实阶段，在产权公有的情况下，资源的使用权和经营权又呈现出不同的形式，导致了权属和权益的关系诸多的不一致、不对应。由于自然资源是生态保护的物质基础和核心，所有权和经营利用的权益是处于多种状态的组合，就导致了利益关系具有复杂性，因此在补偿上也应该有复杂性，这个复杂性就表现在很难界定清楚资源的权属和权益的关系。目前我国森林资源产权关系是以“共有私用”为主，导致了产权利益关系的复杂性，进而导致了在生态补偿方面，经营者和所有者的利益关系和利益损失程度具有复杂性，因此生态补偿具有复杂性。总之，所有权、使用权以及在所有权和使用权组合过程中出现的多种利益关系，作为复杂性的前提，导致我们在补偿过程中面临更复杂的对象的界定和利益损失的认定。

森林生态补偿具有多样性。森林资源的产权（所有权、使用权）组合所形成的不同模式，一方面导致了在生态补偿问题上如何来确定利益和损益关系，以及补偿的主客体关系方面具有复杂性，另一方面这种复杂性也导致了补偿方式不会单一，即具体的补偿方式具有多样性。多样性具体体现为对不同形式的林地所有权和使用权组合的过程中，就会出现不同的形式。因此补偿形式呈现出不一致性，具体而言，补偿形式既有通过工程项目进行补偿（如退耕还林、天保工程），也有通过具体的补偿制度进行补偿（如重点生态公益林补偿）；有的则通过地方、国家的涉林生态建设项目或生态建设活动。这就导致了补偿模式、途径、方式、方法等的多样性。

考虑到生态补偿具有复杂性和多样性，在立法上就应当在科学分类的基础上，针对生态补偿的主客体以及资金来源渠道加以规范。

（二）进一步明确生态补偿的原则与依据

结合中国的产权制度，根据森林资源利用过程中提供森林生态效益服务的权利主体以及权利主体的利益损失来确定补偿对象和补偿额度。具体而言，补偿的依据是对权利所有者利益损失的补偿。这里的利益损失补偿是指把森林资源用于发挥生态系统服务功能或者为公共目的的使用所导致的权利主体的利益损失的补偿。这个补偿并不是由于森林发挥了生态效益的价值，而是由于森林提供生态系统服务而导致的所有者的利益受到的损失。因此补偿的基准应该以林地的平均地租或者林地使用权的市场价格为标准。

（三）进一步明确补偿政策和法律规定内容

首先，明确补偿对象。对补偿的主客体进一步明确。补偿主体分中央和地方两个层面。对国家层面的，例如国家级自然保护区、国家级森林公园、国家级森林重点保护区域等要跟国家主体功能区的区划相对应。对于国家级的、重要的森林资源保护区域应该更侧重于以国家补偿为主。

第二，明确补偿方式。通过财政转移支付、实物补偿或者其他补偿方式进行补偿应当在相关的立法和政策中加以明确。建议以货币补偿方式为主,尽可能减少实物补偿。

第三,明确补偿资金渠道。若没有明确的补偿资金渠道,生态补偿很难持续进行。

第四,明确补偿额度。尽管中国森林面积很大,不同地区差异也很大,很难根据微观的具体情况来确定补偿的标准,但是应该根据大的区域的特征以及不同区域总体林地类型的特点作为标准。总体而言,为了保证生态补偿更符合产权所有者实际的利益损失,更能体现公平性,生态补偿的额度和标准的制定不要全国一刀切,但要划分大的区域和类型,进行标准的制定。

第五,明确监管制度和后续评估调整机制。明确监管部门和监管方式,以及监管的具体实施单位,明确监管责任。

(四)森林生态补偿要多种形式并举

首先,对重点区域(如自然保护区等保护面积比较小的国家重点生态保护区域)应逐渐采取"国家购买"的形式,对森林资源的所有权、使用权进行购买,从根本上解决问题。对于不能完全从权属上购买的,可以尝试"使用权购买"的形式,依据林地使用的地租进行长期的使用权的一般购买。

第二,要考虑到中央和地方政府的补偿政策相互配套问题。对于重要的对当地生态环境和当地社会经济发展比较重要的区域(例如水源地、重要景观区等)应该在中央补偿的基础上,由地方追加相应的补偿,形成中央地方的配套补偿政策。

第三,对于可市场化的森林生态系统服务功能,要逐渐通过市场化的方式来缓解生态建设过程中的所有者和经营者的利益损失。这个市场化的过程,一方面是通过真正意义上的生态系统服务功能的市场化,例如碳汇交易。另一方面,像水源供给等上下游相关的生态系统服务,水源地的下游相关企业应该在财政收入中有一定的返还。此外,除了买卖和上下游的关系以外,还有很多市场化的机制可以考虑,例如生态旅游的重要区域,涉及生态补偿的,应该在生态旅游中有一定的返还来进行补偿。

第四,在保护发挥生态功能的基础上,要在省级层面补偿力度不大的情况下,适当放宽资源使用的限制,解决保护和资源利用、保护与经济发展之间的冲突,尽量将缓解外部性和利益冲突。例如对于省级公益林,或者某种类型的公益林,可以进行一定的抚育管理的采伐,或者对生态公益林采用林下经济发展等资源利用方式加以利用。

第五,利用促进发展的相关优惠政策达到补偿的目的,包括资源培育、森林资源利用的相关优惠政策等来抵补生态公益方面的损失。

（五）更好的结合森林生态补偿制度和森林保护管理工作

由于生态补偿是一种利益补偿,其根本目的是通过对补偿对象所拥有的森林资源更好的经营管理来提升其生态价值和生态系统服务功能。为此,只补偿而不管理就不能够使森林经营管理水平得到很好的提升,生态系统和资源管理水平也不能够得到有效保障。因此在补偿时要考虑到建立更加合理的补偿制度,使保护和补偿能够直接关联在一起。目前各个地方采取的专业护林员等多种形式的把保护和管理结合的方式还有很多不足。因此在对森林资源进行生态补偿时,要考虑到补偿主体和森林资源之间除了补偿以外的利益关系,怎样能更好调动被补偿者对森林资源的经营管理。所有这些相关要求可以在对补偿对象、补偿条件的选择以及后续监管等方面有具体的法律和政策的体现。具体而言,一方面要建立完善的保护与补偿相结合的机制,这种机制主要通过激励来实现;另一方面是对公益林进行更合理的划分,避免无限制增加补偿的范围,这也是处理好补偿与管理相结合的重要问题。

第三章　湿地生态补偿的理论与实践*

第一节　湿地生态补偿概述

一、湿地生态补偿的必要性

湿地资源的保护与合理利用所面临的形势尚不容乐观。随着人口的增长，城市化建设速度的加快，湿地资源的保护与开发利用的矛盾将进一步加剧。为有效的保护和管理湿地，确保湿地面积不减少，湿地质量不下降，实施湿地生态补偿是非常必要的。

（一）实施湿地生态补偿是维持湿地生态功能可持续的需要

湿地是极其重要和特殊的生态系统，具有涵养水源、净化水质、调蓄洪水、控制土壤侵蚀、促淤造陆、美化环境、调节气候等重要的生态功能，湿地也是生物多样性的发源地之一，无数动植物在湿地上生存和繁衍。2004 年“世界湿地日”的主题是“从高山到海洋，湿地在为我们服务”，说明了湿地的巨大作用和全人类对湿地生态系统重要性的认识。当前，天然湿地面积在不断减少，湿地质量也在下降，湿地生态系统面临严重威胁，必须站在生态安全的战略高度，实施湿地生态补偿，保证湿地生态功能的可持续性。

（二）实施湿地生态补偿是遏制湿地面积减少、功能退化的需要

由于湿地资源的过度开发和不合理利用，湿地面积严重萎缩，湿地生态功能退化。在张掖，沼泽湿地的萎缩和退化直接导致当地草场的退化和荒漠化的加剧，由此导致区域生态环境的日益恶化，严重影响了当地群众生产生活，并直接威胁到中下游的生态安全。在盐城，围垦直接导致湿

---

* 本章撰稿人：靳乐山，课题组副组长兼任湿地生态补偿国内专家，生态补偿专家咨询委员会委员，经济学博士，中国农业大学人文与发展学院教授，兼任中国生态补偿政策研究中心秘书长；胡振通，湿地生态补偿国内专家助手，中国农业大学人文与发展学院区域经济学博士生。

地面积持续萎缩，野生动物生境遭到破坏，原生生物资源减少，生物多样性退化。因此，必须在较短的时间内，集中有限的物力和财力，在一些重要地区抢救性地实施湿地保护和恢复工程，尽快改变局部的生态环境，缓解由于湿地退化导致的生态问题。

（三）实施湿地生态补偿是全面提升湿地保护管理能力的需要

目前，湿地保护管理能力薄弱，管理体系、法制体系、监测体系、宣教体系和科研体系等一系列与湿地保护相关的基本问题没有得到有效解决。这些问题直接导致了长期以来一些地方盲目开发利用、乱占滥用湿地的现象不断发生。如果这些问题不能有效解决，这种局面不能尽快扭转，将进一步加剧湿地生态环境的恶化，从而影响水资源涵养和淡水供给，严重损害生物多样性，进而影响经济社会的全面协调可持续发展。为了改变这种局面，必须实施湿地生态补偿，全面加强湿地保护管理的能力建设，优先加大对湿地资源调查监测体系、湿地保护的宣传教育体系和湿地保护科技支撑体系建设，形成较为完善的法律和政策保障体系，全面提升湿地保护和管理水平。

（四）实施湿地生态补偿是补偿湿地周边农民的需要

湿地不仅具有强大的生态功能，而且蕴藏着丰富的资源。在张掖市，沼泽湿地占到湿地面积的60%，尤其以草本沼泽和沼泽化草甸为主。它们分布在少数民族牧业区，涉及张掖市的肃南裕固族自治县11.2万公顷的高山草甸。当地居民以牧业为主，随着人口增加和经济发展的需要，牲畜放养量也不断增加，湿地草甸存在过度放牧现象，部分湿地资源已严重退化。在盐城市，沿海滩涂湿地占到盐城湿地的66%，湿地周边的农民依托湿地生存，发展种植业、养殖业，随着经济的发展，人类活动对湿地的影响造成湿地面积的减少，生态功能降低，生物多样性遭受威胁。河流湿地、湖泊湿地、人工湿地也具有养殖业等多种利用价值，也存在过度开发利用的价值。

为了有效地保护和管理湿地，必须减少人为因素对湿地的影响，而湿地又是湿地周边农民生存和发展的依靠，实施湿地生态补偿可以协调湿地保护和农民生存发展的矛盾。

二、国内外湿地生态补偿的实践

（一）国内实践

中国湿地面积大，在亚洲排第一位。根据中国第一次湿地资源普查[1]，中国湿地面积3848万公顷，其中自然湿地是3620万公顷，人工扩塘湿地是228万公顷。

中国湿地分布广，类型比较齐全，生物多样性比较丰富，区域差异也非常明显。中国湿地包括河流、湖泊、滨海、沼泽和人工五大类湿地中的全部42种类型，《湿地公约》中的湿地类型在中国都有分布。迄今，中国已经建立550多处湿地自然保护区，国际重要湿地41块，国家级的湿地公园100处，使50%的自然湿地得到了有效保护。

湿地生态补偿在国内还没有现成的政策、系统的补偿框架和既成的模式，各方面都在探索之中。

2009年中央1号文件提出"启动湿地生态效益补偿试点"。2010年5月31日国家林业局联合财政部发布了《关于2010年湿地保护补助工作的实施意见》（财农〔2010〕114号）。[2] 从2010年开始，国家设立"中央财政湿地保护补助资金"，纳入中央财政年度预算，由省级财政部门会同林业主管部门联合向财政部报送湿地保护补助资金申请报告。财政部根据省资金申请报告，确定补助资金分配方案，下达预算文件，并按照国库管理制度等有关规定支付资金。省级林业主管部门商财政部门根据实施意见、年度任务计划、补助资金安排等情况，指导湿地管理机构编制湿地保护实施方案。2011年11月4日财政部、国家林业局下发《中央财政湿地保护补助资金管理暂行办法》（财农[2011]423号）[3]，进一步规范了中央财政湿地保护补助资金的使用管理。

2012年6月5日时任国务院副总理、中国生物多样性保护国家委员

---

〔1〕 1996年到2003年湿地资源调查的数据，当时湿地调查的起调面积是100公顷。目前正在进行的第二次湿地资源普查，起调面积为8公顷。

〔2〕 财政部、国家林业局《关于2010年湿地保护补助工作的实施意见》（财农〔2010〕114号），载 http://www.gov.cn/zwgk/2010—07/21/content_1660094.htm，最后访问日期：2013年3月7日。

〔3〕 财政部、国家林业局《中央财政湿地保护补助资金管理暂行办法》的通知（财农[2011]423号），载财政部官网 http://nys.mof.gov.cn/zhengfuxinxi/czpjZhengCeFaBu_2_2/201202/t20120220_629141.html，最后访问日期：2013年3月7日。

会主席李克强在“中国生物多样性保护国家委员会第一次会议”上强调，“加强生物多样性保护，必须进一步深化改革开放。要完善体制机制，特别是建立生态环境补偿机制，并把生物多样性保护纳入其中，给予相应的财税补偿和支持，注重做好生物多样性丰富地区扶贫开发和改善民生工作，使群众和地方不因保护生态环境和生物多样性在经济上受损，而要公平分享保护带来的好处。”[1]

目前政府实施湿地补助以国际重要湿地为主要对象，兼顾湿地类型自然保护区和国家湿地公园。湿地保护补助重点安排湿地监控监测和生态恢复项目，选择地方政府重视湿地保护，有健全的保护管理机构，并取得一定成效的湿地开展湿地保护补助工作。2010 年湿地保护补助资金为 2 亿元，补助范围为 21 个省（自治区）的 20 个国际重要湿地、16 个湿地类型自然保护区、7 个国家湿地公园。例如，2010 年黑龙江三江平原湿地类型的自然保护区中，有 3 个湿地自然保护区分别得到 500 万元湿地保护补助资金。2010 年甘肃省得到 700 万元湿地保护补助资金，其中张掖国家湿地公园得到 300 万元湿地保护补助资金。2010 年江苏省得到 850 万元湿地保护补助资金。

鉴于三江平原湿地的国际重要性，三江平原湿地类型自然保护区得到全球环境基金（GEF）1214 万美元的赠款。江苏盐城湿地也在积极争取 GEF 赠款，以保护国际候鸟栖息地。

部分地方政府也投入大量人力物力和财力，保护当地的湿地。例如苏州市在《中共苏州市委苏州市人民政府关于建立生态补偿机制的意见（试行）》（苏发〔2010〕35 号）[2]中规定：

——加强重要生态湿地的保护。对太湖、阳澄湖及各市、区确定的其他重点湖泊的水面所在的村，按每个村 50 万元予以生态补偿（每年）。

——对水源地、重要生态湿地、生态公益林所在地的农民，凡农民人均纯收入低于当地平均水平的，给予适当补偿，标准由各市、区确定（每年）。

---

〔1〕 李克强于 2012 年 6 月 5 日在中国生物多样性保护国家委员会第一次会议上的讲话，载 http://politics.people.com.cn/GB/1024/18084400.html，最后访问日期：2013 年 3 月 7 日。

〔2〕 《中共苏州市委苏州市人民政府关于建立生态补偿机制的意见（试行）》（苏发〔2010〕35 号），载 http://www.shidi.org/sf_17418D87E12C43B29C74AD1333A2DCEA_151_szsdz.html，最后访问日期：2013 年 3 月 7 日。

——根据现行财政体制，各区生态补偿资金由市、区两级财政共同承担，其中：水源地及太湖、阳澄湖水面所在的村，市级以上生态公益林的生态补偿资金，由市、区两级财政各承担50%。

按照《苏州市生态补偿专项资金管理暂行办法》（苏财规字[2010]4号）[1]，接受补偿的生态湿地所在村镇，除了严格执行《江苏省太湖水污染防治条例》和《苏州市阳澄湖水源水质保护条例》外，还要履行以下六项职责：

——加大对湿地保护的宣传力度，提高群众保护湿地的意识。

——在太湖、阳澄湖沿岸1公里、其他重点湖泊沿岸0.5公里的区域内，签订湿地保护区域确认书，明确管护区域面积和界限，设立保护区域标志牌、界桩。

——保护水源涵养林、护岸林以及湿地植被；加强沿湖芦苇等水生植物的管理，做好芦苇收割等有利于改善湿地水环境的工作。

——保护区域内湿地生态环境，不得人为减少自然湿地面积。

——除航道、重要引排河道等特殊用途以外的河流湿地应采用生态驳岸，不增加硬质驳岸。

——做好农村生活污水收集处理和湿地保洁工作，组织人员打捞蓝藻和漂浮废弃物。

（二）国外实践

湿地因其生态重要性和生物多样性在国际上受到高度重视。“湿地银行”（wetland mitigation banking）是国外湿地生态补偿的一种成功模式。

湿地银行所依据的法律法规模式主要是：要求开发者或其他经济活动主体在取得开发权时，承诺减缓和/或抵消开发活动对湿地生态系统带来的不良影响。这种机制一般要求开发者先减缓不良生态影响，然后以其他方式抵消无法避免的不良生态影响。抵消不良生态影响的方式有：开发者自己在开发项目地以外采取保护或恢复植被的措施，或者委托第三方采取保护或恢复植被的措施，或者购买保护“信用”。政府制定交易规则，即规定可以参与交易的湿地生态系统服务类型、开发者需要恢复湿

---

[1]《苏州市生态补偿专项资金管理暂行办法》（苏财规字（2010）4号），载中国湿地网 http://www.shidi.org/sf_26299204566F43F59CA8AD852F0AA3F6_151_szsdz.html，最后访问日期：2013年3月7日。

地的面积与其破坏湿地的面积的比例、交易的单位(基数:公顷、生态系统功能、稀有率、物种多样性和组合等)。只有承诺满足这些要求,开发者才能得到开发权。

例如,美国实施湿地保护的主要法律依据——《清洁水法》规定,在湿地进行经济开发活动,需要得到一个许可才能进行。要得到这一许可,开发商应当向政府证明,只能在这块湿地上开展开发项目,没有替代方案,项目设计上会将对湿地的影响降到最小。如果这两方面的条件都满足了,开发商需要在其他地方恢复一块湿地来补偿它破坏的湿地(补偿性治理)。

通常而言,政府在湿地保护与治理方面愿意选择就地治理而不是移地治理。但是随着时间推移,政府允许治理从项目现场转移到场外,这为建立湿地治理银行创造了条件。一个开发商可以从湿地银行购买治理"信用",以抵消其对项目现场湿地的破坏和填埋。湿地治理银行目前类似于一个商品市场。湿地银行中的湿地一般位于在项目现场之外的其他地方。银行出售异地的、修复完成后的湿地治理"信用",任何一个开发商都可以来购买。截止 2000 年 1 月,美国有至少 370 个这样的商业性湿地治理银行项目在运作。[1]

构建一个运转顺利的"湿地银行"项目需要若干条件,例如一个良好的市场框架,一个市场参与者群体,并需要构建一个交易货币(信用支付)体系,它能反映目标环境质量,增加交易的效率和灵活性。在湿地银行类型的湿地生态补偿中,保证生态系统服务质量的责任在政府管理者,政府不参与市场交易。湿地治理市场中的买方更关心取得开发许可证,而不是他所购买的湿地的质量。所以,恰当的市场监管对这些市场的有效运转至关重要。正因为如此,大部分湿地银行都是在发达国家,尤其是美国和澳大利亚。运转良好的湿地银行需要国家的行政能力、法律和执法能力。

第二节　中国湿地生态补偿典型案例分析

专题组选取甘肃张掖湿地、江苏盐城湿地作为湿地生态补偿调研地。

---

〔1〕 Salzman, J. and Ruhl, J. B. (2000a), "Currencies and the commodification of environmental law", *Stanford Law Review*, Vol. 53, pp. 611 and 651—652.

甘肃是我国内陆地区,经济欠发达,生态脆弱。江苏是我国沿海地区,经济较发达,经济发展和生态保护的用地矛盾突出。

一、张掖湿地生态补偿

(一) 张掖湿地概况

张掖市是坐落在黑河中游的湿地之城,中国第二大内陆河——黑河贯穿全境,全市主要分布有天然和人工两大类型湿地 21.04 万公顷,占张掖市国土面积的 5.02%,其中天然湿地 19.97 万公顷,人工湿地 1.07 万公顷,天然湿地占到湿地总面积的 94.9%。在天然湿地中,14.1 万公顷是沼泽湿地,5.81 万公顷是河流湿地,0.06 万公顷是湖泊湿地,沼泽湿地和河流湿地是天然湿地的主要组成部分,分别占到天然湿地的 70.6% 和 29.1%。

全市湿地分为两大类 4 个类型 13 个类别。其中:天然湿地包括河流湿地(永久性河流、季节性河流、洪泛平原湿地)、湖泊湿地(永久性淡水湖、季节性淡水湖)和沼泽湿地(草本沼泽、高山湿地、灌丛湿地、内陆盐沼)三个类型九个类别;人工湿地包括池塘、灌溉渠系及稻田、蓄水区、盐田四个类别。

沼泽湿地主要分布于祁连山地区,主要指 4 万公顷的冰川、8.09 万公顷的高山湿地(高山草甸和灌丛等),占沼泽湿地面积的 85.7%,占自然湿地面积的 60.5%,涉及肃南、民乐、山丹三县。其中,肃南县占到 90% 以上,祁连山冰川湿地和祁连山高山湿地区属祁连山国家级自然保护区管辖范围,实施保护与恢复工程由省市两级林业行政主管部门共同规划完成。

河流湿地主要分布于黑河流域中游,主要指永久性河流湿地,涉及甘州区、临泽县、高台县一区两县,张掖黑河湿地国家自然保护区面积为 4.11 万公顷,占到河流湿地面积的 70%,自然湿地面积的 20.6%,这些湿地受甘肃张掖黑河湿地国家级自然保护区保护,实施保护和恢复工程由省市级林业行政主管部门共同规划完成。

张掖市境内湿地分布范围广,且海拔、温度不尽相同。因此,湿地生态系统的物种组成多样性非常丰富。据统计,张掖境内湿地分布的高等植物有 84 科 399 属 1044 种,野生动物 59 科 231 种。2004 年湿地资源调查结果显示,《湿地公约》中定义的水禽在黑河流域沼泽湿地中就有大天鹅、小天鹅、黑颈鹤、灰鹤、大白鹭、黑鹳、斑头雁、赤麻鸭、斑嘴鸭等50多种。

祁连山地区和黑河流域湿地的保护非常重要，张掖境内湿地是我国候鸟三大迁徙路线的西部线路和全球八大候鸟迁徙通道之一中亚—印度通道的重要中转站，对维护北方生物多样性具有十分重要的作用；祁连山冰川与水源涵养区是国家层面25个重点生态功能区之一，冰川储量大，对维系甘肃河西走廊和内蒙古西部绿洲的水源具有重要作用；张掖黑河流域中游湿地生态区位非常重要，张掖南依祁连山，北接巴丹吉林沙漠，南北渐次冰川积雪、森林草原、沼泽湿地三个不同的生态系统，是西部重要的生态屏障。

张掖地处西北内陆干旱半干旱区域，水资源短缺，生态环境极其脆弱，一旦破坏，北部巴丹吉林沙漠南移，侵蚀祁连山北麓生态系统，危及整个河西走廊的生态平衡和生存发展。因此，加强祁连山北麓及黑河流域湿地的恢复和保护，对于维护西北地区及全国生态安全、国防巩固、民族团结和促进区域经济社会可持续发展具有十分重要的战略意义。

（二）张掖社会经济状况

张掖古称甘州，素有“塞上江南”和“金张掖”的美称。张掖现辖甘州区、临泽、高台、山丹、民乐、肃南裕固族自治县一区五县，人口128万，面积4.2万平方公里。有汉、回、藏、裕固等38个名族，裕固族是全国独有、集中居住在张掖的人口较少民族。

张掖位于河西走廊中段，东起武威、金昌市，西至酒泉、嘉峪关市，南依祁连山脉与青海省相连，北望巴丹吉林沙漠与内蒙古接壤，是内蒙古乃至西北重要的生态安全屏障。兰新铁路、连霍高速、312国道、227国道在境内交汇，西兰乌电信光缆、330伏输变电线路、西气东输一线、二线横贯全境，是西部重要的立体交通枢纽、通信管网节点，是陇海兰新经济带和新亚欧大陆桥的重要通道。

张掖是传统的农业大市，三产结构大致比例是1:1:1。2009年农业占经济的28%，工业占38%，第三产业占34%（张掖市统计局2010年数据）。全市农业人口98.86万人，占到全市人口的77%，耕地25.3万公顷，其中基本农田面积20.92万公顷。甘肃属温带干旱性气候，年均气温6—8摄氏度。年均降雨量110毫米，蒸发量1400毫米，蒸发量大于降雨量。日照时间长,昼夜温差大。发源于祁连山的黑河是全国第二大内陆河,贯穿张掖全境,年均径流量15.8亿立方米。绿洲区灌溉条件便利,农作物资源丰富,是全国重要的商品粮、玉米杂交种、高原夏菜和畜禽生产加工基地。

在全国及甘肃省主体功能区规划中,张掖市重点开发区域包括甘州区、临泽县和山丹县县城城区,面积0.36平方公里,不到全市面积的10%,人口59.4万人。限制开发区域和禁止开发区域占到张掖市面积的90%以上。其中,限制开发区域包括两个部分,一部分包括临泽县(除县城)、山丹县(除县城)、高台县、民乐县,属于农业发展战略格局中的河西农产品主产区部分,另一部分包括肃南县,属于生态保护战略格局中的祁连山冰川与水源涵养生态保护区部分。禁止开发区域包括两个国家级自然保护区(甘肃祁连山自然保护区、黑河湿地国家级自然保护区),以及20.92万公顷的基本农田等。

（三）张掖湿地面临的威胁

地处河西走廊中部的张掖市,湿地资源丰富,尤其是天然湿地资源对于河西走廊社会经济的发展具有十分重要的作用,但随着人口的增长,城市化建设速度的加快,湿地资源的保护与开发利用的矛盾进一步加剧。湿地面积萎缩,湿地生态功能下降,湿地生物多样性遭受威胁。目前虽经采取一系列措施,对湿地资源的破坏有所控制,但存在问题依然严重。

第一,开垦农田和城市开发造成湿地面积的萎缩。

张掖市有效耕地面积并不丰富,土地压力很大。在西部大开发和地区经济发展的背景下的城市开发需要大量建设用地。张掖又属于河西农产品主产区部分,耕地保护严格。如何协调好建设用地、农业耕地、生态用地之间的关系是政策制定者需要进行有效博弈的问题。在这过程尤其要重视生态系统提供的生态产品(涵养水源、调节气候、碳汇等)的价值,而这个在以前往往是被忽视的。

目前开垦农田和城市开发仍是湿地面积消减的主要原因。尤其是在沿湖、沼泽地区,随着人口的增加和经济的发展,建筑物、道路、盐田、鱼池等向湿地要地,使湿地生境遭到破坏,湿地景观质量急剧下降。湖泊面积萎缩和数量减少问题更为突出。地处祁连山浅山区洪积扇与荒漠戈壁的过渡带,号称荒漠带“明珠”的明海芦苇湿地,近年来面积急剧减少,甚至有逐步干枯的危险。据张掖市林业局统计,从2000—2006年间,甘州区,临泽县和高台县境内黑河中游有大约21%的湿地面积流失;张掖其他地区如山丹县,民乐县和肃南县的湿地也在减少,但是萎缩幅度要比甘州区,临泽县和高台县的萎缩幅度稍小。张掖境内黑河中游(甘州区,临泽县和高台县)的湿地面积在2000年至2006年期间减少了98600亩,而该地区(甘州区、临泽县和高台县)的农田面积几乎在同一时期(2000—2007)增加了84000亩。

近年来,随着经济的发展,湿地开发利用有加剧的趋势,如果每年仍以目前的速度进行开发,张掖市现存为数不多的沼泽湿地将不复存在。另外,多年来由于毁林开荒而造成的水土流失加剧,导致大量淤泥在湖泊湿地中的淤积,湿地面积衰减。天然湿地面积由于过牧、滥牧、开垦等种种原因的影响,面积大幅度锐减,严重威胁了张掖市湿地资源的可持续利用,而且这种影响是长远的。

第二,湿地污染严重造成湿地生态功能在下降。

张掖湿地的污染问题,主要集中于河流湿地。污染超出河流湿地生态系统自我净化的能力,导致湿地生态功能逐步下降,污染主要来自城镇生活污染、农业面源污染、农村生活污染、工业污染四个方面。

根据全国第一次污染源普查公告,农业面源污染在我国总污染物排放中化学需氧量约为44%,总氮57%,总磷67%,是造成环境污染的重要组成部分。黑河流域(中游)主要污染物也是化学需氧量,总氮和总磷,据张掖市环保局2010年统计,黑河流域污染负荷约1/3来自黑河流域面源农业源。张掖是传统的农业大市,又属于河西农产品主产区,农业人口占到总人口的70%以上,农业中使用的化肥的流失是农业面源污染的重要组成部分,部分化肥随着降雨,灌溉和地表径流排入河流,湖泊,水库和池塘造成水体富营养化。张掖市的畜禽养殖业带来的污染也是农业面源污染的重要组成部分。以甘州区为例,甘州区有12个牛场,每个牛场的牲畜数量都在1000头以上;有283个牛场,每个牛场的牲畜数量都在100头以上;有4个猪场,每个猪场猪的数量都在10000头以上;有5个鸡场,每个鸡场鸡的数量都在50000只以上;有200个羊场,每个羊场山羊或者绵羊的数量都在300只以上。畜禽粪便如果未能有效处理,必然造成较大的污染。

张掖主要是个农业城市,但也存在少量的工业,主要位于甘州城区东北部的工业园区内。园区内共有427家工厂和公司。工业园区的污水通过山丹河经高崖汇入黑河。山丹河是季节性河流，其径流主要是从张掖工业园和张掖污水处理厂流出的污水。据张掖市保护局2010年统计，山丹河水质低于五类水质标准。山丹河水质对张掖湿地有直接影响，虽然来自工业园区的污水量相对较小，但其有机物浓度比生活污水高数十倍。张掖工业园区污水的收集和处理是防止张掖湿地（黑河中游）污染的关键。

张掖黑河流域湿地与3个城区毗邻，即甘州城区，临泽县城，高台县城。甘州城区的人口为19万。临泽县城人口为23810。高台县城人口为26614。据张掖市环保局统计，张掖市每年共有667万立方米的未被收集的和未经处理的生活污水排放到黑河流域。随着城市面积的扩大，污水排放量在2020年将达到80000立方米/天。为满足湿地保护的要求，必须提高污水处理的收集率和处理率，处理后的污水达标排放。

第三，湿地资源过度利用造成湿地生物多样性受损

湿地是许多动植物生长繁育的场所，是有价值的遗传基因库，对维持野生物种种群的存续有重要意义，其潜在价值难以估量。但由于过去对湿地的大量开发，导致湿地动植物生存环境的改变和破坏，使越来越多的生物物种，特别是珍稀物种失去了生存空间而濒临灭绝。生物多样性减少而使生态系统趋向简化，削弱了生态系统的自我调节能力，降低了生态系统的稳定性和有序性。

河流、湖泊、沼泽、高山草甸等是张掖湿地的重要类型分布区，也是物种多样性的富集区。但由于对湿地资源的不合理利用，使湿地生物多样性受到了严重的损失。目前，张掖湿地多种植物物种被列为濒危物种，如高山草甸湿地的红花绿绒蒿、羽叶点地梅、冬虫夏草、星叶草等均属濒危植物。这些植物物种都是人类的宝富财富。

大型水利、电力工程的建设，阻隔了渠系、河流、沼泽和湖泊湿地水体之间的自然联系，使湿地水资源发生变化，造成了湿地缺水，植被退化，物种减少，对湿地生物多样性带来了破坏和威胁。加上诸多人为因素影响的共存，产生复合作用，对湿地生物多样性的危害更加严重。

第四，黑河调水、农业灌溉等综合因素造成湿地生态用水不足。

根据《黑河干流水量分配方案》，每年甘肃省要在正义峡段下泄9.5亿立方米黑河水到内蒙古自治区，黑河在莺落峡段的多年平均来水量为

15.8 亿立方米。从 2000 年到 2009 年,有 94 亿立方米水被输送到了下游的内蒙古自治区,占黑河干流来水量的 56%(张掖市水务局 2009 年数据)。为了补偿这些流出的水,中央政府根据《黑河流域管理项目第一阶段》(2001—2010),共投资 13.9 亿元人民币用于张掖农业节水技术和管理。实施节水改造之后,每亩地的灌溉用水量从 2000 年以前的 1000 立方米降低到 2010 年的 580 立方米。计划还要实施农业节水改造二期工程,2011 年到 2020 年投资 39 亿元人民币,以消除水分配方案对张掖造成的负面影响。

水量分配方案分配了一半以上的黑河径流给黑河下游,这对黑河流域中游灌溉有着很大的影响,造成张掖可利用水资源总量的减少。为了减轻地表水的制约,农民使用更多的地下水来灌溉。地下水开采已由 1999 年的 22900 万立方米增加至 2005 年的 51500 万立方米。因为地下水开采增加,张掖大部分地区地下水位都有所下降。根据甘肃省水文局和水资源发行的地下水监测报告显示,张掖地下水从 2008 年 6 月 1 至 2009 年 6 月 1 日下降了 0.1 米。张掖市水务局 2009 年列出的张掖湿地面积在 2000—2006 年萎缩 16667 公顷的主要原因之一就是张掖地下水位的下降。

根据张掖市水务局 2009 年的统计数据,该市水资源分配中,农业用水占 85%,工业占 2.5%,生活用水占 2.5%,森林和草地浇水占 10%。张掖是中国的一个重要农业区,农业也得到了国家政策的支持,当地政府也比较重视农业,大量的水用于农业,同时农民也有足够的热情抽取更多的水以灌溉更多的农田。在这个方面,没有预留或者分配更多的生态用水是造成湿地面积减少的重要原因。

实施《黑河干流水量分配方案》以来,张掖市可利用水资源总量减少,同时配套实施农业节水改造工程,保证农业用水流失,为保证农业生产用水需求,农民抽更多的地下水用于农业灌溉,造成地下水位下降,在张掖市水资源分配中,生态用水只占到 10%,综合考虑,水资源是湿地保护的关键,生态用水不足是湿地面积萎缩的重要因素。

(四)甘肃省湿地保护补助资金使用情况

为加强湿地保护,发挥湿地生态系统功能,促进经济可持续发展,2010 年中央财政下达甘肃省湿地保护补助资金 700 万元,主要用于敦煌西湖国家级自然保护区和张掖国家湿地公园湿地保护与湿地植被恢复、湿地生态监测、聘用管护人员劳务费等建设内容。其中，敦煌西湖国家级自然保护区400万元，张掖国家湿地公园300万元。

项目资金使用情况如图表3.1、3.2所示。

图表3.1　敦煌西湖国家级自然保护区湿地保护补助资金使用情况

项目	湿地保护和湿地植被恢复	科研监测设备购置	聘用管护人员劳务支出	其他	合计
资金（万元）	244	60.76	80	13.89	400

注：共聘用管护人员115人。

图表3.2　张掖国家湿地公园湿地保护补助资金使用情况

项目	保护工程	湿地监测工程	湿地生态修复工程	合计
资金（万元）	109.05	64.15	126.80	300

注：保护工程：界桩、界碑、湿地资源管护（68.40万元，38人管护）、栖息地清运垃圾、围网。

湿地监测工程：监测中心、固定样地、湿地气象监测站。

湿地生态恢复工程：河道清淤、水生植物种植、人工造林。

（五）甘肃省湿地生态补偿草案[1]

补偿资金分补偿性支出、公共管护支出及其他费用（包括宣传培训及管护检查等）三部分。其中，补偿性支出、公共管护支出纳入中央财政，其他费用纳入地方财政配套。根据甘肃湿地的生态重要性及实际补偿需要，结合现行有关政策，湿地生态补偿标准如图表3.3所示：

图表3.3　甘肃省湿地生态补偿标准估算

湿地类型	中央财政	用途	地方财政	用途
沼泽湿地	15元/亩年	湿地专业管护费用、封禁休牧补偿、恢复补偿、公共管护支出	0.7元/亩年	宣传培训及检查验收费用等
河流湿地 湖泊湿地	10元/亩年	湿地专业管护费用和公共管护支出	0.7元/亩年	宣传培训及检查验收费用等

第一，补偿标准的确定

〔1〕　据甘肃省林业厅、财政厅2010年编制。

图表 3.4　甘肃湿地生态补偿标准分解

湿地类型	补偿性支出			公共管护支出	其他费用	
	管护补偿	封禁休牧	湿地人工恢复		宣传培训	检查验收
沼泽湿地	6 元/亩年	6 元/亩年	1 元/亩年	2 元/亩年	0.4 元/亩年	0.3 元/亩年
河流湿地 湖泊湿地	8 元/亩年	—	—	2 元/亩年	0.4 元/亩年	0.3 元/亩年

管护补偿：管护人员工资性支出，按照 12000 元/年的标准（参照国家生态公益林补助标准），其中河流和湖泊湿地人均管护面积 100 公顷，沼泽湿地人均管护面积 133 公顷。

封禁休牧：只有沼泽湿地给予此项补助。参照退牧还草补偿标准，按照休牧期产草量，弥补牧民在休牧期的饲草量折算补偿。确定每年休牧一个季度，补偿 6 元/亩年。

湿地人工恢复：只对退化的沼泽湿地给予此项补助。补偿 1 元/亩年。

公共管护支出：包括湿地污水排放监测、湿地污染防治、湿地有害物种防治、湿地资源监测、湿地保护点、检查站、巡护步道等建设。补偿 2 元/亩年。

其他费用：宣传培训费用补偿 0.4 元/亩年，管护检查费用补偿 0.3 元/亩年，地方财政配套。

第二，补偿资金估算与资金来源。甘肃省生态补偿范围为全省 124.8 万公顷天然湿地。按照补偿标准的确定和甘肃省湿地面积情况，估算出甘肃湿地生态补偿每年需投入资金 2.63 亿元，其中补偿性支出 2.124 亿元（80.78%），公共管护支出 0.374 亿元（14.24%），宣传培训 0.037 亿元（2.85%），检查验收 0.056 亿元（2.14%）。补偿资金总数 2.63 亿元，其中中央财政资金 2.50 亿元，占资金总数的 95.02%；地方财政 0.131 亿元，占资金总数的 4.98%。

二、盐城湿地生态补偿

（一）盐城湿地的基本情况

2009 年国家林业局正式启动了全国第二次湿地资源调查，江苏省是首批开展湿地资源调查的六个省份之一。调研结果显示：全省湿地面积 282.19 万公顷，占江苏省国土面积的 27.5%，其中自然湿地（近海和海岸湿地，河流湿地，湖泊湿地，沼泽湿地等）194.59 万公顷，占湿地面积的 68.96%；人工湿地（运河、库塘，盐田，水产养殖场等）87.59 万公顷，占湿地面积的 31.04%。

盐城湿地资源丰富，是江苏省最大的湿地城市。根据盐城市湿地资源调查报告，盐城全市湿地总面积 70.54 万公顷，占全市面积的 41.7%，占全省湿地的 25%，其中近海和海岸湿地 46.58 万公顷，河流湿地 3.79

万公顷，沼泽湿地0.05万公顷，湖泊湿地0.30万公顷，人工湿地19.81万公顷，分别占湿地总面积的66.0%，5.4%，0.1%，0.4%和28.1%。

盐城湿地分为两个大类四个类型11个类别，其中：天然湿地包括近海与海岸湿地（潮间盐水沼泽、浅海水域、淤泥质海滩）、河流湿地（永久性河流、洪泛平原湿地）、湖泊湿地（永久性淡水湖）和沼泽湿地（草本沼泽）四个类型七个类别；人工湿地包括库塘、水产养殖场、盐田、运河输水河一个类型四个类别。具体见图表3.5：

图表3.5　盐城湿地资源类型分布表

<table>
<tr><th></th><th>湿地类型</th><th>湿地类别</th><th>面积（公顷）</th></tr>
<tr><td rowspan="11">天然湿地</td><td rowspan="4">近海和海岸湿地</td><td>潮间盐水沼泽</td><td>24566.2</td></tr>
<tr><td>浅海水域</td><td>134189.2</td></tr>
<tr><td>淤泥质海滩</td><td>307051.4</td></tr>
<tr><td>合计</td><td>465806.8</td></tr>
<tr><td rowspan="3">河流湿地</td><td>永久性河流</td><td>37415</td></tr>
<tr><td>洪泛平原湿地</td><td>541.6</td></tr>
<tr><td>合计</td><td>37956.6</td></tr>
<tr><td rowspan="2">湖泊湿地</td><td>永久性淡水湖</td><td>3013.8</td></tr>
<tr><td>合计</td><td>3013.8</td></tr>
<tr><td rowspan="2">沼泽湿地</td><td>草本沼泽</td><td>521.8</td></tr>
<tr><td>合计</td><td>521.8</td></tr>
<tr><td rowspan="5">人工湿地</td><td rowspan="5">人工湿地</td><td>库塘</td><td>84.34</td></tr>
<tr><td>水产养殖场</td><td>107488.6</td></tr>
<tr><td>盐田</td><td>41224</td></tr>
<tr><td>运河输水河</td><td>49306.7</td></tr>
<tr><td>合计</td><td>198103.6</td></tr>
<tr><td>总计</td><td colspan="3">705402.6</td></tr>
</table>

近海和海岸湿地通常称为沿海滩涂湿地，是盐城湿地的主体，面积约达700万亩，约占到江苏省滩涂面积的70%，全国的七分之一；其次是人工湿地，尤其是水稻田和水产养殖场，在湿地资源调查中并未核算水稻田的湿地面积，盐城市水稻田湿地面积约达435万亩（29.0万公顷），水产养殖场湿地面积为161万亩（10.7万公顷）。如果加上水稻田的人工湿地面积，盐城市湿地总面积约达100万公顷。

从湿地分布上看，盐城市湿地以东台、大丰、射阳等地为多，集中分布在盐城市东南部地区，沿海地区的滨海湿地呈集中连片分布，沿海地区的湿地多于长江中下游地区，湿地面积从南到北呈减少趋势，东台、大丰海岸线比较长，气候比较湿润，不仅湿地类型多，面积也大。

从湿地资源上看，盐城湿地资源非常丰富，有近海浮游植物、固着性植物160多种，陆生资源植物550多种，近海鱼虾蟹贝等动物550多种，陆生脊椎动物347种，列入国家一级保护野生动物12种。其中有国际公认的濒危物种丹顶鹤、黑嘴鸭、白嘴鸥、白鹳、白枕鹤等。

盐城的沿海滩涂湿地是国际重要湿地，是东亚与澳大利亚水禽迁徙的重要停歇地和重要越冬地。东部沿海迁徙通道(全世界候鸟迁徙通道有8条，我国境内有3条)是全世界重要的候鸟迁徙通道，主要分布在东台市、大丰市、射阳县、滨海县、响水县的沿海地区。面积涉及两个国家级自然保护区，分别是江苏盐城湿地珍禽国家级自然保护区、江苏大丰麋鹿国家级自然保护区。

江苏盐城湿地珍禽国家级自然保护区的主管部门是江苏省环保厅。保护区始建于1983年，1992年晋升为国家级自然保护区，2002年列入"国际重要湿地"名录，是以保护丹顶鹤等珍稀野生动物及其赖以生存的滩涂湿地生态系统为主的国家级自然保护区。保护区土地总面积为284179公顷，其中核心区21889公顷，占总面积的7.7%，缓冲区55682公顷，占总面积19.59%，实验区206608公顷，占总面积的72.71%。核心区位于射阳县和大丰市境内，核心区85%的部分保持原始滩涂面貌，是一块中国沿海唯一保存完好的原始滩涂，是丹顶鹤最主要的越冬栖息地。核心区南北各有一块缓冲区，分别位于射阳县、亭湖区和大丰市境内，该区内有少量居民，人口密度80人/km^2，每年有100—300只丹顶鹤在这里觅食栖息。实验区共有7块，分布于核心区和缓冲区周围的响水县、滨海县、射阳县、亭湖区、大丰市和东台市境内。实验区人口密度较大，开发活动强度也较大，主要用于科研、环境教育、生态旅游和农业生产活动。

江苏大丰麋鹿国家级自然保护区的主管部门是江苏省林业厅。保护区始建于1986年，1997年晋升为国家级自然保护区，2002年列入"国际重要湿地"名录，是以保护麋鹿等珍稀野生动物及其赖以生存的滩涂湿地生态系统为主的国家级自然保护区。该保护区麋鹿数量从建区时的39头繁殖到目前的1000多头，是迄今世界上最大的野生麋鹿自然保护区，其野生种群总数、繁殖率和存活率均居世界首位。保护区总面积78000公顷，其中核心区2668公顷，缓冲区2220公顷，实验区73112公顷。

（二）盐城社会经济状况

盐城市生态环境优美，文化底蕴丰厚，交通便捷，以“东方湿地之都，仙鹤神鹿世界”而闻名。盐城地处苏北平原中部，东临黄海，南与南通市毗邻，西与扬州、淮阴市相靠，北与连云港市连接，人口居全省第二。盐城市境内为平原地貌，西北部和东南部高，中部和东北部低洼，分为3个平原区：黄淮平原区、里下河平原区和滨海平原区。

盐城市下辖两市五县两区：东台市、大丰市、响水县、滨海县、阜宁县、射阳县、建湖县、盐都区和亭湖区。全市总面积16921平方公里，总人口811.7万人，其中城镇人口363万人，境内居民以汉族为主，另有42个少数民族。

盐城市经济保持较快发展。2008年全市实就地区生产总值1623亿元，同比增长13.2%，人均地区生产总值2.1万元，首次超过3000美元，财政收入达216亿元，同比增长45.7%。全市工业化进程加快，产业结构不断优化，三产结构比重为18.2∶48∶33.9，二、三产业比重上升了0.7个百分点。盐城工业生产稳定增长，全市围绕推进新型工业化，培植支柱产业、骨干企业、产业集群，努力破解发展中难题，工业经济竞争力不断增强。盐城农业生产稳步发展，农业生产连续五年实现丰收，2008年实现农林牧渔总产值658亿元，同比增长9.4%，农业产业化进程加快，2008年年底盐城市无公害产品数320个，绿色食品数172个，有机食品数42个。

由于江苏省层面的主体功能区规划还未出台，现就国家层面主体功能区规划对江苏省及盐城市的区划进行大致描述。在江苏省城市化地区，苏州、无锡、南京、常州、镇江、扬州、泰州、南通八市属于长三角优化开发区域核心区，徐州、连云港处于东陇海重点开发区核心区，宿迁、淮安、盐城三市间于长三角优化开发区和东陇海重点开发区之间，是辐射带动经济发展的重要区域；农产品主产区，江苏省是黄淮海平原、长江流域、江淮地区国家粮食主产区的重要组成部分；重点生态功能区，江苏省不属于25个国家重点生态功能区，有三个国家级自然保护区，分别是江苏盐城湿地珍禽国家级自然保护区、江苏大丰麋鹿国家级自然保护区、江苏泗洪洪泽湖湿地国家级自然保护区，面积分别为28.41万公顷、7.8万公顷、4.94万公顷。《长江三角洲地区发展规划》指出：盐城，建设先进制造业基地、能源基地和现代农业示范区、重要生态湿地旅游目的地，成为沿海地区现代工商城市。和盐城市息息相关的另一个国家战略是《江苏沿海发展规划》,江苏沿海地区处于我国沿海、长江和陇海兰新线三大生产力布局主轴线的交汇区域,包括连云港、盐城和南通三市所辖全部行政区域,江苏沿海地区区位优势独特,土地后备资源丰富,在提升长江三角洲地区整体实力、促进全国区域协调发展中具有重要战略地位。

(三)盐城湿地面临的威胁和存在的问题

江苏省湿地保护工作起步比较晚,自从国务院办公厅在2004年颁布123号文件《关于加强湿地保护的通知》以及江苏省政府在同年颁布《关于加强湿地保护工作的通知》,江苏省的湿地保护工作才逐渐开展起来。

盐城湿地资源丰富,盐城湿地为盐城市的经济发展和人民安居乐业做出了巨大的贡献。近年来,随着社会经济的快速发展,围垦、污染、渔猎和旅游开发等逐年增多,湿地资源不堪重负。这几年受保护的湿地面积在逐步增加,但由于湿地保护工作起步较晚,湿地保护工作仍存在不少问题,现主要就从湿地资源本身状况和湿地保护管理能力两个方面进行分析。

1. 盐城湿地资源退化

盐城湿地面积在逐步减少,湿地生态质量在逐步下降,湿地生态功能在逐步退化。原因主要有以下四个方面。

第一,围垦。江苏东临黄海,有1040 km的海岸线,以潮间滩涂为主的海岸湿地是亚洲最大的淤泥质沿海湿地,保持着良好的连续性。

江苏省经济发展快,人口密度大(每平方公里700人),土地资源需求压力空前巨大。新中国成立以来,历届省委、省政府都十分重视滩涂围垦开发事业,始终把滩涂围垦开发作为有效增加耕地面积、增加粮棉油供给和促进沿海经济发展的一项重要举措来抓,通过围垦的方式来满足土地资源需求是缓解土地资源紧张的一个很重要的手段和方式。

据统计,1949—2004年全省累计围垦滩涂170次,共围垦沿海滩涂25.24万公顷,约370万亩。在“九五”期间,江苏省委省政府从促进区域共同发展、实现全省耕地占补动态平衡和发展海洋经济的高度,提出了建设“海上苏东”的战略,先后出台了一系列鼓励开发的优惠政策,组织实施了“九五”百万亩滩涂开发工程,即围垦滩涂54万亩,开发已围垦滩涂荒地16万亩,改造滩涂中低产田30万亩。在“十五”期间,又提出了“新一轮百万亩滩涂开发工程”,即围垦潮上带滩涂20万亩,开垦和改造已围垦区50万亩,发展潮间带养殖30万亩。

在江苏沿海开发战略中，规划中指出2009年至2020年计划围垦滩涂资源270万亩，合理确定建设用地、农业用地和生态用地的比例，其中农业用地、生态用地、建设用地分别占围垦面积的60%、20%和20%左右，海域滩涂围垦利用以综合开发为方向，优先用于发展现代农业、耕地占补平衡和生态保护与建设，适度用于临港产业发展。从理论上讲，围垦沿海滩涂资源已经上升为国家战略，在长三角发达地区，江苏沿海开发能够有效缓解长三角地区土地资源紧张状况，优化产业布局，进一步提升长三角地区的整体实力和竞争力。为此，可以在一定程度上开展合理地土地围垦，但是围垦不要遍地开花，要保护好近海和海岸湿地的连续性，重点保护好河口湿地和自然保护区，同时围垦之后要提高围垦之后土地利用效率，2009年—2012年，围垦沿海滩涂60万亩，计划至2020年总共围垦270万亩，如果真正实施的话，近海沿海湿地支离破碎，丧失殆尽。因此，具体应当如何协调经济发展和生态保护之间的关系是必须进一步探讨的问题。

盐城处于江苏省滩涂围垦的核心地段，其围垦面积远高于其他城市。截止2000年，盐城海岸湿地已围垦潮上带13.34万公顷，占盐城市潮上带面积的79.69%和海岸湿地总面积的29.28%。从县市围垦面积来看，大丰市最大，达4.36万公顷，射阳县3.79万公顷。仅大丰市1997—2000年就围垦滩涂湿地1.5万公顷，主要用于水产养殖、港口建设和工业用地。

围垦导致湿地面积持续萎缩，野生动物生境遭到破坏，原生生物资源减少，生物多样性退化。大规模的滩涂围垦，尤其是事先没有经过科学论证的盲目围垦，造成了水源不足、盐量高等一系列问题，导致围垦后的土地无法使用。随着人类活动范围逐年增加，动植物的活动范围越来越小，珍禽和水生生物逐渐缩小甚至丧失其栖息空间。围垦之后，人类进入潮间带更为方便，改变了滩面太宽、人类难以进入潮间带的局面，为人类对海岸湿地资源的低层次、掠夺性的攫取提供了方便，而这种攫取导致了生物资源急剧下降。

通过围垦，一方面湿地的面积大量萎缩，另一方面，改变湿地属性和用途，自然湿地变成了人工湿地，沿海滩涂湿地围垦变成水产养殖场，湖泊湿地围垦变成鱼塘。这从经济发展的角度，的确是提高了湿地的短期经济价值，但是从生态保护的角度，却降低了湿地的生态功能。当我们看到苇荡、盐沼等自然生态系统只是零散的出现在田间、养殖场或者路边，偶尔看见零星的野生鸟类飞过天空时，我们只能用支离破碎来形容现今的沿海滩涂湿地。

第二，水环境污染。水环境污染是中国湿地面临的最严重的威胁之一，湿地污染不仅使水质恶化，而且对湿地生物多样性造成了严重危害。盐城沿海滩涂湿地生态环境恶化的重要因素之一就是环境污染。随着沿海滩涂的不断开发利用，工业废水、生活污水和农药、化肥等有害物质大量排入湿地，造成湿地有害物质积累，水体富营养化，食物网简化，生物多样性降低，影响湿地生态系统的调节和恢复功能，危及生态多样性的保护。

根据《2005年江苏省海洋环境质量公报》，2005年江苏省近海海域生态环境呈亚健康状况，主要表现为水富营养化（无机氮含量超过四类水质标准，20%以上海域活性磷酸盐含量高于三类海水水质标准）。2005年，江苏省实施监测的陆源入海排污口53个，其中盐城市14个入海河口，监测表明，多数入海排污口水质不达标，多为四类水和五类水。大量超标污水的排放，致使排污口临近海域严重污染，沿海滩涂及近海环境污染的日益加剧，使得沿海赤潮频发、水质恶化、贝类死亡，势必影响滩涂生物多样性资源的持续利用。

盐城作为一个新兴的沿海工业城市，正在由过去的农业大市向工业大市发展。但在促进地方经济快速发展的同时，城镇化进程也造成了严重的工业污染。城市占用沿海湿地发展工业建工厂，新建了很多化工园区、石化基地。大量化工厂排放的污水未经过处理直接排入黄海。污水管道越过人们的视线直接将黑色的废水排入大海。渔民抱怨污染大大减少了近海的鱼类资源，而政府在沿海资源锐减的背景下出台了“减船转产”的政策。为了发展当地经济，有些地方甚至不惜将重污染工业项目引进滩涂，个别项目甚至是未经过环境影响评价的湿地开发利用项目。

盐城市人口稠密，生活污水的排放对湿地的威胁也不容忽视。农村生产生活方式的转变，例如洗涤剂用量的大幅增加，使人口密集的农村地区因生活方式的转变向周围开阔水域排放的污染被严重低估。

盐城市农业面源污染对湿地也构成了严重威胁。根据湿地资源调查报告，盐城市水稻田湿地面积约达435万亩（29.0万公顷），水产养殖场湿地面积为161万亩（10.7万公顷）。在水稻田中，大量农药、化肥经雨水冲刷，经地表径流排入附近河流进而排入沿海地区。在水产养殖场中，投入池塘的饵料约30%未被鱼虾贝类利用，用化学物质清池消毒，形成的残饵、残药未经处理直接排放入海，造成污染给沿海地区生物资源、海洋经济带来危害。

第三，湿地资源过度利用。湿地不仅具有强大的生态功能，而且蕴藏着丰富的资源。盐城市对湿地资源的利用主要是表现在以下这些方面：提供工业和生活用水，丰富的水资源保障了全市城乡工农业生产和人民生活对淡水资源的需求；养殖业，盐城市水域辽阔，河流纵横，鱼类饵料资源丰富，良好的水域理化性状和优越的气候条件，很适合水产类的养殖；种植业，水稻田是盐城市面积最大的人工湿地，同时部分湿地还广泛种植莲藕、芦苇、菱等经济作物；畜牧业，广阔的滩涂是牛羊等牲畜的天然牧场，荡滩湿地则是鸭鹅等家畜的天然放养场；运输业，盐城市水运发达，水上运输带动了周边乡镇和全市经济发展；旅游业，湿地生态旅游已经成为现代旅游业的新热点，湿地生态旅游业的发展也越来越显示出湿地的经济效益和社会效益。

湿地资源过度利用对湿地造成的威胁主要表现在过度捕捞和非法狩猎导致湿地生物多样性退化。

过度捕捞一直困扰着盐城沿海湿地生物多样性保护，近海捕捞、滩涂采集的强度远远超过了湿地生态系统的承载能力。低层次、掠夺式的攫取导致生物资源急剧下降。20世纪末，盐城等沿海一带还进行了“捕鳗大战、海蜇大战、泥螺大战、沙蚕大战”，浅海捕捞鳗鱼苗，潮间带沙滩贝类捕捞，潮间带带泥沙混合带挖沙蚕对等等。由于对资源的掠夺式开发利用，滩涂湿地生态系统遭到严重破坏，水产资源品种、数量逐年减少，品质逐年降低，相应的渔民收入也逐年下降，形成了恶性循环。

狩猎者对该地区野生动物的偷猎行为给野生动物造成的危害不容忽视。由于盐城沿海滩涂湿地野生动植物资源丰富，特别是每年冬季都有大量的候鸟来此越冬，很多非法狩猎者对野生动物进行了捕杀，包括很多珍禽也难以幸免于难。

另外，芦苇作为重要的滩涂资源植物，它能富集水体中的污染物，为避免芦苇在水体中自然腐烂而造成二次污染，应该对芦苇适时收割，但如果对芦苇收割的数量和强度过大，超过了芦苇自身的再生能力，也会对水禽的生存带来威胁。

为了保护濒危动物，保护生物多样性，如何协调农业渔业等的发展和环境保护是我们需要深入探讨的问题。

第四，外来物种入侵。整个江苏省，对湿地生态系统造成严重威胁的外来入侵物种主要有龙虾、空心莲子草、凤眼莲（水葫芦）、一枝黄花和米草。在江苏盐城的沿海滩涂地区，外来入侵物种主要是指米草。

自1963年江苏省沿海地区引入米草以来，米草适应了我国海岸自然环境而正常发育，并起到明显的促淤造陆、保滩护岸等生态功能。不过，米草的极强的抗逆性和蔓延速度超过了人们的控制能力，每年新淤长的滩涂几乎完全被米草侵占。疯长的米草与沿海滩涂本地植物形成竞争，破坏了近海生物的栖息环境，并使滩涂淤积加快。米草的蔓延使原有的生态系统被改变，从而使原先生活在这里的生物或消失或迁移，比如泥螺、四角蛤蜊、文蛤等滩涂贝类，米草在潮间带滩涂快速生长和扩展使盐城本来就少的丹顶鹤栖息地变得雪上加霜。米草的种植有利于向海争地，开垦新的农田，但是这样会改变原生生态系统，使原有的自然演替受阻。

2. 湿地保护管理能力薄弱

第一，法律不健全，无法可依。全国层面无湿地保护条例，全国11个省出台湿地保护条例。江苏省还未出台湿地保护条例（正在计划制定）。苏州市2011年底出台湿地保护条例。目前还没有一部关于湿地保护与合理利用的专门法律或法规。已有的相关法律、法规中对有关湿地保护的条款比较分散，且不成系统，无法可依或法条相互交叉、重复的情况并存，难以很好发挥作用。

第二，机构能力薄弱，相应的机构建设没有跟上。江苏省省级有专门湿地保护站，承担专门的湿地保护组织协调工作，但是在市县一级基本都是林业部门人员兼职，缺乏湿地保护工作的经验和能力，不知道湿地保护从哪些方面开展，怎么保护，不过这些方面也在逐步改善，如苏州和扬州都成立了湿地保护站，无锡也成立了一个湿地保护处，总体上机构能力未能满足湿地保护的客观需求。

第三，湿地保护的网络体系不健全。保护区保护管理没有有效保护，管护人员不够，虽然保护区建立起来了，保护区的范围很大，但是有效保护面积不大，有限管理范围只限于核心区，且管理质量不高。

第四，湿地科研监测力量弱。江苏省湿地保护工作逐渐开展起来，湿地科研能力跟不上,湿地科研满足不了环境保护方面的需求。缺乏湿地科研的基础积累,特别是对湿地的结构、功能、演替规律、价值和作用等方面缺乏系统、深入的研究,制约了湿地的保护和管理。从事湿地研究的人员很少,人才严重缺乏,同时湿地保护、管理的技术手段也比较落后,缺乏现代管理技术和手段。

第三节　湿地生态补偿实践中存在的问题与立法建议

一、湿地生态补偿实践中存在的问题

(一) 湿地的界定

土地类型划分问题。湿地界定和明确湿地权属是实施湿地保护的前提。在《中国土地利用现状分类》(GB/T 21010—2007)[1]中没有湿地这一土地利用类型。草甸湿地归农业部门管理,灌丛湿地归林业部门管理,河流湿地归水利部门,不同土地类型的湿地使用和管理对应不同部门,纵向生态补偿的转移支付资金将通过哪个部门来进行,是政策制定过程中必须考虑的。

冰川是否作为一类湿地,需要加以确认。对冰川在涵养水源及其功能方面需要做进一步评估。应考虑冰川是否应作为"十二五"规划和今后相当长的时期内湿地重点保护项目。

(二) 资金来源及补偿主体

湿地生态补偿在确定补偿标准之前,首先需要确定的是湿地生态补偿的资金来源、补偿主体。

资金来源可以考虑以中央财政转移支付为主,地方政府配套部分资金。甘肃是内陆地区,经济不发达,生态脆弱而重要,甘肃省是生态系统服务的提供者,对全国乃至全球的生态安全做出了贡献,承认生态系统服务的价值,给予补偿是应当的。江苏是沿海地区,经济发达,经济发展和生态保护的矛盾尤为突出,环境保护的机会成本很高,实施生态补偿可以缓解经济发展和生态保护的矛盾,资金来源以中央财政转移支付为主,地方财政根据财力配套相应资金。

---

[1] 《土地利用现状分类》(GB/T21010—2007),载 http://www.tymy.gov.cn/show.aspx?id=224&cid=24,最后访问日期:2013 年 3 月 7 日。

补偿主体首先是中央政府和地方省级人民政府，其次是享受生态系统服务的单位和个人。在实施生态补偿的初期阶段，中央政府作为生态系统服务接受者的集中代表给予生态系统服务提供者补偿。

（三）补偿对象

补偿对象是指湿地的生态保护者和受损者，包括当地政府、当地百姓和保护机构。要能有效地保护湿地，必须调动起当地政府和百姓进行生态保护的积极性，光谈保护不谈发展是不合理的，不能保护了一片片湿地却让当地政府和百姓忍受着贫困。尤其像张掖地区，90%以上地区被划为限制开区域，当地只能发展一些湿地保护相关的特色产业，因此必须给予当地政府和百姓补偿，这是对公民基本生存发展权利的尊重，是承认生态产品价值的体现。为有效地保护湿地，湿地保护机构也是需要补偿的，湿地基础设施建设、湿地监测、湿地科研、湿地宣传教育、湿地管护人员费用等都需要给予足够的资金保障。

第一，补偿湿地管理机构，加强湿地保护和管理的能力，包括湿地基础设施建设、湿地监测体系建设、湿地科研体系建设、湿地保护宣传教育体系建设等。

第二，补偿当地百姓，国家在主体功能区规划中指出，保护区的核心区逐步实现无人居住，缓冲区和实验区也应较大幅度减少人口，实行异地转移和就地转移两种转移方式，就地转移指就地转化为管护人员。对于这部分百姓可以管护费用的形式补偿他们。异地转移本质上是生态移民，对于这些百姓的补偿应该是长期的，着重解决安置好他们的长期生存发展。

第三，补偿当地政府，因为生态功能重要的区域一般都划为限制开发区域，而限制开发区域在主体功能区中定义为限制进行大规模高强度工业化城镇化开发的区域。限制开发导致地方财政收入减少，为了调动当地政府生态保护的积极性，需要给予一定补偿。补偿既可以是税收返还的形式，也可以是转变绩效考核评价体系，重点考核生态环境的保护，不考核工业化、城镇化、GDP等。

湿地生态补偿重点应放在对自然湿地利益相关方的补偿，尤其是对一些重要湿地的补偿。湿地生态补偿标准的制定，需要考虑统一标准与差异化标准的问题，允许省内实施差别化的标准。为了更好地实施湿地生态补偿，可以像森林生态效益补偿和草原生态效益补偿一样，制定一个统一的标准,如具体补偿每亩多少钱。但是各地可以据此进行调整,因为不同地区的发展状况不同、湿地的保护现状不同、管理的难易程度不同、需要投入的人力物力不同,湿地的保护价值不同。湿地生态补偿是一个逐步完善的过程,是一个从无到有、从少到多、从局部到整体的过程。在实施湿地生态补偿的过程中,需要重点保护和补偿一些重要的湿地,主要是指国际重要湿地、国家重要湿地、省级以上湿地类型自然保护区和省级以上湿地公园。例如,甘肃省划为自然保护区的湿地 71.7 万公顷,占全省湿地的 53.25%,其中国家级 24.8 万公顷,省级 29.6 万公顷,市级 17.3 万公顷。江苏省共建立湿地类自然保护区 26 处,总面积达 45.67 万公顷,占全省湿地的 16.2%,其中国家级 3 处,共建立省级以上湿地公园 30 处,其中国家级湿地公园 8 处。

(四)补偿方式

除了资金补偿外,补偿方式还可以有其他方式,如基于项目的补偿、基于优惠政策的补偿,基于市场的补偿。

在资金补偿上,我们需要进一步区分当地政府、保护区机构和周边农民,尤其要重视对周边农民的补偿。周边农民是湿地保护的直接保护者和受损者,能否调动起周边农民保护湿地的积极性是湿地保护的关键,而他们的意见和建议往往容易在制定政策过程中受到忽视或者得不到合理的反映。当地政府怎么补偿,在《国家主体功能区规划》的配套政策中有初步规定,比如可以采取税收返还的形式,同时改变绩效考核评价制度,不考核具体的 GDP、工业化、城镇化等指标,着重考核对生态环境的保护。保护区机构的资金补偿,要与对周边农民的资金补偿区分开,对保护区如何实现有效的保护管理做出明确的说明和相应的资金配套。

在优惠政策上,需要强调政策的目的是湿地保护。江苏盐城地区因为围垦对沿海滩涂湿地造成了严重的破坏。江苏地区经济发展和生态保护的矛盾十分突出,很难为了保护环境而完全放弃经济发展。但是在制定滩涂围垦计划时,可以积极探索与湿地保护相一致的经济发展计划,比如生态旅游、生态农业等。

在发达地区如江苏,特别需要探索资金补偿以外的补偿方式,因为发达地区生态环境保护的机会成本高,要么资金补偿很难起到调动起周边农民改变农业生产方式保护生态环境,要么有效补偿资金量大到难以承担。如果实行生态农业优惠政策,给农民提供技术支持,帮助农民进行绿色农业生产，减少农民对于资金补偿的依赖，从输血型转变到造血型，这样既可以增加农民收入，又保护了环境。还可以实施一些补充性的政策，减少当地的人口数量，通过良好的教育宣传和技术培训，帮助农民改变生计类型，让当地农民自愿有序地迁出保护区（生态移民）。

（五）补偿的监测和评估

补偿资金管理要求各级财政和湿地部门设置专账，各补偿资金使用单位设立专户，单独核算补偿资金的收支情况。

二、湿地生态补偿立法的建议

在森林、草地和湿地这三大陆地生态系统中，中国已经分别建立起了森林生态系统（2001 年）和草地生态系统（2011 年）的生态补偿政策。目前中国没有湿地生态补偿的政策，甚至没有一个全国湿地保护法规（国家《湿地保护条例》正起草中），发达地区的一些地方政府开始制定湿地生态补偿的政策并付诸实施。湿地保护与经济发展之间的矛盾明显存在，在东部相对发达地区，二者之间的矛盾更突出。二者之间的相互促进作用，中西部地区有更多认识。有必要尽快建立湿地生态补偿机制，同时使该机制能适应不同地区的情况和需要。

为建立湿地生态补偿机制，特提出以下建议：

在正在拟定中的《中国湿地保护条例》中明确湿地生态补偿的基本原则，为湿地生态补偿提供法律法规依据。

国家在制定涉及湿地的生态补偿政策及法规时，按照“谁受益，谁补偿”的原则，国家级湿地类型自然保护区主要由中央政府提供生态补偿资金。在 3 个接受补偿的主体中，地方政府的补偿可以通过中央财政的“重点生态功能区财政转移支付”来解决，湿地生态补偿资金主要解决另外 2 个接受补偿的主体，即湿地周边居民和湿地管理机构。

明确不同类型湿地的管理部门，为实施湿地生态补偿提供明确的管理框架。一种办法是草地湿地和河流湿地等统一划归林业部门管理，另一种办法是成立跨部门委员会，协调管理湿地的林业、农业、水利等部门。

允许省级政府根据本省情况调整本省范围内实施的国家湿地生态补偿的标准。中国 3620 万公顷自然湿地，如果中央政府按照 15 元/亩（沼泽湿地）和 10 元/亩（湖泊、河流和滨海湿地）的补偿标准，则中央财政每年的湿地生态补偿资金需求大约是 65 亿元/年。

第四章　流域生态补偿的理论与实践*

流域生态补偿是一种将流域生态破坏和水污染外部成本内部化的环境经济政策工具，符合“破坏者付费”和“污染者付费”的原则。流域生态补偿为流域生态系统服务与产品的提供者和受益者提供有效激励，促使利益相关方在流域治理投入成本和经济补偿之间进行权衡，实现流域生态治理措施的有效执行。流域生态补偿是实现可持续发展流域、健康流域、和谐流域的有效政策制度安排。[1] 流域生态补偿制度的建立可以促进流域水环境保护的受益主体对水环境保护主体所投入的成本按受益比例进行分担，保护了上游地区进行水环境治理的积极性，从而保证了不同受益主体公平共享流域水资源的权利。基于中国当前流域生态补偿法律体系、法律机制不完善，应加快流域生态补偿国家层面的立法。

第一节　流域生态补偿概述

“十一五”以来，中国各地区广泛开展了流域生态补偿实践，并取得了显著成效。流域生态补偿在中国的实践主要以建立流域水资源生态补偿机制为主线，着重解决流域上下游水质保护与受益分离的问题，探索建立健全流域生态补偿的公共财政政策与产业扶持政策，统筹区域协调发展，提高欠发达地区发展能力，逐步推动流域生态补偿的市场化机制的建立。总的来说，国内流域生态补偿主要可以划分为三大类：跨界断面水质目标考核模式、饮用水源地生态补偿模式以及江河源头水源涵养区生态补偿模式。目前中国在这些方面的实践以省内补偿为主，跨省补偿仅有

---

* 本章撰稿人：王金南，课题组流域生态补偿国内专家，生态补偿专家咨询委员会委员，环境保护部环境规划院副院长兼总工，国家环境保护与政策模拟重点实验室主任，博士生导师，北京大学、南京大学、香港城市大学兼职教授；田仁生，流域生态补偿国内专家助手，环境保护部环境规划院总工办主任，研究员；石广明，湖南省环境科学研究院，博士。

〔1〕 王金南：《关于我国生态补偿机制与政策的几点认识》，载《环境保护》2006 年第 19 期，第 24 页。

涉及皖、浙两省的新安江流域一个试点。

作为调整相关利益主体环境与经济行为、实现流域可持续发展、保护水生态环境的重要政策工具，国内外都广泛推行了流域生态补偿实践。国际上，德国 1976 年实施的 Engriffsregelung 政策和美国 1986 年实施的湿地保护无净损失（No-net-loss）政策等被学者们视为生态补偿的起源，而流域生态系统服务市场最早起源于流域管理和流域规划。[1] 按照资金支付模式，国际上将流域生态补偿实践模式主要划分为两类：一类较多利用市场手段，主要包括自发的私人交易、开放的贸易体系、生态标志等；另一类则侧重发挥政府作用，主要指通过公共支付体系或者政府购买的方式实现流域生态系统服务及产品的供给。[2] 另外，由于水权交易和排污权交易可以通过市场交易方式为上游地区筹集生态环境治理资金，调动流域上下游各利益相关方水环境保护的积极性，实现流域的良性互动，客观上也起到了生态补偿的作用，因此上述两种在国外广泛存在的市场手段也被纳入到开放的贸易体系中。以下本书将结合国内外实践的具体案例分别介绍各种生态补偿模式，并分析其主要特点及对中国流域生态补偿立法的启示。

一、中国流域生态补偿实践

（一）生态补偿金扣缴政策模式

河北省子牙河水系流域面积大，跨省市范围广，受污染严重，其生态补偿的主要模式是生态补偿金扣缴政策。

第一，补偿背景。子牙河水系是中国海河流域五大水系之一，全长 730 余公里，流域面积 7.87 万平方公里。子牙河是河北省跨市最多的一条水系，省内流域面积约为 2.7 万平方公里，主要涉及河北省石家庄、邯郸、邢台、衡水、沧州等 5 个设区市、50 多个县（市），人口 3000 多万。子牙河流域经济最发达，人均 GDP 占河北省的 60%，产业门类最齐全，具有所有的工业门类，企业个数最多，这也导致其各支流成为城镇及工业的排污沟。根据 2007 年的监测数据，子牙河水系 32 个监测断面中劣 V 类断

[1] 朱静：《关于完善中国生态补偿机制若干问题的研究》，载《环境科学与管理》2007 年第 12 期，第 158 页。

[2] 赵春光：《我国流域生态补偿法律制度研究》，中国海洋大学博士学位论文，2009 年，第 92 页。

面就有22个,成为河北省污染最严重的水系。因此,子牙河流域在河北省水系中具有典型性,其成功经验可为其他水系借鉴。[1]

第二,补偿方案。河北省子牙河水系采用考核断面超标扣缴的方式,补偿因子为COD和氨氮,补偿采用超标扣缴生态补偿金的方式。超标扣缴生态补偿金的标准分为两种情况[2]:

一是当河流入境水质达标(或无入境水流)时,考核城市跨市出境断面的水质COD浓度监测结果超标0.5倍以下,每次扣缴10万元;超标0.5倍至1.0倍之间,每次扣缴50万元;超标1.0倍至2.0倍之间,每次扣缴100万元;超标2.0倍以上,每次扣缴150万元。同一个设区市范围内,对所有超标断面累计扣缴。

二是当河流入境水质超标,而且考核城市跨市出境断面水质化学需氧量浓度继续增加时,考核城市跨市出境断面的水质化学需氧量浓度监测结果超标0.5倍以下,每次扣缴20万元;超标0.5—1.0倍之间,每次扣缴100万元;超标1.0倍2.0倍之间,每次扣缴200万元;超标2.0倍以上,每次扣缴300万元。

同一个设区市范围内,对所有超标断面累计扣缴。每月按环保部门提供的考核断面水质超标倍数,对有关市直接从财政年度经费中扣缴补偿金。生态补偿金只能专项用于子牙河水系深水井饮水安全项目、子牙河流域水污染治理项目等。

第三,实施效果。截止到2009年3月底,子牙河流域5个城市共扣缴生态补偿金1430万元,流域化学需氧量平均浓度比2008年下降42.8%,氨氮平均浓度比2008年下降13.7%,流域水质达到多年来最好的水平,上游向下游排污的情况得到了明显的改善。另外,全省水污染治理力度明显加大,仅2008年全省就有109座污水处理厂建成。

(二)基于跨界断面水质目标考核的补偿模式

辽宁省辽河流域以及河南省沙颍河流域均采取了基于跨界断面水质目标考核的补偿模式。

---

〔1〕 王军锋:《政府主导型流域生态补偿机制研究》,载《中国人口·资源与环境》2011年第7期,第101页。

〔2〕 河北省人民政府办公厅:《关于在子牙河水系主要河流实行跨市断面水质目标责任考核并试行扣缴生态补偿金政策的通知》,http://www.hebei.gov.cn/article/20080616/998910.htm,最后访问时间:2012年4月3日。

1. 辽宁省辽河流域

第一,补偿背景。在推行流域生态补偿机制之前,辽宁省辖辽河流域的四条主要干流均为劣Ⅴ类水质。其中,辽河污染最重,其次是大辽河。而浑河和太子河受污染程度略轻。流经辽宁省的辽河各支流上游的水质较好,浑河、太子河上游及辽河部分支流水质为Ⅱ、Ⅲ类水质,从上游至中、下游由于接纳沿途各市区排放的生活污水与工业废水导致水质逐渐恶化。

2008 年 10 月,辽宁省印发了《辽宁省跨行政区域河流出市断面水质目标考核暂行办法》[1],规定了 27 个跨行政区域河流出市断面具体的考核依据及办法,环保厅发布了《关于下达 2008 年各河流出市断面考核目标值的通知》和《关于下达 2009 年各河流出市断面考核目标值的通知》,对辽宁省内的辽河河段的 9 个干流、18 个其他河流的出市断面及水质考核目标值做了明确界定,并试行流域生态补偿与污染赔偿机制。这些断面包括沈阳 2 个出市断面、鞍山 2 个出市断面、抚顺 1 个出市断面、本溪 2 个出市断面、营口 2 个出市断面,辽阳、铁岭、盘锦、大连、丹东、锦州、阜新、朝阳、葫芦岛各 1 个出市断面,其中有 10 个出市断面为入海断面。

第二,补偿方案。辽河流域的生态补偿分为两个阶段,在流域性水体污染严重,跨界污染问题突出的情况下,主要以流域污染赔偿为主;在流域水质得到显著改善时,则主要关注流域生态环境保护对上游地区发展机会成本的影响,主推水源涵养区生态补偿。[2] 在流域污染赔偿阶段,辽河流域采取"双向付款"的办法解决流域跨界污染问题按照水污染防治的要求和治理成本,由省环保厅组织上下游市环保局共同设定跨界断面,并由省环保厅确定各断面出境水质标准,主要监测出境断面 COD 指标,入海断面监测高锰酸盐指数,其中辽河干流(包括辽河、浑河、太子河、大辽河)跨界出境断面超标 0.5 倍及以下,扣缴 50 万元,每递增超标 0.5 倍以内(含 0.5 倍),加罚 50 万元。其他河流出境断面超标 0.5 倍及以下,扣缴 25 万元,每递增超标 0.5 倍以内(含 0.5 倍),加罚 25 万元。依据上述扣缴标准,以补偿(赔偿)资金 =(断面实际水质 - 断面水质标准)

---

〔1〕 辽宁省人民政府:《关于印发辽宁省跨行政区域河流出市断面水质目标考核暂行办法的通知》,载 http://www.ln.gov.cn/zfxx/zfwj/szfbgtwj/200810/t20081018_283765.html,最后访问时间访问日期:2012 年 4 月 3 日。

〔2〕 王军锋:《中国流域生态补偿机制实施框架与补偿模式研究》,载《中国人口·资源与环境》2013 年第 2 期,第 23 页。

×月断面水量×计价标准为公式测算生态补偿扣缴额度。

辽宁省环境监测中心站负责监测各跨界出境断面水质指标,并于下月5日前上报至省环保厅。省环保厅确定扣缴额度后,于每月15日前将核定的上月各断面应缴纳补偿资金通报各有关市人民政府同时抄送省财政厅,由省财政厅在结算时一并扣缴。另外:(1)各级政府的财政中固定用于辽河流域生态补偿的资金收入;(2)辽河流域生态建设、生态保护、生态开发以及其他公共建设项目预算中的生态补偿资金;(3)中央财政转移支付给内蒙古、吉林和辽宁几省的生态补偿专项资金;(4)各省自筹的辽河流域生态补偿专项资金;(5)在政府引导下,通过市场方式,利用资本市场融资等方式筹集的生态补偿专项资金等也是生态补偿资金的主要来源。辽宁省流域水污染生态补偿专项资金专项用于流域水污染综合整治、生态修复和污染减排工程,或补偿给下游城市。入海断面扣缴的补偿资金交由省财政厅统一保管、支配。

此外,辽宁省还出台了以生态补偿资金使用绩效考核评价制度为主的监督评价机制,将生态补偿机制纳入法制化和规范化的轨道,评估生态补偿政策的可行性、操作性,开展绩效评价。

第三,实施效果。自2009年开始采取扣缴补偿资金来,1月、2月、3月、4月各断面已经分别扣缴补偿金125万元、225万元、125万元、300万元,总计775万元。扣缴补偿资金的方式提高了各县市对流域水污染防治的重视程度。

2. 河南省沙颍河流域

第一,补偿背景。沙颍河是淮河最大的支流,发源于河南省伏牛山区,流经豫、皖两省的平顶山、漯河、许昌、周口、阜阳等四十余县市,全长620公里,流域面积近40000平方公里。流域内有耕地3180万亩,人口2400万,并有丰富的煤炭资源,是中国重要的能源基地,工农业生产发展前景广阔。河南省在郑州、开封、许昌、漯河、平顶山和周口等6市6条河流的13个地表水责任目标考核断面实行出境断面水质目标考核,实施生态补偿。

第二,实施方案。省环境监测中心站组织6市环境监测站每周监测跨界出境断面水质情况,并编制"沙颍河流域水环境生态补偿周报"。另外省环境监测中心站还设置了多个水质自动监测设备,每周至少开展一次对比监测。为保证监测数据的一致性和准确性,各断面每月至少开展一次上下游城市和省中心站共同进行的同步监测。

沙颍河流域生态补偿以跨界监测断面水质目标为主要责任考核对象,实行超标罚款与达标奖励相结合的"双向"补偿机制,依据污染程度,确定扣缴及奖励额度。[1] 在具体实践中,根据考核断面水质是否达到五类水(COD≤40 mg/l,NH3-N≤2 mg/l),实行不同的扣缴标准,达到五类水的扣缴标准如下:0.1<超标倍数≤1.0,补偿金:5万元×(1+超标倍数)×周断面水量;1.0<超标倍数≤2.0,补偿金:10万元×(1+超标倍数)×周断面水量;超标2倍以上,补偿金:50万元×(1+超标倍数)×周断面水量。

在对超标断面进行扣缴的同时,河南省也对跨界出境达标断面所在地的政府进行奖励,奖励标准如下:出境河流水质为Ⅰ—Ⅲ类水质,COD和氨氮的达标率均大于90%时,每年对该河流的城市奖励100万元;出境河流水质为Ⅳ、Ⅴ类水质,COD和氨氮的达标率均大于90%时,达标率比上年度每增加1个百分点,省政府每年对该河流的城市奖励20万元,连续两年以上均为100%时,每年对该河流的城市奖励100万元;出境河流水质为劣Ⅴ类水质,COD和氨氮的达标率均大于90%时,达标率比上年度每增加1个百分点,省政府每年对该河流的城市奖励10万元;连续两年以上均为100%时,每年对该河流的城市奖励50万元。

关于生态补偿资金扣缴和使用,省环保厅和财政厅做了如下规定:省环境监测中心站每月统计生态补偿金的扣缴额度;省环保厅和财政厅联合每月向六市通报扣缴情况;省财政厅每季度向6市财政局下文通报扣缴情况;省环保厅拿出生态补偿资金使用方案,采取省财政厅垫付资金的办法使用扣缴的生态补偿金,年底省财政从六市财政转移支付中一并扣缴;生态奖励金从省财政厅收取的扣缴生态补偿金中支付。所扣缴生态补偿资金的50%用于对下游的生态补偿,20%用于水污染防治,20%用于流域环境监测监控能力建设,10%用于对水环境责任目标完成情况较好的省辖市奖励。

第三,实施效果。2009年1—6月份沙颍河流域共扣缴生态补偿资金6571万元。该政策对沙颍河流域水环境治理具有明显的激励效果。

---

[1] 河南省人民政府办公厅:《关于印发沙颍河流域水环境生态补偿暂行办法的通知》,载 http://222.143.24.250:86/tabid/75/InfoID/12473/Default.aspx,最后访问日期:2012年4月3日。

政策实施后,6 市加强了对涉水企业的日常监管,加快了污水防治工程建设的进程,并积极对目前的污水处理厂进行升级改造,一些城市为了不缴或少缴生态补偿金,主动出资引水给本辖区出界河流补充生态径流。

（三）环境资源区域补偿政策模式

江苏省太湖流域水质污染由来已久,为治理太湖污染,江苏省政府主要对其采取了环境资源区域补偿政策模式。

第一,补偿背景。太湖流域位于长江三角洲南缘,北抵长江,南滨钱塘江,东临东海,西以天目山、界岭、茅山为界,辖江浙沪两省一市,沪、苏、锡、常、杭、嘉、湖 7 个大中城市和 35 个县(市),流域面积 36500 km^2,河网密度为 4 km/km^2。其中,江苏占 44%,浙江占 24%,上海占 12%。从 2001 年到 2008 年对太湖流域省界水体质量抽查情况可知,太湖流域水质普遍不高,抽样水体不达标率整体在 65%,其中太湖流域的重点水域的水质普遍属于劣 V 类,营养状态绝大部分为中度富营养状态。太湖流域内的水,是居民生活和生产用水的主要来源,水质的优劣直接影响着广大居民的健康和乡村、城市的经济发展。

第二,补偿方案。2007 年 12 月,江苏省人民政府下发了《省政府办公厅关于印发江苏省环境资源区域补偿办法(试行)和江苏省太湖流域环境资源区域补偿试点方案的通知》[1],明确了江苏省太湖流域生态补偿试点方案。在江苏省太湖流域生态补偿机制体系中,水利部门负责监测水文情况,环保部门负责监测水质情况,实行周监测、月核算、省市共同实施、自动监测与人工监测相结合的保障制度。综合考虑水污染防治的要求和治理成本,省市两级共同确定的环境资源区域补偿因子及标准为:COD 每吨 1.5 万元,氨氮每吨 10 万元,总磷每吨 10 万元。根据此标准确定补偿金额度,即补偿资金为各单因子补偿资金之和。单因子补偿资金 =(断面水质指标值 - 断面水质目标值)× 月断面水量 × 补偿标准。其中,水质目标由省环保厅根据国家、省太湖治理工作要求每年进行调整。当上游设区市的出境水质超过控制断面水质目标时,上游应当对下游设区市予以资金补偿。

---

〔1〕 江苏省人民政府:《省政府办公厅关于印发江苏省环境资源区域补偿办法(试行)和江苏省太湖流域环境资源区域补偿试点方案的通知》,载 http://www.jiangsu.gov.cn/shouye/wjgz/szfwj/szbw/200801/t20080122_194440.html,最后访问日期:2012 年 4 月 3 日。

江苏省环保厅会同财政厅按季度汇总核算各断面生态补偿金额，并通知相关设区的市、县政府，由扣缴金额的市、县政府在10日内向省政府缴纳生态补偿资金，最终由省财政直接转拨给受偿的设区的市、县财政。

第三，实施效果。目前江苏省试点取得了一些效果，其中，江苏江阴市走在前列。从对2009年8—12月全市区域污染补偿资金征缴情况来看，位于张家港河等3条主要河流沿线的9个镇因跨区域交界断面水质超标，支付区域污染补偿资金642万元。而位于张家港河沿线的长泾镇和位于锡澄运河沿线的青阳镇，因交界断面水质较好，分别得到了21万元和23万元的补偿资金。

自江阴市正式实施区域污染补偿以来，沿河各镇主要领导高度重视，对“自家门口”的河流水质格外关注。各镇进一步修订完善了河道断面水质控制目标及考核办法，及时掌握化学需氧量、氨氮及总磷的变化情况，实行周报制度，把污染治理的责任和压力切实地分解落实到各个责任单位。沿河各镇全方位开展了河道综合整治。新铺污水管网200公里，搬迁河道两侧100米的畜禽养殖场14家，疏浚清淤土方480万立方米，绿化河道两岸面积达200多亩，完成主要河道两侧“穿新衣”工程70多万平方米。对照太湖流域新的排放标准，江阴市先后对182家造纸、电镀等行业企业下达了限期治理任务。在全面推行区域污染补偿中，江阴市环保局加密了检查频次。沿河各个污水处理厂及工业企业达标排放率明显提高，由原来的42.9%提高至80%；而各个污水处理厂和工业企业废水达标率也分别达到77.2%和78.9%。

（四）重点流域生态补偿模式[1]

针对黄河、小清河等流域的水质污染，山东省主要采用了对重点流域进行生态补偿的方式。

第一，补偿背景。南水北调黄河以南段及省辖淮河流域、小清河流域共涉及山东省12个市69个县（市、区），是南水北调和“两湖一河”流域中的重点区域。2006年，山东省主要污染物排放量虽有一定幅度的下降，但仍没有实现年初提出的化学需氧量削减3.5%目标。同时，山东省水资源严重匮乏，生态系统比较脆弱，水体污染问题尚未得到有效解决。目前，省辖淮河流域仍有28.6%的断面未达到国家计划目标，南水北调

---

〔1〕 孙雷：《筹资27.5亿元，山东启动中国最大省域生态补偿试点》，载《21世纪经济报道》2007年11月28日，第5版。

沿线95.8%的断面达不到调水水质要求,小清河流域水质达标率仅为4%,水污染防治工作任务十分艰巨。因此,山东省推行流域生态补偿机制,以求解决上述问题

第二,补偿方案。对退耕(渔)还湿的农(渔)民,在湿地发挥经济效益前,按农(渔)民的实际损失给予补偿。实施退耕(渔)还湿第一年度,原则上按上年度同等地块纯收入的100%予以补偿;第二年度按纯收入的60%进行补偿;第三年后不再补偿。对达到国家排放标准的企业,因实施工业结构调整而造成企业关闭、外迁的,由试点市从补偿资金中安排一部分资金,并结合其他资金,统筹给予补助。对流域内进入城市污水管网实施"深度处理工程"的,按每年度缴纳污水处理费的50%补偿;对实施"再提高工程"的,按"再提高工程"所削减污染物处理成本的50%给予补偿。对按治污规划新建污水垃圾处理设施的,通过贷款贴息或建成奖励的办法给予一定补偿,加强流域内环境基础设施建设。另外,支持企业采取先进、适用的新技术、新工艺防治污染,进一步减少污染物排放总量。

(五)基于水源地保护的流域生态补偿模式

水源地的生态环境质量对全流域生态以及居民生产和生活有着重大的意义。福建省多个水库水源地以及浙江省德清县水源地进行的生态补偿是基于水源地保护的流域生态补偿典型模式。

1. 福建省水源地保护生态补偿

为了解决库区水源地水质和水土流失问题,2003年,福建省按照"谁受益,谁出钱"的思路,选择了以莆田东圳水库为重点的10个水库水源地生态建设试点,于2006年首次对水源地保护进行了生态补偿的实践。[1]其中,泉州山美和龙门滩、南平东风水库从水电收入提取一定资金作为生态建设经费;莆田东圳、泉州石壁水库通过从提高原水费收入中提取部分资金作为生态补偿;三明市从自来水费中提取二分钱作为东牙溪水库生态建设经费。在此基础上,2007年4月,福建省又出台《江河下游地区对

〔1〕 新华网:《福建首创生态补偿机制:还水源地山清水秀》,载 http://www.fj.xinhuanet.com/news/2006-11/13/content_8503403.htm,最后访问时间访问日期:2012年4月3日。

上游地区森林生态效益补偿方案》[1]，旨在建立江河下游地区对上游地区森林生态效益补偿机制，促进山区与沿海经济协调发展。补偿标准以2005年城市工业用水和生活用水量为依据，并综合考虑生态区位及其对流域的贡献大小和经济发展水平来确定。经测算相关地市每年的补偿额为：福州市2700万元，厦门市2100万元，泉州市2000万元，南平市220万元，三明市420万元、龙岩市160万元，漳州市300万元，莆田市460万元，宁德市230万元。补偿资金由设区市政府负责在辖区内筹措，不得以收费、征提补偿资金等形式转嫁给其他部门、单位和个人承担。该补偿资金通过年终结算上缴省财政专户，省级财政根据重点公益林面积和统一补偿标准计算有关市、县（区）补偿金，补偿金采用专款专调的方式下达到设区市。各设区市接到省级下达的专款文件后，立即通过支农专户或采用专款专调的形式将资金下达到有关县（市、区），从而确保资金即时足额到位，并统一标准对上游地区为保护生态功能和水土资源作出贡献的农民进行补偿。通过实施这项制度，省里每年可新增生态公益林补偿金8590万元，年补偿金总额达到3亿多元，生态公益林补偿标准提高到每亩7元。在政策时限上，各设区市补偿金承担额度“三年一定”并于2007年起开始执行。此外，从收取的水资源费中安排35%的资金用于生态公益林补偿。

从政策效果来看，生态补偿机制促进了福建省水源区生态环境的改善。全省生态公益林经营区内已有80万亩疏林地和灌木林地转变为有林地，林分平均郁密度由原来的0.42上升到0.51，单位面积蓄积量从4.42立方米上升到5.24立方米。这些示范点的生态补偿机制的有益探索，为当地水源地生态建设拓宽了资金渠道，增加了投入，推动了水源地工程建设。

2. 浙江省德清县水源地保护生态补偿

浙江省在饮用水水源地的生态补偿方面作了很好的探索。以浙江省湖州市德清县最为典型，德清县西部地区是全县主要河流的源头和水源涵养区。为了让长期为西部生态保护的投资者得到相应的回报，以进一

---

〔1〕 福建省人民政府办公厅：《福建省人民政府关于实施江河下游地区对上游地区森林生态效益补偿的通知》，载 http://wcm.fj.gov.cn:8081/gazette/detail_gazette.jsp?channelid=75140&primarykeyvalue=ARTICLEID%3D12492&primaryrecord=1，最后访问时间访问日期：2012年4月3日。

步鼓励西部地区群众保护生态环境的积极性，德清县建立了生态补偿机制。2005 年 2 月，德清县人民政府出台《德清县人民政府关于建立西部乡镇生态补偿机制的实施意见》，明确了德清县实行生态补偿的范围是德清县 104 国道以西的区域，明确了生态补偿资源的筹措渠道[1]：一是落实生态公益林的补偿基金；二是建立西部乡镇财政基本保障型体制，对莫干山镇、花头乡实行财政基本保障型体制，使财政供养人员人均财政可支配收入达到全县乡镇平均水平；三是建立全县生态补偿基金，在县财政预算内安排 100 万元，从全县水资源费中提取 10%，在对河口水库原水资源费中新增 0.1 元/吨，每年从土地出让金县得部分提取 1%，从排污费中提取 10%，从农业发展基金中提取 5%。《意见》明确规定生态补偿资金纳入县财政专户管理并专项用于西部生态环境的保护和生态项目的建设，从而使生态补偿资金补偿到乡镇、项目，做到专款专用。

德清县生态补偿的实施极大地推动了西部的生态保护工作，生态保护"效益"开始显现：一是污染源得到了有效的整治，已关闭小笋厂 85 家、关闭氟石矿 3 家，整治规模化笋厂 10 家；二是环保基础设施建设稳步推进；三是自然生态环境得到有效保护和改善。目前，对河口水库的水质稳定在Ⅱ—Ⅲ类水之间。

二、国外流域生态补偿实践

（一）市场贸易

市场贸易也叫开放式贸易，是在生态系统服务能够被标准化为可计量的、可分割的商品形式前提下的一种交易，适用于生态系统服务市场买方和卖方数量较多或者不确定的情况。

1. 哥斯达黎加：流域生态保护市场补偿[2]

背景：Energía Global（简称 EG）是一家位于 Sarapiqui 流域、为 4 万人提供电力的私营水电公司，其水源区是面积为 5800 hm^2 的两个支流域。由于水源不足导致公司无法正常生产，为维持和修复上游地区的森林覆盖，使水电站获得稳定水源，水电公司进行了流域生态保护市场补偿。

---

〔1〕 中国环境报：《德清生态补偿带来山清水秀》，载 http://www.cenews.com.cn/historynews/06_07/200712/t20071229_43412.html，最后访问日期：2012 年 4 月 3 日。

〔2〕 赵云山、朱桂香：《国外流域生态补偿的实践模式及对中国的借鉴意义》，载《世界农业》2008 年第 4 期，第 16 页。

做法:EG 按照每公顷 18 美元向国家林业基金提交资金,国家政府基金在此基础上按每公顷土地另添加 30 美元,以现金的形式支付给上游的私有土地主,要求这些私有土地主必须同意将他们的土地用于造林、从事可持续林业生产或保护有林地,而那些刚刚来伐过林地或计划用人工林取代天然林的土地主将没有资格获得补助。另外两个哥斯达黎加公共水电公司(Compania de Fuerzay Luz 和 CNFL)和一家私营公司(Hidroelectrica Platannar)也通过国家林业基金向土地进行补偿。

2. 澳大利亚 Murray-Darling:流域水分蒸发蒸腾信贷[1]

背景:澳大利亚的 Mullay-Darling 流域位于澳大利亚东部,面积超过一百万平方公里。盐渍化现象在该流域广泛存在,土地清伐又加剧了盐渍化的程度。另外,植被的减少降低了土壤对水分的吸收,大量水分蒸发到大气中,引起降雨增多和地下水位升高,土壤中溶解的矿物质因而就被带到地表,限制了农作物的生长和产量。1999 年 10 月,Mullay-Darling 流域食物与纤维协会与州林务局达成协议,资助该流域的植树造林。该协会根据流域上游新建的 100 公顷森林的蒸腾水量,向州林务局购买盐分信贷,州林务局再用这些资金来资助造林活动。

做法:拥有上游土地的州林务局通过植树造林或其他方式获得蒸腾作用减少盐分的信贷指标,并将这些指标出售给 Mullay-Darling 流域食物与纤维协会。以每公顷森林每年蒸腾五百万升的水为标准,指标价格按每年多蒸腾出的水量计算,即每百万升水应付多少金额。目前,农场主是按每蒸腾一百万升水交纳 17 澳元的价格支付,或按每年每公顷土地 85 澳元补偿 10 年。

3. 美国的营养元素交易[2]

背景:美国政府历来是通过制定水质标准或规定特定点源污染源的容许排放量来控制水质的,然而富营养化的加重导致水质迅速下降。由于执行政府标准的成本会因污染行为的性质、程度和位置而不同,为了达标,点源污染单位常常不得不投资昂贵的废物处理设备。从法律上看,目前也没有针对非点源污染的排放标准。为了解决点源和非点源的水污染

---

〔1〕 D. Perrot-Maitre、P. Davis、张亚玲:《森林水文服务市场开发的案例分析》,载《林业科技管理》2002 年第 2 期,第 50 页。

〔2〕 Danièle Perrot-Maitre Patsy Davis Esq. :"Case studies of markets and innovative financial mechanisms for water services from forests", http//: www. forest-trends. org/documents/publications/chinese/Perrot-Maitre-Davis-Water_CN. pdf, last visited: 2012. 4. 12.

问题,美国的几个地区创立了营养元素交易制度,它能使流域达到甚至超过规定的水质标准,并从经济上刺激点源与非点源污染者。

做法:美国营养元素交易制度主要是不同污染源之间进行减少污染指标的交易,即当一家污染单位用较低的成本将污染物排放量降低到规定的水平之下时,可将其节省的排放指标出售给其他污染单位,而污染指标购买单位购买指标的成本往往比执行排污标准的成本更低。美国的营养元素交易主要包括两类:(1) 点污染源与非点污染源的指标交易。由于非点源污染具有很大的不确定性,为了实现点源污染与非点源污染之间进行对等的交易,就需要建立相应的等价或比例关系。在明尼苏达州,Rahr 麦芽制造公司被允许在严格管制的流域增加排放量,但条件是它必须以资助农业保护项目作为获得减少污染物排放的指标。(2) 点污染源之间的信贷交易。这种交易不需要建立比例关系。在北卡罗来纳州的 Tar-Pamlico 流域,点源污染者成立了协会,协会成员可以在一个规定的排放量下进行相互交易。如果协会成员不能保持在规定的排放量之内,他们就必须向一个基金缴费,以资助政府的项目,用以促进流域区农场主采用最好管理措施。

（二）一对一补偿

一对一补偿又称私人交易,是一种生态环境服务受益方与提供方之间自发组织的市场补偿,包括自发认证、直接购买土地及其开发权、流域生态系统服务的受益者与提供者之间的直接偿付等多种方式。特点是交易双方都较少且比较确定,市场化程度较高,由市场决定补偿的标准和方式,通过谈判或者中介确定交易的条件和价格,自发的私人交易通常限定在一定的范围和透明度内,对产权和可操作的规则要求较高。

1. 法国"毕雷矿泉水"付费机制[1]

背景:20 世纪 80 年代,位于法国东北部的莱茵河—默兹河(Rhin-Meuse)流域水质受到大量农业活动的威胁。依赖该地区水源生产矿物质水的公司不得不在设立过滤工厂、迁移到新的水源地和保护该地区水源中做出选择。矿泉水公司 Perrier Vittel S. A(简称 Vittel)意识到保护水源比建立过滤厂或不断迁移在成本上更为有利,于是实施了一项水质改善计划。该计划主要通过农业措施减少硝酸盐和农药含量,试图恢复水

---

〔1〕 参见中国生态补偿机制与政策研究课题组编著:《中国生态补偿机制与政策研究》,环境科学出版社 2007 年版,第 83 页。

源的自净功能，配套方案则是发展以草原为基础的乳品农业、动物废弃物处理改良技术、禁止种植玉米和使用农用化学品。

做法：Vittel 公司投资约 900 万美元购买水源区 1500 公顷的农业土地，并承诺将土地使用权无偿返还给愿意改进土地经营措施的农户。Vittel 公司与乳品业和使用草场管理技术的农场签订 18 到 30 年的合同，每年向每个农场每公顷土地支付 320 美元，连续支付 7 年。同时，公司向农场免费提供技术支持，支付新农场设施的购置和现代化建设费用，作为交换条件，公司在合同期内拥有这些建筑和设备的所有权，有权监督它们的合理利用。通过实施该计划，Vittel 成功地减少了非点源污染，有效满足了公司对优质水的需求。

在该案例中，生态补偿的支付方，即 Vittel 公司，也是受益方，在前 7 年共投入了约 2450 万美元。受补偿方为莱茵河—默兹河流域的支流域上游地区的养奶牛农户与林地的拥有者。由于涉及的人和地区较少，"毕雷矿泉水"付费机制在小流域比较容易实施，相反，在较大的流域应用此模式会有较大困难。

2. 哥伦比亚考卡河流域灌溉者协会对调节河径流费用的支付〔1〕

背景：考卡河流经一个长 200 公里宽 15 公里的区域，是哥伦比亚第二大城市卡利市的粮食主产区。1959 年，哥伦比亚政府设立了考卡河流域公司（简称 CVC）并由其负责在考卡河流域内不同用户间分配水资源和管理上游流域的坡地。在 20 世纪 80 年代后期，工农业以及城市的快速发展使该流域五百万人陷入夏季遭遇缺水、雨季遭遇洪水的困境。由于哥伦比亚法律规定家庭用水被置于优先地位，所以农场主受缺水的影响最大。鉴于 CVC 公司没有足够的财力解决缺水问题，水稻与甘蔗种植户自发成立了 12 个水用户协会，自愿缴纳一定费用，并成立专项基金，用于 CVC 开展流域综合治理。

做法：12 个水用户协会自愿在原水费基础上增加 1.5—2 美元，并成立一项独立基金，由 CVC 用于支付那些改善河流流量的必要活动。CVC 与流域上游林地所有者签约，将水用户协会所交纳的费用支付给流域上游林地所有者，并购买水文脆弱区域的土地所有权。

---

〔1〕 Danièle Perrot-Maitre Patsy Davis Esq："Case studies of markets and innovative financial mechanisms for water services from forests"，http//：www.forest-trends.org/documents/publications/chinese/Perrot-Maitre-Davis-Water_CN.pdf，last visited：2012.4.12.

（三）公共支付

公共支付体系指政府购买社会公众所需的生态或环境服务，并将这种服务提供给社会成员。这种模式本质上是全体公民共同付费购买，因为政府收入主要来源于纳税公民。部分收入也可能来源于其他金融资源，如基金、国债等。公共支付体系在重要水源区和大范围的生态功能区的生态补偿中发挥着重要的作用。一般而言，补偿资金支付给提供生态产品和服务的个人土地所有者或水源保护组织等。补偿额度可按统一标准，也可逐一谈判确定。由于生态环境服务的公共物品属性以及公共支付体系的高效率，此种模式在全球流域生态补偿实践中占据主导地位。

1. 美国纽约的流域管理计划[1]

背景：纽约市 90% 的饮用水来源于卡茨基尔（Catskills）和特拉华河流域。这两个流域流经农村区域，总面积 1600 平方英里，人口 7.7 万。纽约市其余 10% 的水源供应来源于工业化程度较高的 Croton 流域。20 世纪 80 年代后期，微生物污染引起了人们对水体质量的关注。1989 年，美国环境保护局要求除水质安全区域外，所有的地表供水都必须过滤。纽约市通过估算，这样的总费用至少需要 63 亿美元（建立新的过滤净化设施的投资费用 60 亿—80 亿美元，每年的运行费用 3 亿—5 亿美元）。而如果在十年内向 Catskills 流域投入 10 亿到 15 亿美元用来改善流域内土地利用和生产方式，水质便可以达到要求。

做法：纽约市在 Croton 流域建立了一个过滤厂，在卡茨基尔和特拉华河流域则实施了一项改善流域管理的计划。通过改进农林业措施，有效减少水体中的微生物病原体和磷素含量。纽约市因此成立了流域农业委员会，负责改进土地利用状况、支持当地社区发展，并通过一家非营利性组织——卡茨基尔流域开发公司负责卡茨基尔流域的项目管理。纽约市对 Catskills 流域实行生态补偿。补偿标准通过水务局的协商确定，补偿方式是对用户征收附加税、发行纽约市公债、信托基金等。该计划的内容包括以下方面：纽约市提供流域管理计划的启动资金，其余由联邦、州和流域当地政府予以配套支付。该计划的费用主要来源于对用水户征收的 9% 的附加税，为期五年。纽约市以提供给管理较好的奶牛农场主和森林主 4 千万美元作为补偿方式。纽约市还购买水文敏感区及对水质变化有

[1] M. Pires, *Watershed protection for a world city: the case of New York*, J21 Land use policy (2004), P165.

重要影响的土地的开发权,将这些权力分配给农场主和采伐公司。作为回报,农场主与采伐公司必须采用最好的管理措施。另外,根据联邦保护区促进项目,农场主与森林主可与美国农业部签订10到15年的合同,将生态敏感的土地退出生产领域。为促进当地经济发展,流域农业委员会积极为非木质林产品寻找新市场,促进了林业管理和森林恢复。

2. 哥伦比亚征收生态系统服务税[1]

背景:20世纪80年代后期,哥伦比亚政府为应对生态基金的减少和水文保护敏感区增加的需求,在全国范围内建立了区域自治机构(RAC)对流域管理工作进行协调。同时,启动了一项全国资金筹措系统,为流域管理提供资金。

做法:哥伦比亚政府规定,相关市镇部门要拿出预算的1%来购买其水源区的土地,以对水文敏感的流域进行保护;发电能力超过1万千瓦的水电公司必须将电力销售总额的3%转移给区域自治机构,3%转移给公司赖以生存的水文流域和水库所属的市政部门;其他工业用户在工业用水过程中都必须将其投资的1%分配给区域自治机构,以用于水文流域的保护。从水文服务中受益的公司将根据其需求情况缴纳生态系统服务税(Eco-taxation)。市政部门对私有土地主的补偿主要用于私有地主开展流域管理,以及政府部门为流域管理而购买水文敏感的土地。

3. 巴西的巴拉那州的公共资金再分配机制[2]

背景:巴西各地方政府的经费主要由州政府拨配,其来源主要是州"商品和服务流通所得收入(ICMS)",即对商品和服务消费税的再分配。每个州都可以按照自定标准支配25%的ICMS收入,但其余的75%必须根据各地经济活动产生的财政附加值进行分配,其结果是经济发展较快、人口密度较大的地区比拥有大面积生态环境保护区的地区获得了更多的资金,分配机制对各地保护林地的积极性也产生了消极的影响。为解决这一问题,巴拉那州在巴西国内率先设立了鼓励环境可持续发展的资金再分配机制。该机制也对促进流域治理起到了积极作用。

做法:1991年,巴拉那州议会通过了一项法律,要求从ICMS收入中

---

〔1〕 D. Perrot-Maitre、P. Davis、张亚玲:《森林水文服务市场开发的案例分析》,载《林业科技管理》2002年第4期,第52页。

〔2〕 I. Ring, "Integrating local ecological services into intergovernmental fiscal transfers: The case of the ecological ICMS in Brazil", *25J. Land Use Policy* (2008), p.485.

拿出5%的资金根据环境标准进行再分配。这部分资金称作“生态 ICMS”，其中2.5%分配给有保护单元或保护区的地方，另外2.5%分配给拥有水源流域的地方。这种资金转移方案是对环境保护机会成本的一种补偿。巴拉那州各地方政府需要通过竞争来获得“生态 ICMS”。这种分配机制实现了公共资金的再分配。实施“生态 ICMS”和相关监测工作需要州政府将大部分土地和森林管理职责移交到地方政府。有迹象表明，巴拉那州的计划在鼓励地方政府设立公共保护区和帮助土地主保护和维持土地的生态质量以及流域治理等方面取得了很大成功。

4. 澳大利亚植被恢复计划

背景：澳大利亚境内的古本—布鲁肯流域很大一部分天然植被面积都被清理改造了，现不仅急需保护现有天然植被，还要加速建立新的植被区，而政府原有的手段是通过环境管理拨款刺激农户增加资产，如栅栏和植物，但是这种手段通常用于小于5公顷的土地，在这种背景下，维多利亚州开始实施植被恢复计划。

做法：维多利亚州政府通过政府的奖励机制改变土地的利用类型以帮助当地天然植被的再生，实现自然植被大规模的增加，即植被恢复计划。植被恢复计划的原则是与植树造林比，在原有植被的基础上继续保护植被更有效率。但植被恢复计划的适用地区必须满足土壤盐度小、杂草少、种子资源优良等条件。植被恢复计划的执行过程是：在农场主表示意向的前提上，古本—布鲁肯流域管理局参观农场并与农场主协商制定规划图，然后由农场主根据自己的情况定价，在此基础上，管理局评估各农场主方案确定最合适的农场主并签订合同，有效期为10年，如果10年内农场主将土地权卖给其他农场主，接管的农场主要继续执行合同义务。此外，管理局每年还会对表现出色的农场主颁发一定的奖金。

（四）生态标记

生态标志制度是指由政府管理部门或其他权威机构依据一定的环境标准，向自愿的申请者颁发表明其产品或服务符合特定要求的一种制度。生态标志可以向消费者提供关于产品环境影响的信息，以致影响消费者的消费行为选择，为企业生产和提供对环境有益的产品和服务提供动力支持。生态标记是对生态环境服务的间接支付方式。当消费者愿意以高一点的价格购买经过认证的、以环境友好方式生产出来的产品时，那么消费者便间接地购买了生态环境服务。生态标志制度可作为流域生态补偿的一种创新工具加以应用。

生态标志制度实现的关键在于建立可信赖的认证体系。2000 年全球经认证的有机农产品的贸易额已达 210 亿美元。[1] 据估算,美国消费者愿意每磅咖啡多花费 0.5—1 美元来购买经认证的、以环境友好方式生产的咖啡。这其中包含了对生态补偿的价值。[2] 而在瑞典带有绿色标签的电能比普通电能价格高 5% 左右。生态标志制度可以鼓励流域水源保护区积极发展满足生态标志的产品和服务,将当地的生态优势转化为产业优势,促进流域水资源的可持续发展。

(五) 国外流域生态补偿实践经验分析

图表 4.1 是对国外流域生态补偿实践的比较。结合对国外流域生态补偿典型案例实践的研究和剖析,我们发现:

第一,各案例所解决的流域环境问题集中于因森林植被减少引起的水量减少问题和面源污染引起的水质恶化问题。

第二,部分生态补偿模式在小范围试点取得成效之后,得以在大的范围内进行推广。

第三,明晰的私有产权和完善的法律制度是基于市场手段的生态补偿模式推行的关键,明晰的产权可以避免生态环境资源公有所造成的"公地的悲剧"现象和"搭便车"现象,完善的法律可以有效解决市场机制出现纰漏所导致的纠纷。

第四,自发的私人交易一般发生在中小流域,相应的参与主体较少,交易费用也较小;开放的贸易体系成功的关键是存在明确的、可计量的交易标的;生态标志是通过消费者购买环境友好产品或服务来实现对生产者的补偿。

第五,公共交易体系出现问题的原因多是由于信息不对称和监督监管体系的缺失。信息不对称导致政府无法掌握生态环境产品的真实信息,因此各国都倾向于使用单一的支付标准来购买生态环境服务或产品;监督监管体系的缺失则会导致寻租及官员腐败现象的发生。

国外相对成熟的流域生态补偿实践对于中国推进流域生态补偿立法有着重要的启示,主要表现在以下方面:

---

[1] World Wildlife Fund report, Community—based natural resources management within the new global Economy: challenge and opportunity, a report prepared by the fund foundation.

[2] 郑海霞:《中国流域生态服务补偿机制与政策研究——以 4 个典型流域为例》,中国农业科学院农业经济与发展研究所博士后研究工作报告,第 15 页。(内部报告)

图表 4.1 国外流域生态补偿实践比较[1]

案例	自发的私人交易			开放的贸易体系		公共支付体系		
	法国“毕雷”矿泉水	哥斯达黎加水电公司	哥伦比亚考卡河	美国的营养元素交易	澳大利亚水分蒸发信贷	纽约的流域管理计划	哥伦比亚环境服务税	巴拉那公共资金再分配
生态环境服务	水源水质	为发电所做的水流管理，侧重水量	水量的增加及灌溉区沉降的减少	水环境质量改善，侧重水质	水中盐渍度的降低	纽约供水流域水质改善	工业用水及饮用水管理，侧重水质与水量	流域水源保护
服务供给者	流域上游农场主及林场主	上游林场主	上游林场主	达标点源排污单位、非点源污染削减单位	新南威尔士州林务局	上游土地所有者	私有地主及政府当局	政府当局及私有地主
服务购买者	天然矿物质水生产商	私营水电厂、地方政府及NGO组织	灌溉者协会及政府机构	超标排污单位	农场主灌溉组织	联邦、州纽约市及地方政府、用水户	工业用水者及政府当局	巴拉那政府
所用补偿工具	矿物质水公司直接给予农场主与林场主资金及技术支持	政府的资金支持、水电厂通过NGO组织对林场主的资金支持	灌溉者协会通过政府机构直接支付资金给林场主	排污指标在达标排放者与超标排放者之间的交易	州林务局通过植树造林所获得水质蒸发信用指标，并出售给农场主灌溉组织	对纽约用水户课税、差别化土地利用税收、债权、信托等融资工具	对工业用水者征收生态税、政府支付资金给私有地主	巴拉那州政府资金分配机制：资金分配给保护流域水环境的地方政府

〔1〕 Danièle Perrot-Maitre Patsy Davis Esq：Case studies of markets and innovative financial mechanisms for water services from forests，http//：www.forest-trends.org/documents/publications/chinese/Perrot-Maitre-Davis-Water_CN.pdf，last access：2012.4.12.

第一,立法对于推进流域生态补偿的基础性作用。中国尚没有国家层面的流域生态补偿立法,这在一定程度上束缚了地方推进实施流域生态补偿实践的规模,也导致相关利益主体对于流域生态补偿的实施的合法性提出质疑。加快制定出台国家层面的生态补偿法律法规对从根本上解决中国流域生态补偿实践法律依据不足的问题,确保政策延续性具有重要意义。

第二,流域生态补偿立法一定要符合中国的基本国情。由国外案例可知,各国关于流域生态补偿的做法以及用以解决的问题并不相同,流域生态补偿实践选用的模式也不相同。中国幅员辽阔,各地区资源禀赋和生态环境差异显著,在流域生态补偿立法时,一定要考虑到区域差异因素,照顾到不同地区对于不同模式的需求,基本满足各相关参与主体的核心利益诉求。

第三,流域生态补偿立法要做到程序公平与正义。程序公平与正义是实现结果公平与正义的前提,对于消除立法不公导致的潜在矛盾具有重要意义,也是维护法律权威性的必然要求。同时,在法律制定过程中,要充分征求社会公众意见,确保公众参与,切实维护好宪法赋予公民的合法权利。

第四,产权明晰是流域生态补偿立法及流域生态补偿实践取得成效的关键。产权具有激励、制约、高效配置稀缺资源等功能。中国宪法规定重要自然资源归国家所有,即全民所有,并由政府作为代理人进行托管。然而,这样的产权制度在生态系统服务与产品领域还没有有效发挥作用。因此,建立明晰的环境资源产权制度,实施流域初始水权分配,充分调动各相关参与主体维护自身利益的积极性,才能最终实现流域生态补偿的高效率。

第五,流域生态补偿立法要为政府和市场发挥作用创造好的环境。现阶段,由于市场机制发育的不成熟,中国政府仍然在流域生态补偿实践中发挥着主导作用。然而,市场途径也是实施流域生态补偿的重要模式,在生态利益受损方和受益方十分明确,且生态破坏责任关系清晰的流域,可以引入市场模式,充分发挥市场在生态补偿中的调节作用,由受益者或破坏者付费补偿。

三、国内外流域生态补偿方式对比分析

通过对目前国内外流域生态补偿实践的总结可以看出,国际上存在

两种补偿模式,即市场补偿和政府补偿。国外主要以市场补偿为主,国内由于市场经济不够成熟,主要以政府补偿为主。两种补偿模式各有利弊,政府补偿能够确保资金到位,保障能力强,但是却受到行政区域的限制;市场补偿相对于政府补偿来讲更容易实现,但是却受到水权的限制,必须在水权清晰且交易成本低的前提下进行。国内外生态补偿实践的主要区别见图表4.2。

图表4.2　中国与国外流域生态补偿实践差异

国别	内涵	范围	标准	途径	实施效果
国外	一种自愿性的交易	涉及的利益相关者较少,范围较小	补偿标准通过交易双方的谈判解决,补偿效果较好,很少存在补偿标准过低导致没有达到刺激保护环境积极性的问题	以市场补偿为主	较好
中国	非自愿性的交易,范围更广泛	补偿范围广,涉及的补偿对象多	生态补偿标准主要由政府制定,往往存在补偿标准过低,流域上下游经济发展悬殊很大的问题	以政府补偿为主	在一些地方取得成效,但有时难以达到预期效果

资料来源:作者整理。

第二节　中国流域生态补偿典型案例分析

本节将重点对中国开展的两个流域生态补偿典型案例进行系统的解析。目前,中国开展的基于流域跨界断面水质目标考核的生态补偿模式,大多是在省域内进行,仅有新安江流域皖、浙两省开展了跨省际生态补偿试点。这在本书中将作为典型案例来系统分析。河南省辖淮河流域推进流域生态补偿实践进展较快,也取得了较好的效果,本书也将该实践作为典型案例进行系统分析,以更有效地发现流域生态补偿实践中存在的深层次问题,从而为流域生态补偿立法提供基础性信息。

一、新安江流域生态补偿案例分析

(一)安徽省黄山市新安江流域基本情况

新安江在黄山市内流域面积5545平方公里,干流长242公里,分别占新安江流域总面积的47.5%和新安江干流总长度的62.9%。跨省断面仅有一个(街口),该断面多年平均出境流量为63.2亿立方米,占下游千岛湖年均入库水量的68%以上,涉及黄山市7个区县,人口122万。

该段流域内水资源丰富,最大出境水量为1999年的118.89亿立方米,最小为1978年的32.28亿立方米,多年平均出境水量为63.2亿立方米。水质状况总体比较稳定,自1993年来变化不大。目前,黄山市新安江流域在干流及主要支流共设有8个监测断面,在主要支流都设有监测断面,其中街口为省界断面,按地表水Ⅲ类标准进行管理。地表水监测频率为每月1次,监测指标共25项。2010年,黄山市境内新安江流域8个水质监测断面均达到或优于地表水Ⅲ类标准,其中,达优断面为7个。出境断面水质评价达到地表水Ⅲ类标准,其中高锰酸盐年均值为2.08 mg/L(Ⅱ类水质标准限值≤4 mg/L)、化学需氧量年均值为7.0 mg/L(Ⅱ类水质标准限值≤20 mg/L)、氨氮年均值为0.25 mg/L(Ⅱ类水质标准限值≤0.5 mg/L)。

1. 污染物排放总体情况

2010年,黄山市COD排放总量为18294吨,其中,工业COD排放1904吨(占总排放量的10.4%),生活COD排放11717吨(占总排放量的64%),农业COD排放5673吨(占总排放量的31%)。全市2010年氨氮总排放量2472吨,其中,工业氨氮排放量329吨(占总排放量的13.3%),生活氨氮排放量1332吨(占总排放量的53.9%),农业氨氮排放量830吨(占总排放量的33.6%)。

2. 污染物排放趋势

(1) 生活污染物排放趋势

2010年,黄山市城镇化率为43.3%,“十二五”末,预计城镇化率能够达到50%,城镇化人口将增加10万人左右,因此,“十二五”期间将新产生COD约2400吨、氨氮290吨。若按所有生活污水均得到全部处理,且COD及氨氮削减率分别为80%和65%计,新增COD及氨氮排放量分别为480吨和100吨。

(2) 工业污染排放趋势

2010年,黄山市工业增加值为101.3亿元,“十二五”末期,预计工业增加值达300亿元。工业增加值年均增长24.2%,因此,预计“十二五”期间,工业新增COD产生量约1200吨、氨氮产生量210吨。由于该市在“十一五”期间,工业污染物均实现达标排放,难以再进一步作深度处理,因此,“十二五”期间新增产生量即为排放量。

(3) 农业污染物排放趋势

据预测黄山市“十二五”末,农业COD产生量将达到62905吨,其中,规模化养殖场产生量为54157吨;氨氮产生量将达到2712吨,其中规模化养殖场约为1870吨。“十二五”期间即使所有规模化养殖场都采取相应的综合治理措施,按平均COD去除率90%计算,到“十二五”末期,农业COD排放量约为13893吨,“十二五”期间新增COD排放量至少达到8220吨;按平均氨氮去除率45%计算,可削减氨氮排放量841吨,到“十二五”末期,新增氨氮排放量至少达到1041吨。

从污染物排放趋势来看,随着城镇化、工业化水平的逐步提高,新安江流域上游黄山市在“十二五”期间的污染物排放量总量将呈上升趋势,这势必将导致千岛湖水质保护面临巨大压力。

(二) 浙江省千岛湖环境保护基本情况

千岛湖是新安江水电站建成蓄水后形成的全国最大人工淡水湖。电站于1957年4月动工,1959年9月21日开始蓄水,1960年4月22日第一台水轮机组发电,初始总装机容量66.25万千瓦,2000—2005年增容改造后增至84.5万千瓦。水库设计总库容为216.3亿立方米。千岛湖水域面积约580平方公里,其中98%在浙江省淳安县境内;大坝以上集雨面积10442平方公里,其中安徽省境内6201平方公里,占59%;多年平均入库水量为102亿立方米,其中安徽省入境63.2亿立方米。入库河流除新安江上游干流外,还有遂安江、练江和东溪江三条较大支流。

1. 工业源污染物排放情况

淳安县现有工业企业主要集中在纺织、食品、建材等行业。2010年对全县59家重点工业企业和其他非重点源进行调查,工业废水排放量为693.29万吨,化学需氧量排放量561.4吨,占总排放量的20%,氨氮排放量44.6吨,占总排放量的13%。全县工业污染源分布极不均匀,其中千岛湖镇为主要工业发展区,行业结构相对丰富,企业较集中,规模相对较大,从而成为工业污染物排放主要地区。千岛湖镇工业废水排放量约占全县的60%,化学需氧量约占全县的47%。

2. 生活源污染物排放情况

生活源主要集中在城镇居民、宾馆饭店、洗车、洗浴、医院、学校等。2010年淳安县城镇生活废水排放量为592.68万吨,占总排放量的54%,

化学需氧量排放量为 1441.95 吨,占全县排放量的 50%,氨氮排放量为 116.64 吨,占全县排放量的 33%。

3. 农业源污染物排放情况

淳安县的农业面源污染主要来自畜禽养殖、水产养殖、种植业等农业活动。据调查,目前淳安县规模以上(存栏量≥500 头)养殖场 13 家,其他小型养殖场共有百余家,至今只有极个别养殖场实施了零排放工程,有些养殖场规模和治理设施不匹配,还有很大部分的小型养殖场对畜禽粪便做简易处理后就直接排放或随意堆放,这些污染源对水环境的影响很大。据 2010 年动态更新数据显示,农业源化学需氧量排放量为 834.2 吨,占全县的 30%,氨氮排放量为 189.4 吨,占全县的 54%。除此之外,农业生产过程中不合理使用而流失的农药、化肥、残留在农田中的农用薄膜以及不科学的水产养殖等都会产生水体污染物。

4. 游船艇污染物排放情况

近几年,淳安县旅游事业快速发展,旅游业已成为全县的支柱产业和主导产业。在旅游业的快速发展的同时,使得行驶在千岛湖上的各类游船艇数量猛增,游船艇已成为影响千岛湖水体的污染源之一。目前行驶在千岛湖的游船 100 余艘,还有各类摩托艇、货船、捕捞船、自备船等产生的船舶废油、餐饮废水以及乘客排泄物都对水体有一定污染。

5. 垃圾入湖情况

虽然目前已经开展"清洁乡村"、垃圾收集处置等各项工作,但是每年汛期还是有大量垃圾涌入千岛湖,与其他水体污染物相比,这是最为显而易见的。据统计,目前年打捞垃圾量约为 25 万立方,其中每年由安徽上游街口冲入千岛湖的垃圾就有 10 万余吨,近三年的湖面垃圾打捞费都在 500 万元以上。

从上述 5 方面污染物排放情况不难看出,生活源、农业源化学需氧量和氨氮的排放量占了绝大比例。根据《淳安县国民经济和社会发展"十二五"规划》,淳安县仍以保护千岛湖水环境为重点,严格控制工业污染源,并主要发展食品饮料、纺织服装、机械制造三大主导产业和高新技术产业等无污染或轻污染行业。另外,随着达标排放和总量控制的实施,工业源污染物排放将趋于稳定,生活和农业面源污染物排放将呈现上升趋势。人口的增长、旅游业的发展势必导致污染物排放量上升。因此,农业面源污染和生活污染将是淳安县下一步污染控制的主要方向。

(三) 新安江流域生态补偿机制实施进展及效果分析

近年来,千岛湖水质富营养化趋势明显。根据浙江省有关部门监测,千岛湖地表水环境质量标准24项基本指标中,除总氮指标为Ⅲ类(2008年为Ⅳ类)、总磷指标为Ⅱ类外,其余指标常年符合国家地表水环境质量Ⅰ类标准,多项指标监测值常年在检出限以下。尽管千岛湖水质总体良好,但水环境安全形势不容乐观。按24项指标评价,2001年至2011年千岛湖水质类别为Ⅲ—Ⅳ类,其中2008年为Ⅳ类,其余各年均为Ⅲ类。各年度主要超标项目为总氮。富营养状况指数范围为28—34,2001—2005年均为贫营养状态,2006—2011年均为中营养状态。从营养状况指数变化情况来看,总体呈逐年上升趋势。根据有关监测数据,上游安徽省黄山市入境断面(街口)的来水水质不断恶化,2001—2010年以Ⅳ类水质为主。其中,2010年水中的总氮浓度达到1.11 mg/L,总磷浓度为0.025 mg/L,高锰酸盐指数为1.89 mg/L。

从上述监测数据可以看出,千岛湖水环境安全形势不容乐观,解决新安江上游来水影响千岛湖水质问题刻不容缓。为此,从2009年开始,环境保护部和财政部牵头计划在安徽、浙江两省实施新安江流域生态补偿机制试点工作。

1. 黄山市新安江流域生态补偿试点实施进展

2011年,在财政部、环保部的推动下,国家首个跨省流域生态补偿试点在新安江流域正式启动。该试点涉及新安江流域上游安徽省与下游浙江省,共一个跨界考核断面(街口断面)。现就黄山市首批生态补偿试点经费的使用及效果进行分析。

2010年,财政部、环保部下达黄山市生态补偿资金4620万元,目前该市已使用这些资金,重点实施了6个项目:① 完成了沿新安江流域的418个自然村清洁队组建工作,采购了清洁车等设备,开展了人员培训;② 组建了打捞队,从新安江干流屯溪老大桥到街口区域(出境断面设置处)开展河面垃圾打捞;③ 建立乡镇垃圾处理设施,选择流域内10个乡镇建立垃圾中转站和焚烧炉,配置清运车等。目前,正在陆续动工建设、建立"组收集、村集中、乡镇中转或处理"农村垃圾处理体系;④ 横江段水土保持及丰乐段河水源地保护治理工程已完成前期工作;⑤ 建立了街口水质自动监测站;⑥ 进行了规划大纲的编制工作。

2011年,根据财政部和环保部的资金安排,试点资金为3个亿,其中中央2亿、浙江1亿。第一批项目使用中央资金2亿元,第二批项目使用浙江资金1亿元。目前,列入2011年第一批试点的项目包括8个方面,共46项,总投资14.4亿元,申请资金总额为1.86亿元。项目内容主要包括农村面源污染防治(含畜禽养殖污染整治)、截污工程、城乡垃圾处理设施建设、工业污染防治、经济园区建设、环境污染整治及生态修复等。

2. 黄山市新安江流域生态补偿试点实施效果

第一,提高了黄山市污水收集及处理效率。从该市生态补偿试点建设项目情况来看,该市加大了对经济园区、城镇及重点乡镇污水处理设施和配套管网建设投入力度,拟新建污水处理设施6座,新增日处理污水能力3万余吨,新建及扩建污水配套管网402公里。

第二,促进了黄山市污染物减排工作,降低了COD等主要污染物排放指标,预计生态补偿试点项目削减COD能力在1.18万吨左右。

第三,提升了黄山市的垃圾处理能力。结合农村清洁工程,黄山市新建了22个乡镇垃圾处理设施,年处理垃圾能力14.6万吨,初步解决了农村面源垃圾污染问题。

第四,整治了部分区县畜禽规模化养殖场的环境污染问题。在生态补偿试点期间,拟整治10家畜禽养殖企业,预计削减967吨COD排放,从而达到保护和改善流域水环境质量的目的。

第五,沿河修复生态护岸,提高了新安江河道两岸土壤含水量,有效防止了水土流失、河库淤塞,增加了常年水径流量,为改善下游水质提供了有效保障。

(四) 存在问题的分析

1. 没有相关的立法规定

浙皖在流域生态补偿方面均存在法律依据不充分的问题,目前的流域生态补偿实践还处在探索阶段,有许多问题需要找到合适的法律依据来实施。

浙江省的生态补偿法律依据相对充足,主要包括《关于进一步完善生态补偿机制的若干意见》(浙政发[2005]44号),杭州市《关于建立健全生态补偿机制的若干意见》(杭市委办[2005]8号)和《浙江省人民政府关于矿山生态环境治理备用金收取管理办法的通知》(浙政发[2001]81号)、《浙江省人民政府办公厅关于矿山生态环境治理备用金收取管理办法有关问题的通知》(浙政办发[2002]48号)、《浙江省人民政府办公厅关于切实加强矿山生态环境保护和治理工作的通知》(浙政办发[2003]75号)三个文件。而安徽省目前除《安徽省矿山环境恢复治理保证金收缴和使用管理办法》外,还没有一个比较成熟的关于生态补偿的指导性意见等。

总体上看,中国目前流域生态补偿相关措施的实施普遍面临法制、体制和机制不完善的问题,还没有建立起一个比较系统的框架来组织和整合国家方方面面的流域生态补偿政策,从而导致已有的流域生态补偿措施不能完全依法进行,区域和流域上下游间的生态补偿难以实质性开展。而且,执行相关措施的部门行政色彩浓厚,使补偿不到位,或者补偿受益者与需要补偿者相脱节。

2. 补偿标准存在争议

目前,在国家财政部、环保部的牵头协调下,浙皖两省已就新安江流域生态补偿机制问题,进行了多次探讨和研究,在试点工作总体思路、实施办法框架结构等方面,已达成了基本共识,即中央财政每年出资3亿元,作为新安江流域水环境保护的补偿资金(拨给安徽省用于新安江流域水环境保护);浙皖两省每年各出资1亿元,作为水环境目标考核的经济奖惩资金。具体办法是:以近三年来两省交界断面水环境质量主要指标平均值为考核基准值,当年变化幅度在一定范围内的,不作经济奖惩;改善幅度超过一定值的,浙江的1亿元资金划拨给安徽;恶化幅度超过一定值的,安徽的1亿元资金划拨给浙江。目前,该办法还需进一步协商细化,比如还需要明确交界断面的水质出现连年持续下降情况的处理措施等。

而且皖、浙两省关于生态补偿标准的问题也没有达成一致。安徽省认为应该以《地表水环境质量标准》Ⅲ类水质标准来进行生态补偿;浙江省认为上游来说是进入千岛湖水库,理应按照《地表水环境质量标准》Ⅱ类水质标准进行生态补偿。

3. 补偿资金使用方式过于单一化

就现阶段新安江流域国家生态补偿试点情况来看,上游在接收到国家的流域生态补偿金后,仅能用于环境保护专项。由于流域生态环境保护是一个多方面的系统工程,需要各方面的共同作用和努力,若仅用于环境保护专项,则大大削减了资金的使用效率。

二、淮河流域生态补偿案例分析

（一）河南省辖淮河流域社会经济状况

1. 水资源概况

河南省辖淮河流域地表水资源受地形地貌的影响，地区分布极为不均。其分部与降水的总趋势大体一致，径流的高低值区与多雨、少雨区彼此相应。基本上是南部大于北部、山区大于平原，且由西至东递减。截至2009年底，流域内已建成水库1401座、总库容130亿立方米。闸坝建设也在一定程度上造成了水资源的空间分布不均。

2009年，流域平均降水量784.9mm，比多年均值减少6.8%。地表水资源量107.7亿 m^3，地下水资源量109.5亿 m^3，地表水与地下水资源重复量30.3亿 m^3，水资源总量186.9亿 m^3，比多年均值减少24.1%。流域产水系数为0.28，平均产水模数21.2万 m^3/km^2，人均水资源总量314 m^3，低于河南省人均水资源总量330 m^3，占全国人均水资源总量的14.3%。

淮河干流发源于河南省桐柏县境内桐柏山主峰太白顶下，南岸主要支流有浉河、竹竿河、潢河、史灌河、白露河等，其中以史灌河为最大。这些支流较短促，河床比降大，水量丰富。北岸主要支流有洪汝河、沙颍河、涡惠河、包浍河、沱河等，各支流大部分发源于豫西山地，小部分发源于黄河堤岸以南的平坡地，自西北向东南流入淮河。

2. 经济社会概况

2009年，河南省辖淮河流域人口达到5956万人，占全省人口的59.8%，人口密度为675人/km^2。城镇人口2233万人，城镇化率37.5%，与全省城镇化水平37.7%基本持平。与2005年比较，人口增加116万人，年均自然增长率为4.9‰。

2009年，流域内生产总值达到10827.9亿元，占全省生产总值比例为55.6%，三次产业结构为15.3:53.0:31.7。工业生产总值达到5145.2亿元，占生产总值的47.5%。与2005年比较，生产总值增加5371.8亿元，年均增长速度为18.7%。

河南省辖淮河流域是国家重要的粮食主产区和能源基地。2009年，流域内耕地面积和粮食产量分别占全省的60%和62%，有效灌溉面积为4843万亩，建成万亩以上灌区108处。

（二）河南省辖淮河流域污染物排放情况及压力分析

1．“十一五”期间污染物排放情况

根据《淮河流域水污染防治规划(2006—2010)》，河南省辖淮河流域2005年COD排放总量为29.8万吨，氨氮排放总量为4.6万吨。2010年总量控制目标COD为25.5万吨，削减率14.4%；氨氮为3.9万吨，削减率15.2%。

2009年，河南省辖淮河流域COD排放总量为25.49万吨，在2005年的基础上削减了14.5%；氨氮排放总量为3.79万吨，在2005年的基础上削减了17.6%。COD和氨氮提前一年完成“十一五”总量控制目标。河南省辖淮河流域COD和氨氮“十一五”期间总量控制情况参见图表4.3。

图表4.3　河南省辖淮河流域COD与氨氮“十一五”期间总量控制情况

指标类别	规划目标		进展情况				
	2005年	2010年	2006年	2007年	2008年	2009年	2009年与2005年比较
COD(万吨)	29.8	25.5	29.9	29.1	26.96	25.49	-14.50%
氨氮(万吨)	4.6	3.9	4.37	4.38	3.76	3.79	-17.60%

数据来源：作者整理。

2．“十二五”期间水污染防治压力分析

（1）工业水污染防治压力

2009年，河南省辖淮河流域1628家重点调查单位工业废水达标排放率已经达到96.4%，但是结构性污染突出。2009年，COD排放量位居前列的行业依次为造纸、化工、医药制造行业，氨氮排放量位居前列的行业依次为化工、造纸、农副食品行业，工业结构性污染是主要的水环境问题。

“十二五”期间，随着中原经济区建设的发展和中原城市群打造的进展，流域将迎来工业化的迅速发展。这将给流域水污染物排放标准的实施增加新的难度。

（2）氨氮污染防治压力

2009年，在20个水质超标河段中，19个河段出现氨氮超标现象，其中的3个国家规划考核断面，氨氮污染严重，治理工作任重道远。

① 污水处理厂提标改造任务重

截至2010年6月，在实际建成和调试的79座污水处理厂中，36座执行二级标准，32座执行一级B标准，仅有11座执行一级A标准。污水处理厂出水中氨氮浓度较高。如何高效脱氮、稳定脱氮成为影响提标改造的主要因素。

“十二五”期间,随着中原经济区的建设和城镇化的发展,流域将新增城镇人口610万人,新增COD产生量14.9万吨、氨氮产生量1.7万吨,出水氨氮控制成为污水处理厂必须面对的挑战。

② 氨氮面源污染压力大

2009年,流域耕地面积和粮食产量分别占全省的60%和62%,是粮食生产的主要区域。经预测分析,随着“十二五”粮食核心区建设,到2020年,流域农田灌溉需水量为66.4亿m^3,化肥新增量为54.0万吨(折纯),农药新增量为1.0万吨。这将加大农业面源污染的潜在威胁,增加氨氮污染治理的压力。

粮食种植业的延伸产业——畜禽养殖业在流域占有举足轻重的地位。随着2020年粮食核心区的建成,流域畜禽养殖将新增COD18.7万吨、氨氮4.2万吨。畜禽养殖高浓度有机废水有效处理成为“十二五”的一个主要任务。

同时,随着“十一五”城镇生活污水处理率的提高,污水处理产生的污泥,以及分散生活污水已经逐渐受到关注。但是,受到技术、资金等影响,相关工作进展缓慢,也产生了大量氨氮面源污染。

(三) 河南省辖淮河流域生态补偿实施进展

1. 河南省辖淮河流域生态补偿框架

(1) 总体思路

河南省辖流域建立生态补偿与污染赔偿机制的目的是:在分析流域水环境特征的基础上,划分不同流域不同行政区域的生态补偿与污染赔偿的类型,依据“谁污染谁补偿,谁受益谁补偿,谁保护谁受益”的原则,进一步明确界定生态补偿与污染赔偿责任主体之间的关系,在当地政府的指导下,上下游行政区利益相关的企业和个人公平分担流域生态补偿责任和水环境保护责任,有效解决流域经济发展与水生态环境的矛盾,保证流域水资源的可持续利用,从而促进流域上下游地区社会经济的可持续发展。

在明确界定生态补偿与污染赔偿责任主体的基础上,科学合理的生态补偿和污染赔偿标准的制定是各个相关责任主体公平分担流域水生态环境保护的重要基础。由于河南省辖流域试点范围内社会经济发展水平的地区差异较大,流域生态补偿与污染赔偿标准的制定将充分考虑流域上下游各相关责任主体的责任及经济承受能力,因地制宜地选择不同的补偿方式与途径实施生态补偿与污染赔偿机制。

（2）生态补偿污染物指标选择

河南省辖流域水污染主要来自于生活污水和工业企业废水,主要污染因子为 COD 和氨氮,在污染物控制及总量控制中主要控制因子为 COD 和氨氮。"十一五"期间,河南省人民政府与各地市签订的政府责任目标书中确定的责任目标考核指标为 COD 和氨氮,没有对重金属、磷等污染因子进行控制,所以重金属、磷等污染因子在现阶段河南省流域生态补偿试点方案中并未考虑。

（3）流域生态补偿标准

目前河南省的流域生态补偿标准是以两种方式进行核算的,一种是基于污染治理成本的流域生态补偿标准;另一种是基于生态保护的饮用水源地生态补偿标准。

① 基于污染治理成本的流域生态补偿标准核算

基于聚类分析的污染治理成本表征法为污染赔偿标准确定的方法,结合河南省实际情况,我们选择河南省城市污水处理厂运行数据作为研究对象,利用聚类分析原理,研究进水 COD 浓度与污水治理成本之间的曲线关系,结合河南省水质情况,根据污水处理厂数据分析的结果(即进水 COD 浓度与污水治理成本的曲线关系)确定河南省污水治理成本。最终,利用污染物处理效益这一概念,大致确定污染赔偿因子 COD 和氨氮占污水处理成本的比例,进而确定各因子赔偿标准。

② 基于生态保护的饮用水源地生态补偿标准核算

根据河南省饮用水源地生态补偿的特点和饮用水源地的功能,饮用水源地的生态补偿标准可以通过以下四种方法来研究确定:

一是依据上游投入净成本的成本核算法。饮用水源保护区是确保饮用水安全的重要屏障,上游水源供给区为保障饮用水的水环境质量和水资源总量,对饮用水源保护区加大资金、政策的投入,开展多项生态工程建设,在为生态保护投资涵养水源的同时相应地获得了一定的生态效益。如果上游地区生态建设成本大于获得的生态效益,下游地区就要以上游地区生态建设成本与生态效益差额作为补偿标准向上游支付生态补偿资金,因此,可依据生态建设成本与生态效益差额作为基于生态保护的饮用水源地生态补偿标准。

二是依据跨界考核断面水质差异的费用分析法。费用分析法是基于饮用水水源地上游水源供给区入境断面和出境断面的水质变化来估算水质级别提升需要的治理费用,并将由此核算出的治理费用确定为下游受水区对水源供给区的补偿标准。

三是基于受水区居民对水资源价值支付意愿的最大支付意愿法。最大支付意愿法是指通过对消费者的直接调查,了解消费者的最大支付意愿,或者他们对产品或服务的数量选择愿望来评价消费品的价值。基于生态保护的饮用水源地生态补偿标准的确定,可以采用最大支付意愿法,通过对受水区饮用水消费者进行实地调查,得出人均最大支付意愿,并与饮用水消费人口乘积估算出饮用水资源的价值,从而以此确定出对下游受水区对上游饮用水源保护区的补偿资金。按照经济人的假设,消费者通常会选择较低的一个标准来支付补偿,因此以下游受水区居民的支付意愿值确定的补偿标准可作为水源地生态补偿标准的下限来考虑。

四是依据上下游地区友好协商的协议补偿法。协议补偿法就是从"公平"的角度出发,各利益相关者之间通过协商、协调,公平、合理地确定生态补偿标准,从而使利益相关方达成一个"共赢"的补偿结果。

(4) 流域生态补偿资金管理机制

目前河南省辖淮河流域生态补偿机制,主要通过补偿金扣缴通报机制进行。所谓补偿金扣缴通报制度,即对生态补偿金的扣缴情况进行通报,由省环境监测中心站每月统计生态补偿金的扣缴额度,省环保厅和财政厅联合,每月向市人民政府及其财政局、环保局通报一次各市生态补偿金的扣缴情况。省环境监测中心站每季度统计生态补偿金的扣缴额度,省环保厅每季度在新闻发布会上公布。补偿金扣缴通报制度可以及时地提醒各省辖市对生态补偿工作的重视,有利于生态补偿工作的开展。

(5) 流域生态补偿法律法规

当前,河南省流域生态补偿主要法规包括 2008 年由河南省人民政府办公厅颁发的《河南省沙颍河流域水环境生态补偿暂行办法》[1](豫政办文[2008]36 号),2009 年由省环保厅和省财政厅联合颁发的《河南省海

---

[1] 河南省人民政府办公厅:《关于印发沙颍河流域水环境生态补偿暂行办法的通知》,载 http://222.143.24.250:86/tabid/75/InfoID/12473/Default.aspx,最后访问日期:2012 年 4 月 3 日。

河流域水环境生态补偿办法(试行)》[1](豫环文[2009]222号)和2010年由河南省人民政府办公厅颁发的《河南省水环境生态补偿暂行办法》[2](豫政办[2010]9号)。

(四)河南省辖淮河流域生态补偿试点效果分析

1. 地表水质改善效果

自《河南省沙颍河流域水环境生态补偿暂行办法》于2008年12月16日开始实施后,沙颍河流域水环境质量明显改善。(参见图表4.4)

图表4.4　河南省辖淮河流域(沙颍河流域)生态补偿考核断面水质监测数据变化情况表(mg/l)

监测断面名称	河流名称	考核城市	2008		2009年		水质变化百分比(%)	
			COD	氨氮	COD	氨氮		
中牟陈桥	贾鲁河	郑州	51.32	16.86	50.55	8.78	-1.5	-47.9
白沙水库	颍河	郑州	13.67	0.23	13.7	0.22	0.25	-0.84
新郑黄甫寨	双洎河	郑州	45.18	4.46	40.29	3.93	-10.81	-11.91
扶沟摆渡口	贾鲁河	开封	34.04	13.54	33.3	7.05	-2.17	-47.95
舞阳马湾	沙河	平顶山	18.22	1.69	15.31	1.72	-16	1.99
叶舞公路桥	澧河	平顶山	5.81	0.16	5.42	0.19	-6.65	18.49
临颍高村桥	清溪河	许昌	65.74	4.29	62.48	3.25	-4.97	-24.44
临颍吴刘闸	颍河	许昌	—	0	17.7	0.22	—	0
西华址坊	颍河	漯河	22.56	3.93	21.06	3.18	-6.63	-19.26
西华程湾	沙河	漯河	—	—	17	0.82	—	—
鄢陵陶城闸	清溪河	漯河	—	—	42.3	3.66	—	—
西华大王庄	贾鲁河	周口	33.27	13.35	30.98	6.33	-6.86	-52.54
沈丘纸店	颍河	周口	22.06	2.96	23.03	2.17	4.39	-26.93
全流域平均			31.19	5.59	28.7	3.19	-7.97	-42.85

数据来源:作者整理。

与2008年相比,2009年沙颍河全流域化学需氧量浓度平均值降低了7.97%,氨氮浓度平均值降低了42.85%,总体水质有了明显的改善。沙河的舞阳马湾断面的COD浓度值降低幅度最大,即降低了16%,而贾

[1] 河南省环保厅、财政厅:《关于印发河南省海河流域水环境生态补偿办法的通知》,载http://222.143.24.250:86/tabid/75/InfoID/15340/Default.aspx,最后访问日期:2012年4月3日。

[2] 河南省人民政府办公厅:《关于印发河南省水环境生态补偿暂行办法的通知》,载http://www.henan.gov.cn/zwgk/system/2010/02/11/010179254.shtml,最后访问日期:2012年4月3日。

鲁河的西华大王庄断面所测氨氮浓度值降低幅度最大，即降低了52.54%。六条河流中，贾鲁河、双洎河和清溴河水质改善情况较为明显。其中，双洎河COD浓度降低了10.81%，氨氮浓度降低了11.91%；贾鲁河的COD浓度平均值降低了3.51%，氨氮浓度平均值降低了49.46%；清溴河COD和氨氮浓度平均值分别降低了2.49%和12.22%。在这三条河流中，双洎河的COD浓度平均值降低幅度最大，而贾鲁河的氨氮浓度平均值降低最为明显。此外，2009年6月下旬(25、26周)贾鲁河入颍河的西华大王庄断面氨氮浓度在0.5mg/L左右，达到Ⅳ类水质，为近十年来的第一次。

2. 社会效果分析

河南省流域生态补偿政策的开展，带来了河南省各地方加强改善水环境质量的热潮，促进了地方政府水污染防治的力度和进度。沙颍河水环境生态补偿暂行办法实施后，郑州市开展了贾鲁河流域环境综合整治共15项工程，双洎河流域环境综合整治共6项工程，通过以上工程的实施，基本实现对排入贾鲁河、双洎河污水的全收集、全处理，促进双洎河、贾鲁河水质的持续改善，确保出境断面水质稳定达到省政府目标要求；许昌市对影响其出境水质达标的重点污染源"河南一林纸业有限公司"进行了深度治理，新建了浅层高效气浮工程；平顶山市将对现有污水处理厂进行提档升级改造，将污水处理能力提高了7万吨/天等。这些水污染防治工作的加快大大提高了河南省污水集中处理能力，减少了主要污染物的排放。

（五）存在问题的分析

尽管河南省淮河流域生态补偿政策的实施取得了显著的环境效果和社会效果，但政策实施中仍存在着一些问题与不足：

1. 法律体系不完善

尽管河南省在开展流域生态补偿的试点过程中，出台了一系列的法规，但由于在国家层面缺乏上位法的支持，所出台的法规也仅是临时性的政策，难以起到长期、有效的流域环境保护激励刺激政策。

2. 宣传教育力度不够

水环境生态补偿是河南省一项新兴经济政策，部分基层政府还不能完全领会生态补偿的真正意义，一些企业和群众为"开展生态补偿工作"做贡献的意识也较薄弱，"污水偷排"现象也往往给政府带来很大压力。

3. 环保工作开展的资金紧张

生态补偿工作开展的大量投入，特别是资金投入给地方政府带来较大压力。此外,不但地方政府有较大的资金投入压力,而且根据河南省水环境生态补偿办法规定,当省财政扣缴的生态补偿金对各省辖市的生态补偿和奖励不足时,由省级环保专项资金弥补,这就给省级环保部门也带来了一定压力。

4. 资金管理体系不够完善

目前,河南省水环境生态补偿政策的实施缺乏完整的资金管理体系,尤其是资金的监督管理体系。

5. 缺乏激励性的补偿标准

目前,河南省跨界河流生态补偿标准主要针对基于政府责任目标考核的超标断面,而对达标断面水质的继续改善缺乏激励性。

第三节　流域生态补偿实践中存在的问题与立法建议

一、流域生态补偿实践中存在的问题

从地方开展重点流域生态补偿实践情况看,还存在如下一些问题,须予以尽快解决以更好地推进流域的生态补偿实践工作。

(一) 流域生态补偿缺乏法律支撑

目前,国家层面生态补偿立法严重缺失,造成中国各地生态补偿实践普遍存在法律依据不充分的问题。虽然2008年修订的《水污染防治法》明确规定,“国家通过财政转移支付等方式,建立健全对位于饮用水水源保护区区域和江河、湖泊、水库上游地区的水环境生态保护补偿机制”,但其没有对跨行政辖区的流域生态补偿问题、中央和各级地方政府在流域生态补偿中的责任分工、补偿主体、补偿对象和客体等关键问题做出规定。目前国家也没有出台生态补偿的实施办法、技术指南等政策文件,地方开展流域生态补偿实践呈现出部门行政色彩浓厚的特征,基本上都是基于一些政府性文件开展的实践活动,并出现了补偿不到位,或者补偿受益者与需要补偿者相脱节等问题。

(二) 理论基础和技术方法研究不足

理论依据不足是各地流域生态补偿实践存在的一个突出问题,特别是补偿标准的合理设置方面。目前各地流域生态补偿标准的设置是政府主导的,补偿标准的确定是通过部门讨论制定甚至领导直接确定,没有一定的科学方法测算作为依据,也不是流域上下游政府反复“讨价还价”后

形成的“协议补偿”，补偿标准令人难以信服。一些地方流域补偿方式也不具合理性，只从流域行政断面水质目标考核出发，而未考虑丰、枯水期的不同影响，且主要是惩罚性的，缺少激励性考虑。从考核指标来看，一些流域主要考虑化学需氧量，对氨氮、总磷以及一些特征性污染物尚未有考虑，这与流域污染的实际情况有所不符。从考核范围来看，目前流域断面水质目标考核的范围主要针对干流和一级支流，小支流没有纳入考核范围，这可能造成考核结果存在一定的误差。另外，对流域水源地的补偿尚未引起足够重视，国家、流域水源地及下游的各级地方政府的权责不明，政策尚未到位。

(三) 与稳定长效的生态补偿机制尚有很大差距

目前，地方实施的流域水质生态补偿并不是严格意义上的生态补偿，大部分是一种基于水质协议的“超标罚款”性质的污染赔偿制度。这些流域水质生态补偿仍然是以政府平台为主，即使受损方和受益方易于明确界定的水源地生态补偿，也基本上没有形成市场机制。流域水质生态补偿形式较单一，主要采用资金形式，而且存在财政支付生态补偿金的合法性问题。对于政策补偿、实物补偿、技术补偿、智力补偿等形式没有足够考虑。利益相关者的责任关系界定不明确，上下游水污染治理和水质保护的责任没有完全厘清，基于上下游“环境责任协议”的流域水质水量协议模式没有形成。因此，这些生态补偿实践与稳定长效、具有生态涵义的生态补偿机制尚有很大的差距。

二、流域生态补偿实践对立法的启示

中国各地的实践为流域生态补偿立法进行了有益的探索，进一步明确了其中存在的一些关键问题，为生态补偿立法提供了很好的启示。

首先，流域生态补偿立法的重要目标在于调节生态环境保护者、破坏者、受益者之间因生态环境行为而发生的利益关系，促进生态环境资源的公平利用，最终实现流域的可持续发展。生态补偿涉及不同的利益主体，合理界定各利益主体及其之间的关系是开展流域生态补偿实践的重要前提。一般而言，补偿主体包括流域生态环境受益者和破坏者，补偿客体包括流域生态环境保护者和流域生态环境破坏的受害者。地方政府作为社会公众的代理人及利益代表也应考虑在内。

其次，从各地区的实践来看，补偿资金主要来源于中央及省(市)的纵向财政转移支付以及跨界出境水质超标断面所在地的扣缴资金，也存在少量的市场资金，例如福建闽江流域的生态补偿资金部分来源于水力发电企业的水资源费。然而，就整体而言，市场筹措资金的功能尚没有得到充分发挥，生态环境破坏者和受益者还存在“搭便车”的空间。生态补偿资金更多的补给地方政府，起到平衡地区间财政收入差异的作用，其主要用于各地的环保基础设施建设和环境污染综合整治项目，却在一定程度上忽视了对于水源区生态环境保护者的关注。如何实现生态补偿资金由地方政府向受影响个体的转移是流域生态补偿立法亟须解决的关键问题。

再次，补偿标准及补偿资金使用流程也是流域生态补偿立法所要关注的要点问题。由于区域间社会经济发展水平和自然环境禀赋都存在差异，在制定生态补偿标准时要结合当地的实际情况，避免制定一刀切的政策，例如，湘江流域在测算生态补偿标准制定时用标准系数平衡地区差异。现阶段，中国流域生态补偿资金多是以专项财政转移支付的方式，通过财政系统层层转移，最后到达基层政府。这就可能导致流域生态补偿资金转移效率的流失。在生态补偿立法中强调资金转移效率，建立高效的纵向与横向相结合的财政转移支付资金转移模式对于更好地发挥生态补偿资金的效用具有重要意义。

最后，生态补偿政策的落实需要多重能力建设。准确监测跨界断面水质是实施生态补偿的基础，实行由上级环境监测中心、上游环境监测站和下游环境检测站共同监测的“三堂会审制度”可以保证监测数据的准确性，为测算补偿金额提供重要参考。另外，流域生态补偿涉及不同地区间的协调问题，探索建立跨层级、跨行政区的流域生态补偿管理协调机构对于缓解地区间矛盾，解决地区间纠纷具有十分重要的作用。

三、完善流域生态补偿立法的建议

（一）流域生态补偿立法必要性和可行性

通过实施流域生态补偿立法，以法律形式规范流域治理工作中各类生态环境补偿行为，调控不同利益相关方因生态环境行为发生的经济利益关系，对促进形成公平合理的长效流域治理机制至关重要。

1. 流域生态补偿立法必要性

第一，实现流域可持续发展需加快流域生态补偿立法。流域生态补偿制度是一种促进流域环境污染外部成本内部化的经济政策工具，符合“破坏者付费”和“污染者付费”的原则，促使污染产生者在治污成本和经济补偿之间进行权衡，促进各种水污染治理措施的有效执行。通过生态补偿立法工作，明确生态补偿的利益主体、界定流域生态补偿的范围、规范流域生态补偿的标准和监督管理程序，来指导流域生态环境行为相关利益的公平分配、协调社会各方的生态环境利益关系，从而调动社会各方保护流域生态环境的积极性，实现流域内各区域的可持续发展。

第二，地方实践迫切需要国家生态补偿立法指导和规范。中国尚未出台专门性、统领性的生态补偿法律法规，有关生态补偿的立法只是散见于环境保护基本法、一些自然资源和环境要素污染防治单项法律法规和一些部门法中。在许多法律法规中，生态补偿不是其主要立法目标，这些法律法规总体上原则性规定多，操作性差，不够系统，偏重于不同管理角色的权限和利益，对生态补偿的各利益主体及其相应的权利、义务、责任界定，补偿的内容、程序、标准、监管、评估、环境资源产权制度等关键而需要细化的问题未能做出具体、细致的规定，而且强制性补偿少、自愿性补偿多，致使效果不明显。实际操作中，由于缺乏下位法的具体实施指导，相关行政部门之间也往往难以协调配合，或者产生部门利益冲突，影响了法律法规的实效。残缺、零乱、散杂的立法现状使得地方开展生态补偿探索难以找到上位法律依据，影响了地方开展立法和实务实践。尽管也有一些相关的行政法规、规章中有生态补偿的规定，但其层级低，条款也往往是过于概化、原则化、简单化，对地方的实践和试点探索的指导意义不强。

据课题组调研，浙江、河南、山西、广东等许多省市在进行流域生态补偿实践过程中，一致认为没有上位法的支持，地方立法难以迈开步子。这对地方开展流域生态补偿实践和试点的探索产生了严重制约，特别是目前对涉及跨界的横向生态补偿问题，没有国家法律的规范和指导，地方自发开展生态补偿实践很难有突破性的进展。因此，为了有效促进地方流域生态补偿机制的不断建立和健全，需要专门性的生态补偿立法对流域生态补偿进行明确规定。

2. 流域生态补偿立法可行性

第一，开展流域生态补偿的技术平台已基本搭建。“十一五”流域生态补偿课题研究，基本搭建起了中国流域生态补偿的总体框架，对流域跨界断面水质目标考核机制和污染在线监测机制都做了较为系统的研究。应该说,建立流域生态补偿机制在水质目标考核与水质监测方面已经具备了较好的技术基础,此外,开展生态补偿所需的生态环境服务核算技术、污染损害鉴定和评估技术、监测监管技术等支撑条件在不少地区已经具备。这些技术都可为国家层面流域生态补偿立法提供技术保障。

第二,流域生态补偿立法的理论基础正逐步完善。多年来,中央各部委以及地方各政府部门联合相关研究机构开展了大量的生态补偿调研、研究课题和项目,如环保部环境规划院从2003年开始,结合国家"十五"科技攻关项目《生态补偿机制与政策框架与方案研究》、国合会《中国生态补偿机制与政策研究》等项目,系统开展了矿产资源、流域、重要生态功能区等的生态补偿理论体系、标准等研究。自2008年始,环保部环境规划院牵头组织国家重大科技专项水专项《流域生态补偿和污染赔偿政策及其示范研究》课题,在辽河、东江、湘江、闽江等全国6个典型流域开展了基于跨界断面水质目标考核的生态补偿试点工作。该课题在"十一五"期间,系统总结了流域生态补偿标准核算方法,提出了流域生态补偿与污染赔偿的政策框架,编制了流域生态补偿与污染赔偿地方试点方案编制指南,研究提出了各试点流域生态补偿与污染赔偿实施方案,较好地推动了地方的试点工作。水专项流域生态补偿课题的相关研究,为推动建立流域水环境补偿立法打下了坚实的理论基础及实践基础。

第三,国家层面流域生态补偿立法已具备法律基础。国内近十年来,国务院及相关部委出台的法规和部门规章多有涉及流域生态环境补偿,国务院和各相关部委也从各自工作业务角度出台了一批"通知"、"指导意见"、"办法"、"条例"、"细则"等规范性文件来指导和规范全国在流域或领域开展生态补偿实践,不少地方在生态补偿试点和实践探索的基础上,结合国家要求,也出台了一些反映地方特色的地方法规和规章。总体来看,在国家层面开展流域生态补偿立法已有较好的法律基础。

当前,地方流域生态补偿立法数量较多,江苏、辽宁、河南、河北、湖南、福建、浙江、山西、山东、江西、海南、广东均出台了流域生态补偿的立法文件,如福建省于2007年出台了《福建省闽江、九龙江流域水环境保护专项资金管理办法》,辽宁省于2008年出台了《辽宁省跨行政区域河流出市断面水质目标考核暂行办法》,河南省于2008年出台了《河南省沙颍河流域水环境生态补偿暂行办法》,陕西省同年出台了《陕西省渭河流域生态环境保护办法》等。这些立法性文件，在流域生态补偿的主体、对象、补偿责任归属、补偿资金的来源、征缴和管理、原则、范围、补偿标准等具体问题上进行了探索，取得了很好的立法经验，为国家层面流域生态补偿立法提供了重要依据与经验。（参见图表4.5）

图表 4.5 中国出台的主要流域生态补偿政策一览

部门/省份	文件名称	实施时间	主要内容
全国人大常委会	中华人民共和国水污染防治法(修订)	2008	在法律层面提出开展流域生态补偿
国务院	国务院关于编制全国主体功能区规划的意见	2007	建议编制国家主体功能规划
环保部	国家环保总局关于开展生态补偿试点指导意见	2007	环保部提出生态补偿的指导性意见
	关于确定首批开展生态环境补偿试点地区的通知	2008	确定了首批开展生态补偿试点的地区名录
财政部	财政部关于下达2008年三江源等生态保护区转移支付资金的通知	2008	主要关于三江源等地区的生态补偿资金转移
	关于印发国家重点生态功能区转移支付(试点)办法的通知	2009	确定重点生态功能区转移支付办法
浙江省	浙江省生态环保财力转移支付试行办法	2008	主要水系源头所在市、县(市)的生态环保财力转移支付
福建省	实施江河下游地区对上游地区森林生态效益补偿	2007	江河下游地区对上游地区森林生态效益补偿资金额度
	福建省闽江、九龙江流域水环境保护专项资金管理办法	2007	规范闽江、九龙江流域水环境保护专项资金使用和管理
河南省	河南省水环境生态补偿暂行办法	2008	地表水水环境生态补偿实施办法
	河南省沙颍河流域水环境生态补偿奖励资金管理暂行办法	2010	规范资金管理
	河南省海河流域水环境生态补偿办法(试行)	2009	海河补偿办法

（续表）

部门/省份	文件名称	实施时间	主要内容
河北省	关于在子牙河水系主要河流实行跨市断面水质目标责任考核并试行扣缴生态补偿金政策的通知	2008	试点生态补偿
	关于子牙河水系生态补偿金管理使用等有关事项的通知	2008	资金管理规范
	关于实行跨界断面水质目标责任考核的通知	2009	对造成水体污染物超标的区域试行生态补偿金扣缴
辽宁省	关于印发辽宁省东部重点区域生态补偿政策实施办法的通知	2008	东部重点区域开始试点流域生态补偿
	辽宁省跨行政区域河流出市断面水质目标考核及补偿办法(讨论稿)	2008	跨行政区域河流出市断面水质目标考核要求
	辽宁省跨行政区域河流出市断面水质目标考核暂行办法	2008	跨行政区域河流出市断面水质目标考核要求和方法等
	关于下达2008年各河流出市断面考核目标值的通知	2008	规定了27个跨行政区与河流出市断面考核办法
	关于下达2009年各河流出市断面考核目标值的通知	2009	明确界定辽河9个干流、18个其他河流的出市断面及水质考核目标
江苏省	江苏省环境资源区域补偿办法(试行)	2007	水环境生态补偿实施办法
	江苏省太湖流域环境资源区域补偿试点方案	2009	太湖流域水环境生态补偿执行办法
山东省	在南水北调黄河以南段及省辖淮河流域和小清河流域开展生态补偿试点工作的意见	2007	针对污染减排进行生态补偿的目标、原则和方法等
	小清河流域上下游协议生态补偿暂行办法	2010	推进小清河流域生态补偿试点
陕西省	陕西省渭河流域生态环境保护办法	2009	流域生态补偿原则

（续表）

部门/省份	文件名称	实施时间	主要内容
山西	关于进一步加强海河、黄河中上游流域水污染防治规划实施工作的通知	2009	海河、黄河中上游流域各地区着手实施生态补偿
	实行地表水跨界断面水质考核生态补偿机制	2009	跨界断面水质考核生态补偿要求和方法等
海南省	海南省人民政府关于建立完善中部山区生态补偿机制的试行办法	2008	建立中部山区生态补偿机制的原则、范围、目标及主要措施

数据来源:作者整理。

（二）流域生态补偿的制度安排

1. 流域生态补偿主体的确定

流域生态补偿是指,在流域生态系统服务和提供过程中,由流域生态系统服务的受益者,根据一定的补偿标准,对流域生态系统服务的提供者给予的补偿。为了保障流域生态补偿的顺利进行,首先要界定好生态补偿主体。

流域生态补偿主体包括三个方面:① 一切从利用流域水资源水环境保护中受益的群体。这些群体的用水活动包括:工业生产用水、农牧业生产用水、城镇居民生活用水、水力发电用水、利用水资源开发的旅游项目、水产养殖等。这些群体是流域生态产品和服务的受益者,是流域生态补偿金的主要征缴对象。② 一切生活或生产过程中向外界排放污染物,影响流域水量和流域水质的个人、企业或单位。其用水活动主要是存在污染排放的工业企业用水、商业家庭市政用水、水上娱乐及旅游用水等。这些主体对流域生态产品和服务造成了损害,也是流域生态补偿金的主要征缴对象之一。③ 在流域生态补偿实践中,往往流域生态环境产品和服务的供给方和受益方关系不是很明确的情况下,代表上下游地区的政府可以成为流域生态补偿主体。根据中国《环境保护法》的规定,一个地区政府应对辖区内环境质量负责,如果流域上游地区对下游用水造成了不良影响,可由上游地区“代理人”代表上游地区对下游补偿其受损成本或者对上游来水的治理成本;反之,如果上游地区为下游地区提供了“好水”,下游地区政府应对上游地区提供一定补偿,补偿其为提供“好水”的生态环境建设投入,这种补偿方式可以通过地方财政转移支付来实现。新修订的《水污染防治法》确立了通过财政转移支付方式进行生态补偿的内容,明确规定政府可作为流域生态补偿法律主体。由于财政转移支付是中国政府实施流域生态补偿的主要方式,在中国当前的制度背景下,在流域生态补偿综合立法关于生态补偿主体的规定中,流域上下游地区政府可作为补偿主体,补偿方式以政府间财政转移支付为主可操作性较强。

2．流域生态补偿对象的确定

流域生态补偿的对象是指流域生态补偿金所补偿的具体对象。为了保障流域生态系统服务的提供者和贡献者都得到相应的补偿,有必要依法明确流域生态补偿的对象。这些对象可以分为三类。一是流域生态保护者。他们是流域生态产品和服务的供给方,理应成为流域生态补偿对象,予以合理补偿。流域生态保护者主要包括保护区内涵水林的种植及管理者、上游流域的生态建设及管理者以及其他生态建设及管理者,其可以是当地居民、村集体,也可以是当地政府。二是减少生态破坏者。减少生态破坏者主要指保护区内的为维持良好的流域上游生态环境而丧失发展权的主体,如某单位在生产品种的选择上,为保持生态而只能选择无污染项目;居民家庭无法选择养殖业,在种植业经营中,由于减少化肥使用量而带来机会损失,当地政府由于无法对旅游资源开发经营、无法招商引资从而带来财政收入的减少等。为了治理生态环境问题,这部分利益相关者做出了牺牲,许多合乎当前政策法规要求的发展需求受到限制和约束,由于流域的健康发展,这些利益相关者的收益产生了额外的损失,理应成为生态补偿对象。三是作为流域上下游行政管理“委托代理人”的政府部门。如前所述,在流域生态补偿实践中,往往流域生态环境产品和服务的供给方和受益方关系并非非常明确。根据一个地区政府应对辖区内环境质量负责的原则,流域上下游地区政府可基于一定的协议补偿基准来开展生态补偿工作;根据上游地区提供“好水”或者“差水”情况,来确定上游地区是否为生态补偿对象。如果流域上游政府提供了上下游地区或者其共同上级政府认可的“好水”,则下游地区应对上游地区合理补偿,此时,上游地区成为补偿对象;反之,如果上游地区提供的是上下游地区或者其共同上级政府认可的“差水”,则上游地区应对上游地区合理补偿,此时,下游地区成为补偿对象。

3．跨界流域生态补偿主体与补偿对象

如上所述,在中国当前制度背景下,作为流域上下游地区间公共行政管理“代理人”的政府可作为生态补偿主体。在当前流域水环境质量管理成为关注重点的情形下,跨界流域生态补偿可依据水质协议来进行,基于水质协议上下游区域之间负有对等的权利义务,补偿主体和对象在上下游地区政府之间进行转换。当上游地区政府依照水质协议规定履行其义务的情况下,下游地区政府作为补偿主体,而上游地区政府则成为补偿对象。而当上游区域未依照水质协议规定履行特定义务的情况下,上游区域政府则作为补偿主体,而下游地区政府则成为补偿对象。

(1) 在上游地区履行水质协议的情况下

在上游地区履行水质协议的情况下,即其提供优良的跨界水质,下游区域从中受益,补偿主体为下游地区,而补偿对象为上游地区。在上下游地区就跨界水质和水量分配达成协议的情况下,上游区域为履行水质协议的要求需要付出一定的发展机会成本和环境保护责任,该责任主要存在于水质改善方面。为了改善水质,上游地区需要为治理污染,改善水质而购进和维修设备、增加污水处理设施、减少工业企业污染排放等,进行必要的投资或者以牺牲其自身的发展机会成本来保障水质清洁。因此,在上游地区按照水质协议的规定提供符合协议规定的水质的情况下,下游区域应给予上游区域一定的补偿。

(2) 在上游地区未履行水质协议的情况下

在上游地区所提供的跨界水质不符合协议规定,而造成下游地区利益受损的情况下,补偿主体为上游区域,而补偿对象为下游地区。在跨界流域生态补偿协议对跨界水环境质量标准作出规定的情况下,如果上游区域提供的上游来水水质不符合水质协议的要求,影响了下游地区水环境的使用功能,此时,补偿主体为提供上游来水水质不合格的上游区域,而补偿对象为因跨界水质不合格而使得利益受损的下游地区。

3. 合理设计生态补偿标准

制定流域生态补偿标准是流域生态补偿立法中的重要环节,同时,也是最困难的环节。其重要之处在于,它是对流域生态系统服务提供者(或破坏者)提供补偿(或收取补偿金)的重要依据;其困难之处在于,人类的生产、生活活动对生态环境产生的有害影响是多方面的,且环境收益也很难衡量。

(1) 流域生态补偿标准设计思路

制定一般性流域生态补偿标准,可以采用环境费用效益分析法,通过一系列的评价技术，将生态环境成本以货币的形式计量。一般的技术方法有：市场价值法、机会成本法、恢复、防护费用法、影子工程法、人力资本法、支付意愿法等。

然而，众多计算方法技术也仅是为制定流域生态补偿标准提供参考，在实际制定一般性流域生态补偿标准时，国家可以给出制定一般性流域生态补偿标准的原则性要求，地方可根据各地区的实际情况制定符合各区域流域自身发展水平的生态补偿标准。

（2）跨界流域生态补偿标准

跨界流域生态补偿标准是衡量上下游地区生态补偿责任大小的重要依据，就目前国内生态补偿实践来看，跨界流域生态补偿主要为水质补偿标准。对于水质补偿标准而言，在上游区域提供的跨界水质符合水质协议规定的情况下，下游地区需要对上游地区进行补偿。该补偿标准是流域生态补偿政策制定者，为了使得整个流域中，某种污染物排放达到流域水环境保护目标而制定，用于调节上下游地区污染物排放量的政策工具。理想的补偿标准可以通过建立模型进行核算。[1] 该补偿标准对上下游地区形成了一种激励机制，促使边际污染物减排成本高的地区少削减污染物，边际减排成本低的地区多削减污染物，从而使得整个流域内污染物排放总量达到整个流域的污染物排放总量控制的目标。通过核算得出的上述标准是最理想的跨界流域生态补偿标准，依照该标准进行补偿能实现跨界流域生态系统服务提供和享有的区域公平。

4．补偿方式选择

（1）资金补偿

在流域生态补偿立法中，资金补偿是主要方式。对于下游而言，可通过调节用水价格征收生态补偿金来实现。水价一般由工程成本、管理成本和资源成本组成。一般而言，工程成本、管理成本相对固定，上涨空间较小，而资源成本的上涨空间通常比较大，因此，流域上下游地区可以适当提高水资源费征收标准，按比例把部分资金划归流域生态补偿基金，这个做法的可操作性较强，流域生态补偿基金来源渠道稳定。流域生态补偿金应专款专用，建议主要用于：一是上游流域节水、水源保护、生态环境建设资金等；二是水管理费用；三是水源地环境保护费用。

---

〔1〕 石广明、王金南、毕军：《基于水质协议的跨界流域生态补偿标准研究》，载《环境科学学报》2012 年第 32(8) 期，第 1973—1983 页。

（2）政策补偿

政策补偿通常体现为上级政府对下级政府的权力和机会补偿。受补偿者在授权的权限内，利用制定政策的优先权和优惠待遇，制定一系列创新性的政策，在投资项目、产业发展和财政税收等方面加大对流域上游的支持和优惠，促进流域上游经济发展并筹集资金。利用制度资源和政策资源进行补偿十分重要，尤其是在资金贫乏，经济薄弱的流域上游地区，“给政策，就是一种补偿”。

第一，针对流域上游生态建设与环境保护特点制定有针对性的财政政策。这种政策适用于大江大河尺度流域生态补偿机制，例如目前对中国西部地区的财政转移支付制度，就是这种政策的体现。

第二，制定市场补偿政策，逐步培育流域上下游之间水权转让市场，使下游按照市场价格定期支付区域水资源费用。这种政策适用于市内小尺度流域，涉及利益相关方较少，流域生态补偿市场相对容易建立。

第三，制定技术项目补偿政策，要求流域下游各级政府每年要在区域内安排一定数量的技术项目，帮助上游地区发展替代产业，或者补助无污染产业的上马，以帮助上游发展生态产业。这种政策因其操作成本较高，更适合省内或市内尺度流域的生态补偿机制。

第四，制定鼓励异地开发政策，允许并支持上游在下游适宜地区设异地开发试验区；当地政府要在土地使用、招商引资、企业搬迁等方面给予开发实验区以政策优惠，引导其在开发试验区内安排一些流域上游因生态保护而不能布置的污染项目。受中国目前行政管理体制的限制，异地开发的模式更适合于市内小尺度流域生态补偿机制。

（3）产业补偿

借鉴由经济发展梯度差异而引发的产业转移机制来解决流域的生态补偿问题，把下游补偿上游的发展落实到具体的产业项目上，这是一个现实的选择。

壮大与发展流域上游产业，增强其自身的造血功能是缩小上下游发展差距，提高当地人民生活水平的最好办法。上游在产业发展中要树立“服务下游，就是发展自己”的观念，搭建好产业转移承接平台以接纳和汇聚上下游劳动密集型、资源型、高技术低污染型产业，形成产业集群和工业加工区。

产业补偿政策需要把流域作为一个系统来考虑，在一个流域框架内考虑产业的布局与资源的配置。这种政策在跨省流域操作相对困难，在省内相对容易,但也因跨不同地级市产业政策而可能会失灵。而在市域内的流域产业政策的发展空间会比较大,政策的操作成本相对小。

(4) 市场补偿

随着中国市场化进程的逐步推进,市场补偿机制将是中国流域生态补偿机制的发展趋势。这方面可以借鉴国外流域生态补偿的形式,逐步探索一对一的贸易补偿模式和基于市场的生态标记模式。

应该说明的是,前三种生态补偿方式主要以政府主导为主,市场补偿方式是中国流域生态补偿的发展趋势。这四种生态补偿方式是建立中国不同层次流域生态补偿机制的基础,上面仅给出不同层次流域生态补偿机制的逻辑框架,实际操作时应该是这四种生态补偿方式在不同层次流域生态补偿中的有效落实。

5. 流域生态补偿资金来源及用途

在明确了流域生态补偿的原则、主体、对象、标准之后,运用何种法定方式来完成流域生态补偿金的征收,又以何种法定方式来实现对流域生态补偿对象的补偿以及如何保证资金的合理使用对于保障流域生态补偿的顺利进行至关重要。

(1) 补偿金来源

流域生态补偿的资金来源有六类:① 固定来源,即在财政收入中,固定用于流域生态补偿的相关收入;② 体现在项目预算(包括生态建设、生态保护、生态开发以及其他公共建设项目)中的生态补偿资金,这部分资金是根据项目建设的需要来确定;③ 体现在中央对地方转移支付中的生态补偿资金,这部分资金根据财政转移支付制度的计算公式,视中央财政的财力来确定;④ 体现在所在流域上下游同级政府之间的横向财政转移支付,专门用于流域生态保护与环境污染防治,视流域实际和上下游经济发展水平而定;⑤ 流域上下游政府本级财政收入中,可以用于流域补偿的其他支出,由于流域生态功能不同,环境问题不同,地方财力不同,这部分收入在不同地区之间也会存在差异;⑥ 通过政府引导,来自市场领域的用于流域生态补偿的资金。

(2) 补偿金的用途

现阶段中国在国家立法中并没有相关法律规定生态补偿金的具体用途,即使在一些地方法规中有些相关规定,但往往也过于笼统。尽管修改后的《水污染防治法》第 7 条规定:“国家通过财政转移支付等方式,建立健全对位于饮用水水源保护区区域和江河、湖泊、水库上游地区的水环境生态保护补偿机制”,但其还是未能明确规定受补偿区在接收补偿金后如何运用资金,从而难免会导致出现补偿金的运用缺乏法律依据的情形。因此,建议在流域生态补偿立法中规定地方政府征收的生态补偿金要专款专用:一是由政府拿出一部分资金用于辖区内流域资源的养护和环境的改善,二是其余部分资金依照法定的条件和程序,用于对流域生态系统服务作出贡献的单位和个人的补偿。

6. 流域生态补偿实施机制安排

(1) 生态补偿的实施管理

立法中应主要包括流域生态补偿的管理权限与监督权限、生态补偿调查职能部门、调查方式、调查报告编写主体、生态补偿的决定及其实施程序、补偿行为的监督、补偿效果评估等。具体来说,生态补偿的管理权与监督权和对生态补偿的调查权应由国家生态补偿主管部门和地方各级生态环境补偿主管部门依法行使。生态补偿申请到审查、调查的整个流程、调查采取的方式,如实地调查、调查问卷、听证会、相关方问询等均应明确。调查报告编制的时限、主要内容事项和公示情由应当明确,生态补偿决定应在充分考虑生态环境利害关系人对生态补偿调查报告所做出的评论或提出的意见基础上作出,监督可采取内部行政监督和上级主管部门对下级主管部门监督的方式。

(2) 流域跨界断面水质考核制度

跨省界断面水质考核。监测考核断面由环境保护部会同水利部、相关省市人民政府设置。明确省界断面水质目标管理的责任主体。环境保护部对跨省界断面水质按年度目标进行考核评定,各省级人民政府对其辖区内水质目标负全责,跨省界水质目标每季度考核一次,考核结果由环境保护部认定和发布。

省内跨市断面水质考核。监测考核断面由省环境保护行政主管部门会同省水行政主管部门、各设区的市人民政府设置。水质目标根据国家、省市水污染防治规划和各省有关水环境功能区划确定的控制单元水质目标值及常年流量,结合各省人民政府下达的污染物排放总量控制规划确定,各市人民政府要采取有效措施削减污染物排放量,确保断面水质达到规定的控制目标。跨市水质目标每月考核一次,考核结果由省环境保护行政主管部门认定和发布。

（3）与流域生态补偿相配套的污染在线监测制度

省环境保护行政主管部门负责组织断面水质监测；省水利厅负责组织断面水量及流向监测。监测考核断面水质、水量及流向一般采取自动监测的方法，经省环保厅核准的自动水质监测数据月平均值作为该断面当月水质指标值。尚未设自动监测站的断面，采取省、市环境监测机构联合人工监测的方法，每周监测1次，所有有效监测数据的月平均值作为该断面当月水质指标值。水量和流向数据由省水利厅核准，尚未设立自动监测站的，由省、市水文资源勘测机构联合人工监测，监测方法根据河流的水文特征确定监测频次，计算当月水量和流向指标值。省环保厅会同省水利厅于每月定期将上月各断面水质、水量及流向进行汇总，将监测结果通报相关市人民政府。

（4）流域生态补偿的仲裁制度

跨行政区域水污染纠纷，由上一级人民政府环境保护行政主管部门组织有关人民政府协商解决；协商不成的，纠纷任何一方可以报请流域水污染防治机构协调解决；当协调不能解决时，由纠纷一方或流域水污染防治机构报上一级人民政府（如果是跨省级行政区水污染纠纷则报国务院）裁决。因水污染引起的赔偿责任和赔偿金额的纠纷，由有关各方协商解决，协商不成的，可以请求相应的环境保护行政主管部门调解或者按有关法律程序裁决。

因跨省界水污染引起的损害赔偿责任和赔偿金额纠纷按《水污染防治法》有关规定执行。在省内跨市流域对水质、水量、流向监测数据有异议的，分别由省环境监测机构和省水文资源勘测机构依照规定裁定。对各级人民政府及有关部门不按期报告、通报，或者拒报、谎报水质、水量监测结果的，按照规定追究有关人员的行政责任。

（5）法律责任

流域生态补偿法律责任主要包括对流域生态补偿利害关系人违法情形下的民事、行政和刑事责任。具体来说包括对生态补偿工作人员滥用职权、玩忽职守、徇私舞弊、泄密等行为，由其所在单位或者上级主管机关给予行政处分责任；对构成犯罪的，要依法追究刑事责任；对向生态补偿利害关系人提供虚假信息、弄虚作假骗取生态补偿金的，以及对迟延缴纳或不缴纳生态补偿费的人员和对破坏生态环境的利益相关者的行政处罚。

第五章　海洋生态补偿的理论与实践*

第一节　海洋生态补偿概述

一、国外有关海洋生态补偿/生态系统服务付费的研究和实践

（一）研究状况

中国环境与发展国际合作委员会将生态补偿定义为"一种以保护生态系统服务功能、促进人与自然和谐相处为目的，根据生态系统服务价值、生态保护成本、发展机会成本，运用财政、税收、市场等手段，调节生态保护者、受益者和破坏者经济利益关系的制度安排"。[1] 据此，海洋生态补偿是指以保护海洋生态环境、促进人与自然和谐为目的，根据海洋生态系统服务价值、海洋生态保护成本以及发展的机会成本，综合运用行政和市场手段，调整海洋生态环境保护和海洋资源利用相关各方之间利益关系的环境经济政策。

国际环境与发展研究所(IIED)较早地对全球65个国家的287个生态环境付费案例进行了总结和归类，发现已有的生态环境服务付费中的生态环境服务可以分成四类：流域生态系统服务、森林的碳汇、生物多样性和景观。[2] 其中，大部分生态环境服务付费案例都是针对流域生态系

---

* 本章撰稿人：余兴光，课题组海洋生态补偿国内专家，生态补偿专家咨询委员会委员，博士，研究员，博士生导师，享受国务院特殊津贴专家，现任国家海洋局第三海洋研究所所长、国家海岛研究中心临时党委书记，曾任中国第四北极科学考察首席科学家；陈克亮，海洋生态补偿国内专家助手，理学博士，国家海洋局第三海洋研究所助理研究员；俞虹旭，女，海洋生态补偿国内专家助手，工学硕士，国家海洋局第三海洋研究所助理工程师。

〔1〕 转引自郑海霞主编：《中国流域生态服务补偿机制与政策研究》，中国经济出版社2010版。

〔2〕 Landell-Mills N, Poras I, Silver Bulletor Fools' Gold? A Global Review of Markets for Forest Environmental Services and Their Impacts on the Poor, International Institute for Environment and Development, 2002.

统服务的。

在西方发达国家，生态补偿经历了两个发展阶段。[1] 20世纪80年代中期以前，这些国家利用民法来规定生态补偿的责任问题。[2] 20世纪80年代以后，发达国家开始通过公法（如环境保护法、自然资源保护法等）赋予国家——自然资源的托管方要求生态损害的责任方修复受损的生态环境，并承担修复的成本的权利。生态补偿的领域包括河流、海洋、土壤、大气和动植物等公共领域。[3] 德国、法国、英国、意大利等国家基本上是通过这种途径解决生态补偿问题。

现有的生态补偿理论和实践研究主要集中于陆地以及河湖等淡水水域，针对海洋的生态补偿研究很少，海洋生态补偿的实践也很有限。

Geenier 等探讨了海洋资源可持续利用的刺激手段，包括经济、法律、教育、自愿行动、公众参与等，其中也分析了生态修复补偿的手段[4]；Cowell 对南威尔士的加的夫海港资源替代性问题进行研究时分析了海洋生态补偿问题[5]；Elliott 和 Cutts 从理论上对海洋生态补偿问题进行了研究，认为海洋资源生态补偿可分为经济补偿、资源补偿和生境补偿三种类型。海洋溢油事故的生态损害补偿研究比较多，主要包括损害评估方法、索赔与赔偿机制等方面，发达国家比较重视海洋溢油事故索赔与赔偿机制，多数海洋污染事故都能得到有效的清除和合理的赔偿。[6]

（二）实践案例

1. 国外海洋生态损害补/赔偿立法实践

目前，国外海洋生态补偿的实施主要是围绕海洋溢油损害事故来开展的。1969年CLC公约（《1969年国际油污损害民事责任公约》）和

---

[1] 孙继华、张杰：《中国生态补偿机制概念研究综述》，载《生态经济》2009年第2期，第82—84页。

[2] 邢丽：《关于建立中国生态补偿机制的财政对策研究》，载《财政研究》2005年第1期，第20—22页。

[3] 孙新章、谢高地、张其仔等：《中国生态补偿的时间及其政策取向》，载《资源科学》2006年第4期，第25—30页。

[4] Geenier R, Young M D, McDonald A D, et al, "Incentive instruments for the sustainable use of marine resources", 11 *J. Ocean & Coastal Management*, 29—50(2000).

[5] Cowell R, "Substitution and scalar politics: Negotiating environmental compensation in Cardiff Bay", 3 *J. Geoforum*, 343—358(2003).

[6] Elliott M, Cutts ND, "Marine habitat: Loss and gain, mitigation and compensation", 49 *J. Marine Pollution Bulletin*, 671—674(2004).

1971 年 IOPC 公约(《1971 年国际油污赔偿基金公约》)以及相关议定书基本确立了通过统一的规则和程序来确定船舶的油污损害责任并适当补偿遭受损害的利益方的国际海洋溢油损害补偿机制。但对于环境损害的索赔,国际油污赔偿基金 1992 的索赔导则中仅是以针对事故损害的海洋环境修复措施所需的费用作为赔偿依据。

国际海事组织在制定相关条约的基础上形成了国际海洋溢油损害补偿机制,加拿大政府在这一国际机制的基础上进一步通过立法补充和完善了其海洋溢油损害补偿机制。[1]

美国没有通过加入 CLC 公约和 IOPC 公约形成的溢油污染损害的国际补偿机制,而是通过制定《1990 年油污法》(即 OPA1990)建立了更为严格的国内海洋溢油损害补偿机制。美国是目前环境自然资源损害评估方法最完备的国家,海洋污染事故可经由执行自然资源损害评估(Natural Resource Damage Assessment,NRDA)计划完成损害赔偿金额的评估。

国外对海洋溢油事故的生态损害补偿的研究主要包括损害评估方法、索赔与赔偿机制等方面的研究。而自然资源的服务及其价值的计算在确认方法上仍存在着争议,且具有较多的不确定因素。[2] 需要指出的是,海洋污染事故的赔偿只是事故发生后的行为,并不是真正意义上的生态补偿。

2. 国外海洋生态补偿相关案例实践

1998 年,韩国开始在庆尚南道统营市建设核心区面积约 20 km^2 的海洋牧场,经过努力经营,2007 年 6 月竣工,取得了一定的成效,并将在统营牧场所取得的经验和成果应用到了其他海洋牧场;已建成的统营海洋牧场所在海区的渔业资源量大幅增长,比项目初期增长了约 8 倍;当地渔民收入不断增加,增长率达 26 %。

2001 年日本冲绳县在海岸带建设工业开发区时,发现会对建设区域海鸟的栖息地造成损害。开发者采用生境修复的方式对生态损害进行补偿,在邻近的海域建设一个小岛,并在小岛上创造出与原栖息地生境等同的新生境供鸟类栖息。

---

〔1〕 竺效:《论在"国际油污民事责任公约"和"国际油污基金公约"框架下的生态损害赔偿》,载《政治与法律》2006 年第 2 期,第 93—99 页。

〔2〕 Robert Costanza, Ralph d'Arge, Rudolf de Groot, et al, "The value of the world's ecosystem services and natural capital", 387 *J. Nature*,253—260(1997).

英国南威尔士的加的夫海港，位于 Taff 和 Ely 河口。为了维持加的夫海湾的生态系统服务功能及海港的可持续发展，提供新的湿地以补偿其带来的损失野生动物的栖息地，补偿因港口因开发在 Taff 和 Ely 河口布设一系列堰坝而带来的不利生态影响。[1]

2005 年，荷兰鹿特丹港口扩建时涉及周边 2000 公顷的自然海域的丧失，港口建设单位采取了生态修复和货币补偿两种方式进行补偿：一是在邻近海域建立了海床保护区；二是在邻近滩涂进行沙滩的修复以补偿填海区域植被的破坏；三是以货币的方式补偿周边居民的财产和财务损失。

二、可借鉴的国际经验

（一）评估方法

发达国家国内法规定的生态补偿范围包括直接损害、间接损害、海洋生态系统服务的损失以及临时损失。

国际公约关于补偿的范围与发达国家有所差别，如 CLC 只对评估成本和修复成本等直接损失给予补偿，而对间接损害和临时损害都不予补偿。

发达国家的法律和国际公约都规定的生态补偿方式包括：将受损资源修复到基线状态（baseline condition）；补偿受损资源利用的损失；承担损害调查和评估的成本。

为了使生态补偿费用得到保障，一些国际条约和国家的国内法都采用了“强制保险 + 共同基金”的机制。凡是从事有可能造成污染损害的单位必须交纳保险费，并按一定标准交纳摊款，组成共同补偿基金，如 CLC 建立了油污基金，CERCLA 建立了 SUPERFUND 等。

近年来，为了协调海洋生态环境保护和经济发展的矛盾，沿岸各国在海洋资源综合管理中纳入了生态系统方法，生态系统方法的应用使得开展海洋生态补偿成为必然趋势。[2]

（二）补偿形式

海洋生态补偿的形式包括生态修复和货币补偿两种方式，或二者并

---

〔1〕 Cowell R, “Substitution and scalar politics: Negotiating environmental compensation in Cardiff Bay”, 3 *J. Geoforum*, 343—358(2003).

〔2〕 Elliott M, Cutts ND, “Marine habitat: Loss and gain, mitigation and compensation”, 49 *J. Marine Pollution Bulletin* 671—674(2004).

用。对此,国际条约和各国国内法采用了不同的机制。

国际条约由于其调整对象往往涉及不同国家的当事人,为执行的方便,一般采用货币补偿形式,如CLC;而国内法往往采用修复和货币补偿两种形式,如美国的CERCLA和OPA。

考虑到目前的实际承受能力,海洋生态资源经济补偿标准很难一步到位,经济补偿强度应根据当地经济发展水平、收入水平、价格水平等实际情况量力而行。

(三) 补偿机制

国外对资源生态补偿进行了有益的探索,关于生态保护与利益机制、补偿机制研究为我们提供了理论指导和实践案例。

在国际上生态系统服务付费已经从政府投资为主逐渐发展到政府、私人企业、金融机构等多渠道的融资方式。[1] 首先,政府是生态补偿机制建设的主导力量[2];其次,市场作为一项普遍的社会性力量,其作用是生态补偿机制有效运转的关键;最后,严格的约束机制是生态补偿机制的重要组成部分。[3]

目前国际上比较通用的生态补偿制度主要通过政府补贴、财政援助、开征生态税和借助国内外基金等方式进行。欧美国家越来越多地采用生态税收、绿色环保税收等多种特定税收来维护生态环境,平衡生态。[4]

这些宝贵的国际经验都可以为我国海洋生态补偿实践所借鉴,但也必须充分考虑我国国情,尤其是我国海洋生态补偿的市场机制研究和实践还处于探索阶段。

三、中国海洋生态补偿研究与实践

(一) 研究状况

海洋对社会经济发展的支撑能力不容置疑。陈仲新等的研究认为我

---

[1] 高彤、杨姝影:《国际生态补偿政策对中国的借鉴意义》,载《环境保护》2006年第10,第71—76页。

[2] 尤艳馨:《构建我国生态补偿机制的国际经验借鉴》,载《地方财政研究》2004年第4期,第62—64页。

[3] 戈华清:《构建我国海洋生态补偿法律机制的突然性分析》,载《生态经济》2010年第4期,第148—153页。

[4] 陈涛、郭栋:《我国开征生态税的思考》,载《生态经济》2000年第3期,第35—37页。

国海洋生态系统服务价值为2.17万亿元/年，是同年我国GDP的1.73倍。[1] 海洋生态补偿在我国的实践很有限，多发生在海洋渔业资源管理领域[2]；在其他海洋资源管理领域，生态补偿几乎是空白。

国内研究主要集中在法规、制度和模式等的理论研究和探索阶段，而且对资源生态补偿机制需要考虑的因素[3]，包括利益相关方、生态补偿实现的层次以及生态补偿的途径等方面还没有成熟的理论做指导。国内外在自然资源损害和溢油损害评估方面的经验积累与研究探索的成果较为丰富[4]，针对海洋生态补偿提出具有适合我国司法实践的评估技术和方法的文献相对较少。

我国目前对于海洋生态补偿机制的研究还不够成熟，海洋管理需要建立海洋生态补偿机制来维持可持续发展。[5] 王茳等提出了将海洋资源作为一项资产来管理的具体措施和实施步骤[6]；刘文剑提出了海洋资源和海洋环境开发、使用补偿费的核算方法，该方法的优点在于给出了海洋资源价值补偿的计算公式，但是其系数不易确定、随意性和主观性较大[7]；韩秋影等分析了海洋生态资源生态补偿的利益相关者分析、补偿强度和补偿途径三个基本问题，提出了海洋生态资源生态补偿的未来研究方向是海洋生态资源价值评估、海洋生态资源生态补偿的基本理论问题以及海洋生态资源生态补偿的实证研究[8]；刘霜等初步提出我国填海

---

〔1〕 陈仲新、张新时：《中国生态系统效益的价值》，载《科学通报》2000年第1期，第17—22页。

〔2〕 丘君、刘容子、赵景柱等：《渤海区域生态补偿机制的研究》，载《中国人口·资源与环境》2008年第2期，第60—64页。

〔3〕 毛显强、钟瑜、张胜：《生态补偿的理论探讨》，载《中国人口资源与环境》2002年第4期，第38页。

〔4〕 纪大伟、杨建强、高振会等：《海洋溢油生态损害评估研究进展》，载《水道港口》2006年第2期，第115—119页。

〔5〕 廖一波、寿鹿、曾江宁等：《我国海洋生态补偿的研究现状与展望》，载《海洋开发与管理》2011年第3期，第47—51页。

〔6〕 王茳、何广顺、高中文：《关于海洋资源的资产属性与资产化管理》，载《海洋环境科学》2004年第2期，第47—50页。

〔7〕 刘文剑：《海洋资源环境开发使用补偿费核算探讨》，载《中国海洋大学学报》（社会科学版）2005年第2期，第14—17页。

〔8〕 韩秋影、黄小平、施平：《海洋资源价值评估理论初步探讨》，载《生态经济》2006年第11期，第27—30页。

造陆项目亟须引入生态补偿机制[1]；洪荣标和郑冬梅针对目前我国海洋自然保护区开展生态补偿的实际问题进行了分析，在综合海洋自然保护区生态补偿的研究和实践的基础上提出了海洋自然保护区生态补偿的原则、补偿主体与客体、补偿标准和补偿途径。[2] 张继伟等进行了基于环境风险的海洋生态补偿标准研究等。[3]

对于国内外的研究现状来看，目前海洋生态补偿理论体系尚未形成。现有的研究主要就实施海洋生态补偿的必要性、实施中存在的问题及海洋生态补偿的原则进行了论述，关于海洋生态补偿机制的主体、对象、标准和途径等诸要素的研究分散在不同学者的研究中，缺乏对海洋生态补偿机制的系统性研究。

利用海洋生态系统服务价值评估技术进行海洋生态破坏损失价值评估的研究较少，虽然已经颁布了《海洋生态资本评估技术导则》（GB/T 28058—2011），仍缺乏对海洋生态补偿量和损失量计量标准的研究，对于围填海造地等典型海洋开发活动案例的生态损害价值评估及补偿的研究也不多。

（二）案例实践

《山东省海洋生态损害赔偿和损失补偿评估办法》（DB37/T 1448—2009）和《山东省海洋生态损害赔偿费和损失补偿费管理暂行办法》（2010）是国内最早专门对海洋生态补偿和赔偿进行规范的地方规章。山东省威海市海洋生态补偿制度框架已初步成形，征得的海洋生态补偿费主要用于以下三个方面：（1）开展海洋生物资源增殖放流活动；（2）开展海洋生态修复工程，包括湿地修复、海洋牧场建设、海岸环境整治、退堤还海、海岛保护等生态建设工程；（3）建设海洋自然保护区。

福建省厦门市海洋行政主管部门积极推进用海建设项目海洋生态补偿的实施，2006年厦门杏林公铁跨海大桥工程经过科学评估交纳了600万元作为海洋生态补偿基金，成为厦门用海项目的首笔生态补偿基金。厦门市海洋行政主管部门还采取其他有效方式推进海洋生态补偿工作，

---

[1] 刘霜、张继民、刘娜娜等：《填海造陆用海项目的海洋生态补偿模式初探》，载《海洋开发与管理》2009年第9期，第27—29页。

[2] 洪荣标、郑冬梅主编：《海洋保护区生态补偿机制的理论与实证研究》，海洋出版社2010年版。

[3] 张继伟、杨志峰、汤军健等：《基于环境风险的海洋生态补偿标准研究》，载《海洋环境科学》2010年第5期，第751—757页.。

如有些用海项目业主在用海过程中造成了红树林的损害,管理者则要求并监督业主异地再造等面积的红树林。2010 年 5 月 1 日《厦门市海洋环境保护若干规定》正式颁布实施,该规定要求建立海洋生态补偿机制,并对陆源污染进行总量控制,要求涉海工程建设项目的环境影响报告应提出相应的海洋生态补偿意见,并由市海洋行政主管部门监督实施。

2001 年,广东省在全国率先以人大决议的形式确定投资 8 亿元在沿海建设 100 座人工鱼礁,并在珠海东澳和阳江双山两个礁区进行试点投放。广东省深圳市通过政府立项开展相关的公益性生态补偿措施,比如政府拨款进行人工鱼礁建设,每年开展公益性的增殖放流活动,同时在合适的滩涂和海域进行实验性的人工红树林种植,恢复海洋生态系统。

浙江海域曾是全国海洋渔业资源最丰富、生产力最高的海域之一,由于污染和过度捕捞等因素,浙江海域的渔业资源量越来越少。为此,浙江省计划实施"陆域排污转移支付海洋生态补偿机制",逐步恢复渔业资源。浙江省规划 2003—2020 年在全省沿岸岛礁附近建设人工鱼礁群 15—18 座。浙江省舟山市在全省率先实施建设项目海洋生态补偿机制,由相关涉海企业出资,对特定海域进行渔业资源增殖放流等海洋生态修复。

目前,在国家及沿海地方各级海洋行政主管部门核准的海洋工程环境影响评价报告书中基本都包含了"海洋生态影响防治对策及生态补偿方案"章节内容,对海洋工程建设项目的生态补偿提出明确的要求。

四、国家和地方层面有关海洋生态补偿的相关法律、法规和政策

(一) 国家层面

我国政府高度重视海洋生态保护工作,国家领导人在很多重要场合的讲话都特别强调了海洋生态保护的重要性。

《海洋环境保护法》第 90 条规定:"对破坏海洋生态、海洋水产资源、海洋保护区,给国家造成重大损失的,对责任者提出损害赔偿要求。"

《渔业法》第 28 条规定:"应当对其管理的渔业水域统一规划,采取措施,增殖渔业资源。"

《国务院关于落实科学发展观加强环境保护的决定》(国发〔2005〕39 号)要求"要完善生态补偿政策,尽快建立生态补偿机制。国家和地方可分别开展生态补偿试点"。

《国务院关于印发2007年工作要点的通知》(国发〔2007〕8号)要求“加快建立生态环境补偿机制。保护和合理开发利用海洋资源”。

《国务院关于进一步加大工作力度确保实现“十一五”节能减排目标的通知》(国发〔2010〕12号)要求“深化生态补偿试点,完善生态补偿机制”。

《国家海洋事业发展规划纲要》(国函[2008]9号)要求:“制定海洋生态受损评估标准,开展海洋生态补偿机制的研究。”

《国家环保总局关于进一步加强自然保护区建设和管理工作的通知》(环发[2002]163号)要求“要严格控制在自然保护区内的各项基础设施建设;对涉及自然保护区的环境影响评价要从严把关,并责成开发建设单位落实环境恢复治理和补偿措施”。

《国家环保总局关于开展生态补偿试点工作的指导意见》(环发[2007]130号)要求“加快建立自然保护区生态补偿机制”。

《国家海洋局关于进一步规范海洋自然保护区内开发活动管理的若干意见》(国海发[2006]26号)要求“海洋自然保护区内严格控制各类建设项目或开发活动;因重点建设项目确需在保护区实验区内进行开发的,应对保护区生态环境造成影响的应给予一定的生态补偿,用于保护区生态监测和生态恢复”。

《国家海洋局关于进一步加强海洋生态保护与建设工作的若干意见》(国海发〔2009〕14号)要求国家海洋局制定出台《海洋生态损害补偿赔偿办法》及相关标准,建立健全海洋与海岸工程生态补偿、生态污损事故赔偿等海洋环境经济政策,条件成熟的沿海地区海洋部门要积极开展海洋生态损害补偿赔偿工作试点。

《关于进一步加强海洋环境监测评价工作的意见》(国海环字〔2009〕163号)要求“对海洋工程特别是围填海项目实施动态监测,评估海洋生态环境变化,确定生态受损程度,为生态修复及补偿工作奠定基础”。

(二)地方层面

近年来,沿海各地积极开展海洋生态补偿机制建设的研究和立法尝试,《天津市海域环境保护管理办法》、《福建省海洋环境保护条例》和《海南省海洋环境保护规定》都明确规定了海洋生态补偿的要求。山东省已经制定并出台了《山东省海洋生态损害赔偿和损失补偿评估方法》。

此外，海洋自然保护区作为禁止开发区，一些保护区管理机构根据保护的需要也在生态补偿方面进行了有益的尝试。如在与建设单位进行反复协商后，收取保护区各类基础设施建设项目的生态补偿费，并将这些生态补偿费用于保护区生态修复和建设工作。

五、现行生态补偿方法中可借鉴的经验

（一）国内生态补偿方法中可借鉴的经验

生态补偿在农业环境保护中广为应用[1]，有专家提出应根据各地所产生的不同的机会成本实施差别补偿。[2] 在生态补偿的实施过程中，合理的补偿标准能够充分调动生态系统服务提供者参与生态保护的积极性[3]，在受偿地区逐渐形成一个既具有生态效益又具有经济效益的良性循环。

在受偿方和支付方双方利益都得到满足的情况下，生态补偿才得以持续良好地运行。完善的组织管理体系对于实施生态补偿必不可少。[4] 良好的生态补偿运行体系必须将生态保护与区域经济社会发展相结合，生态补偿需与产业结构调整同步进行。[5]

在过去的20多年里，我国开展了多种形式的生态补偿实践[6]，要进一步发挥政府的主导性作用，切实强化生态管理部门的责任，加强政府部门之间的协调统一，结合实际采取多样化的补偿手段，严格监督生态补偿，承担协调和仲裁的责任，采用综合生态管理的方法指导生态保护与建设活动。

---

〔1〕 秦艳红、康慕谊：《国内外生态补偿现状及其完善措施》，载《自然资源学报》2007年第4期，第557—567页。

〔2〕 马永欢、樊胜岳：《沙漠化地区退耕还林政策的生态经济效应分析——以民勤县为例》，载《自然资源学报》2005年第4期，第590—596页。

〔3〕 聂晓文、李云燕：《生态补偿机制在中国实施的可行性与途径探讨》，载《经济研究导刊》2008年第13期，第198—201页。

〔4〕 Johst K, Drechsler M, Wjtzold F, *An ecological-economic modeling procedure to design compensation payments for the efficient spatio-temporal allocation of species protection measures*, Ecological Economics, 2002, 41: 37—49.

〔5〕 Pagiola S, Agostin A, Platais G. *Can payments for environmental services help reduce poverty? An exploration of the issues and the evidence to date from Latin America*. World Development, 2004, 33 (2): 237—253.

〔6〕 尤艳馨：《构建我国生态补偿机制的国际经验借鉴》，载《地方财政研究》2004年第4期，第62—64页。

生态补偿已经在国内广泛开展，这对促进生态系统服务市场化、为生态建设筹资、改善生态质量、增强人们的生态保护意识等起到重要作用，并积累了不少经验。[1]

（二）现有的海洋生态补偿方法中可借鉴的经验

海洋是沿海国家未来发展的重要资源阵地，尽管我国一直坚持保护与开发并举，然而近岸海域的生态环境状况却每况愈下，特别是渔业资源与近海生物资源的破坏十分严重。[2] 环境污染与生态破坏等行为导致的海洋生态问题依然突出，我国海洋生态补偿的实践亦没有真正全方位展开。

建立海洋生态补偿机制，并不是对全部海洋资源进行补偿，而是对以生态效益为主体的海洋资源进行补偿[3]，如滨海湿地、珊瑚礁、红树林和海草床等典型海洋生态资源。另外，建立海洋生态补偿机制，也并非对所有的海洋进行补偿，而是主要对我国内海和生态系统破坏严重的近海进行补偿。

首先，海洋生态补偿是完善我国海洋生态修复的一种现实需求。早在20世纪80年代，我国就开始了人工增殖渔业资源的措施，先后在渤海、黄海流域实施中国对虾的生产性增殖放流。进入21世纪，我国海洋生态补偿有了一定程度的发展，其范围与内容均有一定程度的拓展。[4]

其次，明确海洋生态补偿的法律机制既是海洋发展的需求，也是生态补偿制度完善的需求。生态补偿的管理、应用等方面已经积累了建立海洋生态法律机制所需要的各种条件，然而补偿方式、补偿形式、补偿标准、补偿范围等问题的长效机制或制度问题仍未能解决。

在补偿数额和标准的确定方面，国内的理解主要是政府的一种征用

---

〔1〕 Hampicke U, Roth D, "Costs of land use for conservation in Central Europe and future agricultural policy", 1 *J. International Journal of Agricultural Resources, Governance and Ecology* 95—108 (2000); Hanley N, Oglethorpe D, "Emerging policies on externalities from agriculture: An analysis for the European Union", 5 *J. American Journal of Agricultural Economics*, 1222—1227 (1999).

〔2〕 陈静、张虹鸥、吴旗韬：《我国生态补偿的研究与展望》，载《热带地理》2010年第5期，第503—509页。

〔3〕 王淼、段志霞：《关于建立海洋生态补偿制度的探讨》，载《中国渔业经济》2008年第3期，第12—15页。

〔4〕 孙新章、周海林：《我国生态补偿制度建设的突出问题与重大战略对策》，载《中国人口·资源与环境》2008年第5期，第139—143页。

行为，作为公众利益代表应就生态补偿标准等与渔民进行平等的协商谈判。而国外的研究认为并不存在一个固定的补偿标准，应针对不同海域对社会经济发展状况、地理位置和生产力的差异等方面制定不同的补偿标准，补多补少是相关各方讨价还价的结果。[1]

至于资金来源，目前国际上比较通用的生态补偿主要通过政府补贴、财政援助、征生态税和借助国内外基金等方式进行。欧美国家更多是采用生态税收、绿色环保税收等多种特定税收来筹集资金保护生态环境。我国没有专门的生态税，没有将海洋资源列入保护性开发和利用资源的征收范围。

补偿方式方面，国外进行生态补偿主要是通过购买生态系统服务的方式实现[2]，生态系统的购买类型分为公共财政支付和市场融资两种手段，且市场手段逐步成为主要的方式。在我国，政府将始终是建立和完善生态补偿机制和主导者，要积极探索制定和完善有利于市场交易的规则、生态系统服务监测系统以及促进生态系统服务标准化等制度系统[3]，为生态补偿市场化机制的不断完善创造条件。

海洋生态补偿的制度化是海洋生态补偿得以顺利实施的重要保障，是补偿规范化和市场化的基础。实施海洋生态补偿，建立海洋生态补偿机制，对于保护海洋生态环境和促进海洋资源的可持续利用具有重要意义。

第二节 海洋生态补偿典型案例分析

一、威海市海洋生态补偿

（一）背景

1. 威海的社会、经济和环境特征

威海市位于山东半岛东端（36°41′—37°35′N，121°11′—122°42′E），西面与烟台接壤，北东南三面濒临黄海，北与辽东半岛相对，东及东南与

〔1〕 陈冰波主编：《主体功能区生态补偿》，社会科学文献出版社 2009 版，第 10—16 页。

〔2〕 李晓光、苗鸿、郑华等：《生态补偿标准确定的主要方法及其应用》，载《生态学报》2009 年第 8 期，第 4431—4440 页。

〔3〕 李文华、刘某承：《关于中国生态补偿机制建设的几点思考》，载《资源科学》2010 年第 5 期，第 791—796。

朝鲜半岛和日本列岛隔海相望。

威海市现辖三市一区二开发区，即荣成市、文登市、乳山市、环翠区、经济技术开发区、高新技术开发区。威海市是国家首批环保模范城市、国家卫生城市、优秀旅游城市、园林城市等。

2010 年，全市国内生产总值 1944.7 亿元，第一产业增加值 153.94 亿元，增长 1.3%；第二产业增加值 1087.03 亿元，增长 11.4%；第三产业增加值 703.73 亿元，增长 17.7%。按户籍人口计算，全市人均生产总值达到 76778 元，增长 12.4%。

根据 2010 年威海市海洋环境公报，2010 年威海市污染海域面积较 2009 年有所减少，68.5% 的海域达到第一类海水水质标准的要求，30.3% 的海域达到第二类海水水质标准的要求，1.2% 的海域未达到第二类海水水质标准的要求，超标物质为石油类；局部近岸海域未达到第一类海洋沉积物质量标准的要求，超标物为多氯联苯；近岸海域所有受检贝类质量未达到第一类海洋生物质量标准的要求，超标物是重金属和滴滴涕。2010 年威海市共发现 2 次海水水色异常，发生一次绿潮，最大分布面积约 1000 平方公里，最大覆盖面积 200 多平方公里。

2. 海洋生态补偿现状、问题和愿景

威海市于 2007 年开始探索海洋生态补偿问题。以《山东省海洋生态损害赔偿和损失补偿评估办法》(DB37/T 1448—2009)和《山东省海洋生态损害赔偿费和损失补偿费管理暂行办法》(2010)为依据；截至 2011 年 8 月，威海市有三个新审批的填海项目缴纳了生态补偿费，合计近 600 万元，主要是针对围填海项目。

威海市收取的生态补偿费主要用于：(1) 开展海洋生物资源增殖放流活动。2010 年威海市投入资金 1.06 亿元，增殖放流各类渔业苗种近十亿单位。(2) 开展海洋生态修复工程，包括湿地修复、海洋牧场建设、海岸环境整治、退堤还海、海岛保护等生态建设工程。(3) 建设海洋自然保护区。通过实施保护、修复、治理等措施，提高了保护海域的海洋生态系统服务能力，对周边海域的生态环境起到一定的补偿作用。

威海市在生态补偿方面的主要问题以及基于这些问题对于海洋生态补偿的愿景包括：

(1) 国家层面应尽快出台生态补偿的法律法规。海洋生态补偿费的征收目前的法律依据还不充分，征收标准有待完善。

(2) 扩大海洋生态补偿费征收范围。海洋生态补偿费征收范围不应仅限于海洋工程。

(3) 完善海洋生态补偿费征收体系。目前海洋生态补偿费按照省分成50%,市级分成15%,各县分成15%的比例分成。但海洋生态补偿费主要在地方,因此建议试点时应将海洋生态补偿费的征收权限下放到地级市,加大市县级的返还比例。

(4) 建立海洋生态补偿费使用机制。要明确规定海洋生态补偿费全额留于地方,专款专用,全额用于海洋生态修复工作。

(5) 进一步加大对海洋生态保护和修复工程的扶持力度。

(6) 建立海洋环境赔偿修复基金。

(二) 调查分析

1. 威海生态补偿制度框架方案

2010年山东省在全国率先出台了《山东省海洋生态损害赔偿费和损失补偿费管理暂行办法》。威海市海洋生态损害赔偿费和损失补偿费金额,按照该方法评估确定。

威海市执行海洋生态损失补偿的流程为:用海单位申请用海——现场勘察——上报——聘请资质单位编制《海洋环境影响评价报告》(含海洋生态补偿章节)——评审《海洋环境影响评价报告》——下发缴纳海洋生态补偿损失补偿费通知——缴纳海洋生态补偿损失补偿费——批复。

海洋生态损害赔偿费和海洋生态损失补偿费专项用于海洋与渔业生态环境修复、保护、整治和管理,威海市目前的主要使用方式包括海洋生物资源增殖放流活动、开展海洋生态修复工程以及建设海洋自然保护区等。

2. 生态补偿机制利益相关人分析

核心利益相关者:沿海区域的渔民,当地沿海工业企业以及为保护流域水质而改、停建的污染企业。

次级利益相关者:威海市发改委、海洋渔业局、规划局、和环保局等是当地海洋生态补偿政策的执行者,负责宣传、推动及落实各项政策,群体地位较为重要。

边缘相关者的利益:威海市地方政府,山东省政府以及环保等非政府组织都具有非盈利的特性,这些部门在生态补偿过程中更注重的是社会公平、生态效益以及执行效率,而非经济利益,因此生态补偿政策的实施与其没有直接的利益关系。

3. 经济效益分析

一般生态补偿效益包括生态效益、社会效益和经济效益。不同类型生态补偿方式的成本效益有较大的不同。下文以人工鱼礁项目为例，进行成本效益分析。

成本分析：人工鱼礁项目的成本主要来自鱼礁本身的设计制作成本。

效益分析：(1) 生态效益：养护水生生物效果明显，生态效益突出。礁区游泳动物和底栖动物的多样性指数和丰度较投礁前有明显增加，投礁后海水水质改善明显。(2) 社会效益：保护海域本底能力强，社会效益巨大。鱼礁建设对项目近海增养殖海域起到有效的保护作用。鱼礁建设还带动海珍品增养殖、交通运输、水产品加工、休闲游钓、餐饮业等相关产业的发展，促进了渔业产业结构优化升级。(3) 经济效益：随建礁时间增加，经济效益增加显著。据对首批已建成的 6 处礁区调查统计，2005—2007 年建设期间，礁区主要以投入为主。2008 年开始进入回报期。2009 年各礁区平均纯收入达 400 万元。礁区净资产回报率达到 26%。

4. 财务管理和财务可行性分析

威海市生态补偿金的财务管理执行《山东省海洋生态损害赔偿费和损失补偿费管理暂行办法》，海洋生态损害赔偿费和损失补偿费属于政府非税收入，纳入财政预算，实行“收支两条线”管理。专款专用，年终结余结转下年度使用。海洋生态损害赔偿费和损失补偿费的支付按照财政国库管理制度有关规定执行。威海市海洋主管部门负责全市海洋生态补偿费的征缴和海洋生态补偿项目的实施，财政部门负责海洋生态补偿费的使用管理。同时，资金征管、使用应接受财政、审计、海洋等部门的监督检查。对违反规定，依照《财政违法行为处罚处分条例》和《违反行政事业性收费和罚没收入收支两条线管理规定行政处分暂行规定》等法律法规进行处理。

财务可行性方面威海市财政局建议合理划分省、市、县生态补偿费的分成比例。不论是国家还是省审批的项目，大量的基础工作都在市县级，而目前体制的海洋生态损失补偿费分成比例不尽合理，省分成 50%，市级分成 15%，各县分成 35%。建议上级调整分配，加大市县级的返还比例。

5. 海洋生态补偿机制的监测和评估

在《山东省海洋生态损害赔偿费和损失补偿费管理暂行办法》中,明确规定了生态补偿金的使用方法和监督机构,但是对于进一步的海洋生态补偿措施或者工程,包括增殖放流、人工渔礁以及自然保护区的评估方法、评估机构没有作出明确的规定。在海洋生态补偿立法中,应明确各种海洋生态补偿工程措施的后评估机构,评估方法,以保证海洋生态补偿措施的实际效果,对达不到预期效果的应进行改进。

(三) 对海洋生态补偿立法的启示

在《山东省海洋生态损害赔偿费和损失补偿费管理暂行办法》中规定海洋生态损失补偿费实行省级管理方式,通过"山东省非税收入征收管理系统"全额缴入省级国库,按照规定比例实行省、市、县(市、区)三级分成,其中,省级50%、市15%、县(市、区)35%;省财政直接管理县(市)与省级实行5∶5分成,其所在市不参与分成。威海地方政府部门认为生态补偿费留省级财政50%比例过高,应将大部分或全部归地方专款用来生态修复。

《山东省海洋生态损害赔偿和损失补偿评估方法》规定了沿海海洋工程、海岸工程和污染等对海洋环境特别是生物资源造成经济损失的评估方法。该标准对海洋生态损害的评估不全面,侧重生物资源,而对于改变环境本身属性的评估没有涉及。

威海市所在的山东省,是全国唯一制定海洋生态补偿规章制度的省份。《海洋生态损害赔偿费和损失补偿费管理暂行办法》规定了生态补偿费的征收范围、补偿的主客体、补偿方式、补偿的实施流程、补偿费的使用管理,对我国海洋生态补偿立法有着重要的借鉴作用。威海市采用资金补偿、资源补偿、生境补偿等方式进行海洋生态补偿,取得了较好的经济、社会和生态效益。但是受法律法规的限制,也存在一定的不足,在海洋生态补偿立法中应引起重视:(1) 陆源排污造成的海洋生态损失补偿是在威海市调研中提出的认为应该重视的方面;(2) 生态补偿的确定标准还不完善;(3) 海洋生态补偿措施或者工程的后评估方法、评估机构要做出明确的规定;(4) 生态补偿金来源的可持续性。生态补偿金返还和政府补贴这两种生态补偿资金的来源受政策影响比较大,应建立持久的资金供给的渠道。

二、厦门市海洋生态补偿

（一）背景

1. 厦门的社会、经济和环境特征

厦门位于福建省东南沿海，地理坐标在东经 117°53′—118°25′，北纬 24°25′—24°54′。北距泉州 104 km，距福州 301 km。厦门位处漳厦平原和泉州平原的中心，北面与泉州地区南安市、安溪县为邻，西面与漳州市长泰县、龙海市相接，东临金门县，处于发源于闽西、横贯龙岩、漳平、华安、长泰、龙海等地的九龙江入海口处，是海陆交通之枢纽。

厦门市是全国首批实行对外开放的五个经济特区之一，它不仅是东南沿海重要的中心城市，而且也是风景优美的旅游城市和著名的国家环保模范城市，同时在海洋生态补偿工作上也走在全国的前列。

根据《2012 年厦门市国民经济和社会发展统计公报》，厦门全市实现地区生产总值（GDP）2817.07 亿元，按常住人口计算，人均生产总值 77392 元（折合 12260 美元）。

根据《2012 年厦门市海洋环境质量公报》，2012 年厦门海域水环境质量基本稳定，海域沉积环境质量良好，清洁和比较清洁海域面积占全海域面积的 49.8%。海水中主要污染物仍然是无机氮和活性磷酸盐，与 2011 年相比南部海域水质有所改善，而西海域和河口区水质则有所下降。2012 年厦门海域未发现赤潮发生，仅有两次临界赤潮过程。厦门近岸海域贝类生物质量状况良好，海洋珍稀物种国家级自然保护区水环境质量稳定。其中，中华白海豚和文昌鱼数量稳定。

2. 海洋生态补偿现状、问题和愿景

随着厦门市建设海湾型城市战略的全面实施，社会经济快速发展，建成区面积和居住人口不断增加，厦门近海海域环境也面临着越来越大的污染压力。海洋环境质量逐步恶化，海域面积缩小，水动力减少，海水水质逐年下降，海洋生物资源衰退。海洋环境风险及灾害不断加大，赤潮等灾害频繁发生。海洋环境污染行为缺乏有效遏制，违法开采海砂、不科学的海洋开发等活动，导致海洋环境恶化的现象时有发生，严重影响海洋环境质量。

2010 年 5 月 1 日正式颁布实施的《厦门市海洋环境保护若干规定》第 18 条规定，市海洋行政主管部门对涉海工程建设项目的环境影响报告进行审核或者核准时,应当组织对海洋环境和生态影响程度进行评估论证,根据评估论证结果提出相应的海洋生态补偿意见,并监督实施。市海洋行政主管部门组织制定海洋生态补偿的实施细则。

该规定的出台对于厦门市海洋生态补偿工作的开展具有里程碑意义。但厦门市海洋生态补偿还存在以下主要问题:(1) 海洋生态补偿的征收目前的法律依据不充分,征收标准有待完善;(2) 海洋生态补偿征收范围仅限于涉海工程;(3) 缺乏海洋生态补偿专项资金管理规定。

厦门对海洋生态补偿的愿景包括:(1) 健全海洋生态补偿法律法规和机制建设。国家应出台相关规定,进一步规范生态补偿费征收工作;同时在国家、省、市三个层面上建立跨区域及区域之间的海洋生态补偿响应机制,实现区域协作,促进区域间和谐发展。(2) 扩大海洋生态补偿费征收范围。目前,扩大海洋生态补偿费征收范围,不应仅限于海洋工程,更重要的是考虑陆源污染对海洋环境造成影响的补偿,应对生活污水、企业废水等陆源污染物排海征收海洋生态补偿费。(3) 建立海洋生态补偿资金管理制度。要明确规定海洋生态补偿费全额留于地方,且要规定海洋生态补偿费应专款专用,全额用于海洋生态修复工作;建立海洋环境赔偿修复基金,防止、减轻、控制海上活动造成的重大海洋环境污染事件,提高监控海洋环境污染和应急响应能力,将对海洋环境产生污染企业或个人纳入赔偿基金中,及时建立国家海洋环境赔偿基金。

(二) 调查分析

1. 厦门生态补偿制度框架方案

目前厦门市的生态补偿工作主要依据《厦门市海洋环境保护若干规定》,主要体现在环境影响报告书中相关篇章的编制,以及实施生态修复工程补偿措施。

2. 生态补偿机制利益相关人分析

厦门市海洋生态补偿机制涉及的利益相关人主要包括了管理部门、海域开发使用者以及补偿作用的对象。下面以厦门公铁大桥的生态补偿为例进行具体分析。

(1) 补偿主体:该工程业主为厦门路桥建设投资总公司,由于该项目是交通基础工程建设,是政府投资行为,因而补偿主体实际上是市政府。

(2) 补偿客体:利益受损方即中华白海豚保护区。

(3) 补偿对象:原则上中华白海豚保护机构及社会公众都是利益相

关者，都是海洋开发活动的中华白海豚保护受损方，尤其前者作为中华白海豚保护机构，肩负保护、管理职责，可以作为补偿对象的代表，承接补偿并将补偿资金投入到中华白海豚保护的实施工程中。

3. 经济效益分析

厦门公铁大桥的生态补偿作为国内海洋保护区生态补偿的第一例，也是得到完整落实的一例，具有重要的意义。该补偿没有进行生态资源环境损失测算，生态补偿的标准是双方商定，凭的是企业的社会责任感；补偿方式为资金补偿；生态补偿金的工程落实通过政府监督，实际上借助了政府的权威与公信力。

4. 财务管理和财务可行性分析

在厦门杏林公铁跨海大桥工程生态补偿中，工程建设方向厦门市政府交纳了600万元作为海洋生态补偿基金。这是厦门用海项目的首笔生态补偿基金，在厦门市海洋行政主管部门的监督管理下，该基金全部用于厦门珍稀海洋物种国家级海洋自然保护区保护建设和科普教育。

厦门市海洋行政主管部门还采取其他有效方式推进海洋生态补偿工作，对用海过程中造成了红树林损害的项目，海洋行政管理部门要求并监督业主异地再造等量的红树林，账务支出由企业自行管理。

此外，据调查，厦门市为推进九龙江流域的污染防治工作，每年以资金补偿的形式给上游地区进行补偿。现阶段，这种政府财政转移支付的手段是比较可行的。

5. 生态补偿机制的监测和评估

在生态补偿金的使用方面，由政府部门监督生态环境保护工程措施的落实情况，对生态修复工程效果进行跟踪监测和评估。

（三）对海洋生态补偿立法的启示

2010年出台的《厦门市海洋环境保护若干规定》对海洋生态补偿的有关规定不仅对厦门市涉海工程的生态损害评估和生态补偿做了明确的要求，同时也是厦门市海洋工程开展生态补偿的主要依据，对于厦门市海洋经济与环境的和谐发展起到了重要的促进作用。

通过与企业协商的方式交纳生态补偿金，以政府招投标的形式实施工程措施，但该方式没有常态化，在资金管理和工程监督方面还不健全。另外，根据《厦门市海洋环境保护若干规定》，涉海工程环境影响评价报告中对损害海洋生态行为专门进行评估，并承担海洋生态补偿的责任，如进行红树林的异地修复工程措施等。但对海洋生态补偿评估标准未明确，对海洋生态补偿需要承担的责任，补偿的方式均不清楚，政府的监督实施过程存在一定的难度。

三、深圳市海洋生态补偿

（一）背景

1. 深圳的社会、经济和环境特征

深圳地处广东省南部，珠江口东岸，东临大亚湾和大鹏湾；西抵珠江口和伶仃洋；南与深圳河和香港相连；北部与东莞、惠州接壤。深圳是个滨海城市，但海域并不辽阔，海域面积只有1145平方公里，却拥有长达260公里的海岸线和不可多得的岸线资源。拥有岛屿39个，岛岸线全长25.25公里。九龙半岛将深圳海域分为东西两大部分，西部海域由珠江口流域和深圳湾组成，东部海域由大鹏湾、大亚湾组成，“三湾一口”组成了深圳海洋独特的风光。

深圳是中国第一个经济特区，2012年深圳GDP总量位居全国第四（上海、北京、广州、深圳），达12950.08亿元。人均生产总值123247元/人，折合19524美元。

全市建成区绿化覆盖率达45.03%、人均公共绿地面积16.3平方米。自然保护区覆盖率达到30.65%；974平方公里的生态控制线范围得到有效保护。深圳全市有近一半的土地被划入基本生态控制线以内，用作郊野游览和自然生态用地。

深圳近岸东部海域除沙头角至盐田港及沙鱼涌附近海域水质略差外，总体状况较好；西部海域则因营养盐超标，海水富营养化现象严重，赤潮灾害发生的频率居高不下，发生面积逐年增加，还有从西部海域向东部海域发展的趋势。

2. 海洋生态补偿现状、问题和愿景

目前，深圳市海洋生态补偿主要形式是用海企业自主进行、海洋渔业部门负责指导与监督为主。用海企业根据海洋开发活动中对海洋生态影响的程度进行海洋环境评价时提出海洋生态补偿措施，主要的形式是增殖放流。海洋主管部门根据各级海洋部门批准的环评报告的要求，指导各用海企业进行生态补偿活动，海洋部门对这些活动进行指导、监督，同时对各项生态补偿措施进行验收。

同时深圳也采取了政府公益性海洋生态补偿措施。通过政府立项开展相关的公益性生态补偿措施，比如政府拨款进行人工鱼礁建设，每年开展公益性的增殖放流活动，同时在合适的滩涂和海域进行实验性的人工红树林种植，恢复海洋生态系统。

从2008年至今，共有盐田港集团等三十多家用海企业开展落实了生态修复措施，进行增殖放流活动，总共由企业投入的资金和政府公益性投入资金相当。

深圳市海洋生态补偿存在的主要问题和愿景包括：(1) 缺少法律依据，需要相关立法；(2) 理清与海域使用金的关系，避免重复收费；(3) 缺少不同类别海洋生态补偿标准，需要尽快建立；(4) 生态补偿的范围，不仅关注对海洋生态环境的影响，也要考虑涉海工程对河口地区冲淤和行洪纳潮的影响。

（二）调查分析

1. 深圳生态补偿制度框架方案

目前，深圳市的生态补偿框架仍未建立，通常采取政府公益性的海洋生态补偿措施。通过政府立项开展相关的公益性生态补偿措施，比如政府拨款进行人工鱼礁建设，每年开展公益性的增殖放流活动，同时在合适的滩涂和海域进行实验性的人工红树林种植，恢复海洋生态系统。

2. 生态补偿机制利益相关人分析

下面以盐田港的生态补偿为例进行分析。2009至2011年，盐港集团连续三年在深圳市海洋局的指导下，联合盐田国际集装箱码头有限公司、盐田港股份有限公司，在大鹏湾和大亚湾海域组织开展海洋生态修复放流活动，共放流了价值180万元、4640万尾的鱼苗和虾苗。

通过分析受港区开发建设活动所致海域生态系统服务功能变化影响的经济方之间的经济联系，确定相关利益方包括：国家、地方政府、企业、公众、养殖业户。

(1) 国家：国家是海洋生态资源的所有者。

(2) 地方政府：在现有财政分税制的体制背景下，地方政府是一个相对独立的利益主体，如果将海洋生态系统服务作为环境成本纳入到开发企业的投资决策中，势必影响投资成本和投资决策，所以在实施海洋生态补偿中必须要考虑地方政府的利益需求，要将地方政府由于进行海洋生态损害所丧失的发展地方经济的机会成本纳入到补偿范围中。

(3) 开发投资主体:企业开发主体开发利用当地海域的方式破坏了一定范围内的海洋生态系统服务功能,从而造成了海洋生态损失,因此,开发投资主体应被界定为海洋生态补偿的主体,要向海洋生态资源的所有者—国家进行补偿。

(4) 养殖业户:盐田港的建设开发将使得原来在港区规划海域内从事海水养殖的业户付出代价,养殖业户的发展机会成本损失也是不容忽视的一项补偿内容。

(5) 其他公众:在进行利益相关者分析时,还应考虑港区建设开发所造成的海洋生态损害对于公众的影响。港区建设开发必然使社会公众原本享有的海洋生态系统服务的价值降低,因此,理论上讲,社会公众应被界定为补偿对象。但由于社会公众具有主体的不特定性,因此,社会公众的补偿受益权应由国家代表行使。

3. 经济效益分析

以下结合四个生态补偿案例对深圳海洋生态补偿的经济效益进行分析。

(1) 杨梅坑人工渔礁

基于深圳杨梅坑人工鱼礁区 2008 年的研究和统计数据,采用生态系统服务价值方法,我们系统分析了杨梅坑人工鱼礁建设对海洋生态系统的影响。结果表明:与深圳附近海域相比,杨梅坑人工鱼礁构建后旅游娱乐服务价值所占比例由 87% 降至 42%,食品供给服务价值所占比例由 7% 升至 27%,原材料供给、气候调节、空气质量调节、水质净化调节、有害生物和疾病的生物调节与控制、知识扩展服务价值所占比例少许提高;2008 年,深圳杨梅坑人工鱼礁区单位面积服务价值为 1714.7 万元 · km^2,远高于深圳市近海海洋生态系统的平均值和全球近海生态系统的平均值。

人工鱼礁生态系统影响并改变了区域海洋生态系统服务价值结构,提高了区域生态系统服务价值,对于合理开发与利用海洋资源、修复受损的海洋生态环境和渔业资源有着重要意义。

(2) 福田红树林鸟类自然保护区

滨海大道东段位于福田红树林自然保护区的边缘,该保护区是广东内伶仃岛—福田国家自然保护区的一部分,亦是深圳湾湿地的重要组成部分,更是东半球鸟类南北迁徙的歇脚地和栖息地,在全球生态系统中占有重要地位，备受国际环保组织的关注。

因此，深圳市政府对保护区的生态环境一直非常重视，组织有关专家学者审议调整滨海大道红树林段的工程方案，采取道路北移，缩窄路面等措施，把对红树林的影响降到最低限度，调整保护区的红线范围，扩大了滩涂面积，保留了保护区原有的红线内主要功能区，从而又保证了深圳湾湿地生态系统功能的完整性，拨专款栽植红树林，积极引种扩大红树林面积，增加红树林的种类，较好地解决了城市建设与生态保护的矛盾。

该保护区东北侧高速公路以外 1800 m 范围内是沙嘴村、沙尾村、上沙村和下沙村等村民修建的住宅区，人口约 45000 人。国家征用了他们原来赖以生存的土地（包括田、塘、滩涂）后，这些村民已不再从事农、副、渔业生产，而转为城市居民从事股份公司的经营工作。管理体制也由村委会改变为居委会。保护区西北侧滨海大道以外 600 m 范围内，有约 7000 个原住居民和外来人口从事加工、商贸、种植和养殖业等。

（3）深圳华侨城湿地公园

20 世纪 90 年代，深圳湾填海留下 125 公顷的滩涂没有填，涨潮时形成一个大湖区，由北湖、南湖两部分构成。北湖，就是华侨城湿地的前身，与深圳湾水系相通，生物资源共有，是深圳湾滨海湿地生态系统的重要组成部分，也是我国唯一地处城市腹地的滨海红树林湿地。

据调查，湿地公园建成前，这里的环境很糟糕，大片随意搭建的凌乱平房，旁边堆满了生活垃圾，湖水散发着恶臭，湖心水质为劣三类。

华侨城湿地是政府委托给华侨城集团管理的区域，是以环境保护为主的公益项目。2004 年，华侨城湿地确定“保护性修复”的治理方针，开展截污、修复、美化三步治理，对华侨城湿地进行综合治理，通过采取湿地封闭管理、水质改善工程、湿地生态提升措施，实施生态修复，先后启动了 500 米长的小沙河出海口段污水截排、1.45 公里的生态围堰修建、3.3 的铁板网围墙修建、6.3 公里的外引水、20.6 万平方米的清淤还湖、2 万平方米的薇甘菊等入侵植物的防治、近 4 万平方米的红树林补植、8 万平方米的陆地植被恢复等工程。

2009 年，华侨城湿地从近七公里外的深圳湾西部海域向华侨城湿地置换优质深海海水。修复完成后，又根据世界著名景观设计公司对湿地景观的美化方案，遵循湿地植物专家的意见，开展湿地景观的美化工作，重现湿地的生机与活力。2011 年 8 月，国家海洋局授予华侨城湿地“国家级滨海湿地修复示范项目”称号。

香港城市大学深圳研究院、深圳市观鸟协会等环保领域权威组织公布了2011年华侨城湿地水质、鸟类监测报告。报告认为,得益于欢乐海岸改造清淤、植被补种、外引水工程等环境恢复措施,湿地林鸟、鹭科鸟类、中大型鸻鹬类等鸟类数量显著提升,华侨城湿地鸟类多样性总体上保持在一个较高水平,随着湿地生态系统的日趋完善,鸟类多样性还会逐步提高,各水域各项指标均处于不断优化过程中。

华侨城湿地公园不是普通意义上的公园,它是介于自然保护区和公园之间。一方面要进行自然保护,满足科研需求,另一方面又要有科普教育的功能。

(4) 盐田港增殖放流

盐港集团在大鹏湾和大亚湾海域组织开展的海洋生态修复放流活动,对大鹏湾及大亚湾海域海洋生态起到了很好的修复作用,深圳商报、深圳特区报都对放流活动进行了报道,取得了较好的社会效益。

通过三年的增殖放流活动,对近海海洋的生态平衡和补充修复将起到积极作用,并促进了海岸带社会经济发展和居民的净福利水平的提高。

4. 财务管理和财务可行性分析

财务管理主要通过政府拨款和政府监督企业实施的方式进行,缺乏海洋生态补偿财务专项资金和专项管理的规定。

5. 海洋生态补偿机制的监测和评估

由海洋行政主管部门对补偿措施进行跟踪监督和评估。

(三) 对海洋生态补偿立法的启示

深圳采用种植红树林、投放人工渔礁和增殖放流的形式对工程建设造成的生态破坏进行补偿。深圳未专门出台有关海洋生态补偿的规定,仅出于企业的自觉程度进行生态补偿工程措施,缺乏法律法规上的保障。

因此,海洋生态补偿立法的不仅要重视目前的工程性补偿,还要考虑海洋生态补偿形式的多样化。

第三节　完善海洋生态补偿立法的建议

海洋生态补偿是国家生态补偿制度的重要组成部分,应当在《生态补偿条例》中明确规定。填海造地、海上构筑物建造、围海、海洋油气及海砂采挖、海洋倾废等对生态环境影响较大的开发利用活动的责任主体,应当根据海洋生态补偿评估结论和补偿方案履行海洋生态补偿责任。国家和地方政府应对为保护海洋生态而失去发展机会的地区、法人、自然人应进行补偿和补助。

一、海洋生态补偿主体

海洋生态补偿的主体,是指依照国家有关海洋生态补偿法律法规的规定,有补偿权利能力和行为能力,负有海洋生态环境和自然资源保护职责或义务,且依照法律规定或合同约定应当向他人提供海洋生态补偿费用、技术、物资甚至劳动服务的政府机构、社会组织和个人。

从事海洋开发利用活动损害海洋生态环境的,应当事先对可能的海洋生态损害进行评估,并承担相应的生态补偿责任。

沿海县级以上人民政府海洋行政主管部门根据沿海省、自治区、直辖市人民政府规定的管理权限,承担本行政区域毗邻的近岸海域海洋生态补偿工作。

国家海洋行政主管部门承担近岸海域以外或者跨省、自治区、直辖市近岸海域海洋生态补偿工作。

二、海洋生态补偿对象

由于海洋资源本身具有的整体性和流动性特点,利益相关者的范围可能很广,从制定易操作的生态补偿政策的角度出发,需要把补偿对象限定在实施海洋生态系统管理的地域范围之内。

三、海洋生态损害评估

对海洋生态损害进行补偿,需要进行海洋生态损害评估。海洋开发利用活动在申请用海许可前,必须进行海洋生态损害评估,提交海洋开发利用活动的海洋生态损害评估报告。按照法律规定需要提交环境影响报告书的建设项目,可以在环境报告书中设专章评估海洋开发利用活动可能造成的海洋生态损害。

海洋行政主管部门应当根据海洋生态损害评估结论和补偿方案提出的海洋生态补偿的事实、理由,明确海洋开发利用者应当履行的海洋生态补偿义务包括补偿数额、履行方式和期限等,并纳入日常监督和竣工验收工作内容。

海洋开发利用者在承诺履行补偿义务并提供第三方担保的前提下，可以要求根据海洋生态修复、恢复或补救计划的实施情况，分阶段履行补偿义务。

海洋行政主管部门在海洋开发利用活动竣工验收和监督管理过程中发现海洋生态损害情形不符合原海洋生态损害评估结论的，有权要求海洋开发利用者重新进行海洋生态损害评估，并根据新的评估结论按照本办法的有关规定提出补偿要求。

海洋生态损害评估机构应当具有法人资格、有完备的质量管理体系，取得《海洋生态损害评估资质》后，方可从事相关工作。海洋生态损害评估机构的资质条件和管理办法，由国家海洋行政主管部门另行制定。

国家加强海洋生态损害评估的基础数据库和指标体系建设，制定统一的海洋生态损害评估标准，规范海洋生态损害评估方法和程序。

四、海洋生态补偿标准

对于海洋开发利用活动的海洋生态补偿，要遵循尽可能恢复生境和生物资源的主导思想，以对受损的海洋生态系统进行恢复、重建或替换同等资源和生境的合理费用作为海洋生态补偿的标准。

对于海洋保护区（海洋禁止开发区）的生态补偿，应本着兼顾生态效益、经济效益、社会效益的原则，保护区生态补偿标准应根据生态效益改善量，或根据各地的社会、经济、环境条件来确定，使补偿标准尽可能接近于进行生态保护所支付的机会成本。

五、海洋生态补偿资金来源

海洋生态补偿的资金来源应包括以下五种渠道：第一，通过征收海洋资源税的形式来筹集海洋生态补偿的资金；第二，设立保护海洋生态环境的专项基金和发行国债，将“海洋资源利用补偿费”的专项资金纳入国家或地方政府的财政预算，用于保障海洋资源的可持续利用；第三，依靠财政转移支付政策，从制度上制订与保护海洋生态环境相关的生态补偿支出项目，用于保护和利用海洋资源；第四，对有利于海洋生态环境保护的行为推广优惠信贷，既可刺激借贷人有效的使用贷款，也可以提高贷款资金的生态效率；第五，借助国内外基金如全球环境基金、世界自然基金的资金,保护海洋生态环境。

沿海县级以上人民政府的财政部门应当设立海洋生态补偿金专门账户,对资金的收入、支出实施有效监管。

海洋生态补偿金应纳入财政预算,建立海洋生态保护专项资金进行管理,主要用于下列项目:为恢复、减轻海洋生态损害而实施的工程与非工程项目;海洋生态损害的应急监测、损害评估与跟踪监测、后评估;区域性海洋生态保护与污染整治项目及生态救济。

沿海县级以上人民政府的海洋行政主管部门组织编制海洋生态补偿金的使用计划,按照预算管理的规定纳入财政预算,严格支出管理,接受审计监督。

第六章　区域生态补偿的理论与实践*

自然生态保护要求建立生态补偿政策机制。中国经过三十多年的发展已经建立了较完整的环境污染防治政策体系，对主要环境污染问题的管理都有法律和政策依据，但在自然生态保护方面，面临着政策结构性缺位的挑战，特别是相关的环境经济政策严重短缺，无法解决诸如国家重要生态功能区、流域和矿产资源开发等领域的生态环境保护问题。要解决这类问题，中国必须建立一种能调整相关主体环境利益及其经济利益的分配关系，激励生态保护行为的政策，即生态补偿政策机制。

区域协调发展是实现可持续发展的必要条件。近年来，中国所面临的自然资源短缺、生态失衡、环境污染、区域间发展不均衡等问题，已经成为影响中国未来经济增长的瓶颈因素。而区域经济差距扩大是影响区域协调发展的主要原因，短期通过消费对我国的经济增长产生不利影响，长期势必影响社会公平与稳定。[1]

建立区域生态补偿政策体系是实现区域协调发展的必要条件。在"空间管制"和"功能区划"的管理模式下，不同功能区域之间的"外部作用"或"外部性"非常明显，我国生态保护地区大都是西部贫穷落后地区，生态保护受益地区大都是东部经济相对发达地区。生态保护地区为维护和创造生态系统服务价值投入了人力、物力、财力，发展机会也受到限制。如果生态系统服务提供者得不到补偿，受益者无偿受益，那么生态保护地区和生态受益区的经济发展差距将越来越大，区域协调发展将无从谈起。因此，面对实现区域协调发展这个科学命题和重大实践，生态补偿还要同时解决人地关系中的区域关系，这就是区域生态补偿问题。经过二十多

---

* 本章撰稿人：宋乃公，课题组区域生态补偿国内专家，生态补偿专家咨询委员会委员，高级工程师，中国投资协会农业和农村投资专业委员会会长，中国投资协会副会长，中国工程咨询协会学术委员会委员，中国自然资源学会常务理事；张彩霞，区域生态补偿国内专家助手，生态学博士，中国科学院地理科学与资源研究所博士后。

〔1〕 陆远如、刘志杰：《生态补偿与区域经济协调发展研究——基于区域分工视角》，载《学术研究》2010 年第 12 期，第 73—77 页。

年努力,中国的生态补偿已取得了显著进展。[1] 但总体而言,生态补偿制度尚未建立,生态补偿政策体系尚未形成,尤其是区域间的生态补偿因其自身的复杂多变性而研究较少,相应的政策更为罕见。在生态补偿制度缺失、与市场经济体制不相适应的资源区域关系背景下,新型资源开发格局将会诱发一系列区域问题。

生态补偿作为一项制度安排,只有通过单独立法才能发挥其作用和价值。[2] 因此,系统梳理国内外已有研究,借鉴国内外相关经验和教训,基于国内实地进行案例分析,认清我国区域生态补偿立法存在的问题,为我国区域生态补偿立法提供切实可行的政策建议和理论支持,是当前的一项紧迫任务。

第一节　区域生态补偿概述

一、国外生态功能区的生态补偿案例及相关研究

生态补偿(Ecological Compensation)在国际上更多的被称为生态系统服务付费(Payment for Ecological/Environmental Services, PES)或生态效益付费(Payment for Ecological Benefit, PEB)。生态补偿是以保护和可持续利用生态系统服务为目的,以经济手段为主,调节相关者利益关系的制度安排。更详细地说,生态补偿机制是以保护生态环境,促进人与自然和谐发展为目的,根据生态系统服务价值、生态保护成本、发展机会成本,运用政府和市场手段,调节生态保护利益相关者之间利益关系的公共制度。[3] PES是近年来国际上生态经济学研究的热点问题,许多国家和地方也在该方面进行了大量的理论和实践探索。[4] 国外关于生态保护区生态补偿的相关理论基础主要有:现代西方财政理论、公共产品理论、外

---

〔1〕 刘玉:《跨区资源调配生态补偿与区域协调发展》,载《宏观经济管理》2007年第11期,第24—27页。

〔2〕 林涛、梁贤:《基于立法层面对我国生态补偿机制的认知与思考》,载《安徽农业科学》2007第35卷第36期,第12087—12088页。

〔3〕 中国生态补偿机制与政策研究课题组主编:《中国生态补偿机制与政策研究》,科学出版社2007年5月,第25—33页。

〔4〕 参见陈冰波主编:《主体功能区生态补偿》,社会科学文献出版社2009年版,第1—375页。

部性理论、生态资本理论等。[1] 关于生态保护区利益补偿的相关方法主要有:生态功能服务价值法、边际机会成本法、政府公共政策补偿方法和市场机制配置补偿方法。目前研究的热点主要是:生态系统服务价值评估、生态系统服务市场类型、付费的资金来源方式[2]、生态系统服务付费的效率与公平[3]、对减缓贫困的影响和对区域发展趋势的影响[4]、生态补偿定量核算、支付意愿[5]、补偿的空间外部性[6]等。总体而言,国外在生态补偿研究方面尚处于早期阶段,主要侧重于对生态补偿中微观主体的行为与选择问题的研究,在补偿的经济原因、市场化的补偿途径、补偿的具体机制等方面取得了一定的成果。[7]

国外在生态补偿实践方面的案例较多,主要涉及有机农业、生态农业、生态多样性、湿地保护、自然资源保护、栖息地保护等方面。比如,美国的农业土地保护性退耕政策、纽约市与上游地区的清洁供水交易和保护稀有物种的许可证交易;巴西采取的生态增值税、建立永久的私有自然遗产保护区和储藏量的可贸易权;澳大利亚实施的较具代表性的开放性市场贸易案例,即水分蒸发信贷案例;德国的由富裕地区直接向贫困地区横向转移支付案例;欧盟为了鼓励当地生产及消费"绿色产品"而出台的生态标签体系;墨西哥成立专项基金用于森林生态补偿的案例;荷兰政府在高速公路等大型基础设施建设中列入生态补偿计划,如对生态环境和动物栖息地的影响和相应的补偿措施;世界自然基金会(WWF)创建了帝

---

〔1〕 宏观经济研究院课题组:《生态保护区域利益补偿:国外相关理论、方法及启示》,载《宏观经济管理》2007 年第 12 期,第 65—67 页。

〔2〕 Farley J., Costanza R., "Payments for Ecosystem Services: From local to global, Ecological Economics", 2010, 69(11): 2060—2068.

〔3〕 Rico L., Ruiz M., Reyes F., et al., "Efficiency of Payments for Environmental Services: Equity and additionality in a case study from a Biosphere Reserve in Chiapas, Mexico, Ecological Economics", 2011, 70(12): 2361—2368.

〔4〕 Uthes S., Piorr A., Zander P. and et al., "Egional Impacts of Abolishing Direct Payments: An integrated Analysis in Four European Regions, Agricultural Systems", 2011, 104(2): 110—121.

〔5〕 Koellner T., Sell J., Navarro G., "Why and How Much Are Firms Willing to Invest in Ecosystem Services From Tropical Forests? A Comparison of International and Costa Rican Firms, Ecological Economics", 2010, 69(11): 2127—2139.

〔6〕 马爱慧、蔡银莺、张安录:《耕地生态补偿实践与研究进展》,载《生态学报》2011 年第 31 卷第 8 期,第 2321—2330 页。

〔7〕 王志凌、谢宝剑、谢万贞:《构建我国区域间生态补偿机制探讨》,载《学术论坛》2007 年第 3 期,第 119—125 页。

王蝴蝶保护基金,向帝王蝴蝶冬季栖息地的社区按照所受保护的森林面积提供经济补贴的案例等。[1]

二、中国生态功能区的生态补偿案例及相关研究

在理论研究方面,2000 年以后生态补偿在国内才开始得到重视,且以流域和森林生态补偿研究较多,区域生态补偿研究起始较晚,约在 2006 年以后才有了较快发展。就区域生态补偿而言,区域生态补偿机制研究多,对区域生态补偿标准的研究较少,而对于区域补偿实践的研究较为罕见,总体研究尚很薄弱。

在区域生态补偿机制方面,杜万平[2]提出了要完善西部区域生态补偿机制的建议;秦鹏[3]认为区域问题的核心就是区域生态补偿问题,并提出了建立中国区域生态补偿制度的基本立法构想;陆远如和刘志杰[4]通过研究指出生态环境的公共产品性导致的"搭便车"行为是区域经济差距形成的原因,实施生态补偿机制的目标应是生态环境保护与区域经济协调发展;钟大能[5]探讨了如何为生态环境建设建立一种长效、稳定的兼容政府纵向和省区域间、流域间政府横向的财政补偿机制;罗吉和戈华清[6]就跨区域调水所产生的环境影响和补偿的理论及机制进行了初步探讨;陈瑞莲等[7]指出实施流域区域生态补偿,是保护流域生态环境、实现流域经济社会可持续发展的重要途径,中国应当采取流域区域生态补偿的准市场模式,建立健全流域区域民主协商、流域生态价值评估、补

---

〔1〕 参见陈冰波主编:《主体功能区生态补偿》,社会科学文献出版社 2009 年版,第 1—375 页。

〔2〕 杜万平:《完善西部区域生态补偿机制的建议》,载《中国人口 · 资源与环境》2001 年第 11 卷第 3 期,第 118—119 页。

〔3〕 秦鹏:《论我国区际生态补偿制度之构建》,载《生态经济》2005 年第 12 期,第 51—53 页。

〔4〕 陆远如、刘志杰:《生态补偿与区域经济协调发展研究——基于区域分工视角》,载《学术研究》2010 年第 12 期,第 73—77 页。

〔5〕 钟大能:《在西部民族地区完善财政生态补偿机制的对策建议》,载《中央财经大学学报》2006 年第 5 期,第 21—26 页。

〔6〕 罗吉、戈华清:《论跨区域调水的环境补偿》,载《环境经济》2002 年第 11 期,第 34—36 页。

〔7〕 陈瑞莲、胡熠:《我国流域区际生态补偿:依据、模式与机制》,载《学术研究》2005 年第 9 期,第 71—74 页。

偿资金营运和流域区域经济合作等机制。周大杰等[1]认为及时有效地建立中央政府和流域下游发达地区对上游经济欠发达地区的生态补偿制度,既可以达到保护上游生态环境与提高上游人民生活水平的目的,又能促进全流域社会经济的可持续发展;宏观经济研究院课题组[2]探讨了国外生态保护区域利益补偿的相关理论与方法,并据此提出了8条经验启示;刘青[3]通过研究江河源区生态系统的内涵、结构、服务功能及其价值,探索建立江河源区生态补偿机制;胡仪元[4]认为边缘地经济持续发展与和谐社会构建的基本内容之一是通过生态补偿机制,分享全国经济社会发展和科技进步的利益和效应,并提出了投入型、效应型、预期型、综合型四种生态补偿模式的生态补偿实现机制;闵庆文等[5]通过研究国内外相关文献得到结论认为,自然保护区生态补偿是通过政府主导和市场作用共同实现的,不论是在发达国家还是在发展中国家,公共支付手段都是主要的支付手段;通过生态补偿促进社区参与是实施保护区有效管理的重要途径,他们进一步讨论了我国自然保护区生态补偿的原则、方式、标准和措施等问题;张成军[6]指出在生态补偿机制尚不健全的情况下,推进行政区绿色 GDP 核算,并以绿色 GDP 核算中对传统 GDP 的扣减项和加计项为依据,确定生态补偿的方向和规模,实现对致力于生态产品生产的限制开发区和禁止开发区的生态补偿,是协同推进生态补偿机制构建和主体功能区建设的权宜之计;李宁等[7]针对目前我国实践区域生态补偿机制中可能面临的困境和问题进行了分析,并从制度建设角度提出要从法定化生态补偿的基本制度、完善流域生态补偿管理体制、优化生态

---

〔1〕 周大杰、董文娟、孙丽英等:《流域水资源管理中的生态补偿问题研究》,载《北京师范大学学报(社会科学版)》2005 年第 4 期,第 131—135 页。

〔2〕 宏观经济研究院课题组:《生态保护区域利益补偿:国外相关理论、方法及启示》,载《宏观经济管理》2007 年第 12 期,第 65—67 页。

〔3〕 刘青、胡振鹏:《江河源区生态系统服务价值评估初探——以江西东江源区为例》,载《湖泊科学》2007 年第 3 期,第 351—356 页。

〔4〕 胡仪元:《区域经济发展的生态补偿模式研究》,载《社会科学辑刊》2007 年第 4 期,第 123—127 页。

〔5〕 闵庆文、甄霖、杨光梅:《自然保护区生态补偿研究与实践进展》,载《生态与农村环境学报》2007 年第 23 卷第 1 期,第 81—84 页。

〔6〕 张成军:《绿色 GDP 核算的主体功能区生态补偿》,载《求索》2009 第 12 期,第 16—18 页。

〔7〕 李宁、丁四保、王荣成等:《我国实践区际生态补偿机制的困境与措施研究》,载《人文地理》2010 年第 25 卷第 1 期,第 77—80 页。

补偿横向转移支付制度三方面完善我国区域生态补偿机制；李平星[1]从经济地理学的经典理论出发，在探讨区位论、产业结构演替理论、人地关系地域系统理论的基础上，分析了传统生态补偿的缺失和不足，并在主体功能区规划的基础上，就区域生态补偿的理论基础、目标导向和实施机制进行了探讨，将经济地理学的空间区位论、地域功能理论、区域发展空间均衡理论等充实到区域生态补偿的理论基础中，提出了以实现区域协调发展和基本公共服务均等目标导向，以政府主导、市场参与的区域生态补偿的实施模式，并针对实施难点、提出了相应的解决建议；赵翠薇和王世杰[2]分析了国内外生态补偿效益和标准差异后，指出生态补偿应考虑区域差异实行补偿等级划分，并提出了生态补偿标准确定的理论框架；燕守广等[3]在对生态系统服务功能内涵、主导生态功能和生态系统服务空间尺度分析的基础上，提出应利用关系到区内外直接经济利益的生态系统服务功能价值作为补偿标准的依据，采取生态保护项目投资、差异性的区域政策、国家财政转移支付、发展生态旅游项目和生态标记产品的重要生态功能区生态补偿形式；孔凡斌[4]以江西东江源区为例，对江河源头水源涵养生态功能区生态补偿机制进行了研究，并运用“成本—效益分析法”和“工业发展机会成本法”测算出生态补偿标准总额为 51335.2 万元，还以水量、水质和用水效益三个指标为基础，建立流域环境保护与生态建设成本分担模型，并测算出流域下游地区广东省环境保护与生态建设成本年分担份额为 10861.33 万元；朱广芹和韩浩[5]分析了区域碳汇交易的适用性，并从补偿原则、补偿方式、补偿标准和补偿治理四个方面构建了基于区域碳汇交易的森林生态效益补偿模式；汤明和钟丹[6]从鄱

---

〔1〕 李平星、孙威：《经济地理学角度的区域生态补偿机制研究》，载《生态环境学报》2010 年第 19 卷第 6 期，第 1507—1512 页。

〔2〕 赵翠薇、王世杰：《生态补偿效益、标准——国际经验及对我国的启示》，载《地理研究》2010 年第 29 卷第 4 期，第 597—606 页。

〔3〕 燕守广、沈渭寿、邹长新等：《重要生态功能区生态补偿研究》，载《中国人口 · 资源与环境》2010 年第 20 卷第 3 期，第 1—4 页。

〔4〕 孔凡斌：《江河源头水源涵养生态功能区生态补偿机制研究——以江西东江源区为例》，载《经济地理》2010 年第 30 卷第 2 期，第 229—237 页。

〔5〕 朱广芹、韩浩：《基于区域碳汇交易的森林生态效益补偿模式》，载《东北林业大学学报》2010 年第 38 卷第 10 期，第 109—111 页。

〔6〕 汤明、钟丹：《主体功能区视阈下鄱阳湖流域生态共建共享补偿模式研究》，载《安徽农业科学》2011 年第 39 卷第 13 期，第 8042—8043 页。

阳湖流域生态补偿现状出发，以主体功能区为视角，建立了鄱阳湖流域生态共建共享补偿模式；李俊丽和盖凯程[1]探讨了三江源地区多层次的生态补偿体系和以市场为导向的多元化生态补偿机制的建立方式，指出应明确补偿对象，实行分类重点差异补偿，补偿途径与方式多样化，变“输血”为“造血”的补偿机制，建立上中下游之间的横向区域生态补偿机制。

在区域生态补偿的量化研究方面，孙艳青等[2]利用简单的模型或参数，对珠江温泉城开发中的主要生态因子进行了量化研究，依据开发前后的变化结果，确定了补偿开发应该采取的具体对策；李怀恩等基于防护成本法[3]和模糊数学模型的水资源价值法[4]，计算南水北调中线工程陕西水源区的每年生态补偿量分别为 89.81 亿元和 80.026 亿元，为南水北调调中线水源区的生态补偿量的确定提供了有益参考；白景锋[5]从生态系统服务价值和生态建设成本出发，引入生态价值发展阶段系数调整，测算南水北调中线河南水源区生态建设工程的外部生态补偿量为 4.145 × 104 万元，并以受水区用水比例和经济发展水平为权重，探讨了受水区生态补偿分摊方案和水源区生态补偿分配方案和分配原则；巩芳等[6]利用条件价值评估法对内蒙古草原生态补偿意愿进行了实证研究，发现该区居民的支付意愿和牧民的受偿意愿相差近百倍，其主要因素是被访者的受教育程度（即学历水平）、对草原生态环境的认知程度和家庭人口，而影响受偿意愿的因素主要是牲畜饲养方式和牧民居住地距离旗政府所在地的距离；蔡银莺和张安录[7]研究认为无论是通过模拟政府的直接补偿

---

〔1〕 李俊丽、盖凯程：《三江源区际流域生态补偿机制研究》，载《生态经济》2011 年第 235 卷第 2 期，第 171—173、187 页。

〔2〕 孙艳青、李万庆、张波：《区域开发中的生态补偿量化分析——以珠江温泉城为例》，载《城市环境与城市生态》2005 年第 18 卷第 4 期，第 38—40 页。

〔3〕 李怀恩、谢元博、史淑娟等：《基于防护成本法的水源区生态补偿量研究——以南水北调中线工程水源区为例》，载《西北大学学报（自然科学版）》2009 年第 39 卷第 5 期，第 875—878 页。

〔4〕 李怀恩、庞敏、肖燕等：《基于水资源价值的陕西水源区生态补偿量研究》，载《西北大学学报（自然科学版）》2010 年第 40 卷第 1 期，第 149—154 页。

〔5〕 白景锋：《跨流域调水水源地生态补偿测算与分配研究——以南水北调中线河南水源区为例》，载《经济地理》2010 年第 30 卷第 4 期，第 657—662 页。

〔6〕 巩芳、王芳、长青等：《内蒙古草原生态补偿意愿的实证研究》，载《经济地理》2011 年第 31 卷第 1 期，第 144—148 页。

〔7〕 蔡银莺、张安录：《基于农户受偿意愿的农田生态补偿额度测算——以武汉市的调查为实证》，载《自然资源学报》2011 年第 26 卷第 2 期，第 177—189 页。

还是市场交易的实现,农户所认同的受偿额度均参考了其转变生产方式所带来的产量下降及额外付出的管理成本等净损失,有一定的可信度。

在区域生态补偿实践方面:中国区域生态补偿方面的实践较少,主要是退耕还林/草、南水北调、天然林保护、西电东输等以国家财政投资为主的大型工程项目,及以政府参与为主的流域区域生态补偿实践[1],如:东江源区财政转移支付与水电费补偿相结合的生态补偿实践;漳河流域通过协议水价,实现了跨省调水;浙江省绍兴市对其上游新昌县实施的"异地开发生态补偿"实践;广西的森林碳汇项目等。

三、国内外区域生态补偿的经验

(一)国内经验借鉴

综合国内在区域生态补偿方面的理论和实践研究,可以得到以下可借鉴的经验:

第一,对区域生态补偿的理解不仅仅是从生态学和经济学等传统理论的角度,而且应该增加空间区位论、地域功能理论、区域发展空间均衡理论等经济地理学理论的视角。区域生态补偿的目标不仅仅是从区域自身出发进行生态保护、推动经济和社会发展,而且是以生态良好、经济发展、社会进步三维综合导向的实现区域协调发展和基本公共服务均等化。

第二,正确识别地域功能,并以此对地域主体功能明确定位,是进行生态补偿的基础和关键。对于限制开发区也要清楚界定哪些地区哪些资源是限制开发的,哪些是允许开发的,以利于对生态补偿主客体的准确识别。

第三,区域生态补偿应遵循以下几种原则:污染者付费原则、使用者付费原则、受益者付费原则、新账和旧账分治的原则、促进区域协调可持续发展的原则。

第四,区域生态补偿标准的确定,可以从生态治理与恢复的成本、生态保护成果的维护成本、因生态保护而引起的机会成本、利益相关者的支付意愿、区域均衡发展、绿色 GDP 核算等方面综合考虑确定。

第五,需要建立政府主导、市场参与的补偿体系。

第六,生态补偿途径与方式应多样化,补偿标准也应根据地域级别差

---

〔1〕 参见陈冰波主编:《主体功能区生态补偿》,社会科学文献出版社 2009 年版,第 1—375 页。

异而实行多级化。

（二）国外经验借鉴

目前国外并没有专门的有关生态补偿的法律和政策，与生态补偿概念类似的相关规定大都包含在与生态系统保护密切相关的其他法律和政策之中，如农业政策、林业政策、自然资源开发政策等。[1] 从大量国外生态补偿研究及案例分析看，可借鉴的生态补偿经验为：

第一，要建立和完善生态补偿相关的法律政策，补偿政策的实现要与其他政策的调整相结合。我国现行的《环境保护法》、《草原法》和《防沙治沙法》等法律虽然对生态保护做出了明确规定，但约束力不强，且各条款间存在矛盾，影响了生态补偿制度的实施。[2] 因此，应尽快完成生态补偿相关政策法律的立法工作，使生态补偿的实施有法可依，并注意在生态补偿机制的建立过程中，对与之相关的其他系列政策的调整。

第二，要建立适合本国国情的生态补偿机制。严重的生态环境问题是制约各国与各地区实现全面、协调和可持续发展的重要因素，但不同时间不同区域其面临的生态问题不同，只有借鉴国际经验和结合国内实践，才能建立起一套行之有效的生态补偿体制政策和生态补偿机制。

第三，财政转移支付应占主导地位。在世界各国对生态区域的利益补偿实践中，财政转移支付承担着主导性作用。这主要是由于多数国家都将生态环境保护和建设作为地方性公共产品，由地方政府承担主要的支出责任，而转移支付可有效地解决公共产品的外部性问题。

第四，优化选择补偿区域，划分补偿区域等级，分级核算补偿标准，提高资金使用效益。资金短缺是我国实施生态补偿面临的主要难题，因此，应优化选择补偿区，避免对不需要补偿也能提供生态系统服务的地区进行补偿，同时也应按照不同等级区域在生态保护中的作用和机会成本的差异划分补偿区域等级，分级核算补偿标准，提高资金使用效益。如美国的土地休耕计划，农户首先自主申请，然后使用效益－成本系数对

---

〔1〕 高彤、杨姝影：《国际生态补偿政策对中国的借鉴意义》，载《环境保护》2006 年第 10A 期 71—76 页。

〔2〕 李果仁：《国外生态补偿政策的借鉴与启示》，载《中国财政》2009 年第 13 期，第 70—71 页。

申请农户进行选择,提高资金利用效率。[1] 英国的环境敏感项目以区域典型农场的成本为基准计算机会成本,各区域内按照经济发展差异划分补偿等级,各等级内的补偿个体又按照管理方式和资本结构等进行修正。[2]

第五,逐步形成政府主导和市场机制相结合的利益补偿体系。国外的生态利益补偿机制和体系,大多采用政府手段和市场手段相结合的方式,并且在不同阶段具有明确不同的分工重点。我国目前的生态补偿主要以政府补偿为主,应加大市场机制培育,积极探索多渠道的利益补偿方式。

第六,生态补偿项目要有具体严格的实施、监督和评估措施。纵观国外各领域范围的生态补偿项目,它们都不仅有宏观的政策要求,还具有十分具体详细的项目规定与措施安排。对申请补偿资格、参与生态措施认定、监测实施过程与效果评估,以及最后的发放补偿或实现补偿交易都做了详细界定,同时不同的生态措施和方法有不同的界定和补偿方式。只有如此,才能确保项目的有效性和效率性。[3]

第七,采用现金补偿、实物补偿、项目投资、税收优惠等相结合的利益补偿方式。重视和充分发挥生态标志制度的作用。根据生态受损区实际情况,采用符合当地实情的灵活多样的补偿方式,以达到最优的生态保护效果。

第八,清楚界定生态补偿利益相关者的职责、任务和利益分配关系,积极培育多元化的生态补偿利益主体。只有生态补偿利益相关者划分明确,积极调动各利益相关者生态保护积极性与加强相互间的合作,才能构建起完善的生态补偿网络。

第九,生态补偿实践可依据区域具体情况,借鉴国外的多种方式试点后推广,比如:政府购买,专项基金,开征资源税、费,进行私人交易,开放的市场贸易,税收优惠,生态标签,接受社会、团体、个人、基金会、国际组

---

〔1〕 Roger C., Andrea C., Robert J., *Cost-effective Design of Agri-environmental Payment Programs: U.S. Experience in Theory and Practice*, Ecological Economics, 2008, 65 (4): 737—7521.

〔2〕 Thomas L. Dobbs, Jules P., *Case study of Agri-environmental Payments: The United Kingdom*, Ecological Economics, 2008, 65 (4): 765—7751.

〔3〕 卢艳丽、丁四保:《国外生态补偿的实践及对我国的借鉴与启示》,载《世界地理研究》第2009年第18卷第3期,第161—168页。

织等捐赠。

第十,生态补偿政策体系的建立是一个在实践中不断完善的过程,因而在实践中,应积极吸纳各方意见和建议,给予地方一定的灵活度,并及时修正和完善相关政策法律。

第二节　区域生态补偿典型案例分析

一、京津风沙源区的区域生态补偿

(一) 背景

内蒙古自治区的乌兰察布市距离北京约300km,河北省张家口市距离北京约200 km,其气候条件直接影响北京地区,其生态环境及生态系统服务功能的供给状况也直接影响到北京地区的生态环境及生态系统服务受益情况,特别是两地区的土地沙漠化与京津地区每年的沙尘暴和沙尘天气密切相关,为京津风沙源区。为了京津地区有良好的生态环境,乌兰察布市和张家口市都开展了京津风沙源治理工程,建设内容包括荒山荒沙造林、退耕还林、营造农田(草场)林网、草地治理、禁牧舍饲、水利配套设施建设、小流域综合治理以及生态移民等[1],投入了巨大的人力、物力和财力,为生态环境恢复和保护做出了巨大的贡献和牺牲。同时,乌兰察布市和张家口市都属于国家较为贫困落后的市区,特别是乌兰察布市的四子王旗(参见图表6.1)和张家口市的张北县都属于国贫旗县。它们是国家重点生态功能区和限制开发区,同时又位于京津周边,担负着艰巨的生态保护重任,其生态环境和社会经济发展与京津地区具有密切联系。因而,本课题选择内蒙古自治区的乌兰察布市和河北省的张家口市为研究区,以乌兰察布市的四子王旗和张家口市的张北县为重点调研地,探讨中国区域生态补偿现状、可借鉴的经验和存在的问题。

---

〔1〕 王亚明:《京津风沙源治理工程效益分析》,载《北京林业大学学报(社会科学版)》2010年第9卷第3期,第81—85页。

图表 6.1 四子王旗 2010 年人口、经济及其在内蒙古自治区 101 个旗县(区)的排名(内蒙古统计年鉴,2011[1])

年末 总人口/人	排名	粮食 产量/吨	排名	年末牲畜存 栏头数/万头	排名	一般预算 收入/万元	排名	生产 总值/万元	排名	农牧民人均 纯收入(元/年)	排名
215257	54	81645	53	79.4	32	4420	97	330120	87	3680	88

〔1〕 内蒙古自治区统计局:《内蒙古统计年鉴 2011(光盘版)》,中国统计局,2011 年 7 月。

（二）京津风沙源区生态补偿现状

乌兰察布市京津风沙源治理工程 2000 年开始启动，2001 年正式实施。2005 年以前涉及四子王旗等 8 个旗县市区，2005 年至今，全市 11 个旗（县、市）区均开展了京津风沙源治理。[1] 乌兰察布市截至 2010 年底累计造林 1383.42 万亩，森林覆盖率比 1999 年增加了 14 个百分点，工程区林草盖度达 90% 以上，特别是阴山北麓风沙地带，沙化现象得到有效遏制。

张家口市作为京津和华北平原的天然屏障，2000 年起被列为京津风沙源治理工程的重点区，全市 20 多个县区全部处于京津风沙源治理工程的第一线，在遏制土地沙化和减少沙尘天气等生态环境保护方面有了明显绩效：整个张家口地区实现了从“沙尘暴加强区”到“减弱区”的转变，2010 年北京市空气质量二级和好于二级的天数累计 285 天，创 10 年以来最好水平。

乌兰察布市和张家口市得到的生态补偿主要是以国家项目形式为主的政府财政转移纵向支付。如：2000—2010 年，四子王旗京津风沙源治理项目（包括退耕还林、禁牧舍饲、易地移民等）共完成投资 56682.56 万元，其中国家投资 46461.95 万元，占总投资的 82%，地方配套及群众自筹 10220.61 万元；2008—2010 年，张家口市得到的上级下达的各类环境保护资金 47.6 亿元，其中生态功能转移支付 5.2 亿元、资源枯竭转移支付 2.4 亿元、京津风沙源治理 7.0 亿元、首都水资源保护 1.7 亿元、森林保护项目 0.7 亿元。除此之外，该区还获得退耕还林项目补助、生态效益林补助基金和草原生态保护补助奖励机制政策等来自国家财政的补助。但是，只有 2011 年开始实施的草原生态保护补助奖励机制政策是一种长效补偿机制。

退耕还林补助项目：退耕还林补助包括退耕还林现金补助和粮食补助，现金补助标准为每亩每年 20 元，粮食补助标准为每亩每年粮食 200 斤（从 2004 年粮食补助折合现金 140 元）。补助年限自验收合格第一年开始，退耕还草补助 2 年，还经济林补助 5 年，还生态林暂补 8 年。上述退耕还林粮食和现金补助期满后，从 2008 年开始国家对退耕还林农户实行了完善退耕还林政策补助，中央财政安排了用于解决退

---

[1] 李博：《乌兰察布市京津风沙源治理工程——期建设分析》，载《内蒙古水利》2010 年第 5 期，第 35—36 页。

耕农户生活困难的专项资金。补助标准为：每亩退耕地每年补助现金70元，原每亩退耕地每年20元现金补助，继续直接补助给退耕农户，并与管护任务挂钩。补助期限为：还生态林补助8年，还经济林补助5年，还草补助2年。另外，为了巩固退耕还林成果，从2008年开始国家对退耕农户实施了退耕还林后续产业项目建设，即巩固退耕还林成果专项资金，是中央财政资金安排的专项用于巩固退耕还林成果，解决退耕农户长远生计的资金。目前主要实施的项目有基本口粮田建设、农村沼气建设、退耕农户技能培训、圈舍改造，退耕还林补植补造和林业产业基地建设等。

生态效益林补偿项目：2001—2009年，中央财政每年按照5元/亩拨付森林生态效益补偿基金，其中管护补助支出4.75元/亩，国有的国家级公益林管护补助支出主要用于林场、苗圃、自然保护区等国有单位管护国家级公益林的劳务补助等支出，集体所有的国家级公益林管护补助支出主要用于县、乡、村护林员工资，公益林补植补造和森林防火投入等；公共管护支出0.25元/亩，由省级财政部门直接列支。从2010年开始，集体所有的国家公益林补偿基金提高至每年10元/亩，其中管护补助支出增加到9.75元/亩，增加部分作为林权所有者的经济补偿直接拨付。

京津风沙源补助项目：水源工程1处投资10000元，生态移民每人国家补助5000元，自2004年开始，京津工程安排了1%的管理费，主要用于旗县一级的管理费用支出（主要是前期规划、作业设计、档案管理、检查验收等），人工造林乔木200元/亩、灌木110元/亩，封山育林70元/亩，飞播造林120元/亩。

草原生态保护补助奖励机制政策：从2011年起，中央财政按照每年每亩6元的测算标准对禁牧牧民给予禁牧补助，同时对禁牧区以外可利用草原实施草畜平衡奖励；中央财政按照每年每亩1.5元的测算标准对未超载的牧民给予草畜平衡奖励。中央财政按照每年每亩10元的标准给予牧草良种补贴；按照每年每户500元的标准对牧民生产用柴油、饲草料等生产资料给予补贴，降低牧民生产生活成本；在对肉牛和绵羊进行良种补贴基础上，将牦牛和山羊纳入畜牧良种补贴范围。

同时，调查研究也发现了由工会组织、企业、单位联合组织，群众共同参与进行区域生态补偿的案例，如：内蒙古乌兰察布市多伦县是京津地区最近的风沙源,近年来在国家京津风沙源治理工程和退耕还林等政策的推动下,当地治理沙化地区 140 多万亩,生态和环境得到了很大改变。为了表示答谢,由天津市总工会、市妇联、团市委、市民政局、天津《今晚报》社联合主办,西班牙米盖尔皮草服饰(天津)有限公司协办的天津第三届米盖尔情集体婚礼,倡导新人在结婚时捐款 10 元到多伦种树,建造了 500 亩的"天津情侣林"。目前这片情侣林长势良好,对多伦县的生态建设、旅游观光等方面起到了积极的促进作用。

另外,作为京津风沙源区治理的明显受益者北京,虽然不是以生态补偿为理由,但是分别从扶贫和合作共建的角度对乌兰察布市和张家口市也给予了极大的帮助。如:京蒙对口帮扶和京张合作共建。

对口帮扶是由中央政府倡导、各级政府率先垂范、全社会广泛参与的一种扶贫模式。京蒙对口帮扶从 1996 年开始第一轮帮扶合作,2010 年开始新一轮帮扶合作,目前北京市 8 个区县与乌兰察布市 8 个旗县市区已建立结对帮扶合作关系,在帮扶内容上,由过去北京单方面扶贫援助,转变为两地全方位开展对接,加强合作。例如:北京市怀柔区对口帮扶乌兰察布市四子王旗。2011 年北京市怀柔区民政局共向四子王旗民政局对口支援 50 万元,其中捐赠价值 10 万元的 2.5 万件衣被,定向帮扶 40 万元助学金和助困金,主要用于救助贫困低保家庭的中小学生和因大病导致的困难家庭。北京市怀柔区与四子王旗从开展结对帮扶以来,双方已经在医疗卫生和人才培训、基础教育等援助项目进行了合作,并给予资金和技术上的大力支持与帮助。

1995 年国务院就确立了京张对口支援合作关系。一方面,北京从生态建设项目的资金支持、以扶贫为重点的对口支援、农业合作等多方面对张家口给予援助。另一方面,张家口强化保障北京意识,大力加强生态建设和环境保护,出资投资绿化工程及水土保持治理项目,并主动争取和承接北京辐射,如蔬菜供应、生态旅游、输出剩余劳动力等。目前两地的经济合作方式逐步升级,正开创经济合作实现共赢的局面。例如,在 2008 年 11 月 11 日北京举行的京张对接合作洽谈会上,京张两地围绕旅游合作、农产品基地建设、产业合作等方面进行了合作洽谈,现场签约了 20 个合作项目,总额达 125.58 亿元。在经济合作中,京张双方共同设立京张产业对接工作协调领导小组,以促进京张两地产业结构优化升级和改造提升张家口市产业技术水平。张家口市产业集聚区和物流园区,以及其所致力发展的高新技术、精细化工、现代机械制造、绿色食品加工等成为北京相关产业转移和承接的重点。在旅游开发方面,京张决定共同打造京西第一休闲旅游区。

此外,北京市对张家口市赤城县的"退稻还旱"补贴也非常值得借鉴。张家口市赤城县为保证对北京的供水量,从2006年起开始启动"退稻还旱"工作,北京市每年按照平均550元/亩的标准,对赤城县退耕农民给予资金补贴,截至目前还旱面积达3.2万亩,每年可多为北京输水2000多万立方米,实现了长效补偿。

(三)京津风沙源区生态补偿存在的问题

在对京津风沙源区乌兰察布市和张家口市生态补偿的实地案例调研中,发现区域生态补偿上存在以下问题:

第一,区域生态补偿意识较为淡薄。在对内蒙古乌兰察布市的调查中发现,当地干部与群众对生态补偿的意识较为薄弱,特别是对区域间的生态补偿几乎没有任何意识,比如作为京津风沙源受益区的北京应提供一定的生态补偿,但是这些地区的领导和群众对此却缺乏明确的认识。另一方面,据调查北京居民虽然对风沙源治理区有一定的支付意愿和认识[1],但就目前所采取的行动和措施来看,主要是从扶贫的角度进行对口帮扶,从生态补偿(特别是风沙源治理的角度)进行补偿尚较为鲜见。

第二,区域生态补偿的利益相关者的责任界限和补偿标准难以确定。例如,内蒙古自治区从旗县到市区领导之所以认为向北京等受益区申请补偿不太可能,一是因为风沙源治理受益者不仅包括北京、天津,还包括工程区自身和河北省等东部省份,同时河北省等工程涉及省份也进行了风沙源治理,都为京津地区生态环境改善做出了贡献,因而难以明确界定各利益相关者的责任界限;二是因为风沙源工程治理的生态效益难以准确衡量,补偿标准难以确定。

第三,现有的生态补偿标准低、范围小、缺乏因地制宜和因时制宜性。如人工造林的补助标准从实施到现在没有变化,而现在市场劳动力价格比以前有了大幅升高,目前的投资标准仅仅为两个工作日的工资。生态移民每人5000元的补偿标准与实际成本需求相差甚远(参见图表6.2)。

[1] 王新艳:《北京市居民对京津风沙源治理工程环境价值的支付意愿研究》,中国农业大学硕士论文,2005年。

如根据内蒙古自治区政府文件规定，对乌兰察布市阶段性禁牧区内的牧民按照每年5元/亩的标准给予补偿，每年每人补偿金额不低于3000元，最高不超过5000元，连续补贴5年。这一政策就小牧区而言，由于牧民草场面积小，牲畜饲养少，补贴政策对他们较为有利，因此响应政策的积极性很高；而对于大牧区特别是大户而言，每人补贴5000元每户补贴15000元的标准，与他们往年的收入相比差距较大，因此执行政策困难较大。另外，内蒙古自治区沙化面积大，工程治理区范围内流动沙丘范围在减少，但是治理区域外因缺乏保护，沙化土地面积仍在增加。乌兰察布市2003—2008年退牧还草工程累计安排围栏建设任务为480万亩，仅占该市草原面积的1/10，由于投入长期严重不足，牧民增收只能靠扩张牲畜数量，因而加剧草畜矛盾，给草原建设和保护工作带来巨大困难。

图表6.2　现行生态补偿标准与内蒙古自治区建议补偿标准比较

项目	人工造林（乔木）元/亩	人工造林（灌木）元/亩	飞播造林元/亩	封山（沙）育林元/亩	水源工程元/处	生态移民元/人
现行补助						
标准	200	110	120	70	10000	5000
建议补助						
标准	600	350	300	200	80000	50000

第四，区域生态补偿方式较为单一，缺乏市场参与。从京津风沙源区的生态补偿情况来看，目前中国的跨区域生态保护的费用支出基本完全来自中央政府的转移支付和工程项目支持，以生态补偿为目的的区域之间的横向转移支付微乎其微。所有的补偿基本都源自上级政府指示，缺乏市场参与机制。

第五，现行生态补偿多为短期支持，缺乏长效补偿机制。当前大部分生态补偿资金多为以项目为支撑的短期投入，如退耕还林政策在张家口市最长的生态林补助时间仅为8年，而在项目结束后该如何进行生态保护方面缺乏长效机制。

第六，法律体系不健全，监督执法不严。目前在乌兰察布市非法征占草原的行为非常普遍，如建电厂、兴建园区、探矿、采矿、修路、采石、开展旅游等活动。这些活动绝大部分没有按照《草原法》的要求经草原行政主管部门审核统一。一些地方政府招商引资企业，以土地部门审批手续代替草原占用手续的现象普遍存在。

（四）京津风沙源区生态补偿的启示

第一，尽快完善生态补偿相关法律政策体系。国家应尽快完善区域生态补偿法律机制及其相关配套政策体系，使生态补偿有法可依。同时政府应对生态保护的受损区域予以适当的政策倾斜，使重点生态功能区和限制开发区得到更多的发展机会，降低发展的机会成本损失。“给政策就是最大的补偿”是此次调查中得到最多的心声反映。

第二，应加强区域生态补偿知识宣传教育，增强干部群众的区域生态补偿意识。要实现区域生态补偿困难重重，但首先要加强群众和干部的生态补偿意识，只有利益双方都具有较强的生态补偿意识，区域生态补偿才有可能达成共识。

第三，应建立政府转移支付为主，市场参与为辅的多渠道、多方式的生态补偿长效机制。由于区域生态补偿中利益相关者责任划分难以清楚界定，实际上最大的受益者也是国家，所以区域生态补偿仍应以国家财政转移支付为主。同时，在政府的引导与协调下，开展例如碳税交易、生态税、生态标记等形式的市场参与补偿，将会在一定程度上减轻政府财政转移支付资金不足的压力，并给区域生态补偿注以新的生命活力。

第四，制定生态补偿政策要充分考虑时空变异，尽量做到因地制宜、因时制宜。由于在不同区域不同地域不同时间，其自然、经济、社会、文化等状况不同，因而生态补偿政策的实施不能一成不变，应根据实际情况随地域与时间变化而及时进行合理调整。

第五，区域生态补偿应与区域协调发展和扶贫脱贫相结合。区域生态补偿的问题实际也是区域协调发展的问题，因此，区域生态补偿不单单是要依据各功能区对生态系统服务提供外溢价值的大小进行补偿，同时还要从协调和促进区域发展的角度，考虑各区域实际情况，并与扶贫脱贫工作相结合，统筹计划，合理确定生态补偿标准。建议现阶段的生态补偿标准应以保证当地居民最低生活水平的保底费和生态保护成本为最低补偿标准。例如，据测算，内蒙古四子王旗的牧民最低生活水平保底费是每年每人3000元，故他们建议禁牧区牧民的最低生态补偿应不低于每人每年3000元。

第六，加大区域生态补偿科研技术支持。实现区域生态补偿的最大障碍是不能清楚界定“谁付费”、“付给谁”、“付多少”。因此，应加大对区域生态补偿研究的支持，确定实际可行的利益相关者责任划分和补偿标准。

第七，应根据财力情况，适当提高生态补偿标准，减免或取消地方政府配套资金。当生态补偿标准太低时，地方政府执行政策难度加大，且达不到有效生态保护的目的。另外，由于受补偿的地区多为经济发展受限的贫困区，地方政府财政收入薄弱，无力完成上级下达的配套资金任务，也会使生态保护工作的实际实施效果大打折扣。

第八，开拓思路，积极探索实现区域生态补偿的可行模式。实现区域生态补偿从加强意识到自觉执行需要一个长期的过程，区域生态补偿初始阶段，由于生态补偿概念不清、补偿核算依据、标准和方法尚无统一令人信服的理论依据等原因，受益区对生态补偿支付尚难以接受。然而张家口市在向北京市争取生态补偿的长期努力中，终于摸索出了一条为双方均可接受的京张合作共建的道路，对张家口市近年的发展起到很大的促进作用。该种思路模式值得其他地区借鉴。另外，"天津情侣林"的生态补偿模式也值得借鉴。

二、陕南秦巴生物多样性生态功能区的区域生态补偿

（一）背景

秦岭是我国南北气候的分界线，秦巴山区是我国为数不多的生物多样性地区，是西北、西南和中原三大经济区之间最大的绿色宝库和最重要的生态屏障，是国家南水北调工程重要的水源涵养地。陕南指陕西南部地区，北靠秦岭、南倚巴山，年降水量约为 700—1000 mm，年均温 14℃左右，从西往东依次是汉中、安康、商洛三地，汉江自西向东穿流而过。陕南的汉中、安康自然条件方面具有明显的南方地区特征，该地区主要栽种水稻，盛产桔子、茶叶。商洛具有南北过渡的气候条件，既栽种北方的小麦、玉米又有地区种植南方的水稻，主要特产是核桃、板栗、柿子。

陕南的水、热、林、草资源及土特产品、矿藏等自然资源极为丰富。陕南的汉中森林覆盖率 60% 以上，商洛和安康都是 50% 以上。据调查确认，这里有种子植物三千余种，野生动物四百多种，被誉为"秦岭四宝"的朱鹮、大熊猫、金丝猴和羚牛四种珍稀动物在这里均有生存。陕南盛产蚕丝、苎麻、茶叶、生漆、桐油、棕片等数十种土特产品以及杜仲、天麻、麝香、

五倍子等珍贵中药材,早已在清代中叶就饮誉长江,远销国内外。除金、银、铜、铁、硫等矿藏外,汞锑、铅锌等矿的藏量在全国也位居前列。陕南的水能资源藏量丰富,是长江最大的支流汉江的发源地,自宁强起源流经汉中、安康地区进入湖北。陕南东部地区有长江支流——丹江,经由商洛地区流入湖北。

陕南秦巴生物多样性生态功能区包括安康市和汉中市各9个县和商洛市的两个县,同时这些县又多数是国家"南水北调"中线工程的水源地。陕南秦巴生物多样区所包括的市县多为经济贫困区,商洛、安康和汉中三市2010年人均GDP分别排名全省倒数第1、2、3位,尚不足省内人均GDP最高县的1/4,省人均GDP的1/2(参见图表6.3)。该区农民生活贫困,农民人均纯收入不足5000元,地方政府财政收入贫乏,生态环境保护和建设投入成本大,地方基础设施和民生工程项目资金需求差额大。

图表6.3 陕南秦巴生物多样性生态功能区所处地市在陕西省的经济排名状况(陕西统计年鉴2011)[1]

项目	榆林	延安	西安	宝鸡	杨凌	咸阳	铜川	渭南	汉中	安康	商洛	平均
人均GDP(元)	52437	40621	38343	26201	23524	22469	22317	15149	14907	12428	12197	27133
GDP排名	1	2	3	4	5	6	7	8	9	10	11	

(二)陕南秦巴生物多样性功能区的生态补偿现状

陕南秦巴野生动植物资源十分丰富,森林覆盖率高,与当地政府和人民共同努力进行生态保护和生态建设密不可分。近年,该区认真贯彻国家保护野生动植物的政策法规,扩大宣传力度提高全民生态保护意识,建立健全机构,完善保护体系,加大行政执法和专项治理活动,开展资源调查进行科学规划,完善各项管理制度和措施,努力改善栖息地环境状况,收到了明显成效。例如,汉中市自然保护区由2002年前的3处增至10处,面积由8.9万公顷扩大到20.17万公顷,占全市国土面积的7.4%,为野生动植物提供了更加理想的生存和栖息环境。大熊猫、朱鹮、金丝猴、羚牛、红豆杉、银杏等多种珍稀野生动植物得到有效保护,生物种群有了

---

[1] 陕西省统计局、国家统计局陕西调查总队:《陕西省统计年鉴2011》,中国统计出版社2011年。

新的发展。其中,大熊猫分布范围已由 90 年代初的佛坪、洋县 2 县,逐步扩大到现在的留坝、城固、宁强等 5 县,数量也增至 159 只;朱鹮野生种群数量已由 1981 年发现时的 7 只,发展到目前的 600 多只,繁殖地也由洋县扩大到了城固、西乡、佛坪和南郑 5 县,觅食、游荡区遍及汉中市 9 县区 3000 多平方公里。

同时,对于又作为南水北调中线水源区的陕南秦巴生物多样性功能区的一些地区,为保证提供优质水源,政府也重点狠抓了水源区预防保护、小流域综合治理、中小河流域治理、退耕还林基本口粮田和小型农田水利等工程建设。例如:镇安县目前已累积营造水保林 97510 hm^2,种草 6450 hm^2,封禁治理 44020 hm^2,完成小流域治理面积 299.93 km^2,建设高标准河堤 7 km,兴修石坎水平梯田 12000 hm^2,新修引水渠道 349 处,权限水土流失治理面积累计达到 1980.1 km^2,拦截泥沙 351.4 万吨,拦截径流 0.53 亿 m^3。

陕南秦巴生物多样性功能区在取得生态环境保护成效的同时,经济发展却受到了较大限制,牺牲了很大的经济利益。例如:商洛市自南水北调工程实施以来,经济发展受到了环保要求的诸多限制,经测算,生态保护直接导致该市年损失 58 亿元,影响各类税收收入 5 亿元,2011 年市地方财政收支差额高达 90.13 亿元,市县财政支出压力巨大。汉中市为保持当地水质清洁,于 2005 年承贷建设并投入使用的 10 万吨污水处理厂,年运行成本达 2631 万元,因纯属公益性质,没有偿债资金来源,其建设期间的贷款本息均由市财政偿还,虽然目前市级财政已偿还 4371 万元,但还剩余债务仍多达 4896 万元,市财政也为此背上沉重的包袱。另外,自 2004 年市以下环保行政体制改革以来,汉中市全市 11 个县区环境保护机构和 378 名环保工作人员全部纳入市级垂直管理,使该市累计安排环境保护支出 4 亿多,年均增幅 70% 以上,但该市年新增财力总量极为有限,2011 年汉中市本级用于保工资、保民生工程、新农村建设、灾后重建和生态保护方面的支出缺口就达 4 亿多元。西乡县因实施南水北调水源地保护等工程,2008 年—2011 年县财政收入减少 1.1 亿元,预计今后年影响县财政收入 3000 万以上。佛坪县因生态保护全面禁伐,导致年县财政减收约 1850 万元。而投入生态保护、植被恢复、水土综合治理等各类支出资金却年均增长达 32%,2011 年已高达 2800 多万元。按照省财政给予该县生态转移资金年均增加 12% 的标准,生态保护支出形成新的财政缺口。另外,秦巴山区原来住在山上的农民,进行生态移民搬迁到山下后,失去了原有的生活资源,又因自身文化素质、谋生技能和资金等限制,生活极为贫困。佛坪县水源区设立禁采、禁伐、禁垦区域,现有耕地限制使用化肥农药后,将直接导致农业经济年减收 2000 万元,山区农民人均减收 800 多元,甚至部分农民粮食自给将无法实现。因此,对于生态保护和建设的贡献者,理应给予建设保护成本和发展机会成本的补偿。

目前,陕南秦巴生物多样性功能区实施的生态补偿政策和措施主要包括:天然林保护工程减收补助、退耕还林减收补助和国家重点生态功能区转移支付(参见图表 6.4)。比如,镇安县天然林减收补助从 2000 年开始至今每年补助 227 万元,退耕还林减收补助从 2002 年开始,当年补助 47 万元,2003 年补助 140 万元,2004 年至今每年补助 178 万元。这两项补助是中央对因实施了天然林保护和退耕还林两项政策后造成地方财政减收而给予的转移支付补助。在具体计算中按不同系数进行,比如天然林减收补助是中央按实施该政策引起的地方财政减收总额的 80% 进行补助。镇安县 2008—2011 年国家重点生态功能区转移支付补助共 4625 万元,其中,2008 年、2009 年、2010 年和 2011 年分别补助为 1915 万元、1371 万元、1003 万元和 336 万元。该项补助设立的出发点是“为维护国家生态安全,引导地方政府加强生态环境保护力度,提高国家重点生态功能区所在地政府基本公共服务保障能力,促进经济社会可持续发展”。测算办法为“选取影响财政收支的客观因素,适当考虑人口规模、可居住面积、海拔、温度等成本差异系数,采用规范的公式化方式进行分配”。具体是在考虑各地标准财政收支缺口的基础上,综合考虑生态环境保护特殊支出、省级引导性补助等。在具体结算中,该转移支付属于一般性转移支付。这三项转移支付补助自实施以来,对该县的生态保护、提高政府公共服务能力起到了重大的推动作用。但是,从图表 6.4 和图表 6.5 可以看出,陕南秦岭生物多样性功能区获得的补偿金额与实际财政支出相比,显得不足且逐年减少,一些生态工程项目的投资额度与实际投入成本相比,也是偏低的。

图表 6.4　西乡县 2008—2011 年国家财政转移支付(均衡转移支付和重点生态功能区转移支付)与国家生态补偿基金情况

年份(年)	均衡转移(万元)	功能区转移(万元)	生态补偿金(万元)			总补偿额(万元)	财政支出(万元)	均衡/支出(%)	功能区/支出(%)	生态补偿/支出(%)	总补偿/支出(%)
			总额	中央	省						
2008	13296	4443	—	—	—	17739	54560	24.4	8.1	0.0	32.5
2009	18272	5010	293	236	57	23575	70061	26.1	7.2	0.4	33.6
2010	20529	6085	489	437	57	27103	91916	22.3	6.6	0.5	29.5
2011	23891	6480	364	364	—	30735	136382	17.5	4.8	0.3	22.5
合计	75988	22018	1146	1037	114	99152	352919	21.5	6.2	0.3	28.1

图表 6.5　镇安县重点生态工程现行项目投资情况(单位:元/亩)

工程类别		现行投资	实际成本					差额(成本－投资)
			合计	种苗费	人工费	机械费	其他费用	
天保工程	管护费	2.7—5	10		10			5—7.3
	飞播造林	120	120	40		60	20	0
	人工造林	300	800	150	480		130	500
	封山育林	70	120	50	60		10	50
退耕还林	人工造林	300	800	150	480		130	500
长江防护林工程	人工造林	300	800	150	480		130	500
自然保护区建设		5	20		10		10	15
生态公益林补偿	国家级	10	50				50	40
	地方级		50				50	50

（三）陕南秦巴生物多样性功能区生态补偿存在的问题

在对陕南秦巴生物多样性功能区生态补偿的实地案例调研中，发现区域生态补偿上存在以下问题：

第一，生态保护和建设任务依然艰巨。陕南秦巴生物多样性功能区多为“九山半水半分田”，山高坡陡，自然灾害频繁，目前仍有较大面积的水土流失面积需要治理。城镇和农民聚居地的生活污水和生活垃圾处理任务艰巨，农民节能减排、沼气等清洁能源利用效率较低，农业面源污染仍较为严重，自然保护区建设速度缓慢，生物多样性保护措施不完善。

第二，生态补偿机制不完善。生态灾难问题（如野生动物伤人破坏庄稼等事件的预防、控制和损失补偿）、生态难民（为保护生态而减产减收的贫困农民）的生存和发展问题、生态保护和建设者的支付成本和受损利益长效补偿问题、生态资源保护与环境资源开发和相关利益者利益保护之间的矛盾等问题均未得到有效解决。

第三，生态保护建设项目投资力度不足，地方政府财力薄弱，配套资金落实困难。陕南秦巴生物多样性功能区所包括的县区本来就因地理区位等自然原因发展落后，又因南水北调水源保护、生物多样性保护等生态保护建设，工业一直被限制发展，财政收入低，均为国家贫困县，无力为生态保护建设项目完成资金配套。特别是生活污水和垃圾处理厂的建设和运行项目，地方政府承建任务大，资金少，即使处理厂建起，也因无力支付管网建设、运行费而难以发挥其应有效用。

第四，现行的生态补偿标准低，生态管护费用低，缺乏后续产业资金支持。比如，新修基本农田，实际成本为1.5万元/亩，但项目补助资金最高才4000元/亩；生态移民项目国家人均补助资金4000元，仅占实际工程投入的20%；生活污水与垃圾处理项目、流域治理、退耕还林、基本口粮田建设等项目国家投资与实际花费成本相差较大，需要地方配套额度高（参见图表6.6、6.7），导致生态环境保护建设进展相对缓慢，不能达到最优成效。

图表 6.6 汉中市至 2013 年污水和垃圾处理设施项目的投资力度（依据《丹江口库区及上游水污染防治和水土保持规划》〔1〕）

污水处理项目			垃圾处理项目			合计		
个数（个）	总投资（亿元）	地方配套（亿元）	个数（个）	总投资（亿元）	地方配套（亿元）	总投资（亿元）	金额（亿元）	国家投资/总投资（%）
22	15.8	3.9	11	4.1	1.3	19.9	5.2	73.9

〔1〕丹江口库区及上游水污染防治和水土保持规划编制组：《丹江口库区及上游水污染防治和水土保持规划》，2005 年 11 月。陕经网，http://www.sei.gov.cn/UploadFiles/20081121117282127176.pdf，最后访问时间 2012.12 月 12 日。

图表 6.7　陕南丹江口水利项目投资与成本核算情况

项目	小流域综合治理（万元/km2）	中小河流治理（元/m3）	基本农田建设（元/亩）	小型农田水利（元/亩）	人畜饮水（元/人）
投资标准	3.75	110	600	790	400
实际成本	50	190	15000	1800	750
差额（成本－投资）	46.25	80	14400	1010	350

第五，缺乏区域间的横向生态补偿机制，目前的生态补偿主要以国家财政转移支付的纵向补偿为主，补偿方式和资金来源较为单一。

（四）秦巴生物多样性功能区生态补偿的启示

第一，改革地方政府干部考核机制。对重点生态功能区的干部考核，不应只注重 GDP，而应以生态建设和保护成果为主，建立绿色 GDP 考核制度。

第二，建立以中央财政为主、地方财政为辅，政府为主、社会参与为辅，政府、社会、市场相结合的生态补偿专项基金。建议设立生态成本补偿和后续产业发展两个专项基金。

首先，就生态成本补偿基金而言，重点是对生态建设和保护所必须支付的成本的补偿。该基金可以分为对现有生态系统的维护管理补偿金和对新增生态建设的建设成本补偿金两部分。对现有生态系统的维护和管理成本的补偿，建议用一般性的长期稳定的补偿机制政策，补偿金额 ＝ 生态保护面积 × 单位面积生态管护成本。对新增生态建设的成本补偿，建议以生态建设项目的方式给予补偿，生态建设任务完成则补偿结束，补偿金额 ＝ 生态建设面积 × 单位面积生态建设成本。

其次，就后续产业发展基金而言，重点解决生态功能区因生态建设和保护而丧失的发展机会，从根本上解决后续产业问题。用于重点集中支持与抚育地方特色产业的前期建设与发展。设立该基金，建议分两步：第一，依据地方自然地理及人文条件和特点，站在更高更广层面对其产业发展进行跨省、跨区、跨市、跨县的区域或者流域总体发展建设规划和总体部署，引导协调各地区发展适合自身条件特点的特色产业，避免相邻或相近地区一窝蜂式发展单一雷同项目，相互打架，影响经济良性发展。该问题在自然环境条件相似的秦巴生物多样性功能区的各区县旅游业发展中尤显重要，因为生态保护工矿业发展受限制，生态旅游是多数重点生态功能区的发展道路。第二，依据总体规划，设立专项发展基金，支持和抚育生态保护区特色生态产业以及对生态环境友好的其他利民富民产业的发展和壮大，从而在根本上解决地方群众的民生问题。

第三，加大对重点生态功能区的纵向财政转移支付支持，引导和协调建立生态保护受益区和受损区（或保护区）之间的横向转移支付，建立碳交易、水权交易等市场补偿机制。应加大一般性中央财政转移支付，给予地方政府一定的财政收入支配权，从而充分调动地方政府生态环境保护积极性，优先解决自身最需要解决的问题，使有限的补偿资金生态效益最大化。对于生态保护建设等公益性项目专项基金，建议酌情取消或者减免地方财政配套资金。

第四，生态补偿标准的制定，在生态系统服务价值的计算标准尚未能统一并用于实践之前，建议依据现有各相关部门绩效考核的植被盖度、植被覆盖面积、供水量和水质等指标，综合考虑农村人口，当地人均纯收入等制定标准基数，并依据区域差异和年经济财力增长变化动态调整。

第三节　区域生态补偿政策框架和立法的建议

第一，要建立和完善生态补偿相关的法律政策，补偿政策的实现要与其他政策的调整相结合。

第二，区域生态补偿应遵循以下几种原则：污染者付费原则、使用者付费原则、受益者付费原则、促进区域协调可持续发展的原则。

对于上述原则，要在法律上明确，政策上加以引导，对于可以借鉴的补偿方式和办法要加强宣传。要使受益区政府和公众知道，他们具有对生态保护者进行生态补偿的责任和义务。特别是要以受益主体可以明确界定，而且经济又比较发达的地区为突破口，抓住重点，逐步推进。例如北京地区是京津风沙源治理和南水北调中线的明确受益主体，必须采取实际行动落实该项原则。

第三，应建立政府财政转移支付为主导，市场参与为辅的多渠道、多方式的生态补偿长效机制。由于生态环境保护和建设具有公共产品的性质，而转移支付可有效地解决公共产品的外部性问题。中国的区域生态补偿主要以政府补偿为主，应加大市场机制培育，积极探索多渠道的利益补偿方式。

第四，应根据财力情况，对重点生态保护区，适当提高生态补偿标准，加大政府财政转移支付力度，增加生态保护等公益项目投入，取消或减免地方政府生态建设项目的配套资金。当生态补偿标准太低时，地方政府执行政策难度加大，且达不到有效生态保护的目的。另外，由于受补偿的地区多为经济发展受限的贫困区，地方政府财政收入薄弱，无力完成上级下达的配套资金任务，也会使生态保护工作的实际实施效果大打折扣。

第五，设立生态补偿专项补偿基金。建立中央财政为主、地方财政为辅，政府为主、社会参与为辅，政府、社会、市场相结合的生态补偿专项基金。可以通过对直接受益主体收取适当的费用，充实相应的补偿基金，如从利用生态效益的水电、水利、旅游等直接受益行业的经营收入中提取一定的生态保护专项基金。探索建立下游受益区对上游保护区的生态补偿制度，支付生态效益补偿金。建议设立生态成本补偿和后续产业发展两个专项补偿基金。

第六，倡导、引导和协调建立生态保护受益区和受损区（或保护区）之间的横向转移支付，建立碳交易、水权交易等市场补偿机制。开发地区与保护地区、受益地区与保护地区之间应当根据区域协调和平衡发展相结合的原则，以共同确定的保护地区发展机会受到的限制和生态保护投入为依据，实施区域横向生态补偿和对口支援。生态保护受益的经济发达地区，应从财力、智力、技术等方面支持和培育生态保护地区优势产业的发展。

第七，建立和完善生态补偿的组织实施、协调、监督和评估体系，制定具体严格的实施、监督和评估措施。要建立政府协调机制，尤其是要建立跨省区的协调体制，最大限度地减少生态补偿纠纷；建立区域生态补偿协调、监督和评估机构，该机构应由国家发展改革委员会主持，成员由生态效益补偿的各利益相关者共同组成，定期对补偿工作进行监督检查，并对资金使用情况进行审计；从申请补偿资格、参与生态措施认定、监测实施过程与效果评估、以及最后的发放补偿或实现补偿交易都要做详细界定，同时不同的生态措施和方法需要不同的界定和补偿方式，以保证区域生态补偿的有效性和效率性。

第八，正确识别地域功能，并以此对地域主体功能明确定位是进行生态补偿的基础和关键。对于限制开发区也要清楚界定哪些地区哪些资源是限制开发的，哪些是允许开发的，以利于对生态补偿主客体的准确识别。

第九，清楚界定生态补偿利益相关者的职责、任务和利益分配关系，积极培育多元化的生态补偿利益主体。只有生态补偿利益相关者划分明确,积极调动各利益相关者生态保护积极性与加强相互间的合作,才能构建起完善的生态补偿网络。

第十,建立多渠道的区域生态补偿途径。可以采取政府购买、设立专项基金、开征资源税费、进行私人交易、开放的市场贸易、生态标签、接受(社会、团体、个人、基金会、国际组织)捐赠等途径进行生态补偿,重视和充分发挥生态标志制度的作用。

第十一,制定生态补偿标准要因地制宜、因时制宜。我国现阶段生态补偿,首先要考虑生态建设保护的成本补偿、生态保护受损者权益损失和在当地发展机会损失的补偿。在生态系统服务价值量化标准取得统一与实际应用之前,依据现有各相关部门使用的植被盖度、植被覆盖面积、供水量和水质等指标确定补偿标准基数,并按照不同等级区域在生态保护中的作用和机会成本的差异划分补偿区域等级,分级核算补偿标准,提高资金使用效益。同时生态补偿的标准也应该根据物价上涨指数、经济发展和人民生活消费水平随时间的变化进行动态调整,做到因时制宜。

第十二,改革地方政府干部考核机制。对重点生态功能区的干部考核,应主要以修复生态、保护环境、提供生态产品为首要任务,要突出对生态环境保护的评价,弱化对经济增长、工业化和城镇化的评价。要落实生态功能区生态环境保护目标责任制,用科学量化的指标进行考核,通过签订协议的形式来明确生态保护区的责任和治理要求。对生态功能区的生态保护资金的使用、项目的落实、治理的成效进行跟踪,明确生态功能区各级政府主要领导人的生态环境目标和责任,将各级领导在任期内实现辖区内生态功能的“保值增值”作为政绩考核的主要内容之一。

第十三,区域生态补偿应与区域协调发展和扶贫脱贫相结合。在我国,生态功能区与经济贫困落后地区在空间上具有很大的重合度,因此,国家的扶贫政策、生态移民政策、农村扶持政策、森林和草原保护政策等往往也与生态功能区具有比较密切的联系。如果能够整合相关政策,既有的各类政策和资金可以按照“渠道不乱、用途不变”的原则,集中向重点生态功能区倾斜,将会提高资金使用效率和提高综合效果。

第十四,应加强区域生态补偿知识宣传教育,增强干部群众的区域生态补偿意识。

区域生态补偿,是一个新概念,学术机构、政府部门、社会民众对此的认识还不一致，特别是对于补偿的主体、补偿的客体、补偿的手段、补偿的标准、补偿的方式等关键问题，现在还没有统一的认识。因此，要广泛宣传，使其深入人心，稳步推进。

第十五，加大区域生态补偿科研技术支持。实现区域生态补偿的最大障碍是不能清楚界定"谁付费"、"付给谁"、"付多少"的问题。因此，应加大对区域生态补偿研究的支持，确定实际可行的利益相关者责任划分和补偿标准。

第十六，生态补偿政策体系的建立是一个在实践中不断完善的过程，应解放思想、开拓思路、积极探索实现区域生态补偿的可行模式。凡是有益于区域生态补偿，实现区域协调发展的任何有效途径和方式都应积极探索和大胆尝试，实践中证明行之有效的模式应及时予以肯定和推广。在实践中，应积极吸纳各方意见和建议，给予地方一定的灵活度，并及时修正和完善相关政策法律。

第十七，支持生态功能区发展优势产业。生态功能区为了加强生态保护，在产业发展上丧失了很多机会，因此，国家针对这些地区出台相应的优惠政策，鼓励发展一些不妨碍或者促进生态功能的产业，也是利益补偿的一个重要手段，并且有利于调动生态功能区内居民和地方政府的积极性。要在不妨害生态功能的前提下，积极利用当地独特的自然资源优势，大力开发乡村观光、森林之家、农家乐等生态旅游，开发林下经济，实行林菌、林草、林药、林牧结合，发展木本粮油、竹藤花卉、野生动植物繁育，妥善处理生态保护与经济发展之间的关系。对于生态功能区内不妨碍其生态功能的产业，可以积极推行生态标记，享受财政和税收优惠政策，提高其市场竞争力。同时，从区域补偿出发，生态受益的发达地区，应从技术培训、产业规划、人才培养等方面对生态保护的欠发达地区给予对口支援。

第七章　有关矿产资源生态补偿的理论与实践*

建立矿产资源开发生态补偿机制，对矿区生态环境进行合理修复和及时治理，已经成为我国当前贯彻落实科学发展观、实现可持续发展的一项重要任务。多年来，我国在矿产资源开采加工环节的生态补偿方面开展了多层次的理论研究与实践探索，不少地区特别是资源富集地区都制定并实施了一系列生态保护政策，但由于在国家层面仍然缺乏权威法律依据和整体政策指引，各地区在矿产资源生态保护方面的整体效果并不理想。

客观地对我国矿产资源开发所导致的主要生态环境问题进行分析，对我国矿山环境治理与生态恢复政策的内涵和实施效果进行有效评估，找准制约我国矿产资源生态补偿机制建立的内生性体制机制障碍，并结合各地区实际情况，以国家法律法规的形式对矿产资源生态补偿的补偿主体、补偿对象、补偿制度以及补偿方式等内涵进行科学设计和规定，对于建立和完善我国态补偿机制具有重大的现实意义。

第一节　矿产资源生态补偿概述

一、矿产资源生态补偿的内涵及理论基础

（一）矿产资源生态补偿的理论内涵

生态补偿机制是一种运用经济手段对生态环境进行有效保护的制度，其核心是通过对生态环境的破坏者进行科学收费，从而对生态环境的保护者以及受害者进行合理经济补偿，最终达到经济与生态平衡的协调发展。

---

* 本章撰稿人：杜平，课题组矿产资源生态补偿国内专家，生态补偿专家咨询委员会委员，研究员，现职为国家信息中心常务副主任兼国家电子政务外网管理中心主任，兼任中国信息协会副会长，中国人力资源开发研究会副会长、中国区域经济学会副理事长；张巍，矿产资源生态补偿国内专家助手，国家发展改革委培训中心国际合作培训部副主任，经济学硕士，国家开发银行专家库成员。

矿产资源生态补偿制度是生态补偿理论在矿产资源保护中的运用，有狭义和广义之分。狭义的矿产资源生态补偿是指对矿产资源开发过程中造成的生态破坏进行赔偿和对生态环境进行治理恢复，主要包括恢复生态环境所需成本和对受害者的赔偿成本。而广义的矿产资源生态补偿则是指对整个生态系统的理论价值进行补偿。[1]

本书将矿产资源生态补偿定义为：通过调整各个保护与损害自然生态环境的主体之间的各种利益关系，保证矿区的自然生态环境得到有效的恢复治理的制度体系。

（二）*矿产资源生态补偿的理论基础*

一般情况认为，矿产资源生态补偿的前提是矿产开发中造成生态破坏、环境污染、区域发展能力受损等问题。为此，矿产资源生态补偿的理论基础体系可以通过生态环境价值理论、外部性理论以及区域发展能力理论来共同构架。

生态环境价值理论认为，资源的生态环境是稀缺的，具有使用价值，同时还具有观赏、娱乐等非使用价值。无论是从稀缺性角度还是从其内在价值角度，使用生态环境都要为之付费。

外部性理论认为，矿产资源开发过程中，由于社会成本大于私人成本，导致资源配置过程最终无法朝着帕累托最优方向改进。只有通过基于政府干预的税收政策或者给予清晰产权界定的市场交易行为才能予以纠正。

区域可持续发展能力理论认为，要维持区域的可持续发展，要么不开发，保持资源生态环境不发生变化，要么在开发的同时，进行资本转化，保持总资本或者总财富量不减少，以维持区域可持续发展能力。

二、我国矿产资源开发活动所导致的生态环境破坏状况

第一，矿产资源开发造成的生态环境破坏不断加剧。

按照国土资源部统计，截止 2008 年，我国现有国有矿山企业 8000 多个，个体矿山企业超过 20 万个。全国矿产资源开发占用和损毁土地约 166 万公顷，其中尾矿堆放占地约 91 万公顷，露天采坑占地约 52 万公顷，采矿塌陷占地约 20 万公顷。矿业活动，特别是露天矿业开采大量破坏了

---

〔1〕 李军：《矿产资源生态补偿制度探究》，载《重庆科技学院学报》（社会科学版）2011 年第 4 期，第 92 页。

植被和山坡土体,产生的废石、废渣等松散物质又极易促进矿山地区水土流失。据国土资源部对全国1173家大中型矿山的调查,产生水土流失及土地沙化所破坏的面积分别为1700公顷和743公顷,进行治理所花费的投资已经近2400万元。

第二,矿产资源开发导致的地质灾害频繁发生。

矿产资源开发所导致的地质灾害主要有崩塌、滑坡、泥石流等。根据全国矿山地质环境现状调查结果显示,截止2005年,全国矿山开采活动共引发地质灾害12379起,死亡4251人,直接经济损失162亿元。全国因采矿活动形成的采空区面积约81万公顷,引发地面塌陷面积35万公顷,占压和破坏土地面积144万公顷。

第三,矿产资源开发造成的矿区水体和土壤破坏日趋严重。

采矿形成的矿坑水、选矿废水以及采矿废石、煤矸石、尾矿渣等堆放不当,形成了矿区水体和土壤的污染源。每年因采矿活动产生的废水、废液约61亿吨,排放量为48亿吨。采矿使得地下水均衡系统遭到严重破坏,特别是对于我国北方干旱半干旱地区造成大面积地下漏斗,严重破坏了水资源的均衡和补给条件,对自然植被和其他生产生活活动都产生了严重影响。根据全国矿山地质环境现状调查结果显示,截止2005年,全国尾矿或固体废弃物的累计积存量约220亿吨。每年因采矿活动产生的尾矿和固体废弃物约17亿吨,排放量约15亿吨。

三、国内外有关矿产资源生态补偿的实践

(一)中国有关矿产资源生态补偿的实践

从20世纪80年代开始,我国开始探索建立矿产资源生态补偿的政策法律制度,逐步形成了一套由矿产资源法、税法及其附属法规、国家资源政策等组成的,调整矿产资源勘查、开发过程中诸多经济关系的法律制度。

目前,我国已经建立包括矿产资源有偿使用制度、矿山环境治理与生态恢复保证金(备用金)制度以及矿产资源生态补偿费(基金)制度等多种矿产资源生态补偿法律法规体系。

根据补偿资金主要来源不同,大致可以把我国矿产资源生态补偿体系分为三大类:

1．矿产资源有偿使用制度

从20世纪80年代开始，我国开始有偿使用矿产资源的政策法律制度探索，逐步形成了一套由矿产资源法、税法及其附属法规、国家资源政策等组成的，调整矿产资源勘查、开发过程中诸多经济关系的法律制度。

1986年3月通过的《矿产资源法》第五条规定“国家对矿产资源实行有偿开采。开采矿产资源，必须按照国家有关规定缴纳资源税和资源补偿费”。1993年12月国务院颁布的《资源税暂行条例》规定“在中华人民共和国境内开采应税资源的矿产品或者生产盐的单位和个人都应缴纳资源税”。1994年2月，国务院发布《矿产资源补偿费征收管理规定》具体落实了《矿产资源法》中有偿开采的原则，无偿开采到此结束。2011年，国务院对《资源税暂行条例》进行了修订，将油气资源资源税征收办法由从量征收修改为从价征收。

2．矿山环境治理与生态恢复保证金（备用金）制度

在2006年之前，江苏省和湖南省率先在全国实施矿山环境恢复治理保证金（备用金）制度，为我国推行这一制度提供了很好的借鉴经验。2006年2月，财政部、国土资源部、环境保护总局联合发布《关于逐步建立矿山环境治理和生态恢复责任机制的指导意见》。

从2006开始，全国各地根据文件要求，先后建立起矿山环境治理和生态恢复责任机制。截至目前，全国共有江西、福建、安徽、湖北、山东、河南、河北、山西、陕西、青海、甘肃、内蒙古、新疆、宁夏、广西、贵州、云南、四川、重庆、黑龙江、辽宁、吉林、天津等26个省区市陆续建立了矿山环境治理和生态恢复保证金（备用金）制度。

3．矿产资源生态补偿费（基金）制度

我国地方政府在本地辖区内开征矿产资源生态补偿费（基金）最早始于1993年。1993年云南省以昆明磷矿为试点，每吨矿石征收0.13元生态补偿费，用于矿区植被和周边破坏的生态环境修复。

20世纪90年代中期，矿产资源生态补偿费实践在更大范围内铺开，广西、福建、江苏等14个省145个县相继开始试点。1993年，国务院对内蒙包头和山西、陕西、内蒙古接壤地区的能源基地实行生态补偿政策，规定每吨煤提取0.45元作为生态恢复基金计入生产成本，用于矿区周边生态环境的修复。陕西省也于1997年颁布《陕西榆林、铜川地区征收生态环境补偿费管理办法》对该地区从事矿产资源开发、利用矿产品加工和运

输的单位和个人按月缴纳生态环境补偿费,并制定具体征收标准。

但由于矿产资源生态补偿费的征收不但缺乏严格的法律依据,而且征收工作难度很大,在2002年全国整治乱收费过程中,许多地方的生态补偿费征收由于立法依据不足而被取消。

2006年4月,国务院第133次常务会正式批准山西省开展煤炭工业可持续发展政策措施试点工作,其中重要的一项内容就是建立"煤炭可持续发展基金",用于生态环境恢复和产业结构调整。

4. 对我国现有矿产资源生态补偿机制的评价

矿产资源有偿使用制度、生态恢复保证金制度以及生态补偿费制度共同构成了我国现有矿产资源生态补偿的法规体系,但三种制度的性质各不相同。

矿产资源有偿使用制度。从资源税费的征收标准和使用方向可以看出,资源税费只是对矿产资源开发过程中的资源经济价值损失进行补偿,并非对矿产资源开发过程中的生态价值损失进行补偿。这些税费主要是偏重于补偿资源自身的经济价值以及调节资源的级差收入,换句话说是其核心理念是资源的耗竭性补偿。

目前,我国资源税费征收标准过低,不但环境成本没有得到充分体现,即便是政策设计初衷的资源耗竭也没有得到有效补偿。为此,基于这一制度,"谁污染,谁治理"、"谁破坏,谁恢复"的生态补偿原则也就必然无法得到有效落实,最终承担环境破坏成本的仍然是政府和社会。

生态恢复保证金(备用金)制度。所谓生态恢复保证金是由采矿权人在取得采矿权之初以押金形式缴存的一笔资金,其具体使用需要在其采矿期结束后视具体情况决定。一般情况下,采矿许可证的有效期在20至30年左右,也就是说现有缴存生态恢复保证金的矿产资源开采企业距离采矿期结束仍有相当长一段时间,在短期内我们还无法通过实证检验这一收缴制度的科学性和有效性。

同时,由于生态恢复保证金属于一次性缴纳的"押金",势必占用采矿企业的资金特别是现金,从某种程度上也制约了采矿企业进行矿区环境恢复治理的能力。此外,在实际操作中,采矿企业在缴纳生态恢复保证金时并不需要同时提供矿山生态环境恢复治理实施方案,从而无法确保矿山生态环境恢复治理行为的科学性和有效性。

生态补偿费制度。这一制度是当前各级地方政府探索建立本地区生态补偿机制的重要手段。生态补偿费制度设立完全符合矿产资源生态补偿的理论基础,其专属性质决定了资金可以全额用于矿产资源生态环境恢复治理。

同时,资金的征收采用从价或者从量的原则随矿山企业的生产规模按年度收取,在资金的使用上可以做到高效、精确、及时,从而可以有效杜绝矿山企业的机会主义行为。由此可见,生态补偿费制度必将会成为我国矿产资源生态补偿立法的一项重要内容予以体现。

（二）国外有关矿产资源生态补偿的实践

在世界各国特别是发达国家,"资源有价"、"环境友好"成为人们普遍认可的资源开发模式。受此价值取向所引导,各国相继出台了详尽的矿业开发与生态保护的政策措施与严格的法律法规。目前,资源生态环境补偿已成为发达国家矿业政策以及法律体系中的重要组成部分。美国、澳大利亚、加拿大与欧盟等国家和地区都进行了有益的尝试。[1]

美国是尝试资源生态环境补偿较早的国家之一,其"湿地融资计划"要求矿山企业在考虑补偿问题之前先行采取措施避免和减少对湿地的破坏。田纳西科技大学的一份研究报告表明,由于长期实施这项计划,田纳西州大面积的湿地失而复得,取得了良好的效果。

在立法方面,20 世纪 70 年代继《国家环境政策法》之后,美国先后颁行了一系列旨在保护空气、水资源、野生动植物以及文物古迹的法律法规,主要有《联邦土地政策与管理法》(FLPMA,1976 年颁布,2001 年修订)、《露天采矿控制与复垦法》(SMCRA)、《资源保护与复原法》、《矿产租让法》(1920 年颁布,1987 年修订)与《综合环境效应、赔偿与责任法》(又称《超级基金法》,CERCLA)等。这些法律法规均对矿产资源开采中所涉及的资源、生态和环境规定了明确的补偿要求。

如 FLPMA 规定,必须科学地使用联邦公共用地,兼顾所开发土地的景观布局、生态环境、大气、水资源状况;因地制宜,保持与保护公共用地的自然状态(第 8 条)。国家对使用公共用地及其附着在土地上的资源按照市场价格收取使用费(第 9 条)。联邦政府应当本着公平的原则,对联邦及地方纳税人因各州与地方未能使用公共用地所产生的负担给予补偿(第 13 条)。

---

〔1〕 曹霞:《国外矿产开发中资源生态环境补偿法律机制管窥》,载《2009 年全国环境资源法学研讨会论文集》2009 年版,第 7 页。

SMCRA 于 1977 年颁布实施，是美国首部专门规范某一行业的环保法律，最初只适用于露天开采作业，之后也适用地下开采情形。它明确提出采矿作业结束后必须对土地进行复垦，并详细规定了包括废弃矿和现有矿的复垦标准、程序和目标。如稳定矿渣堆、恢复表层土壤、尽可能降低矿山排水危险、因地制宜种草植树等。

美国于 1980 颁行 CERCLA，目的是用最经济的办法使包括因采矿活动毁损及污染的土地尽可能恢复到可以再利用的状态。该法授权美国环境署依法监督个人责任主体履行生态环境补偿恢复义务，同时鼓励自愿治理恢复行为。该法针对化工行业与采矿业设立了污染物排放税，并以此作为对无法界定责任主体或个体的废弃、污染场所的整理信托基金。此外，该法还设立了严格的治理责任制度。美国的这些政策措施和法律制度与其他环境法律共同作用，相互配合，形成完备的矿产资源从有偿开发、生态环境恢复，到相应法律责任的承担全过程的补偿规制体系。

除美国外，世界其他国家，如德国、澳大利亚、瑞典和日本等国也在政策与立法上形成了较为完备的资源生态环境补偿规制体系。

如西澳大利亚环保局曾在 2004 年推出了一项以生态环境补偿方式实现环保目标的政策，其中包涵了十分丰富的旨在获得“环境净效益”的补偿理念：如预防为主、补偿为辅，治害与增效并重，重点推进、因地制宜，（环保部门）综合评估、全面考虑，（保证金）设计合理、管理得当，（依法设立信托补偿基金）形成制度、确保长效，（补偿与其他环保措施）相得益彰、共促发展。

加拿大北部省份普遍鼓励矿业开发商与当地矿区签署矿业开发“损益协议书（IBA）”，旨在通过双方协商程序，有效设计矿业开发活动中的利益分配与受损生态环境的补偿计划。

巴布亚新几内亚也要求矿业权所有人必须与土地所有人订立某种补偿协议，主要分为面积补偿协议和特殊项目补偿协议两种，前者以面积为计算补偿标准的单位，按年度支付。后者则以单项环境资源，如水资源、鱼类或林木为核算标准，可按年度支付，亦可一次性偿付。

上述国家所制定的法律法规涉及矿业开发的方方面面，对矿产资源开发的行为产生了直接或间接的影响。这些法律普遍强调从事矿产资源开发的主体有义务减少矿产资源开发活动中的对资源的破坏和对生态环境的影响，并确保将矿业用地恢复到未来仍可使用的状态，充分体现了资源生态环境补偿的理念和要求并在实践中取得了良好的效果。

第二节　有关矿产资源生态补偿的典型案例分析

一、山西省煤炭开采生态补偿

山西是我国煤炭资源大省，全省含煤面积6.48万平方公里，占总面积的40%，119个县(市、区)中94个有煤炭资源。新中国成立以来，山西累计生产煤炭110亿吨，占全国煤炭生产总量的1/4；净调出量80亿吨，占省际调出量的七成。[1]

山西特殊的矿产资源开发结构使得山西所开展的针对煤炭资源开采加工所产生的生态破坏和环境污染所采取的补偿行为对于全国资源开发生态补偿具有典型的借鉴推广意义。

(一) 山西省煤炭产业发展对环境产生的影响

山西省生态环境极度脆弱，水土流失严重、森林覆盖率低、水资源短缺、开矿破坏严重等长期影响和制约着全省经济社会的可持续发展。作为全国煤炭资源开采大省，山西省长期煤炭开采使得本就极度脆弱的环境更是雪上加霜。(如图表7.1所示)

图表7.1　煤炭开发产生的环境问题

环境破坏类型	单位	2010年	测算系数
地表塌陷面积	公顷	33300	以每生产1万吨煤炭造成地表塌陷0.45公顷计算
水资源破坏量	亿吨	18.5	以开采1吨煤破坏2.5吨水资源计算
二氧化碳排放	亿立方米	33.3	以开采1吨煤排入大气4.5立方米废气计算
瓦斯排放	亿立方米	35.5	以开采1吨煤排入大气4.8立方米瓦斯计算
煤矸石产生量	万吨	7400	以煤炭产量10%计算

注：测算系数由西北地区平均水平测算[2]

山西煤矿开采历史悠久，由于煤炭埋藏较浅(平均开采深度小于500米)，煤层层数多(平均3—5层)，单煤层累计厚度大(平均开采层累计厚度3—20米)，矿山下形成了规模宏大的采空区。近20多年来，山西煤炭

---

〔1〕 张宝顺：《煤炭产业转型发展事关山西科学发展大局》，载《半月谈》2010年第5期，第22页。

〔2〕 新疆维吾尔自治区发改委经济研究院：《新疆建立煤炭开发生态补偿机制的调查与建议》2011年。

开采造成矿区土地塌陷、地表扰动、崩塌、泥石流等严重的地质灾害。截至2005年,山西省矿区采空区面积达5000平方千米,引起和潜在严重地质灾害的区域约2940平方千米,每年新增塌陷区面积约94平方千米。[1]

作为人均水资源拥有量仅为全国平均水平五分之一的严重缺水地区,长期的煤炭开采对山西省的水资源产生了严重破坏和污染。据调查,2003年,山西煤炭开采对水资源破坏的总计面积为20352平方千米,占全省总面积的13%。其中严重破坏区面积为2670平方千米,占全省总面积的1.7%。[2]

煤尘、矸石山自燃造成了山西煤矿区以二氧化硫和烟尘为主要的高浓度污染物,形成了危害严重的煤烟型大气污染,大同、阳泉等城市的空气质量极其恶劣。根据山西省环保局统计,2003年山西省煤矿区二氧化硫排放量达32.97万吨,烟尘年排放量达44.82万吨,分别占到全省排放量的32%和51.5%。[3]

煤矿开采所产生的煤矸石也造成了大量的土地资源破坏和浪费。截至目前,山西省煤矸石总量已达到20亿吨左右,而且每年新增煤矸石1亿吨以上,全省煤矸石堆存占地超过16000公顷。[4]

上述煤炭开发产生的严重环境问题,迫切要求山西省各级政府在煤炭开发和经济发展中充分考虑资源开发过程中的生态破坏和环境污染等社会问题,尽快建立煤炭资源开发的生态补偿机制。

(二)山西省煤炭开采生态补偿的政策法规体系

1. 山西省煤炭可持续发展试点政策措施

多年以来,山西省各级政府高度重视煤炭产业可持续发展,省发改委会同国家发改委国土开发与地区经济研究所在煤炭产业生态环境恢复补偿机制方面开展了一系列研究,并最终推动形成上报国务院的关于在山西省开展煤炭工业可持续发展试点的建议。

2006年6月,国务院正式批复同意在山西省开展煤炭工业可持续发

[1] 亢豆:《山西省煤矿开采对地质环境的影响及防治措施》,载《山西师范大学学报》(自然科学版)2010年第1期,第122页。

[2] 山西省计划委员会:《山西省煤炭开采对水资源的破坏影响及评价》,2003年。

[3] 同上。

[4] 张宝顺:《煤炭产业转型发展事关山西科学发展大局》,载《半月谈》2010年第5期,第22页。

展政策措施试点(国函[2006]52号)。该文件是在新的历史条件下,贯彻落实科学发展观,推动山西省煤炭产业可持续发展的纲领性文件。文件提出要重点围绕建立煤炭开采综合补偿和生态环境恢复补偿机制方面进行试点。

在文件中,明确提出了要“加强产煤地区生态环境综合治理”。其中一项重要内容就是建立煤炭开采综合补偿机制。

一方面,新建和已投产的各类煤炭生产企业要制订矿山生态环境保护与综合治理方案,加快矿井废水、煤矸石、矿区地面沉陷和水土流失的治理。对废弃矿山和老矿山的生态环境恢复与治理,按照“谁投资,谁受益”的原则,积极探索通过市场机制多渠道融资,加快治理与恢复进程。

另一方面,煤矿企业应依据矿井设计服务年限或剩余服务年限,按煤炭销售收入的一定比例,分年预提矿山环境治理恢复保证金,并列入成本,按“企业所有、专款专用、专户储存、政府监督”的原则管理。

此外,还要将现行征收的山西能源基地建设基金调整为煤炭可持续发展基金,对各类煤矿按动用(消耗)资源储量、区分不同煤种征收,主要用于企业无法解决的区域生态环境治理、资源型城市和重点接替产业发展、因采煤引起的其他社会性问题。企业缴纳的煤炭可持续发展基金计入生产成本。基金的审批管理由财政部负责,征求国家发展改革委意见,报国务院批准;有关基金具体使用安排等事项,由国家发展改革委会同财政部、环保总局审批。征收煤炭可持续发展基金之前,延续征收山西能源基地建设基金。

从上述三方面可以看出,山西省在建立煤炭开采综合补偿机制方面基本上与我国现有矿产资源生态补偿制度相契合,既强调了企业主体地位(制订矿山生态环境保护与综合治理方案,分年预提矿山环境治理恢复保证金),又强调了政府公共服务的职能(征收煤炭可持续发展基金,主要用于企业无法解决的区域生态环境治理等社会性问题)。

2. 山西省煤炭可持续发展基金

按照文件中关于煤炭可持续发展基金的要求,山西省政府向财政部报送了《关于山西省煤炭可持续发展基金征收和使用管理实施办法的请示》。2007年3月,经财政部正式批复同意,《办法》正式实施。

根据《办法》的规定,山西省煤炭可持续发展基金是山西全省所有煤炭开采企业按照具体征收办法上交省财政的,按照“统一征收、分级管理、专款专用、单独核算、国库集中支付”的原则进行管理的地方政府非税收入。

(1) 基金的征收

基金按不同煤种的征收标准和矿井核定产能规模调节系数按月计征。具体计征公式为：

矿井基金月征收额 = 适用煤种征收标准 × 矿井核定产能规模调节系数 × 矿井当月原煤产量

企业基金月征收额 = 所属各个矿井基金月征收额之和

适用煤种征收标准：基于全省煤矿生态恢复治理任务和煤炭企业经营负担程度，《办法》规定了山西全省统一的适用煤种征收标准，具体为：动力煤 5—15 元/吨、无烟煤 10—20 元/吨、焦煤 15—20 元/吨。综合考虑各方面因素，2007 年当年，山西省确定的适用煤种征收标准为：动力煤 14 元/吨、无烟煤 18 元/吨、焦煤 20 元/吨，也就是尽量按照标准上限征收。

矿井核定产能规模调节系数：按照推动煤炭开采企业做大做强，防止“小、散、乱”，实现规模效益的原则，山西省制定了如图表 7.2 所示的规模调节系数：

图表 7.2 煤炭开采企业规模调节系数

矿井核定产能规模	90 万吨以上 (含 90 万吨)	45—90 万吨 (含 45 万吨，不含 90 万吨)	45 万吨以下 (不含 45 万吨)
调节系数	1	1.5	2.0

煤炭企业当月原煤产量：为企业当月实际煤炭产出量，具体核定办法由基金代征部门会同煤炭行业行政主管等部门另行制定。

山西省人民政府财政部门是征收基金的职能部门，按照本办法规定负责组织基金征收工作，并委托省地方税务局具体代征基金。煤炭开采企业所交纳的基金，全额计入企业当期生产成本，在所得税前列支。

(2) 基金的分成

基金收入实行省、市、县三级分成管理。省属国有重点煤炭开采企业和中央(或中央控股)企业在本省境内出资设立的煤炭开采企业，其缴纳的基金全部缴入省级；其他煤炭开采企业缴纳的基金实行省、市、县三级按比例分成，分成比例为省级 60%、市级 20%、县级 20%。

（3）基金的使用

基于基金设立的初衷，基金主要用于企业难以解决的跨区域生态环境治理、支持资源型城市（地区）转型和重点接替产业发展、解决因采煤引起的相关社会问题。

首先是跨区域生态环境治理，包括治理煤炭开采所造成的水系破坏、水资源损失、水体污染；大气污染和煤矸石污染；植被破坏、水土流失、生态退化；土地破坏和沉陷引起的地质灾害等；其次是资源型城市、产煤地区转型和重点接替产业发展，主要包括支持资源型城市和产煤地区的重要基础设施建设，以及符合国家产业政策要求的煤化工、装备制造业、材料工业、旅游业、服务业、高新技术产业、特色农业发展等；第三是解决因采煤引起的社会问题，包括支持分离企业办社会；棚户区改造；与煤炭工业可持续发展关系密切的科技、教育、文化、卫生、就业和社会保障等社会事业发展；其他社会事业发展等。

原则上，基金对于上述三方面工作按50%、30%、20%的比例安排。具体的年度支出，分别纳入同级财政预算和政府投资计划管理，报同级政府批准并提交同级人大审议通过后执行。

3. 相关政策法规体系

基于由山西省煤炭产业可持续发展政策以及煤炭可持续发展基金相关管理条例构筑的山西省煤炭开采产业生态补偿政策法规体系，山西省政府以及相关部门陆续制定出台了一系列配套政策和法规文件，如《山西省煤炭可持续发展基金征收管理办法》（山西省人民政府令第203号）、《山西省地方税务局关于印发〈山西省地方税务局煤炭可持续发展基金已缴证明管理办法（试行）〉的通知》（晋地税发[2007]39号）、《关于下发〈煤炭可持续发展基金铁路运输销售煤炭查验补征管理办法（试行）〉和〈煤炭可持续发展基金公路运输销售煤炭查验补征管理办法（试行）〉的通知》（晋地税发[2007]47号）等。

此外，相关政府部门按照"统筹兼顾、突出重点，预防为主、防治结合，过程控制、综合治理"的原则，先后编制并实施了《山西省煤炭开采生态环境恢复治理规划》、《山西省煤炭开采企业生态环境恢复治理方案》和《山西省循环经济发展总体规划》。相关规划文件中结合煤炭可持续发展基金年度使用额度对具体的生态恢复和环境保护工程项目进行了明确。

（三）山西省煤炭开采生态补偿的效果

2007—2009年，山西省共计安排113亿元煤炭可持续发展基金，重点用于跨区域的生态环境综合治理，集中支持汾河流域生态环境治理修复与保护、太原西山地区生态环境综合整治和10市生态环境综合治理（即“2+10”工程）、应急水源等六大水利工程、造林绿化工程、节能减排和淘汰落后产能、循环经济项目等重点工程。[1]

通过对汾河沿岸污染企业整治、源头煤矿关闭、河道疏浚、水源地涵养等工程措施的实施，汾河河道过水量明显增加，水质明显改善，汾河断流天数明显减少，太原以上河段实现了清水复流，湿地面积增加，流域地下水位止降反升，兰村水源地地下水水位最大回升幅度达4.62米，西张水源地地下水位已累计上升16.17米。

通过实施造林绿化工程，完成汾河流域造林29.82万亩、交通沿线荒山造林133.08万亩、通道绿化1364公里。

通过加大对全省城镇生活污水处理项目的投入，全省已建成72座城镇生活污水处理厂，城市污水处理率已达到72%，2010年年底前，实现全省县县有污水处理厂的目标。

通过实施国有重点煤矿采煤沉陷区治理工程，大同、轩岗、古交等9个采煤沉陷矿区治理开工面积达546万平方米。

通过实施节能降耗工程，2008年全省万元GDP能耗年度降幅7.39%，超额完成了全年下降5.6%的任务，降幅居全国第一。

一大批生态环境重大项目的实施，使得全省环境质量明显提高。2008年，首次实现11个重点城市的环境空气质量二级以上天数全部达到300天以上，累计达3679天，比2005年增长47.7%；11个重点城市大气综合污染指数平均为2.11，三年间平均下降21.61%；全省二氧化硫排放量130.84万吨，累计减排13.69%；化学需氧量排放量35.88万吨，累计减排率达7.29%。2009年上半年，全省二氧化硫净减排3.9万吨，完成全年任务0.44万吨的8.9倍，已超额完成“十一五”减排目标；化学需氧量减排约1万吨，完成全年任务的78%。全省11个省辖城市环境空气质量二级以上天数平均达到172天，比上年同期增加10天，完成全年目标任务的60.4%。环境空气质量达国家二级标准的城市由2008年的1

---

[1] 《山西省人民政府办公厅关于印发山西省煤炭工业可持续发展政策措施试点工作情况的报告的通》，晋政办发[2009]156号。

个增加至2009年上半年的10个，达国家二级标准的县(市、区)由13个增加至62个。

山西省实施煤炭产业可持续发展试点政策特别是建立以煤炭可持续发展基金为基础的煤炭产业生态补偿机制以来的成功实践充分证明，这一系列政策法规体系，是构建山西生态环境恢复补偿机制、建立转型转产发展援助机制、解决企业办社会包袱及因采煤引起的各种社会问题的重要支撑，主要是要解决煤炭开采的外部不经济性，充分体现了“谁开发、谁保护，谁破坏、谁恢复，谁污染、谁治理”的原则。

这一系列政策法规体系与组织财政收入、调节资源级差收入和资源收益、促进资源合理有效利用的资源税在功能上有着本质上的差别，其效果是传统资源税无法替代的，在未来相当长一段时间还需要继续并加大实施力度。

(四) 山西省煤炭开采生态补偿存在的主要问题

煤炭开发生态补偿是一项长期的任务，是一项系统工程，山西省所开展的试点工作虽然取得了积极进展和明显成效，但仍存在着一些突出问题。

1. 试点工作推进不平衡

试点政策已实施两年多，但部分市县及煤炭企业对试点涉及的体制、资源、安全、环境、转产发展等政策缺乏完整了解，导致试点任务在各地区、各企业推进不平衡，有些政策在市、县两级没有做到与省级协调推进，少数市县没有制定试点实施方案和相关的配套政策，省、市、县三级协调推进机制尚未完善。

2. 重点项目不突出

省本级煤炭可持续发展基金严格按照国家规定的5∶3∶2比例投向三大领域，但也存在标志性工程少、部分基金项目偏小的问题。较为突出的问题是部分市县基金使用不规范，安排的项目资金比较分散，存在重局部利益、轻全局利益，重眼前利益、轻长远利益的现象，不能充分发挥资金最优效益。

3. 监督检查和考核考评尚未制度化

试点工作开展以来，尽管省级政府也多次组织对试点工作监督检查和指导，但市对县、政府对企业存在对试点工作疏于监督检查，缺乏必要指导的现象，试点政策的考核考评体系和奖惩激励机制还不够完善。对于在试点推进过程中出现的矛盾和问题了解不及时,针对性的政策创新、调整不及时。

二、新疆克拉玛依市石油开采生态补偿

新疆克拉玛依市是我国典型的以石油资源为主的资源型城市。从1958年建市以来,石油产业一直是克拉玛依的支柱产业,并在自治区经济发展中占有举足轻重的地位。油田勘探开发50多年来,原油产量连上新台阶,石油生产已建成克拉玛依和独山子等4个主要石油生产基地。

作为一个因油而形成的年轻的资源型城市,克拉玛依市地处准噶尔盆地古尔班通古特沙漠边缘,地表植被稀疏,特别是油田所处的戈壁沙漠,大风来时,飞沙走石,破坏性极大,自然环境十分恶劣。受地理位置和长期缺水等因素的影响,克拉玛依市全境大部分地区为裸露的戈壁荒漠,砾石与戈壁荒滩的面积广布,林地面积较少,森林覆盖率低,土质条件较差,可耕地面积很小,土地盐碱化程度十分严重。

在建市之初的特殊历史条件下,按照"先生产,后生活"的原则进行城市建设和规划。长期以来,在城市可持续发展方面特别是生态环境保护与建设方面的工作相对滞后于石油开采加工产业的发展,油田开采对克拉玛依本就十分脆弱的生态环境产生了重大影响,天然草地面积不断减少,植被覆盖度降低,地表裸露面积不断增加。

近年来,随着克拉玛依市深入贯彻落实科学发展观,着力在依托产业发展所积累的经济实力推动环境保护并对因多年来石油开采所造成的生态破坏给予补偿性修复方面下工夫,做了大量卓有成效的工作。

(一)克拉玛依市石油勘探开发对环境产生的影响

石油勘探开发过程中对环境产生的影响主要集中在两环节:一是伴随着油田的开采而产生的直接生态破坏;二是油田开采、石油加工所及其附带产业产生的各类污染。

1. 油田开发对土壤的影响

钻井对土壤的影响。钻井过程产生的主要污染物有钻井废水、废弃泥浆、钻井岩屑和废钻井液等。由于钻井废液的碱性强,对含有机质的酸性土壤或中性土壤危害小,而对含粘土的碱性土壤危害极大。盐碱化土壤一旦受到钻井废液的污染,其碱性远远超过植物的耐受范围,从而使井场周围的植被受到破坏,并难以恢复再生。另外,钻井液中的无机盐其含

量在土壤中积累到一定程度后，会使土壤盐碱化程度加重，使植被难以生长。在农田、草场等地区进行钻井作业时，如受到钻井废水和钻井废液的污染，该废液中含有大量的重金属离子及有机污染物（如多环芳烃、卤化烃、有机硫化物、胺类、醛类等）都有毒性，能在环境和动植物体内富积，然后通过食物链在人体内富积，危害人体健康。钻井过程中产生的污染物在蒸发池储存期间，若遇暴雨、洪水等自然因素，将会造成蒸发池及钻井场的污水外溢，污染大片土壤，对井场周围的植被或农作物造成危害。

采油废水对土壤的影响。采油废水是伴随着原油从地层开采而来的，水和原油一起进入原油集输系统，经破乳、脱水后，形成油田特有的采油废水。脱出的水仍含有一定浓度的油。由于这些水在地下时与油层物质接触，溶进或混进了盐类、悬浮物、油质、有机物以及一些微生物。对土壤环境造成的影响主要表现在局部地区土壤污染、次生盐渍化，使土壤失去土地利用价值。

落地原油对土壤的影响。落地原油是指在油井生产过程中，没有进入集输管线而散落在地面的原油。原油落地后与地面的水、沙、泥土形成混合物，部分原油渗入土壤后，会造成土壤的污染。

洗井液对土壤的影响。洗井废水的理化性质一般为：pH 值 7.86、总盐量 490 mg/L、总碱度 425.5 mg/L。其有机物主要有各种直链烃类、芳烃及酚类等，也含有一定的重金属和硫化物。根据有关部门所做的田间试验，土壤重金属元素、有机污染物、硫化物等都随着洗井废水水量的增加而增高，籽粒中总烃、芳烃含量有所增加，超过当地正常水平的上限。

2. 油田开发对自然植被的影响

钻井生产对自然植被的影响。钻井施工现场征地面积一般为 80 m × 80 m，为暂时用地。钻井时各种重型机械的碾压及推土机推土等会使井场植被遭到严重破坏。一些盐生植物如碱蓬、西伯利亚蓼、骆驼刺等被破坏后虽然能够自我恢复，但这种恢复过程的时间比较漫长，一般至少需要 15 年，当大面积被破坏时，这种自我恢复过程的时间就更加漫长，甚至是无法实现的。另外，受到钻井废液和钻井岩屑污染的土壤，其植被恢复较为困难，特别是泥浆池上的植被无法恢复。

采油及作业对自然植被的影响。在采油及各种作业过程中会产生一些污染物，主要污染物是落地原油。落地原油将对井场周围植被产生不利影响。受落地油污染的草原植被，长势弱，高度低，群落层次简单、不明显，当落地油对草原植被污染很重时，可使全部植物种类死亡。除污染物影响外，井场周围的植被还长期受人的践踏、机械的碾压等影响，造成井场周围的土壤板结，光板地增多，植被难以恢复。在草原、牧区作业完毕清理井场时，首先将大量落地原油回收，然后将井场上无法回收的落地原油与表土的混合层一起挖走，填到低处，再从附近取土垫平井场，从而达到清洁井场的目的。这种做法导致井场周围形成许多的光板地，使植被覆盖率降低；既污染了低处的草原，又搬走了高处地表土及植被，使之几年甚至几十年不能生长植物，对草原生态环境破坏非常严重。

3. 事故性污染对环境的影响

油田开发过程中可能发生的污染事故有：钻井和井下作业时的井喷事故；井下作业时酸化压裂液、酸液、压井液等的泄漏事故；原油在储存、运输过程中的冒罐事故；集输过程中油、水管线及设备因腐蚀等穿孔而造成的油、水泄漏；注水系统地上管线和设备等因腐蚀穿孔而漏水，地下注水井井壁因固井质量不好或腐蚀穿孔使注入水漏失至其他地层（包括地下水层）。

井喷和原油泄漏对土壤和地表植被都会造成严重污染。泄漏的原油粘附于植物表面，阻断植物的光合作用，使植物枯萎、死亡；原油污染造成土壤理化性状的改变，往往会影响植物生长，甚至导致植物死亡。原油或伴生气的泄漏还会对大气环境带来严重的污染。

4. 油田开发对人体健康的影响

石油会对水体造成严重污染，它漂浮在水面上形成一种油膜，阻止大气中的氧气溶解于水中，阻止水的蒸发，影响大气与水体的热交换，从而影响水体的自净作用，危害水生生物的生存。它被水生生物吸收后，能在水生生物体中富集、残留，通过食物链把石油中的有毒物质带入人体，危及生物和人类健康。它也可直接通过皮肤接触、呼吸等渠道进入人体，危害人体健康。吸入高浓度的石油类气体，会立即出现头痛、精神错乱、肌肉震颤、抽风等急性中毒症状；刺激呼吸道会引起剧烈咳嗽、呼吸困难；刺激消化道会出现恶心、呕吐、血压下降等症状，甚至死亡。许多石油类产品都会危害神经系统、呼吸系统、造血系统、皮肤和粘膜等，从而导致人体中毒。

5. 非常规油气田开发对环境的影响

非常规油气田主要指以重（稠）油、超重油、深层石油、油砂等开发为主的油田,采用的开采介质为蒸汽而不是水,需要消耗大量的燃料。非常规油田开发对环境的影响除包含上述所有环境影响外,燃料燃烧产生的二氧化硫、氮氧化物、二氧化碳、可吸入颗粒物对大气环境的影响相对常规油田开发来说大得多。油砂分离沥青后得到的尾矿——剩下来的砂子、残存的沥青、水、黏土颗粒和污染物组成的混合物处理不当对环境会产生很大的影响。

（二）克拉玛依市生态补偿政策法规体系

克拉玛依市所开展的石油开采生态补偿主要体现为运用与石油开采相关的各类财政税费收入以及石油企业的各类投入,广泛开展生态恢复建设和环境保护建设项目。

1. 依托资源税建立的生态补偿制度

所谓依托资源税建立的生态补偿制度,是指克拉玛依市从本地石油开采加工企业征收的资源税本级分成资金中,依托重点生态环保项目建设进行生态保护和修复,以达到对石油开采加工所造成的生态环境破坏进行补偿的目的。

“十一五”期间,克拉玛依市石油企业累计上缴资源税共计 11.3 亿元,其中留存本级财政的部分总计 2.8 亿元。2011 年,预计资源税本级财政留存部分为 3 亿元。

克拉玛依市政府将资源税中的大部分用于开展生态环境治理工程,重点投向三个方面:一是建设生活污水和生活垃圾处理设施。先后建成 3 个污水处理厂,年处理能力 2678 万吨,建成 3 个生活垃圾集中处理站。污水处理厂和垃圾处理站运行维护费用由本级财政全额承担。二是提高城市绿化覆盖率。重点用于建成区绿化,石化工业园区、农业开发区及周边绿化。三是加大对农业开发区基础设施建设的投入,重点用于在农业开发区周边种植防风林和农田防护林。

2. 依托行政收费建立的生态补偿制度

所谓依托行政收费建立生态补偿制度,是指依托与生态环境相关的行政收费征收资金,并有针对性的运用在重点生态恢复建设工程上面。

克拉玛依市按照《森林植被恢复费征收使用管理暂行办法》(财综[2002]73 号)、《关于下发自治区国土资源系统土地管理行政事业性收费标准的通知》(新计价房[2001]500 号)及《国家林业局关于石油天然气管道建设使用林地有关问题的通知》(林资发[2010]105 号)等文件规定，主要以辖区内石油开采加工企业为对象征收林地补偿费、林木补偿费、安置补助费和森林植被恢复费等四项费用。

林地补偿费、林木补偿费、安置补助费由克拉玛依市进行收取，全额缴入市地方国库。森林植被恢复费由自治区林业厅进行收取，全额缴入自治区级地方国库，并由自治区财政分三年专项转移支付返还克拉玛依市。上述资金主要用于石油开采加工地区进行森林植被恢复工作。

3．依托石油企业自身建立的生态补偿制度

近年来，克拉玛依市政府鼓励并推动辖区内以新疆油田公司、独山子石化公司、克拉玛依石化公司为代表的石油石化企业，通过多种经济手段，采用第三方外包方式解决石油开采加工环节的污染问题，即将社会成本内部化。

以落地原油处理为例，克拉玛依石化公司就专门委托专业的落地原油处理公司对污染的土壤进行处理，清理完毕的土壤进行专门堆存，而对处理过程中萃取分离的原油则作价回收。

（三）克拉玛依市生态建设和环境保护的效果

1．“三位一体”防护生态安全保障体系初步形成

由上述可知，克拉玛依市政府依托资源税和行政收费建立起的生态补偿机制所形成的资金，除建设生活污水和生活垃圾处理设施外主要是用于森林绿化工作。截至目前，克拉玛依市绿化工作取得了令世人瞩目的成就。

克拉玛依市充分利用各类通过生态补偿机制所积累的资金，依托国家“三北”防护林四期工程，以农业综合开发区及城市周边大型防护基干林带建设、造林减排作业区建设等为主线，大力实施人工造林和封沙育林。

截至目前，共营造人工造林面积 13 万亩，封沙育林 70 万亩，全市绿化覆盖区已达 23.3%，初步形成了从荒漠戈壁到城区周围，三道不同性质、不同功能的“三位一体”防护生态安全保障体系。一是城区外围的荒漠植被保护区，以柽柳、梭梭和胡杨等荒漠灌木为主，保护面积为近 200 万亩。二是在农业综合开发区、克拉玛依区、白碱滩区和独山子区城区外围营造林了大型基干农田防护林、生态林和城市周边防护林。三是在城区街道、居民小区、生产生活区大力开展了绿化工程，使市民的生活和居住的生态环境逐年得到改善。

2. 石油开采加工污染得到有效治理

依托石油企业自身建立的生态补偿制度，使克拉玛依市工业污染治理出现了崭新的局面。目前，全市油田稀油采油污水全部处理合格，并代替新鲜水回注油田。重油热采污水处理达标后部分回注油田，部分浇灌戈壁植被。炼化污水全部达标和城市生活污水经二级处理后用于绿化。市内全部锅炉进行了消烟除尘治理，并还有部分锅炉使用天然气作燃料。全市工业企业噪声全部达到国家环保标准。全市工业固体废弃物能回收利用的做到全部回收利用，不能回收利用的全部运到规范化渣场进行填埋。全市环境空气质量达到二级以上的天数超过 360 天。

（四）克拉玛依市石油开采生态补偿存在的主要问题

1. 缺乏专门的政策法规体系

客观地说，克拉玛依市并没有建立真正意义上的石油开采生态补偿机制。现有的生态补偿行为更多地表现在生态环境保护治理工程的建设机制上。在目前没有专门针对生态补偿的法规政策体系的情况下，生态环境保护治理工程很难与石油开采加工环节的生态破坏行为形成一一对应关系，无法真正起到从源头上约束企业的生态破坏行为的目的，同时也无法从根本上保证生态环境保护治理工程不受经济波动、宏观政策调整等外部环境影响。

2. 缺乏明确的资金来源

由于克拉玛依市并未建立专门的石油开采生态补偿政策法规体系，也就无法建立科学有效、长期稳定的生态补偿资金渠道。尽管本级财政通过资源税以及行政收费对生态环境保护治理工程进行了重点支持，但相对于本级财政实力和石油开采加工企业的承受能力来说，这部分资金无疑远远不够。有必要通过对克拉玛依市所辖范围内石油开采加工企业按一定比例从价或者从量征收可持续发展基金，专门用于支持各地州市的生态环境综合治理与保护、节能减排、循环经济等重点工程；解决油气开采与加工引起的社会问题；与油气工业可持续发展密切相关的科技、教育、文化、就业和社会保障等社会事业发展。

第三节　完善有关矿产资源生态补偿的对策建议

通过分析我国目前有关矿产资源生态补偿存在的主要问题，可以发现在补偿主体、补偿对象、补偿范围、补偿方式方面存在一定的问题。因此,参考先进的立法经验,从法律制度和政策方面入手,提出以下完善有关矿产资源生态补偿的对策建议。

第一,关于补偿主体。

实现矿产资源生态补偿,必须首先明确补偿责任主体,即由谁来履行补偿义务。从国外相关立法的成功实践来看,一个共同的特征就是,对补偿责任主体界定清晰,法律责任认定明确。

一般来说,在我国矿产资源开发环节,补偿主体可以分为两类,一是我国各类矿业开发实施主体,主要指从事矿产资源开发活动的企业和个体;二是矿产资源的受益主体,这是一个比较模糊的概念。其收益的主要含义是享有或拥有矿产资源的所有权和收益权。在现阶段,我国矿产资源的受益主体主要包括国家和各级地方政府以及各类微观经济主体。他们的共同点是,虽然不直接从事矿产资源的开采活动,但间接地享有与矿产资源有关的所有、处置、收益等权益。上述两类主体都对矿产资源的开发利用过程中造成的环境问题负有法定的补偿义务,这既充分体现了"污染者付费、破坏者赔偿"的原则,又充分体现了"受益者负担"的原则。此外,对于第一类矿业开发实施主体的法律责任应当进行明确规定,如两个以上主体被认定在矿产开发中造成损害的,应负连带赔偿责任。

补偿主体的明确界定有助于在补偿实践中定位补偿关系,明确补偿主体的权利和义务,制定相应的补偿标准和补偿手段,实现规范化的补偿程序。

第二,关于补偿对象。

根据生态补偿理论,从区域角度看,矿产资源生态补偿的对象首先是生态环境受矿产资源开采加工活动影响的直接污染区,如受污染河段、废渣堆放场等,其次是为了维护矿产资源生态环境免遭破坏而进行生态保护和建设的生态功能区,如防护林区、水源保护区等。

从接受补偿的群体看,矿产资源生态补偿的对象首先是生产生活受因矿产资源开采加工造成环境破坏直接影响的微观主体,如矿产资源开采地居民、企业等,其次是为矿产资源生态修复做出直接贡献的微观经济体,如生态建设者、污染处理企业等,第三是那些因生态治理工程的实施使其利益受损的微观经济主体,如防护林建设过程中的移民等。

补偿对象的明确界定有助于科学评估矿产资源的生态成本,一方面确保了制度设计中关于补偿标准设计的科学性，另一方面也为合理设计补偿方式提供了重要依据。

第三，关于补偿制度。

结合国内外成功实践来看，有关矿产资源开发中资源生态环境补偿的立法中大都包含了完善、灵活的补偿制度，主要有环境影响评价制度、矿产权利金制度、环境恢复保证金制度、排污收费制度、排污权交易制度、矿山环境监督检查制度与公众参与制度等。

环评制度与矿业权的取得相联系，旨在提高矿业权人的环保意识与事前防范意识。矿产权利金制度、生态恢复保证金制度、排污收费制度与排污权交易制度将资源生态环境保护与排污者的经济利益结合起来，有助于增强矿业权人"资源有价"、"污染者付费"、"破坏者补偿"意识。一方面激励开发经营者善待自然，保护环境，另一方面从资金上保证恢复生态环境的成本落到实处。矿山环境监督检查制度有利于强化矿山环保政策和措施的实施，提高执法效率，同时也有助于增强环境监督机构的执法能力。公众参与制度旨在通过公众的广泛参与，形成全社会共管共促环保局面，强化矿业企业的社会责任，同时使生态环境受害者的合法权益得到补偿。

第四，关于补偿方式。

矿产资源生态补偿的补偿方式主要包括政策补偿、资金补偿、实物补偿、技术补偿等。对于同一补偿对象可以运用多种方式进行补偿。对于区域性补偿对象，可以侧重政策补偿或资金补偿；对于生产生活环境受到直接影响的经济体，可以侧重资金补偿或实物补偿；对于经济相对发达地区的补偿对象，可以侧重政策补偿或技术补偿；对于经济相对落后地区的补偿对象，可以侧重资金补偿、实物补偿。

第八章　生态补偿财政制度研究*

改革开放以来，我国经济经历了30多年的快速增长，经济总量不断扩大。但是，在经济快速增长的过程中，我国长期忽视了环境问题，导致严重的环境破坏和生态退化，并成为经济社会可持续发展的瓶颈。在这种情况下，生态补偿进入了政府的视野，并日受重视。

2005年12月，国务院发布了《关于落实科学发展观加强环境保护的决定》(国发[2005]39号)，要求"完善生态补偿政策，尽快建立生态补偿机制"。2006颁布的"十一五"规划纲要提出"要按照'谁开发谁保护、谁受益谁补偿'的原则，加快建立生态补偿机制"。2007年8月，国家环保总局发布《关于开展生态补偿试点工作的指导意见》(环发[2007]130号)，提出在自然保护区、重要生态功能区、矿产资源开发和流域水环境保护四个领域开展生态补偿试点。2011年颁布的"十二五"规划再次重申要"加快建立生态补偿机制"，并进一步明确提出要"加大对重点生态功能区的均衡性转移支付力度，研究设立国家生态补偿专项资金。推行资源型企业可持续发展准备金制度。鼓励、引导和探索实施下游地区对上游地区、开发地区对保护地区、生态受益地区对生态保护地区的生态补偿。积极探索市场化生态补偿机制。加快制定实施生态补偿条例"。2012年召开的党的十八大报告中提出，要大力推进生态文明建设，建立体现生态价值和代际补偿的生态补偿制度。建立和完善生态补偿机制，促进生态与环境保护，已经成为我国当前面临的一个重大课题。

国际上与"生态补偿"相对应的概念是"生态或环境服务的有偿支付"(Payment for Ecological/Environmental Services)。出现生态环境问题

---

* 本章撰稿人：贾康，课题组生态补偿财政国内专家，生态补偿专家咨询委员会委员，经济学博士，现任全国政协委员、政协经济委员会委员，财政部财政科学研究所所长、研究生部博士研究生导师，中国财政学会副会长兼秘书长，《财政研究》主编；刘薇，女，生态补偿国内财政专家助手，经济学博士，财政部财政科学研究所副研究员，中国财政学会公私合作研究专业委员会副秘书长；施文泼，生态补偿国内财政专家助手，经济学博士，财政部财政科学研究所副研究员。

的主要症结在于生态环境具有明显的外部性且难以通过市场手段消除，使得生态环境相关方之间的经济利益分配不合理。在这个问题上，政府可通过多种财政手段，对生态破坏者与受害者、保护者和受益者之间的利益关系进行有效调节，进而对私人部门产生有效的激励。国际经验也表明，政府的大力扶持对构建和完善生态补偿机制具有至关重要的作用。

我国在建立生态补偿机制的过程中，也一贯注重发挥政府的积极作用。近年来，中央政府和地方政府以财政制度为核心，进行了多种形式的生态补偿制度探索与建设。总体而言，我国生态补偿财政制度的建设还处于探索过程中。借鉴国际经验，并结合我国实际，进一步完善我国生态补偿的财政制度，则是当前的主要任务。

第一节　生态补偿财政制度概述

一、财政介入生态补偿的理论依据

外部性(Externality)在生态环境中的广泛存在及市场机制在治理外部性上出现失灵，是政府运用财政手段进行生态补偿的最主要理论依据。

（一）生态环境活动的外部性

所谓外部性，是指一项生产或消费活动以市场机制之外的其他方式直接对他人的福利产生了影响，因而导致私人成本与社会成本、私人收益与社会收益之间的差异。生态环境活动具有明显的外部性。

当某个市场主体的生产或消费活动造成了环境污染或者生态破坏，却不承担这种环境污染或生态破坏行为给他人造成的成本，这对他人来说就形成了一种负的外部性。同样，当某人进行了一项有利于生态环境保护的活动时，其他人从中获得了收益，但保护者并不会从他们手中获得对应的支付，这是一种正外部性。

外部性问题在生态环境活动中的普遍存在，导致了经济利益在相关经济主体之间的不合理分配：生态环境的破坏者不承担破坏生态环境的成本，受害者得不到补偿；生态环境保护的受益者无偿占有生态价值，保护者得不到激励。

简言之，破坏者的私人成本低于社会成本，保护者的私人收益低于社会收益，结果就是破坏生态环境的活动超过了社会最优水平，而保护生态环境的活动则低于社会最优水平。

（二）生态环境活动外部性的治理难点：价格机制不存在

正如外部性的定义所揭示的，之所以会出现外部性是因为经济主体之间的行为影响不通过市场机制而直接发生。市场机制的核心是价格机制，经济效率要求经济主体在使用各种资源时支付对等的价格，该价格反映了稀缺资源的价值（机会成本）。而在生态环境活动中，由于没有价格这一市场机制的存在，无法通过价格反映生态资源的稀缺程度，进而导致了无效率的结果。

在生态环境活动中之所以不存在价格机制，主要有两个原因。第一，生态资源往往是共有资源（Common Resources），当没有人对生态资源拥有排他的产权时，没有人能够排除他人使用该共有资源，每个人都可以免费使用，那么也就不存在价格。第二，生态环境活动具有两个特殊的属性——空间上的扩散性和时间上的延续性，因此，生态环境活动往往会涉及众多的利益主体，且这些主体在空间和时间上分布极散。在这种情况下，如何确定生态资源的产权是一大难题；而即使能够合理地划分产权，也无法让这些众多的分散在不同空间、不同时间的主体通过市场交易形成一个一致同意的价格。

价格机制的缺失，使得生态破坏行为得不到纠正，生态保护活动出现“搭便车”行为，保护者得不到补偿。因此，不存在价格机制，就成了将外部性进行内部化的难点所在。

（三）解决生态环境活动外部性问题：“外部成本内部化”的方法选择

如前所述，不存在价格机制是生态环境活动外部性问题难以解决的最大障碍，而价格机制无法发挥作用的原因则源于缺乏产权和无法通过市场交易方式达成一致价格。因此，要内部化外部性、实现社会效率，也就有两种对应的思路：一是为生态资源界定产权，二是采用其他方式代替原有的市场交易方式并确定生态资源价格。

与这两种思路相应，就形成了两种内部化外部性的主要方法。一种是根据科斯定律对产权进行明确划分。如果讨价还价成本很低，那么在产权确定之后，通过市场主体的自愿协商，就可以产生资源配置的社会最优水平。另一种是庇古税方法，即由政府出面，对产生负外部性的经济主体课征税收，对产生正外部性的经济主体给予补贴。当边际税率等于边际外部成本，边际补贴等于边际外部收益时，就可以有效消除私人成本与社会成本、私人收益与社会收益之间的偏差，从而实现社会最优的资源配置。

这两种方法各有优劣,也有各自能发挥最大效果的适用领域。在生态环境领域,科斯产权方法的应用具有很大的局限性。这是因为科斯定理要发生作用,需要满足两个重要的假设条件:一是讨价还价双方的成本很低,二是资源所有者能分清对其财产损害的来源并且能合法地防止损害。因此,产权方法比较适用当事人比较少且外部性的来源很清晰的情况。[1]

而在生态环境领域,由于生态环境活动一般涉及的主体众多,且分散很广,明确产权所需的执行成本,以及经济主体之间进行磋商的谈判成本会高到人们无法承受的地步。即使能够确定生态资源的产权,也很难在成千上万个经济主体之间区分开保护者与受益者、破坏者与受损者,并确定每个受益者或破坏者应分担的支付或损害。从现实情况来看,即使是在那些利益关系明确、责任清晰的生态环境活动——例如流域水资源保护活动——中,要给该活动涉及的利益主体一一赋权,再由他们面对面谈判并最后达成一致,也是一个很难完成的任务。[2]

与之相反,政府手段在应对生态环境领域的外部性问题上则要有效得多,能够大大减少市场交易成本。在上述的例子中,如果由地方政府出面,代表本地区居民与另一地区政府进行谈判,则谈判成本要小得多,更容易达成生态补偿协议。此外,像有些生态环境保护行为,其受益面之广,足以覆盖本地区乃至全国,这种正外部性已经成为了区域性公共产品或者全国性公共产品。在这种情况下,市场机制几乎"束手无策",而通过地方政府或中央政府则可以有效提供生态补偿。

可以说,在生态环境领域,由于外部性问题的严重性以及市场机制在处理外部性问题上的困难,需要政府积极介入并运用多种财政手段,建立起有效的生态补偿机制。

---

〔1〕〔美〕哈维·罗森、特德·盖亚:《财政学(第八版)》,郭庆旺、赵志耘译,中国人民大学出版社 2009 年版,第 79 页。

〔2〕当然,在私人部门间直接达成生态补偿协议的可能性并非没有。一个典型的例子是法国天然矿泉水公司 Perrier Vittel S. A. 为保证水质,与处于流域周边的 40 多个农场进行协商签订协议,农场改进土地经营、减少杀虫剂使用,而公司则向他们提供相应的补偿。但是,我们可以看到,这个例子属于一对多的谈判,且另一方的谈判主体并不太多(最终达成协议的只有 40 多家)。而且,政府同样在其中起了引导的作用,为该项目提供了政策支持、资金支持和技术支持。参见吕晋:《国外水源保护区的生态补偿机制研究》,载《中国环保产业》2009 年第 1 期,第 64—67 页。

二、生态补偿财政制度的国际经验

生态补偿机制虽然出现的时间不长,但发展迅速,目前已在发达国家和发展中国家广泛推行。从生态补偿的实施主体来看,政府是国际上生态环境服务领域的主体,各国政府运用多种财政手段在生态补偿上发挥了重要的作用。下面,我们从中央财政转移支付、州(省)以下财政转移支付、横向财政转移支付和生态环境税制建设四方面对相关国际经验进行介绍。

(一)中央财政转移支付

在大部分国家,环境保护属于中央政府的职责。为了激励地方政府提供环境服务,一些国家的中央政府通过财政转移支付给予地方政府资金补偿,这类补偿大多是通过专项转移支付实现的。如德国在政府间财政体制中安排了专项补助,用于补偿地方政府提供的生态系统服务。[1]瑞典联邦政府在对州政府的财政转移支付中,安排专项资金用于自然保护区建设活动,这些专项资金安排是以项目为导向的。[2] 印度尼西亚在中央转移支付中安排了多项用于森林和土地保护与恢复的专项资金。[3]

在专项转移支付之外,有的国家中央政府还在一般性转移支付中考虑了生态补偿相关指标。如葡萄牙 2007 年对专门规制中央与地方政府财政转移支付的《地方财政法》(Lei das Finanças Locais)进行了修改,在中央对地方一般性转移支付的分配体系中引入了生态指标。

葡萄牙中央对地方转移支付的资金主要来自于三种不同的基金:(1)财政平衡基金(Fundo de Equilíbrio Financeiro),(2)市政社会基金(Fundo Social Municipal),(3)最高不超过个人所得税收入 5% 的机动数额。其中,财政平衡基金又被平分为一般市政基金(Fundo Geral Municipal)和市政凝聚基金(Fundo de Coesão Municipal)。新修订的《地方财政

---

〔1〕 Ring, Irene, "Ecological Public Functions and Fiscal Equalization at the Local Level in Germany", *Ecological Economics*, 42(2000), pp. 415—427.

〔2〕 Köllner, T., Schelske, O., Seidl, I., "Integrating Biodiversity into Intergovernmental Fscal Transfers Based on Cantonal Benchmarking: a Swiss Case Study", *Basic and Applied Ecology*. 3(2010), pp. 381—391.

〔3〕 Mumbunan, S., Ring, I., Lenk, T., "Ecological Fiscal Transfers at the Provincial Level in Indonesia", *Paper presented at the 11th Biennial Conference of the International Society for Ecological Economics*, pp. 22—25, August 2010, Oldenburg, Germany.

法》正是在一般市政基金的分配中引入了生态补偿因素，使其成为了生态转移支付。一般市政基金的分配方法如下：第一，5%平均分配给所有市政区；第二，65%根据各个市政区的人口进行分配；第三，25%根据土地面积分配、5%分配给拥有欧盟 Natura 2000 保护区或国家保护区的市政区（如果该市政区中欧盟 Natura 2000 保护区或国家保护区的占地面积低于70%），或者20%根据土地面积分配、10%分配给拥有欧盟 Natura 2000 保护区或国家保护区的市政区（如果该市政区中欧盟 Natura 2000 保护区或国家保护区的占地面积高于70%）。[1]

（二）州（省）以下财政转移支付

在（州）省以下转移支付方面，巴西提供了一个将一般性转移支付与生态补偿结合起来的典型案例。[2]

巴西各州政府的主要税收来源是商品流通税（ICMS），这是一个类似于增值税的税种。根据巴西联邦宪法的规定，各州政府必须将25%的 ICMS 收入分配给地方政府，分配资金中的75%必须根据各地方 ICMS 收入占全州 ICMS 收入的贡献进行分配，而剩下的25%则可由各州选定指标进行分配。1992年巴拉那州率先在 ICMS 的分配体系中增加了生态指标，将给地方的税收收入的5%根据生态指标进行分配，这部分资金被称为"生态 ICMS"（ICMS-Ecológico）。其中2.5%分配给了拥有流域保护区的地区，另外2.5%则分配给了那些拥有"保护单元"（Conservation Unit）[3]的地区。

巴西最初引入生态 ICMS 的目的是向那些因保护区土地利用限制而不能发展的地方提供补偿，发展到现在已经变成了激励地方建立新的保护区的一种手段。截止2010年，巴西26个州中已经有14个州在对地方的税收分配中引进了生态指标。

（三）横向财政转移支付

目前国际上只有德国实行了横向财政转移支付制度，并且以法律的

---

〔1〕 Santos Rui, Irene Ring, Paula Antunes, Pedro Clemente, "Fiscal Transfers for Biodiversity Conservation: The Portuguese Local Finances Law", *Land Use Policy*. 29(2012), pp. 261—273.

〔2〕 Ring, Irene, "Integrating Local Ecological Services into Intergovernmental Fscal Transfers: the Case of Ecological ICMS in Brazil", *Land Use Policy*. 25 (2008), pp. 485—497. TNC (The Nature Conservancy), "ICMS Ecológico", 2010. http://www.icmsecologico.org.br.

〔3〕 "保护单位"指的是那些指定的用于保护生物多样性和仅限于可持续利用的保护区。

形式固定下来。德国横向转移支付以州际财政平衡基金为主要内容,资金主要来自两个方面:一是增值税中由州分享的25%部分,二是由财政较富裕的州按统一标准计算直接划拨给较贫穷州的资金。

1991年,德国设立了生态补偿横向转移支付基金,其主体是州际财政平衡基金,专门用于解决生态补偿资金的地理空间分配问题。通过州际财政平衡基金,由富裕地区向贫困地区横向转移支付生态补偿金。[1]

(四)生态环境税制

征收生态环境保护税,既能对污染、破坏环境的行为进行处罚,限制这类行为的过多发生,同时也能为生态补偿提供长期、稳定的资金来源。

从20世纪70—80年代以来,西方发达国家就开始进行了绿色税制改革。从70年代按照"污染者付费"的原则征收各种特定用途费,到80—90年代纷纷开征排污税、能源税、二氧化碳税等税种,再到90年代中期以来进行综合性环境税制改革,发达国家的环境税制建设经历了一个从零散的、个别的环境税种开征到逐步形成生态环境税收体系的过程。目前西方发达国家已经普遍建立了生态环境税制,并成为了财政制度和环境制度的重要组成部分,在促进资源节约和环境保护上发挥了突出作用。

归纳起来看,西方发达国家普遍开征的环境税主要有以下几类:污染税、能源税、资源税和其他一些有利于生态环境的相关税种。例如,针对环境污染行为,波兰、匈牙利和韩国等国对空气污染行为开征了空气污染税,丹麦、荷兰和匈牙利等国对排放污水行为课征了废水污染税,荷兰、意大利、芬兰和英国等国开征了固体废物税。针对水资源保护,丹麦在1994年的环境税制改革中开征了自来水税,荷兰在1998年开征了地下水税等水资源税。在生态保护方面,美国在1972年率先开征了二氧化硫税,目前征收此税的国家还有瑞典、法国、丹麦、荷兰、挪威、德国、日本、意大利等国。芬兰在1990年首先开征了二氧化碳税,随后瑞典、挪威、丹麦和瑞士等国也纷纷引入二氧化碳税。

---

〔1〕 蔡艳芝、刘洁:《国际森林生态补偿制度创新的比较与借鉴》,载《西北农林科技大学学报(社会科学版)》2009年第4期,第35—40页。

第二节　我国生态补偿财政制度的现状与问题

长期以来,我国经济增长过程中的生态环境破坏行为一直不受重视,直到20世纪90年代,我国接连发生了多次严重的自然灾害,生态环境问题才得到充分的认识和重视。从那以后,我国政府开始实施了一系列生态补偿政策,包括天然林保护工程、退耕还林工程和退牧还草工程等,大量的财政资金开始投入到生态补偿领域,并取得了一系列成效。但到目前为止,我国还没有建立统一规范的生态补偿机制,在生态补偿机制的建设过程中也还存在不少问题。

一、我国生态补偿财政制度的实践进展

我国现行生态补偿机制的建设以政府为主导,在生态补偿财政制度的探索和建设上,中央和地方各级政府都做了不少努力。

(一) 中央财政转移支付

中央政府对生态保护非常重视,每年都安排大量财政资金用于生态环境事务。中央财政投入主要是以财政转移支付的形式进行,通过一般性转移支付和专项转移支付,一方面履行本级政府的环境保护职责,另一方面也督促地方政府积极履行其环境责任。

1. 一般性转移支付

一般性转移支付旨在均衡地区间财力差距、促进地区间基本公共服务能力的均等化。现行中央对地方一般性转移支付按照地区生产总值、总人口等客观因素计算各地标准财政收支,对存在收支缺口的地区,根据财政困难程度给予补助。

近些年,伴随着我国一些生态补偿项目的实施和主体功能区建设的推进,地方政府因实施生态保护造成的GDP减少,相应表现为标准财政收入的减少,中央财政对其转移支付规模也相应增加,从而形成对这些地区发展成本的自动补偿。除此之外,中央政府还在资金分配上对一些影响比较大的生态保护项目和生态功能区因素进行了特殊考虑,进一步增加了中央对地方的转移支付。目前一般性转移支付中主要考虑以下一些项目和因素:

第一,天然林保护工程转移支付。1998年天然林保护工程实施后,

中央财政对由于实施天然林保护工程引起的地方财政减收进行转移支付补助。

第二,退耕还林还草转移支付。为配合退耕还林还草工程的实施,中央财政从2000年起设立退耕还林还草转移支付,对地方财政因实施退耕还林政策形成的农业税减收给予适当补助。2006年全面取消农业税后,为了保持政策的公平和有效衔接,中央财政每年继续定额补助有关地区10.6亿元。

第三,资源枯竭型城市财力性转移支付。为支持资源枯竭型城市解决失业、环境等社会问题,实现可持续发展,中央财政从2007年起设立了资源枯竭型城市财力性转移支付,为资源枯竭型城市提高公共服务保障能力、增强可持续发展能力提供财力支持。到2011年,全国已有79个城市列入了国家资源枯竭城市补助范围,历年转移支付金额总计达到135亿元。

第四,国家重点生态功能区转移支付。为维护国家生态安全,引导地方政府加强生态环境保护力度,提高国家重点生态功能区所在地政府基本公共服务保障能力,促进经济社会可持续发展,2009年财政部发布了《关于印发〈国家重点生态功能区转移支付(试点)办法〉的通知》(财预[2009]433号),中央财政在均衡性转移支付项下设立国家重点生态功能区转移支付。

2009年全国有300多个县获得了这一生态转移支付,2010年转移支付范围扩大到452个县。在总结试点工作经验的基础上,结合2010年出台的《全国主体功能区规划》(国发[2010]46号),2011年7月9日财政部正式发布了《关于印发〈国家重点生态功能区转移支付办法〉的通知》(财预[2011]428号)进一步明确了接受生态转移支付的地区,并在原有基础上进一步扩大了重点生态功能区转移支付范围。纳入转移支付范围的地区包括青海三江源自然保护区、南水北调中线水源地保护区、海南国际旅游岛中部山区生态保护核心区等国家重点生态功能区,还有《全国主体功能区规划》中限制开发区域(重点生态功能区)和禁止开发区域以及生态环境保护较好的省区。在资金的分配上,选取影响财政收支的客观因素,适当考虑人口规模、可居住面积、海拔、温度等成本差异系数,采用规范的公式化方式进行分配。2010年、2011年国家重点生态功能区转移支付总额均为300亿元,转移支付资金重点用于环境保护,以及涉及民生的基本公共服务领域。

2. 专项转移支付

专项转移支付是中央财政为实现特定的宏观政策及事业发展战略目标，以及对委托地方政府代理的一些事务或中央地方共同承担事务进行补偿而设立的补助资金。目前我国在生态补偿领域已经实施了一系列的专项转移支付制度，用于多项重大生态建设工程，主要包括以下一些项目。

第一，天然林保护工程。天然林资源保护工程从1998年开始试点，2000年在17个省区市正式启动。工程一期期限为2000—2010年，累计投入资金达1186亿元，其中中央财政投入1119亿元，地方配套67亿元，主要分为森林管护费、中央财政森林生态效益补偿基金、森林抚育补助费、社会保险补助费和政策性社会性支出补助费支出。一期工程完成后，为了进一步巩固保护成果，2011年中央决定实施天然林保护工程二期（2011—2020年），规划总投入2440.2亿元，其中中央投入2195.2亿元，地方配套245亿元。

第二，退耕还林工程。退耕还林工程1999年开始试点，2002年正式启动，主要解决重点地区的水土流失问题。国家对退耕还林实行粮食补助和现金补助。2008年上述退耕还林粮食和现金补助期满后，国家进一步实施了完善退耕还林政策，中央财政安排专项资金继续对退耕农户给予适当的现金补助。2008年至2011年间，中央财政累计安排专项资金462亿元。

第三，退牧还草工程。2003年在内蒙古、四川、青海等8省区和新疆生产建设兵团实施退牧还草工程，中央财政对退牧还草工程区给予围栏投资和饲料粮补助，并对部分重度退化草场给予一定补助。2011年国家发改委、农业部和财政部发布了《关于印发完善退牧还草政策的意见的通知》（发改西部[2011]1856号），进一步提高了中央投资补助比例和标准。

第四，京津风沙源治理工程。2000年我国北方地区连续发生12次超强沙尘暴，京津和华北地区经济社会发展深受其害，国家于当年紧急启动京津风沙源治理工程。京津风沙源工程建设一期工程自2000年启动实施，规划到2011年完成，二期工程将从2013年开始实施。

第五，生态公益林补偿项目。1998年修改的《森林法》规定，国家建立森林生态效益补偿基金用于提供生态效益的防护林和特种用途林等森林资源的营造、抚育、保护和管理。从2001年起,财政部和国家林业局选择了11个省区的658个县和24个国家级自然保护区,开始森林生态效益补偿资金的试点。中央财政按每年每亩5元的标准拨付森林生态效益补偿基金,从2010年起对属于集体林的国家级公益林,补偿标准提高到每年每亩10元。

第六,草原生态保护补助奖励机制。从2011年起在内蒙古、新疆等8个主要草原畜牧区全面建立草原生态保护补助奖励机制,中央财政每年拿出136亿元用于牧民禁牧补助、草畜平衡奖励、生产资料综合补贴、牧草良种补贴,以此加强草原生态保护,转变畜牧业发展方式,促进牧民持续增收。

(二) 省以下财政转移支付

在中央财政转移支付之外,一些省市也积极创新财政体制,在省以下财政转移支付中进行生态补偿的实践。

浙江省率先在生态补偿领域实行了一般性转移支付。2008年浙江省政府印发了《浙江省生态环保财力转移支付试行办法》(浙政办发[2008]12号),全面实施省对主要水系源头所在市、县(市)的生态环保财力转移支付制度。省级财政作为省域范围内进行生态补偿转移支付的主体,筹措安排转移支付所需资金,按照"谁保护,谁得益"、"谁改善,谁得益"、"谁贡献大,谁多得益"的转移支付原则,同时设置生态功能保护、环境(水、气)质量改善两大类因素相关指标作为计算补助的依据,结合污染减排工作有关措施,运用因素法和系数法计算、分配各地的转移支付金额。

在省以下专项转移支付方面,地方政府也在积极探索当中,如广东、浙江等多个省区在省级政府财政预算设立地方森林生态补偿基金,用于本省区内的地方生态公益林保护。此外,比较典型的还有广东省对省内东江上游地区进行的生态补偿,由省级财政安排专项资金用于东江流域的水源涵养和水质保护。

(三) 横向财政转移支付试点

在区域间生态补偿的横向财政转移支付方面,目前已经出现了一些尝试,这些尝试大多是地方政府间自发出现的探索性行为,而且主要出现在生态系统服务的受益者和保护者都比较清晰的流域上下游地区之间。

在实践中根据双方所处行政区划，又可以分为同一行政区（省或市）内的生态补偿和跨行政区（跨省）的生态补偿，二者协商的难易程度有很大不同。

同一行政区内的生态补偿比较典型的一个案例是福建省九龙江流域生态补偿。从2005年起福建省开始探索九龙江流域上下游之间的生态补偿机制。在省政府的协调下，下游政府（厦门市）每年根据商定金额，在本级预算中安排对中上游地区（龙岩市、漳州市）的横向转移支付额，直接划拨给中上游地区的市级财政。[1]

跨行政区的生态补偿的一个典型案例是京冀两地水资源合作项目。北京官厅、密云两大水库的水源主要来自上游的张家口、承德地区，为保证北京用水安全，北京市和河北省签订协议，对河北省尤其是张承地区的水资源保护和生态建设给予补偿。从2006年起在官厅、密云水库上游张家口、承德地区实施“稻改旱”工程（即水稻改种玉米等低耗水作物），北京市按照每年每亩450元的标准给予“稻改旱”农民“收益损失”补偿，2008年起补偿标准提高到每年每亩550元。北京市还安排水资源环境治理合作资金，支持张承两市治理水环境污染、发展节水产业，目前这一项目已进行到第四批。此外，北京还提供部分建设资金支持河北省环京区县营造生态水源保护林。“十二五”时期北京将支持这些地区按照每亩1000元的建设标准新营造80万亩生态水源保护林。[2]

跨行政区生态补偿的另一个典型案例是新安江流域的生态补偿模式。安徽省黄山市是新安江的主要发源地，是整个流域最主要的水源涵养区，而浙江省的杭州市则处于新安江流域下游。在黄山市的推动下，探索形成了一种被称之为“共建共享”的新安江流域生态补偿新模式，其主要内容是由黄山市和杭州市建立一个共建共享基金，共同出资，做好新安江上游的生态建设。[3] 2011年财政部、环境保护部启动实施了新安江流域水环境补偿试点工作，2011年中央财政安排2亿元，浙江省安排1亿

---

〔1〕丛澜、徐威：《福建省建立流域生态补偿机制的实践与思考》，载《环境保护》2006年第10期，第29—33页。

〔2〕张许峰著：《京冀签署合作框架协议京冀合作再绘双赢路线图》，载《河北日报》2010年07月17日。

〔3〕高小萍著：《我国生态补偿的财政制度研究》，经济科学出版社2010年版。

元，专项用于安徽省对新安江上游的水环境保护和水污染治理。[1]

（四）生态税费制度

我国目前还没有出台独立的生态补偿税收，但在一些税收和非税收入中间接地含有污染者付费或使用者付费的内容，如消费税、资源税、城市维护建设税、车船税、耕地占用税、城镇土地使用税、矿产资源补偿费等。

目前真正在制度设计中体现了生态补偿原则的主要包括排污费、生态环境补偿费和矿山环境恢复治理保证金及其他多种政府性收费项目。

我国从1978年开始实施排污收费制度，经过了三十多年的发展和完善，目前已经成为一项比较成熟的制度，对包括污水、废气、固体废物、危险废物和噪声等5大类100多项污染物进行排污收费，排污费收入专项用于环境保护。

生态环境补偿费的实践始于1983年云南省对磷矿开采的矿石每吨征收0.3元补偿金，用于矿山被破坏的生态环境治理和恢复工作。1993年国家环保局确定了14个省的18个市县为试点，开展征收生态环境补偿费的试点。试点工作取得了一定的成绩，但也存在一些突出问题，在2002年时大多数地方开征的生态环境补偿费因法律依据不足被取消，试点工作基本停止，目前只有陕西榆林和铜川地区尚在征收。

2000年国土资源部第一次提出要建立矿山环境恢复治理保证金制度，随后一些省份陆续实施了这一制度。2006年，财政部、国土资源部、环保总局联合发布了《关于逐步建立矿山环境治理和生态恢复责任机制的指导意见》（财建[2006]215号），要求从2006年起逐步建立矿山环境治理和生态恢复责任机制。自此，矿山环境恢复治理保证金制度的建立在全国全面展开，目前已经有山西、辽宁、甘肃、福建等20多个省开征了矿山环境恢复治理保证金。

除了上述几项外，各地还设立了一些其他的生态收费项目，这些项目主要针对矿产资源开发进行征收，如土地复垦费、水土流失防治与补偿费、森林植被恢复费、育林基金、林业建设基金等。

---

[1] 财政部新闻办公室：《财政部环境保护部启动实施新安江流域水环境补偿试点工作》，载 http://www.mof.gov.cn/zhengwuxinxi/caizhengxinwen/201103/t20110328_519823.html，最后访问日期：2011年3月28日。

二、我国现行生态补偿财政制度存在的问题

总体而言,我国财政制度中缺乏明确的生态补偿制度设计,现行与生态补偿相关的各项财政政策在执行过程中也存在不少问题。

(一)中央财政转移支付存在的问题

中央财政转移支付是生态补偿的主要资金来源。目前中央政府在确定转移支付时,对生态环境保护事务的考虑不足,导致对生态补偿的转移支付力度不够,地方政府在承担生态环境保护和治理的事权上缺乏财力保障,影响了地方政府进行生态补偿的能力和积极性。

1. 一般性转移支付比例过低,且对生态补偿因素考量不足

首先,目前一般性转移支付规模占转移支付总体规模的比重较低,规模和程度远远不够。2010 年中央对地方一般性转移支付占转移支付总额的比例为 40.9%,但其中运用因素法进行资金分配、最能体现均等化效果的均衡性转移支付占转移支付总额的比例仅为 14.7%。[1] 均衡性转移支付比例过低,金额不足,影响了其能用于生态补偿的规模。

其次,在一般性转移支付的资金分配上,对生态补偿因素的考量不足。随着我国政府对生态的重视,中央政府在一般性转移支付中不断增加对生态补偿项目和因素的考虑,特别是从 2011 年起结合主体功能区规划,中央财政在均衡性转移支付项下安排了国家重点生态功能区转移支付,运用因素法对资金进行分配,但其运行效果仍有待观察。总体而言,一般性转移支付中对生态因素的考量还需进一步加强,现有生态转移支付的规模偏小,无法满足地方需要。

2. 专项转移支付存在诸多问题

目前中央对地方专项转移支付中并没有明确的生态补偿项目,大多是通过"退耕还林"、"退牧还草"、"天然林保护工程"等生态环境保护和治理项目的方式进行,在项目的设计、执行和管理等方面存在诸多问题。

首先,以"项目工程"为主的做法虽然操作简便,但缺乏长期性和稳定性,使得生态补偿受限于生态补偿项目或工程的期限。以退耕还林工程为例,最长的补助期限仅为 8 年。在补助期限内,退耕农民可以获得一

---

〔1〕 数据来源:根据 2010 年中央对地方税收返还和转移支付决算表中的相关数据计算而得。载 http://yss.mof.gov.cn/2010juesuan/201107/t20110720_578421.html,最后访问日期:2011 年 8 月 5 日。

定的补偿来维持生活，因此能够限制自己的生产和开发活动，使生态环境得到保护。但在补助期限过后，如果农民没能得到新的发展机会，难以保证不出现生态破坏反弹的状况。没有一个长期稳定的生态环境治理补偿机制，直接威胁着生态治理的可持续性。

其次，地方政府提供配套资金存在问题。一些专项转移支付要求地方政府提供配套资金，但由于需要进行生态补偿的地区大多为经济欠发达地区，地方财力不足，配套资金的要求要么给地方财政带来沉重负担、挤占其他民生支出，要么因配套资金不足，导致生态补偿项目建设不足。

最后，在专项资金的管理上，生态补偿项目分散于林业、农业、水利、国土、环保等部门，容易出现责任不清、相互之间协调难等问题，影响了生态补偿项目的实施效果。

（二）缺乏横向转移支付制度，地方试点效果有待观察

我国现行财政转移支付制度中并不存在横向转移支付制度。由于缺乏明确的财政制度支持和上位法的依据，目前区域间的生态补偿大多处于非制度化的自发阶段，其实施效果仍有待观察。

从各地的实践来看，遇到的最大问题是缺乏协调机制。在地区间的谈判中，受益的发达地区明显处于优势地位，而负责生态涵养的贫困地区则处于劣势地位。因此，上级政府的协调在双方谈判中就显得非常重要。

实践表明，在同一行政区内，通过上级政府的协调，地方政府间容易达成协议。这种横向转移支付一般可以达到较好的生态补偿效果，如福建省政府协调的九龙江流域，厦门市、漳州市和龙岩市政府之间的生态补偿。而跨行政区的生态补偿，在缺乏上级政府（中央政府）的协调下，往往难以达成有效的生态补偿机制。比如京冀间的水资源合作项目，从1984年开始张家口、承德两市便积极开始与北京市对话，但进程困难重重，最初北京市始终回避与张承两市沟通，一直到22年后，双方才真正建立起北京市对张承两地的水资源生态补偿项目。[1]

区域间横向财政转移支付遇到的另一个难题是支付标准的确定，也就是生态系统服务的价值评估问题。目前在这个问题上还没有一个大家都接受的方法，因此在地区政府谈判时容易出现争议，进而影响到谈判协议的达成；而即使达成协议，也容易出现应补未补、补偿不足或者补偿过

---

〔1〕 崔木扬、杨华云：《京张承共谋水资源20年历经两次转变达共赢》，载《新京报》2006年8月21日。

度等不尽如人意的结果。

（三）缺乏有效的生态税费制度

如前所述，与西方发达国家普遍建立起完善的生态环境税制相比，我国目前还没有以生态补偿为目标设立的专门环境税种。虽然有一些税收和非税收入在名义上与生态补偿相关，但是大部分税费制度从其制度设计上看并没有考虑生态补偿因素。

以资源税和矿产资源补偿费为例。资源税和矿产资源补偿费是我国对矿产资源开发课征的两个主要税费。从课征目的上看，征收资源税主要是为了调节资源级差收入并体现国有资源有偿使用，矿产资源补偿费主要是为了保障和促进矿产资源的勘查、合理开发和保护，维护国家对矿产资源的财产权益；从使用方向上看，资源税纳入地方一般预算管理，并没有限定其使用范围，而矿产资源补偿费专项用于矿产资源的勘探，因此其所能起到的节约资源、保护环境的效果甚微。

生态补偿缺乏税收的权威参与，一方面限制了税收对污染环境、破坏生态行为的调控力度，使得环境污染和生态破坏行为的机会成本小，难以对企业和个人产生强有力的约束力，遏制生态破坏行为；另一方面也使得生态补偿减少了一个长期、稳定的资金来源。

在非税收入方面，地方政府以生态环境补偿的名义征收了种类繁多的收费项目和基金。这些项目和基金中，有些能真正起到生态补偿作用，但在征收政策设计上却存在一些缺陷，限制了其激励作用的有效发挥。如排污费现在已经是一个比较完善的收费项目，但在征收范围上，目前尚有部分污染源没有纳入排污费的征收范围。在征收标准上，现行排污收费标准较低，与治理污染成本还有差距，不能完全起到限制企业排污和污染治理的目的。

另一方面，各种收费项目中有一些则是属于重复收费，这些收费项目大多由各个部门掌握，容易造成利益部门化，所征收的资金能否真正用于生态补偿用途难以保证。

（四）补偿标准体系不完善

在生态补偿标准上，我国的生态补偿项目理论上采用了以生态保护成本、发展机会成本为主的计算方法。这些方法在实践中往往只考虑生态保护成本，甚至连生态保护成本都不够，对因生态环境要求放弃的发展机会成本的考虑更是严重不足，更不用说给予合理的补偿。补偿标准过低，已成为地方生态建设和保护活动开展的主要障碍之一。

以退耕还林项目为例。原来的退耕还林补助标准是在2000年制定。十多年来，随着物价的飞涨，原来的补助标准已经远远落后于物价的上涨速度，2008年上调补助后仍不足以弥补增加的成本，极大地影响了群众退耕还林的积极性。再以京津风沙源治理工程为例。2000年开始实施时的人工造林投资标准统一为100元/亩，实施10年来投资标准一直没有进行调整。2010年调整为乔木200元/亩，灌木120元/亩。而目前工程实施的条件越来越艰难，过去成片的、集中的、好治理的工程基本都完成了，现在大多剩下了零星的、分散的、偏远的地块。这些地块治理难度大、投入成本高、巩固成果难，再加上近几年物价上涨和劳动力成本提高，现在实际造林成本一亩地需要1000多元。现行的补助标准无法满足工程建设实际需要，容易导致降低工程质量和缩减工程量等问题。

（五）缺乏生态补偿立法支持

生态补偿需要完善的法律制度作为支撑，需要通过法律法规的刚性约束来激励生态补偿机制的建立和生态补偿行为的实施。

从我国的法律环境来看，生态补偿领域的立法工作已经大大滞后于我国生态保护和建设的实践进展和要求，严重制约了我国生态补偿工作的发展。

我国目前还没有一部以生态补偿为立法对象的专门法律法规。现有与生态补偿相关的法律法规都是散见于森林、流域等各个具体的领域和不同层次的法律、法规和规章制度中，各自为政，难以形成一个统一、全面的基础性法律制度支撑体，无法运用统一的法律法规、依据共同的原则来指导和约束不同领域和不同层次的生态补偿行为。

第三节　完善生态补偿财政制度的建议

当前，我国为做好生态补偿工作，需要注意发挥好政府特别是中央政府的主导作用，加强政府对生态补偿的支持力度。

一、完善中央财政转移支付制度

财政转移支付作为生态补偿的最主要资金来源，为更好地发挥其应有作用，应进一步扩大中央转移支付规模，优化转移支付结构，增强转移支付资金的使用效率,为生态补偿提供有力的资金保障,激励省级政府扩大省以下生态财政转移支付规模。

(一)优化一般性转移支付制度

在中央财政转移支付的制度框架下,应进一步加大一般性转移支付特别是均衡性转移支付所占的比重。地方各级政府在收到转移支付资金后,自主支配其用途,促进各地基本公共服务均等化。

结合国家主体功能区规划,加大一般性转移支付对禁止开发区、限制开发区的支持力度,完善针对这两类区域的制度设计。可考虑在现有国家重点生态功能区转移支付的基础上,进一步加大均衡性转移支付对生态补偿因素的考量力度。如提高均衡性转移支付补助系数,以生态系统服务价值为依据增加生态功能系数、适当提高禁止开发区与限制开发区的标准财政支出,或者提高禁止开发区补助并增加限制开发区补助等,促进相关地区政府加强生态治理和保护,推动经济环境健康可持续发展和区域协调发展。

(二)完善专项转移支付制度

从我国现状来看,专项转移支付仍将在生态补偿中发挥重要作用,而以项目为载体也仍是生态补偿实施的一个重要方式,但在项目的制度设计上要加以改进。一方面,要重视生态补偿项目的科学设计,寻求建立生态补偿的长效运行机制;另一方面,在管理上要尽量减少目前这种政出多门的状况,建立起权责明确的管理机制和协调机制,同时加强对项目运行管理过程的监督,确保生态补偿效益的实现。

二、建立生态补偿的横向财政转移支付制度

在下游地区与上游地区、开发地区与保护地区、生态受益地区与生态保护地区等受益主体与生态建设主体相对明确的区域之间,可考虑建立生态补偿的横向转移支付制度。在地方政府之间建立生态补偿的横向转移支付制度时,需要积极发挥上一级政府的协调作用。

具体来看,地方政府之间的横向转移支付制度有两种模式可以选择:

一是由中央政府确定补偿标准,流域下游等受益地区将补偿的资金上交给中央政府,中央政府用这些资金形成一个专项基金,然后通过合理规划将这一专项基金运用到生态补偿地区的生态建设用途上。

二是由中央政府牵头,地方政府间进行谈判、协商,最后形成相对稳

定的横向转移支付制度，由受益地区政府直接支付给生态补偿地区的政府，并对这一生态补偿资金进行监管，确保这一资金用于生态建设和提供基本公共服务。

三、完善生态环境税费制度

循序渐进地构建我国的生态环境税制。在建立环境税的初期，主要针对水污染控制、大气污染防治和固体废物污染防治等行为，因此环境税的征收范围可设定为包括废水、废气、固体废弃物等在内的污染物排放和二氧化碳排放。具体思路是对特定生产经营活动的主体开征环境税，在该税种下面设立若干税目和子税目，并为纳入更多的针对性税目预留空间。

在实际开征时，环境税的上述征税范围和对象不可能一揽子解决，应采取先易后难、逐步推进的实施方略。首先选择实施条件成熟、易于推行的污染排放税目，如硫、氮和工业污水等，先行开征；而其他不具备开征条件的税目，可随着条件的不断成熟，逐步开征。在适当时机再考虑独立开征碳税。

在开征独立的环境税的同时，也要注意优化调整环境税制结构以及税收与非税收入之间的关系。一方面，环境税的设立与现有其他税种的"绿化"相互呼应、协调并行，形成一个有机、和谐的绿色税收体系。另一方面，配合使用税收与非税收入两种手段，发挥两种手段各自的优势。现阶段要注重对现有各项收费项目进行整合，比如，对于现行征收的排污费，鉴于其与环境税的重合，可考虑实行"费改税"，将排污费的征收制度设计融入到环境税中，而对于一些重复征收比较严重的收费项目，则进行清理、合并。

四、完善补偿标准体系

建立生态补偿机制，科学测算补偿标准是核心问题，关系到补偿的效果和补偿者的承受能力。需要对生态资源做出科学、合理的评估，区分不同类别的环境（如自然保护区、重要生态功能区、矿产资源开发、流域水环境），形成一套完整、系统的分类标准体系，通过这一标准体系对补偿资金进行测算分配。

生态补偿标准特别需要充分考虑地区经济和居民发展机会的成本损失。只有这样，才能有效地协调环境权与生存权、发展权之间的矛盾与冲突，持久稳定地改善生态环境。

五、加快生态补偿立法

生态补偿立法对于建立和完善生态补偿的长效运行机制具有非常重要的意义。我国应加快制定一部生态补偿的基本法律或行政法规，对生态环境资源开发与管理、生态建设、资金投入与补偿的方针、政策进行统一协调，对生态补偿的基本原则、基本制度、补偿主体、补偿对象、补偿范围、补偿标准、补偿方式、资金来源等要素做出总体性规定，从法律层面建立和完善补偿机制。

在此基础上，以健全、完善的政策法规体系为根本保证，建立统一、完善、有层次、职责明确、综合体现生态资源多重价值的生态补偿管理机制，实现生态补偿机制的可持续运行。

六、探索“排放权交易”式的清洁发展机制

我国生态补偿机制建设比较滞后，仅仅依靠政府投入难以完全满足我国生态补偿的需要。我国可积极借鉴清洁发展机制的做法，探索市场化的生态补偿机制，使森林、草地、自然保护区等生态资源的价值可以通过市场手段实现价值补偿，从而使具有很强外部性特征的生态资源通过市场交易机制实现内部化。如在森林的生态补偿机制中，可通过法律法规的形式规定二氧化碳等温室气体排放企业的排放配额，并明确可通过森林碳汇市场进行配额交易，这样就可以建立基于森林碳汇交易的市场补偿机制。

第九章　生态补偿的社会经济影响研究报告*

第一节　生态补偿的社会经济影响概述

人类活动对生态环境的破坏已逼近生态环境承载能力的极限，因此在社会经济快速发展的同时保证生态系统这一生命体的安全和发展已经成为摆在人类面前的紧迫任务。生态补偿作为一种新的政策工具，能够同时应对环境和发展问题，是构建生态和谐社会的长效手段。目前，国内外已经进行了大量的生态补偿实践和立法工作，并初步建立起了生态补偿制度。但是，生态补偿实质上是一种保护资源环境的经济手段，实行生态补偿在推进资源环境保护工作的同时，必然会对我国经济社会的发展产生影响。因此，分析研究生态补偿的经济影响是推行生态补偿立法的基础工作，能为制定科学合理的生态补偿政策提供科学指导，并能及时地对受到负面影响的部门和经济单位提供支持和帮助。

一、文献综述

（一）国外生态补偿的社会经济影响研究现状

对于生态补偿的社会经济影响，国外在以下几个方面进行了重点研究。

---

* 本章撰稿人：张亚雄，课题组生态补偿经济模型分析国内专家，生态补偿专家咨询委员会委员，新加坡国立大学管理学硕士，国家信息中心经济预测部副主任、研究员，国务院政府特贴获得者，百千万人才工程国家级人选，兼任中国投入产出学会副理事长；张鹏，生态补偿经济模型分析国内专家助手，经济学硕士，副研究员，国家信息中心经济预测部政策仿真实验室主任；李继峰，生态补偿经济模型分析国内专家助手，管理学博士，国家信息中心经济预测部副研究员；蔡松锋，生态补偿经济模型分析国内专家助手，管理学硕士，国家信息中心经济预测部助理研究员。

1. 生态补偿的资源环境效应分析

生态补偿的资源环境效应分析一般会结合3S技术[1]、生态学模型，对补偿区域的生物多样性进行效果评估。

Herzog(2005)[2]对瑞士生态补偿区的生物多样性效果进行了评价。

Dietschia(2007)[3]考察了瑞士山地草场的农业环境激励付费政策对植物多样性的效果，认为物种丰富度会受到农业环境激励付费政策的强烈影响。

2. 生态补偿的社会经济效果分析

Kosoya(2004)等通过对中美洲水环境服务补偿的研究发现，实践中生态补偿数额通常不足于补偿其机会成本，尽管生态补偿实现了环境、社会等多元目标间的交易，但其实现环境改进和乡村发展的双赢能力有限。

Pagiola(2005)[4]等世行专家认为，尽管消除贫困并非生态补偿的主要目标，但其效果显著。

Zbinden(2005)[5]等对哥斯达黎加的农户和森林所有者的生态补偿行为进行了计量经济分析，认为农场规模、人力资本、家庭经济条件以及信息因子等显著影响着生态补偿的参与程度。

3. 生态补偿的补偿效率分析

Alix-Garcia(2000)[6]等比较分析了平均式付费和风险式付费两种补偿方案。结果表明，后者在总体付费水平较低的基础上，能对贫困对象进行重点补偿，效率较一般补偿手段得到很大提升。

---

[1] 3S技术是遥感技术(Remote sensing, GRS)、地理信息系统(Geography information systems, GIS)和全球定位系统(Global positioning systems, GPS)的统称。

[2] Herzog F, Dreier S, Hofer G, et al. Effect of ecological compensation areas on floristic and breeding bird diversity in Swiss agricultural lands, Agriculture Ecosystems and Environment, 2005(108), 189—204.

[3] Dietschi S, Holderegger R. Schmidt S G, etal. Agri-environment incentive payments and plants species richness under different management intensities in mountain meadows of Switzerland. ActaOecolo, 2007,31(2):216—222.

[4] Pagiola S, Arcenas A, Platais G. Can Payments for environment services help reduce poverty? An Exploration the issues and the evidence to date from Latin America. World Development,2005,33(2):237—253.

[5] Zbinden S, Lee D R. Paying for Environmental services: An analysis of participation in costa rica's PSA program. World Development,2005,33(2):255—272.

[6] Alix-Garcia J,de Janvry A, Sadoulet E. The role of risk in targeting payments for environmental services. Are berkeley. edu/-sadoulet/papers/PES simulations-8-05. pdf.

Morris(2000)[1]等对东英格兰地区生态补偿对农户土地利用行为变化的影响,以及这种土地利用变化引致的经济影响进行了情景分析。其研究表明,不同农场的利益偏好和补偿可行性往往不同,要达成生产和生态目标的协调,需充分考虑地方特性,一刀切的效果可能不佳。

Wunder(2005)[2]强调了生态补偿效率的动态基准线评估法则,即强调用动态的基准线来评估有无补偿的差异,并批评现行的清洁发展机制是静态的基准线分析,其补偿效率往往低下。

Sierra(2006)[3]等研究认为,高效的生态补偿应该面向需要补偿的人而非需要补偿的地区。

(二) 国内生态补偿研究的现状

国内的学者也在开展生态补偿的理论探讨和研究。就整体而言,研究的重点集中在生态补偿的经济理论基础、生态补偿标准测算和生态补偿对社会经济的影响研究等。

1. 生态补偿的经济理论基础

我国生态补偿的经济理论研究,主要将生态补偿与外部性理论、公共产品理论、博弈论和生态资本理论相结合进行研究。

胡小华(2009)[4]根据环境经济学的效率准则和科斯定律建立了我国江河源头生态补偿机制的解释模型。

秦鹏(2005)[5]运用外部性原理和供求关系对退耕还林中进行生态补偿的必要性和意义进行了论证,指出现有规定存在可操作性差、补偿主体单一、补偿标准不科学等问题,并通过建立模型设计了制定科学补偿标准的测算方式。

---

〔1〕 Morris J, Gowing D J G, Mills J, et al. Reconciling agricultural economic and environmental objectives: the case of recreating wetlands in the Fenland area of eastern England. Agriculture, Ecosystems and Environment, 2000, (79): 245—257.

〔2〕 Wunder S. Payments for environmental services: Some nuts and bolts. CIFOR Occasional Paper NO 42, 2005: 3—8.

〔3〕 Sierra R, Russman E. On the efficiency of environment service payments: a forecast conservation assessment in the Osa Peninsula, Costa Rica. Ecological Economics, 2006, (2): 81—84.

〔4〕 胡小华、邹新:《建立江河源头生态补偿机制的环境经济学解释与政策启示》,载《江西科学》2009 年第 5 期,第 742—744 页。

〔5〕 秦鹏、唐绍均:《退耕还林生态补偿制度的经济分析》,载《重庆大学学报》(自然科学版)2005 年第 4 期,第 163—166 页。

毕华兴(2008)[1]从经济学的观点出发,围绕水土保持生态效益的生态资本、公共物品以及经济外部性3个特性,阐述了水土保持生态补偿存在的原因,分析了水土保持生态补偿的实质。

李文国(2008)[2]主张建立以系统理论为基础,结合传统经济学、生态经济学、资源经济学等理论上的既具有广泛适用性又符合中国国情的生态补偿机制理论。

张浩斌[3](2010)结合浙江省的实际情况,对绿色经济中有关生态补偿的概念、计算指标和方法以及所涉及的问题进行了探讨。

梁丽娟(2006)[4]从博弈论的角度提出生态补偿是为了走出生态囚徒困境的制度安排,通过建立生态补偿的选择性刺激机制,实现区域内的集体理性。他认为生态补偿应当考虑受益者和受损者的行为选择,通过博弈分析,建立合理的生态补偿机制,引导双方做出保护生态环境的理性选择。

2. 生态补偿标准的核算

陈仲新(2000)[5]参照 Costanza 等的分类方法、经济参数与研究方法,对中国生态系统的功能与效益也进行了价值评估。

钟瑜(2002)[6]根据机会成本法计算鄱阳湖退田还湖后湿地的生态系统服务功能价值约402096万元,退田还湖农民的收益损失为5179.44万元。

熊鹰(2004)[7]采用机会成本法、直接市场价格法和影子工程法计算出洞庭湖湿地恢复后产生的湿地生态系统服务功能价值约为107290.67

---

[1] 毕华兴、毕嘉敏、刘立斌:《论实行水土保持生态补偿的经济学基础》,载《中国水土保持》2008年第1期,第25—27页。

[2] 李文国、魏玉芝:《生态补偿机制的经济学理论基础及中国的研究现状》,载《渤海大学学报》2008年第3期,第114—118页。

[3] 张浩斌:《绿色经济视角下的生态补偿问题研究》,载《经济论坛》2010年第2期,第89—90页。

[4] 梁丽娟、葛颜祥、傅奇蕾:《流域生态补偿选择性激励机制—从博弈论视角的分析》,载《农业科技管理》2006年第4期,第49—52页。

[5] 陈仲新、张新时:《中国生态系统效益的价值》,载《科学通报》2000年第1期,第17—22页。

[6] 钟瑜、张胜、毛显强:《退田还湖生态补偿机制研究—以鄱阳湖区为案例》,载《中国人口·资源与环境》2002年第4期,第46—50页。

[7] 熊鹰、王克林、蓝万炼:《洞庭湖区湿地恢复的生态补偿效应评估》,载《地理学报》2004年第5期,第772—780页。

万元。

甄霖(2006)[1]根据生态保护贡献者的接受补偿意愿作为生态补偿的标准,主要采用问卷调查法分别调查了海南自然保护区和锡林郭勒草原地区居民的补偿意愿。

虞锡君(2007)[2]按生态破坏恢复或修复成本计算出太湖流域水生态修复成本。

陈源泉(2007)[3]利用生态系统服务和生态足迹的理论和方法,提出从国家宏观层面建立生态补偿的判定标准、量化模型和计算方法。

洪尚群(2001)[4]提出具体补偿多少应重点考虑三方面内容:首先是生态环境的好转给受益者带来多少收益,给受损者带来的多少损失;其次是补偿时间多久为宜;最后是补偿涉及的各相关利益方的心理如何把握。

吴晓青(2002)[5]应用生态经济学、环境经济学理论,用受益总量和经济损失二者差值得出受益者应提供的补偿数量,在操作上量化了生态补偿的补偿标准。

郑海霞(2006)[6]提出生态补偿标准是成本估算、生态系统服务价值增加量、支付意愿、支付能力 4 个方面的综合, 并进一步细化了影响生态补偿标准的因素。

3. 生态补偿对社会经济的影响

李芬(2007)[7]以海南省为案例,从居民问卷分析和机构调查分析入手,分析生态公益林区的生态环境和社会经济影响。研究表明大多数农户对生态补偿机制持赞同态度。从总体上看,生态补偿机制的建立对改

---

〔1〕 甄霖、闵庆文、李文华:《海南省自然保护区生态补偿机制初探》,载《资源科学》2006 年第 6 期,第 10—19 页。

〔2〕 虞锡君:《构建太湖流域水生态补偿机制探讨》,载《农业经济问题》2007 年第 9 期,第 56—59 页。

〔3〕 陈源泉、旺盛:《基于生态经济学理论与方法的生态补偿量化研究》,载《系统工程理论与实践》2007 年第 4 期,第 165—170 页。

〔4〕 洪尚群:《生态补偿制度的探索》,载《环境科学与技术》2001 年第 5 期,第 40—43 页。

〔5〕 吴晓青、驼正阳等:《我国保护区生态补偿机制的探讨》,载《国土资源科技管理》2002 年第 2 期,第 18—21 页。

〔6〕 郑海霞、张陆彪:《流域生态系统服务补偿定量标准研究》,载《环境保护》2006 年第 1 期,第 42—46 页。

〔7〕 李芬、陈红枫:《海南省森林生态补偿机制的社会经济影响分析》,载《中国人口·资源与环境》2007 年第 6 期,第 113—118 页。

善生态环境起到了很大作用,但农户所得到的森林生态补偿较低,难以有效地提高农户的生活水平。通过案例研究发现,林业管理机构和居民面临的共同困难是资金不足,由此带来生态公益林保护与地区经济发展之间的矛盾。

二、生态补偿的社会经济影响模型的构建

(一)生态补偿与经济运行的逻辑关系

1. 生态系统服务在经济发展中起着重要的支撑作用

生态系统服务是指人类直接或间接从生态系统得到的利益,主要包括向经济社会系统输入有用物质和能量、接受和转化来自经济社会系统的废弃物,以及直接向人类社会成员提供服务。

生态系统服务体现在直接使用功能和间接支持功能两大方面:

第一,一些部门直接使用从生态系统获得的物质资源。例如林业部门直接从林地获得林木产品,农业部门从农田获得粮食,畜牧业部门利用草地生产牛羊,矿业部门直接获取地下矿藏,水电和运输部门直接利用河流发电和航运等。如果生态系统退化,导致"提供产品功能"下降,这些部门将不得不为获得同样多的产品而投入更多人力和资本。

第二,其他部门也需要生态系统支持生产活动。如他们需要生态系统调节气候、减缓灾害、维持土壤功能、净化环境等。

以上两个方面是生态系统服务的直接使用功能和间接支持功能。生态系统服务的功能具体主要包括固定二氧化碳、稳定大气、调节气候、对干扰的缓冲、水文调节、水资源供应、水土保持、土壤熟化、营养元素循环、废弃物处理、传授花粉、生物控制、食物生产、原材料供应、遗传资源库、休闲娱乐场所,以及科研、教育、美学、艺术等。

生态系统服务的功能如图表 9.1 所示:

2. 生态补偿是恢复生态系统服务功能的基本途径

我国生态补偿是以保护和可持续利用生态系统服务为目的,以经济手段为主调节相关利益关系的制度安排。生态补偿的具体内容有:对生态系统保护的成本进行补偿;通过经济手段将经济效益的外部性内部化;对个人或区域为保护生态系统和环境的投入或放弃发展机会的损失的经济补偿;对具有重大生态价值的区域或对象进行保护性投入。

通过生态补偿,使生产者在短期内降低对生态系统的过度使用,逐渐

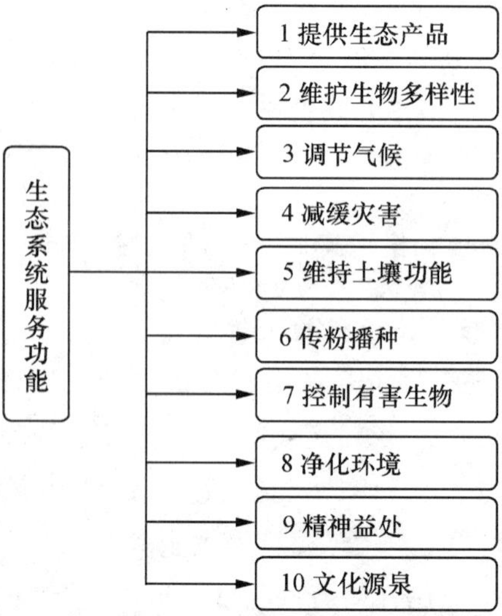

图表 9.1 生态系统服务的功能

恢复生态系统的服务功能,长期内会提高资本、土地和劳动力的投入效率,促进生产技术的进步。

3. 生态补偿会对经济运行产生重大影响

生态补偿对不同主体的利益关系进行调节,必然影响个人、企业、政府的行为,从而对经济运行产生重大影响。

第一,从长期看,生态补偿能使生态系统为经济社会系统提供更多的有用物质和能量,接受和转化更多的来自经济社会系统的废弃物,使生态系统所能提供的服务功能增加,从而为经济发展和人类生存提供更加有利的条件。

第二,但从短期看,由于限制性措施,生态补偿会减少经济生产中可以直接使用的从生态系统获得的投入要素,并限制高耗能、高污染工业的发展,从而降低资本、土地和劳动力的投入,影响一些家庭的收入和一些地区的经济增长。

第三,从资金投入上看,生态补偿需要投入大量资金,如果资金来自国家财政,就不可避免地会挤占其他方面的支出;如果来自生态受益区的地方政府,就意味着一个地方对另一个地方的转移支付;如果来自普遍的税收,就意味着全国人民对部分人群的转移支付。不论资金来自哪里,都会对经济系统产生较大影响。

生态补偿的经济影响作用机制如图表 9.2 所示。图中实线部分为没有生态补偿时经济发展的运行轨迹，称为基准情景，虚线为实施生态补偿政策后的经济运行轨迹。图中 A 点为生态补偿的实施点，生态补偿实施以后，短期内会使经济相对于基准情景有所下降。但是到了 B 点，即当生态补偿措施实施了较长时间后，生态系统服务功能较之前有了很大增加，对经济增长的支撑作用增强，并且随着经济发展方式的转变，资本、土地和劳动力的效率得到了提高，因此经济增速将超过基准情景。

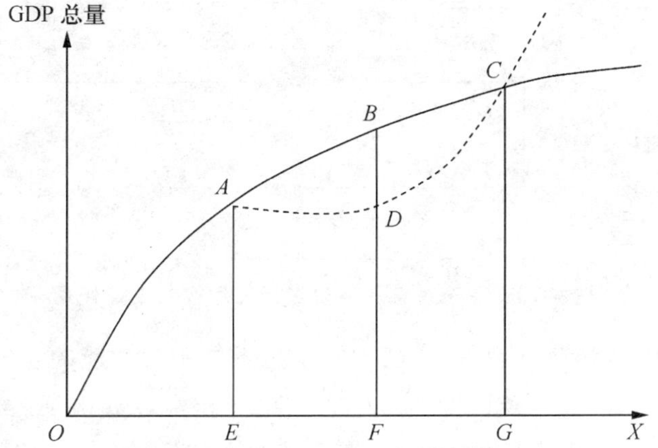

图表 9.2　生态补偿的经济影响

具体来看，生态补偿的经济影响可以分为三个阶段。从对经济增速的影响来看，三个阶段总的趋势是对经济发展速度的影响逐渐减弱。这是由于在实行生态补偿的初期，资本、土地和劳动力投入量下降直接形成了对经济的冲击。这个时期经济受到的影响最大，经济增速将出现较大下降。其后，由于基数效应的变化，经济增速的下降反而并不明显。

从对经济总量的影响来看，第一阶段为 A—B 点，此阶段生态补偿虽然有助于生态系统服务功能的增加，但随着技术水平的进步，单位投入要素的产出增加，经济总量损失不仅超过了生态系统服务功能的增量，而且在不断增加；第二阶段为 B—C 点，此阶段由于生态系统服务功能呈现加速恢复的良性发展态势，对经济增速支撑作用逐步显现，此时生态补偿对经济总量的负面影响逐渐变小；第三阶段为 C 点以后，在这个阶段，生态补偿的负面影响逐渐消失，正面效果开始显现，并超过了其造成的经济损失，此时与基准情景相比，经济总量已经受益于生态补偿。

由于生态补偿对社会经济系统的长期经济影响需要较长时间才能得到体现，并不会对当期的经济运行产生直接影响，因此在本书中我们主要分析生态补偿对经济运行产生的短期影响。

（二）生态补偿对宏观经济的影响机制

1. 生态系统服务功能对经济运行起到关键性支撑作用

生态系统服务在经济发展中发挥着重要的支撑作用(参见图表9.3)。按照一般经济理论,宏观经济运行的必要投入要素包括资本、土地和劳动力,而实际上生态系统服务在宏观经济运行中同样起到了基础性支撑作用。

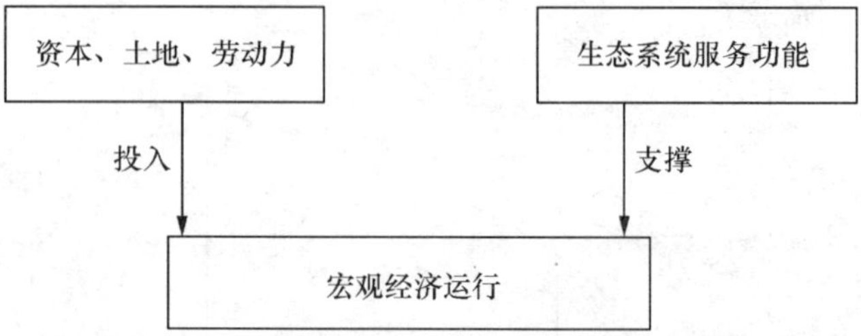

图表9.3 生态系统服务功对经济运行的支撑作用

资本、土地和劳动力的投入,加上生态系统服务功能的正常运行共同维护了经济的正常运转。如果对生态系统一味索取和破坏,虽然可能暂时实现经济的较快增长,可一旦生态系统遭到破坏,未来生态系统服务功能将大大降低,经济发展的基础就会坍塌,从而严重影响经济的可持续发展。

2. 粗放型经济增长对生态系统造成巨大破坏,必须进行生态保护建设

改革开放以来,我国较快的经济增速实际上依赖的是粗放型经济增长方式,对资源与生态环境消耗过度,从而使得我国,尤其是生态脆弱地区的生态系统服务功能急剧下降。生态系统服务功能下降的后果包括水土流失、森林覆盖率下降、自然灾害频发、气候变暖、人民生活受到严重影响等,已经影响到我国经济的可持续发展,因此必须对生态环境进行保护,提高生态系统的长期服务功能。

3. 生态保护在短期内可能造成经济增速下降,从而降低居民的生态保护意愿

对生态环境进行保护一方面需要减少对生态系统的直接物质消耗,如减少草原的过度放牧、减少耕地的使用,另一方面生态保护需要降低高耗能、高污染的重工业的投资、减少对土地的过度使用。

因此对生态环境进行保护的措施必然会限制一些家庭、企业和地区

的资本、土地和劳动力投入，尤其是土地的投入，而资本、土地和劳动力投入量下降，会造成宏观经济增速降低，并使得居民收入下降。其具体作用机制如图表9.4所示：

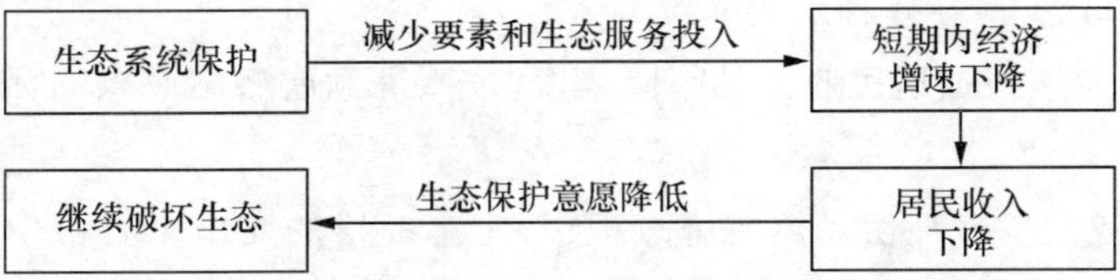

图表9.4　生态系统保护的短期经济影响

4. 通过生态补偿可以稳定居民收入，从而提高居民的生态保护意愿

可以看出，对于生态系统的保护在短期内会对一部分人的利益造成损害，从而造成其环境保护的意愿降低，甚至继续破坏生态环境，这是为什么生态保护工作阻力较大的根本原因。因此，只有对这部分利益损失进行补偿，才可能维护生态保护工作的顺利进行和长期稳定，真正建立起生态保护的长效机制。

从图表9.5可以看出，生态补偿从金额上不能低于因生态保护而造成经济损失的幅度，否则就不可能提高人民群众参与生态保护活动的积极性。

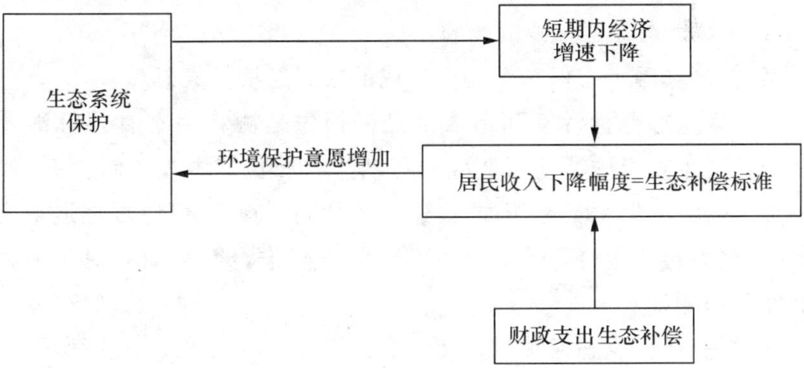

图表9.5　生态补偿运行机制

5. 生态补偿支出必然引发政府财政转移支付增加，会对经济产生影响

目前我国生态补偿的支出主要由中央政府财政负担，这必然引起政府转移支付增加，这也会对宏观经济产生影响。因此，生态补偿在短期内对经济的影响主要包括两项：第一，生态环境保护会限制资本、土地和劳

动力等要素投入，造成宏观经济增速降低；第二，政府财政转移支付支出增加，会造成税收增加，也会降低宏观经济增速。这两项合计就是生态补偿在短期内对宏观经济总的影响。

（三）生态补偿标准测算

1. 应该根据居民收入的下降幅度，按照等额或略高一点的标准进行补偿

在我国生态补偿具体实施过程中，生态补偿的支出主要由中央政府财政负担。从生态补偿的客体来讲，我国生态补偿的客体主要有四类，即生态保护做出贡献者、生态破坏的受害者、生态治理过程中的受损者和生态环境建设者。

生态补偿的客体组成较为复杂，但在我国生态补偿的具体实践当中，最主要和最基本的客体单位是居民家庭。例如，如果某一项生态保护活动限制了一个地区的经济增速，其经济后果必然会反映到当地居民收入增速的降低上，应对其进行补偿。

因此在我们看来，宏观层面上的补偿标准，则应该根据居民收入的下降幅度，按照等额或略高一点的标准进行补偿。这样的补偿标准简单易行，并可以保证相关利益方积极投入到生态保护的工作当中，使生态系统服务功能上升，使得受破坏的生态系统逐步得到恢复。

2. 测算生态补偿标准的步骤

第一，测算因生态保护活动而造成的宏观经济损失总量。

测算因生态保护活动而造成的经济损失是测算生态补偿标准的基础。统计因生态保护活动而造成的劳动力、土地、资本投入量的减少，可以测算出经济损失总量。例如，在退耕还林的过程中，可以根据退耕土地数量、劳动力转移数量等计算出农业产值下降的金额来测算退耕还林造成的经济损失量。

第二，测算因生态保护活动而造成的居民家庭收入损失总量。

由于最主要的生态补偿客体是居民家庭，因此测算生态补偿标准的核心是测算对居民的补偿标准。我们认为对于居民家庭的补偿应等于其收入受到的影响程度。

家庭仅仅是经济运行当中的一个部门，因此生态保护活动造成的经济损失一般均大于家庭部门收入下降幅度。在测算出因生态保护活动而造成的经济损失总量的基础上，可以分解出家庭收入减少的数量，而这一

数量成为对家庭部门生态补偿的总量。

第三,测算生态补偿标准。

在测算出因生态保护活动而造成的居民收入损失总量后,按照一定的标准进行分解,得到具体的生态补偿标准。例如在对退耕还林确立补偿标准时应当按照退耕亩数对居民收入损失总量进行分解,得到每一亩退耕地应当补偿给农民多少钱。

(四) 模型具体形式

本书的数量研究工具以模型研究为主,具体包括四部分:

1. 测算生态补偿造成投入要素下降而产生的负面经济影响的生产函数模型

本书测算生态补偿的经济影响采用 CES 生产函数模型(Constant Elasticity of Substitution)。CES 生产函数即为固定替代弹性生产函数。采用这个模型的优点是可以很好地体现要素之间的替代关系,而且要素之间的替代弹性是一个常数。模型的示意图如图表 9.6 所示:

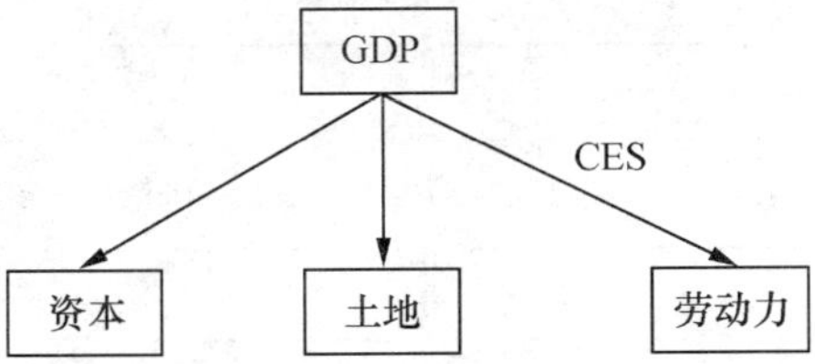

图表 9.6　生产函数模型形式

该模型的具体函数形式如下:

$$Y = A\left(\delta_1\left(\frac{K}{A_K}\right)^{-\rho} + \delta_2\left(\frac{L}{A_L}\right)^{-\rho} + \delta_3\left(\frac{E}{A_E}\right)^{-\rho}\right)^{-\frac{m}{\rho}}$$

其中 Y 代表产出,A 是效率参数,K 是资本投入,L 是劳动力投入,E 代表土地投入,δ_1、δ_2 和 δ_3 分别表示份额参数,$0<\delta_1$、δ_2、$\delta_3<1$。且满足 $\delta_1+\delta_2+\delta_3=1$,$\rho$ 是替代参数,m 表示规模报酬参数,当 $m=1$(<1, >1)时,表示研究对象是规模报酬不变(递减、递增)的。A_K、A_L、A_E 分别代表资本、劳动力和土地投入的技术参数。

三个要素之间的替代弹性相同,以资本和劳动力之间的替代弹性为例,推导如下:

$$\sigma = \frac{d(K/L)}{(K/L)} \Big/ \frac{d(MP_L/MP_K)}{(MP_L/MP_K)}$$

$$= \mathrm{d}\left(\ln\left(\frac{K}{L}\right)\right) \Big/ \mathrm{d}\left(\ln\left(\frac{\mathrm{MP}_L}{\mathrm{MP}_K}\right)\right)$$

$$= \frac{1}{1+\rho}$$

其中，σ 为三个要素之间的替代弹性，MP_L 为劳动力投入的边际产出，MP_K 为资本投入的边际产出。

对该模型采用经典计量模型的估计方法，即将模型线性化后通过最小二乘法对参数进行估计。以资本和劳动力两个要素的模型为例，具体的线性化估算步骤如下：首先对生产函数两边同时取对数处理，在 $\rho=0$ 处展开泰勒级数，然后推导处理得到最终线性生产函数形式，推导过程如图表 9.7 所示：

$$Y = A(\delta_1 K^{-\rho} + \delta_2 L^{-\rho})^{-\frac{m}{\rho}} \mu$$

$$\Downarrow$$

$$\ln Y = \ln A - \frac{m}{\rho} \ln(\delta_1 K^{-\rho} + \delta_2 L^{-\rho}) + \varepsilon$$

$$\Downarrow$$

$$\ln Y = \ln A + \delta_1 m \ln K + \delta_2 m \ln L - \frac{1}{2} \rho m \delta_1 \delta_2 \left(\ln\left(\frac{K}{L}\right)\right)^2 + \varepsilon$$

$$\Downarrow$$

$$Z = \alpha_0 + \alpha_1 X_1 + \alpha_2 X_2 + \alpha_3 X_3 + \varepsilon$$

图表 9.7　生产函数估计方法

2. 测算生态补偿造成财政转移支付增加的宏观经济模型

假设财政转移支付增加必须靠增税来获得足够的资金来源，我们可以使用乘数模型研究其对宏观经济的影响。乘数模型是凯恩斯经济学开创的经典宏观经济研究方法。

税收乘数用来反映税收变动与其引起的国民收入变动的倍数的关系。税收乘数是指因政府增加（或减少）税收而引起的国民生产总值或国民收入减少（或增加）的倍数。由于税收是对纳税人收入的一种扣除，税收高低会影响到投资并进而影响到国民收入。税收变动与国民收入呈反方向变化，即税收减少，国民收入增加；税收增加，国民收入减少。因此，税收乘数是负值。

税收乘数有两种：一种是税率变动对总收入的影响；另一种是税收绝

对量变动对总收入的影响。本书中采用后者。

若以 Kt 表示税收乘数,ΔY 表示国民收入变动量,ΔT 表示税收变动额,则:

$$Kt = \Delta Y/\Delta T$$

根据边际消费倾向和投资乘数理论,税收乘数与边际消费倾向大小有关,若以 b 表示边际消费倾向,则:

$$Kt = -b/(1-b)$$

3. 测算短期内居民收入下降的计量经济模型

$$\Delta \mathrm{HY} = f(\Delta \mathrm{GDP})$$

其中 ΔHY 表示居民收入变化量,ΔGDP 表示经济总量的变化量。可以通过计量经济学的回归分析得到两者之间的关系。

4. 测算生态补偿标准的分解方程

由于生态保护对象的多样性,试图制定统一的生态补偿标准并不现实。但是在宏观总量上可以采取分解的方法制定出相对科学合理的标准,作为生态补偿立法的基础性数据。

我们认为可以使用土地面积和人口数量作为分解的基础。

在全国层面上,在测算出生态保护造成的居民收入下降总额后,除以生态保护涉及的土地面积或人口数量,则可以得到单位土地或人口的生态补偿标准,即

每亩生态补偿标准 = 生态保护造成居民收入下降总额/涉及的土地总量

或者,

每人生态补偿标准 = 生态保护造成居民收入下降总额/涉及的人口总量

5. 测算的动态化

经济运行的动态化特点决定了经济数据在时间维度上是变化的,在本书中涉及的各种经济成本、总量、收入乃至生态补偿标准都具有明显的趋势性特征(参见图表 9.8)。这种趋势性特征表明测算出的生态补偿标准是随着时间变化的。主要原因在于随着时间的变化,劳动生产率不断提高,劳动力、资本和土地的价格是增长的,所以生态保护造成生产要素减少对经济总量以及对家庭收入的影响都是增加的。因此,在我们看来,生态补偿标准并不是一个固定不变的数字,而是一组随着时间改变的数据序列。

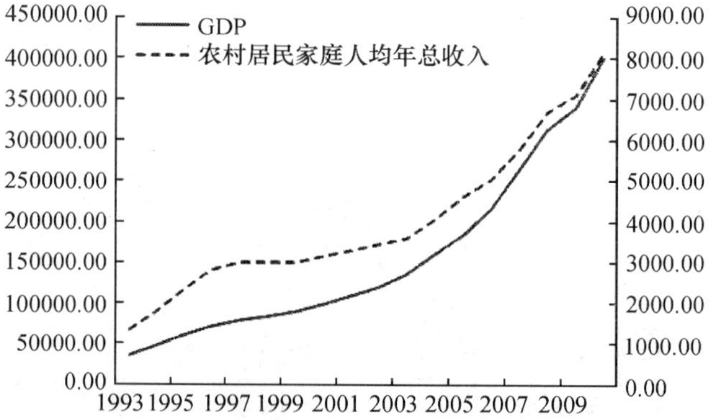

图表 9.8 经济数据的趋势性特征

（五）数据

本书使用了多方面的统计数据，包括生态补偿方面的数据和各种经济数据。在模型测算过程中，除了统计数据还使用了各种技术参数。例如本书中的生产函数模型需要两种类型的数据，第一种是统计数据，共四组数据，分别是产值、资本投入、劳动力投入和土地投入；第二类是技术参数，共三组数据，分别是资本、劳动力和土地投入的技术参数。（参见图表 9.9）

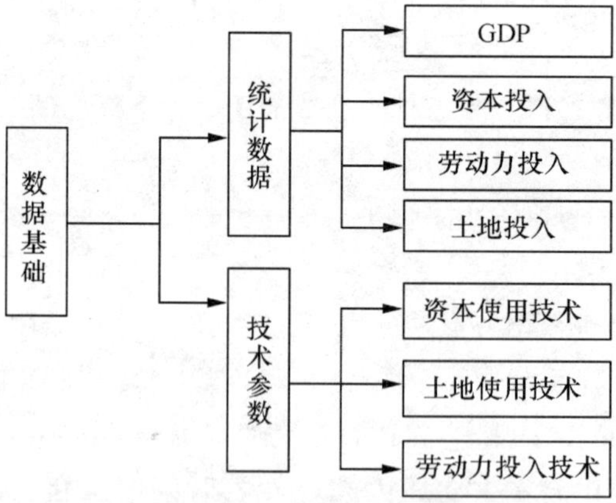

图表 9.9 模型数据基础

统计数据中，产值、资本投入、土地投入和劳动力投入可以从已有数据库中获得，而技术参数需要根据历史数据进行估算。通过相关的方法确定参数值是本书的基础工作，也是通过模型准确测算生态补偿影响的重要数据基础。

本书中的宏观经济数据可以从历年的各类《统计年鉴》中得到，生态保护和补偿数据可以从发改委等相关政府机构得到。

第二节　生态补偿的社会经济影响典型案例分析

一、河北省张北县生态补偿的社会经济影响

为配合开展《生态补偿条例》起草工作，本专题组于2011年8月13日—19日赴内蒙古、河北开展了实地调研工作。专题组先后在内蒙古、河北召开座谈会5次，并实地考察了当地生态补偿项目实施情况，深入农牧户了解生态项目对农牧民生产生活的影响。专题组与地方党委政府、有关部门深入交流探讨，倾听基层干部和牧民群众的意见，并多次组织组内同志进行讨论，初步对当地生态补偿机制的基本情况、主要做法和存在的问题进行了了解，为生态补偿立法工作提供了丰富的实践材料。

（一）河北省张北县生态补偿实施状况

张北县的生态补偿项目主要包括退耕还林补助项目、生态效益林补偿项目和京津风沙源治理项目。

1. 退耕还林补助项目

张北县从2000年启动退耕还林试点工程，截止2011年8月，共完成退耕还林任务91.26万亩。退耕还林补助包括现金补助和粮食补助，现金补助标准为每亩每年20元，粮食补助标准为每亩每年粮食200斤。补助年限自验收合格第一年开始，退耕还草补助两年，还经济林补助5年，还生态林补助8年。

2. 生态效益林补偿项目

张北县2001年被列为国家森林生态效益补偿基金试点县。全县现有林109万亩，被界定为国家重点公益林面积为60万亩，其中国有的国家级公益林为5.2万亩，集体所有的国家级公益林54.8万亩。

2001年至2009年，中央财政每年按照5元/亩拨付森林生态效益补偿基金，其中管护补助支出4.75元/亩。2010年开始，集体所有的国家公益林补偿基金提高至10元/亩。其中管护补助支出增加到9.75元/亩，增加部分作为林权所有者的经济补偿直接拨付。

3. 京津风沙源治理项目

张北县京津风沙源治理工程从2000年开始实施，截止到2011年，中

央投资共计17896万元,累计治理面积153.39万亩,林业建设38.7万亩,其中,人工造林面积8.9万亩、封山育林18.8亩、农田林网2万亩。草地治理90.54万亩,其中,人工种草8.4万亩,飞播牧草8万亩,围栏封育54万亩,基本草场建设18.8万亩,草种基地1.34万亩。禁牧圈舍23万平方米,饲料机械1445台(套),小流域治理161平方公里,水源工程456处,节水工程613处,生态移民352人。

(二)河北省张北县生态补偿的主要做法

1. 健全机制,规范管理

为了建立长效管理机制,张北县采取了由上到下,分片包干,责任到人,层层负责,包点干部包到村,村干部包到户的措施。做到乡、村干部个个任务在手,人人责任在身,确保天然生态公益林保护和生态补偿金管理工作落到实处。

2. 因地制宜,综合治理

各地在实施生态补偿项目过程中,因地制宜,根据当地气候条件、地形地貌特征,探索合适的模式,并把长期的奋斗目标和阶段性攻坚结合起来,从区域特点出发,各有侧重分类实施,坚持以提高造林种草成活率、保护率为中心,坚持加强服务体系建设。

3. 积极推进生态移民

张北县积极推进生态移民工程,从单纯救济型"输血"扶贫转向以区域开发为主的"造血式"扶贫方向转变,迁入新区积极培育新的依托产业,让移民真正"搬得下、稳得住、能致富",使其增强持续发展能力而安居乐业。农村牧区人口的转移,有效减轻了对生态的压力。

4. 生态建设与农民脱贫致富相结合

把生态工程建设与农牧民脱贫致富相结合是巩固建设成果,保障"不反弹"的重要措施。其主要做法包括:第一,以生态建设促进种养业结构的调整,扩大和提高高效优质作物的种植面积和经营水平,提高农民农田的收入;第二,扩大优质牧草种植,促进畜牧业发展;第三,林间种植多年生中草药,在发挥林地生态效益的同时,为农民提供后续产业;第四,积极提高退耕还林利用水平,逐渐建立林业产业链条。

5. 强化管护,巩固成果

在认真执行《森林法》、《防沙治沙法》、《草原法》、《水土保持法》等国家法律和地方性法规的同时,各地区都根据自己的经验,适时建立了相应的制度，确保项目建设的成果得到巩固，并加大对破坏林草植被和工程建设成果等违法行为的打击力度，适时开展集中专项执法行动。

（三）河北省张北县生态补偿存在的问题

1. 补偿标准单一、偏低

首先是补偿标准单一，现有补偿制度采用的是一刀切的补偿方式，这显然与实际情况不符。以公益林为例，一是区域重要性有差异。不同区位的重点公益林，其生态价值存在较大差异，这是客观存在的事实。二是管护成本有差异。受地区间经济差异和自然地理条件等因素的影响，不同地区公益林的实际管护成本差异也比较大。三是不同类型公益林经营投入差异。如公益林的天然林经营成本每年大约在4—6元/亩之间，而人工公益林经营管护成本多达15—25元/亩。

其次是补偿标准偏低，该标准低于农民种植和养殖的机会成本。如退耕还林的补偿低于农民种植农作物的纯收入，退牧还草的补偿低于牧民养殖的纯收入，造成对农牧民利益的侵害，也加大了管护的成本，减弱了生态补偿的效果。

2. 缺少管护费用，生态成果后期巩固难度大

生态成果后期巩固难度大有两方面原因。一方面是造林成活率低。受气候和自然条件的影响，种植一片树林需要三到五年补植才能保证成活率。另一方面是随着造林种草面积逐渐增加，管护范围越来越大，一些地方禁牧工作措施实施不力，项目区夜牧、偷牧、散放现象时有发生。因此，需要长期设立管护人员，加大管护力度，保证工程建设成果。但现有工程投资中没有明确管护费用，地方财政财力有限，管护经费不好落实，造成工程成果管护难度大，缺少延续性。

3. 牺牲了当地经济的发展

张北县作为京津地区的重要水源涵养地和绿色屏障，是国家生态补偿的重点区域。为了环境的恢复，当地除了采取生态补偿直接恢复生态环境以外，还严格控制工业新上项目，尤其是对高污染、高耗能项目实行“一票否决”制，从而放弃了许多当地经济发展和财政贡献的机会，对区域经济造成很大的损失。

4. 农民收入徘徊不前

张北县的生态保护主要有两个方面的影响，一是对农民来讲，种植的机会成本越来越高。实施退耕还林，人均耕地面积减少，农民农业收入大

幅减少。另一方面是以前畜牧业是农民收入的主要来源，为了保护生态，实施了退牧还草、禁牧设施，削弱了畜牧业，减少了收入来源。

5. 后续产业不足

后续产业不足一方面是由于退耕还林和退牧还草的公益林和草地没有经济效益，不能带动相关产业的发展，而且牧民相关的技能缺乏，退牧禁牧政策使得牧民失去生存空间；另一方面是由于生态补偿地区限制工业项目的发展，对相关产业的拉动作用减弱。

（四）河北省张北县生态补偿的社会经济影响

1. 环境影响

生态补偿实施以后生态补偿地区生态状况得到明显改善。经过生态项目的建设，当地植被覆盖率得到较大提高，草地生产力不断提高，沙化土地实现由扩张向缩减转变，水土流失有所减轻，流域水质有所改善，沙尘暴强度明显减弱，次数大大减少。农牧业防灾减灾能力明显提高。

2. 经济影响

生态项目的实施推动了当地经济、环境与社会的可持续、协调发展，促进了农村经济结构由粗放逐渐向集约转变，并通过产业转移和生态补偿促进了农牧民的增收。对于生态恶劣地区，实施生态移民产生了明显效果，加快了生产方式的转变，促进了畜牧业结构调整，加快了农牧区基础设施建设。

3. 社会影响

生态补偿实施后，农牧民的生态保护和参与意识普遍得到提高，农牧民投身于生态建设的积极性和主动性得到增强。生态补偿推进了产业结构的调整，增加了农牧民的就业机会并推过宣传和实践教育，推进了生态文明的建设。这都为进一步生态项目积累了建设经验，夯实了基础。

二、乌兰察布市草原生态补偿标准测算

（一）乌兰察布市当前草原补偿标准

根据调研结果，乌兰察布市对退牧还草的牧民的补助标准为 5 元/亩，每户平均退牧约 2000—4000 亩，每户退牧还草补贴约 10000—20000 元。如果每户按 3—4 人计算，每人补贴 3000—5000 元。

（二）利用生产函数测算退牧还草生态补偿标准

图表 9.10　乌兰察布市畜牧业生产时间序列数据

乌兰察布市	牧业总产值（万元）	牧场面积（万亩）	牧民数量（万人）	牧业投资（万元）
2003	301514.50	3001.5	73.92	870300.00
2004	869615.00	2768.0	63.71	2748769.00
2005	869615.00	2534.5	63.71	2748769.00
2006	554663.00	2301.0	69.26	2123005.00
2007	576036.00	2067.5	66.30	1958972.00
2008	708303.00	1834.0	64.82	2027315.00
2009	869615.00	1600.5	63.71	2748769.00
2010	869615.00	1367.0	63.71	2748769.00

将上述时间序列数据代入 CD 生产函数得到：

$$Y = 200K^{0.28}L^{0.21}E^{0.51}$$

其中 Y 代表牧业总产值，K 代表牧业投资，L 代表牧民数量，E 代表牧区草场面积。

假设资本和劳动力不变，根据乌兰察布市年均退牧还草 233 万亩计算，畜牧业总产值将下将 3223 万元。

因此，生态补偿的标准应该为：退牧还草补偿标准 = 3223 万元/233 万亩 = 13.8 元/亩。

（三）利用调查数据简单估算生态补偿标准

1. 测算因生态补偿而造成牧民收入的下降

调研结果表明，牧区每户平均拥有草原面积 4000 亩，在退牧还草政策执行之前，牧民每 50 亩地大概养两头羊，一户牧民平均养 160 只羊，实施生态补偿政策进行退牧还草后，牧民每 50 亩地只能养一只羊，一户牧民平均养 80 只羊。

通过以上分析可知，牧民收入下降大约 50%。根据当前市场价格，一只羊大约纯收入 500 元。那么，由于生态补偿进行退牧还草而导致牧户收入下降 40000 元。

2. 测算每亩草原生态补偿标准

生态补偿进行退牧还草而导致牧户收入下降 40000 元。一个牧户大约拥有草原面积 4000 亩。

根据公式：每亩生态补偿标准 = 生态保护造成居民收入下降总额/涉

及的土地总量。代入可得,每亩草原的生态补偿标准应该在10元左右。

3. 测算每个牧民生态补偿标准

生态补偿进行退牧还草而导致牧户收入下降40000元。一个牧户大约有4口人。

根据公式:每人生态补偿标准=生态保护造成居民收入下降总额/涉及的人口总量。代入可得,每个牧民的生态补偿标准应该在10000元左右。

(四)现有标准与测算标准的对比

无论是采用生产函数方法,还是采用简单的调研数据估算,退牧还草的补偿标准均应该在10元/亩左右。但是采用生产函数方法计算的补偿标准略高于简单的调研数据估算的标准,这主要是由于生产函数法测算的包括的损失范围更大,更全面。

现有标准明显低于本书的测算标准。从现有标准来看,无论是每亩补贴标准5元/亩,还是每人补贴标准3000—5000元/亩,都远低于我们两种方法的测算标准。因此,可以说现有补偿标准并没有完全补偿牧民的利益,不利于提升牧民保护草原的积极性。

现有标准是静态标准,本测算的标准是动态的。现有标准自执行以来,一直是5元/亩的标准,并没有随着时间发生变化。我们标准测算的方法中包含了价格指数(如牧业总产值或一只羊的收入),因此这一测算标准会随着时间的变化而发生改变。

第三节　完善生态补偿制度的建议

在短期内,生态补偿为了提高生态系统的服务功能减少了生产中资本、土地和劳动力的投入,因此会对经济造成一定的负面影响。但从长期看,生态补偿恢复生态系统服务功能的同时,促进了生产方式的转变,从而提高了资本、土地和劳动力投入的技术效率,实现了经济的可持续健康发展,这点对经济增长无疑是有利的。

现有的生态补偿标准过于单一。首先,它没有考虑地区之间的差异,各个地区自然环境和经济条件不同,但生态补偿标准却一样,未能照顾到各地群众实际利益的差异性。其次,对于同一个地区,由于价格的因素,人民生活成本不断上升,补偿标准在时间维度上不变并不合理。所以,生态补偿标准的制定要充分考虑时空的差异性,要根据时间的变化、地区的差异、进行调节。

目前我国生态补偿的主体仅局限于政府,未来还需要进一步发挥市场的作用,应推动市场化的生态补偿机制建设。

基于以上分析,对生态补偿立法提出如下建议:

1. 提高现行中央财政补偿基金标准,实行分类补偿

首先,生态补偿最直接影响的对象就是从事农业生产的农牧民,所以生态补偿的标准应该根据当地农牧民生产的机会成本进行补偿,并结合经济变化和物价变化等因素灵活调节。另外,由于各个地区生态环境的区别,应根据当地实际情况进行补偿,对生态恶劣地区应重点补偿。再次,补偿金应直接发放到农牧民手上,尽量减少项目主导的生态补偿。

2. 加大生态补偿成果的管护力度,建立生态成果保护的长效机制

生态补偿效果的实现是一个漫长的过程,但是恢复的生态再度被破坏却可能很快。因此,加大生态补偿成果的管护力度,巩固生态保护成果更加重要。从补偿的角度上看,应该加大管护费用的投入,从管护主体来看,应大力培养管护队伍,鼓励农牧民自发管护。

3. 对生态保护地区实施适当的产业宽松政策和扶持政策

由于生态保护地区一方面面临着要对生态进行保护付出的生产要素投入减少的直接代价,另一方面还要面临不能发展重工业等相关产业的间接代价。这无疑较大影响了当地经济的发展。所以中央政府应该对生态保护地区给予特殊的政策支持,鼓励其发展环境友好型的产业,并对其进行相应的税收减免,贷款贴息等政策。

4. 加大农民技能培训,提高农民收入

应充分利用现有的培训资源,大力开展职业教育,绿色证书培训、成人教育、充分利用农广校教育机构,针对农民举办现代农业知识、法律知识、市场营销知识的各种学习班,结合产业结构调整,加大农民对新技术的掌握和对农民科技知识、新技术的培训力度。

5. 加大后续产业投资

后续产业的发展是关系到生态补偿成果能否巩固、农牧民生活能否保障的重要基础。所以,生态保护要重视后续产业的发展,把它和生态补偿放在同样的高度,从政策、资金上大力投入。如利用林间种植多年生中草药,在发挥林地生态效益的同时,为农民提供后续产业。

6. 积极开展生态移民

要加快牧民向城镇转移步伐，减少牧区人口和牲畜数量，从而减轻草场压力，逐步恢复草原生态，同时加强牧民就业技能培训，使得转移牧民能够“移得出、稳得住、能致富、不反弹”。对生态较好的牧区，在严格执行草原各项保护制度的前提下，鼓励牧民合理流转草原使用权，实现牧业生产的集约化、规模化、专业化和基地化。

7. 积极探索市场化生态补偿模式

积极研究探索利用市场机制实现生态补偿的有效途径。一是建立市场经济条件下对生态效益补偿的市场化运作机制，建立环境保护的受益者直接补偿体系。二是继续推进建立地方生态补偿基金，落实下游地区对上游地区的补偿政策。受益明显的下游地区应对上游地区的公益林给予补偿。同时，鼓励社会捐资、认养等形式筹集资金用于补偿公益林管护。三是研究探索建立以森林生态效益入股、参与经营性收入分成的机制。如鼓励以森林资源入股方式参与新建水电站和旅游区的开发，以林地入股森林公园等，从而达到完善公益林保护和增加入股者收益“双赢”的目的。

第十章　生态系统服务付费立法的国际比较*

第一节　生态系统服务付费立法——国际实践调查

一、生态系统服务付费概述

（一）生态系统服务付费的制度概况

法律为生态系统服务付费(PES)概念的发展提供了主要推动力。PES的概念始于20世纪70年代，当时的文献开始把为人类提供效益的各种生态系统功能表述为"生态系统服务"，以作为说明人类对它们的依赖的一种表达方式。[1] 哥斯达黎加在1996年颁布了《森林法》[2]，并且是第一个在法律上建立和规定生态系统服务付费的国家。在该法获得通过以后，针对PES概念以及设计以检验其基本前提的激励措施的实施情况的学术关注急剧增加。2005年，主要调查结果关注于逆转生态系统服务退化和确定巩固生态系统服务方法的出版物《千年生态系统评估》，提供了进一步的激励方案以发展PES理论和实践及其法律支持。[3]

---

* 本章撰稿人：帕蒂·摩尔(Patti Moore)，女，课题组生态补偿/生态系统服务付费国际专家，环境法与管理独立专家，前IUCN亚洲环境法项目负责人，撰写第一节。舒旻，女，生态补偿国内法律专家助手，法学博士，昆明理大学法学院讲师，翻译第一节英文稿。国家发改委赴欧洲、澳洲生态补偿立法考察团成员，撰写第二节第一、二项。汪劲，课题组组长兼任生态补偿国内法律专家，生态补偿专家咨询委员会委员，法学博士，北京大学法学院教授、博士生导师，兼任中国环境与发展国际合作委员会中方委员；袁巍，生态补偿国内法律专家助手，北京大学法学院博士生，撰写第二节第三项。

〔1〕 E. Gómez-Baggethun et al. 2009. The history of ecosystem services in economic theory and practice: from early notions to markets and payment schemes. *Ecological Economics* Volume 69, Issue 6, 1 April 2010, pp. 1209—1218.

〔2〕 森林法，No. 7575，1996. 载 http://www.tramites.go.cr/manual/espanol/legislacion/7575.PDF，最后访问日期：2011年11月19日。

〔3〕 例如，参见 Millennium Ecosystem Assessment, 2005. *Ecosystems and Human Well-being: Synthesis*. Island Press, Washington, DC. p. 1, pp. 21—22.

PES 制度安排的原意是内化发展成本并保证生态系统服务的受益人对他们所获得的利益付费,并且获得他们为之付费的利益。根据 PES 制度安排,没有"赢家"和"输家"或者"受害人"。人们之所以参与 PES 制度体系是因为:(1) 造成土地利用方式变化或者修正其他实践方式以保障生态系统服务供应的人相信他们获得了与这些变化相适应的公平对价;(2) 从生态系统服务中受益的人相信他们正在为这项服务支付公平的对价。在已经建立了 PES 制度体系的国家中,这类制度体系并非单一适用,而总是与生态补偿措施(如补贴和直接支付)相配合使用。

没有普遍获得接受的"生态系统服务付费(PES)"的定义并且这一术语本身也并未被那些实施这类机制的全部国家所共同采用。在个别国家中采用并描述这一概念的词汇取决于语言和其他文化及政治因素。[1] 亚洲一项开始于 2002 年目前仍在进行中的 PES 研究计划采用"奖励"一词作为项目名称:"为其所提供的环境服务奖励山地穷人"(RUPES)。[2] 其他用于定义和描述该概念的词汇包括"再补偿"、"补偿"、"互惠制度安排"、"以激励为基础的合作协议"、"管理支付"、"补偿制度体系"以及"绩效支付"。[3]

PES 已经被广泛地表述为一种"生态系统服务受益人向提供此类服务的人付费的各类制度安排的通用名称"。[4] 这一广泛的表述涵盖了从各种补贴和其他直接政府支付到交易项目和市场的各类机制。

经常被引用的一个 PES 定义认为对于一种生态系统服务的付费是:

(i) 一种自愿交易;

---

〔1〕 哥斯达黎加《森林法》(1996)采用"环境服务"这一术语 (*servicios ambientales*)。该术语目前常用于西班牙文或者葡萄牙文(*servicios ambientais*)。Wunder(2005)采用"环境服务"的术语 (p4)。在 FAO 文献中同时采用英文"生态系统服务"(FAO 2011) 和西班牙文"环境服务"(FAO,2009) 的术语。

〔2〕 在 PES 语境中"奖励"一词的使用在一篇关于 RUPES 的论文中受到了法律多元主义视角的批判,见 http://rupes. worldagroforestry. org/, Accessed 19 November 2011.

〔3〕 United Nations Economic Commission for Europe (UNECE) Convention on the Protection and Use of Transboundary Watercourses and International Lakes. 2007. *Recommendations on Payments for Ecosystem Services in Integrated Water Resources Management*. New York and Geneva. p. 3, fn 2. 载 Q. Zhang et al. 2010. *An Eco-Compensation Policy Framework for the People's Republic of China - Challenges and Opportunities*. Asian Development Bank, Manila, p5, 载 http://www. adb. org/sites/default/files/pub/2010/eco-compensation-prc. pdf,最后访问日期:2011 年 11 月 20 日.

〔4〕 P. ten Brink et al. 2011, p. 6. 引自 Gutman 2006。

(ii) 一个获得良好定义的生态系统服务(或者一种可能保障该服务的土地利用方式);

(iii) 被(至少一个)生态系统服务购买人"购买";

(iv) 自(至少一个)生态系统服务提供人;

(v) 当且仅当该生态系统服务提供人保证提供生态系统服务(限制条件)。[1]

这五个要素通常被用作对 PES 定义的各种改写和扩张的基础。

《生态系统和生物多样性经济学》(TEEB)将定义改写为:PES 可以被定义为一种良好的生态系统服务(ES)(或者可能保障该服务的土地利用)被至少一个 ES 购买人从至少一个 ES 提供人处"购买"的自愿交易,当且仅当该 ES 提供人保障 ES 的供应(限制条件)。[2]

现在已经注意到实施 PES 概念的提案几乎都不能被认为是完全采纳

---

[1] S. Wunder. 2005. *Payments for environmental services: Some nuts and bolts*. Center for International Forestry Research (CIFOR), Bogor, Indonesia, p. 3. 这一定义已经被多次重述。例如,参见 H. Dunn. 2011. *Payments for Ecosystem Services*. Defra Evidence and Analysis Series, p. 4. October 2011. Department for Environment, Food and Rural Affairs. London. http://www. defra. gov. uk/publications/files/ecosystem-payment-services-pb13658a. pdf. p15; F. Hirsch et al. 2011. *Payments for Forest -related Ecosystem Services: What role for a Green Economy*? Background paper for the workshop on "Payments for Ecosystem Services: What role for a Green Economy? Concept, Approaches and Case Studies", held in Geneva 4—5 July 2011. UNECE/FAO Forestry and Timber Section, in cooperation with theFinnish Environment Institute (SYKE); UNECE Water Convention; FAO; United Nations University Institute for Water, Environment and Health (UNU-INWEH); UNEP and IUCN. http://www. unece. org/fileadmin/DAM/timber/meetings/20110704/06062011pes_background_paper. pdf. p. 5; 以及 T. Greiber. 2011. Enabling Conditions and Complementary Legislative Tools for PES. In *Payments for Ecosystem Services and Food Security*. Food and Agriculture Organization of the United Nations (FAO). Rome. http://www. fao. org/docrep/014/i2100e/i2100e. pdf. p. 6。对于与 Wunder 2005 稍有不同的定义,也可参见 S. Pagiola. 2006 年,"环境服务付费:一个概述",http://siteresources. worldbank. org/INTEEI/Resources/IntroToPES. pdf. 在水资源综合管理的语境中,联合国欧洲经济委员会(UNECE)还提供了 PES 的另一种定义,该定义对 2005 年定义进行了改写,但不包括限制条件:"生态系统服务付费(PES)是指买家与卖家之间对于生态系统服务或者有可能保障该服务的一种土地利用/管理实践的一种合同交易"。UNECE. 2007 年,p. 3。

[2] P. ten Brink et al. 2011. *TEEB for National and International Policy Makers*. Earthscan. Draft Chapter 5 available on-line: http://www. teebweb. org/LinkClick. aspx? fileticket = Ps6eutErJJI%3d&tabid = 1019&language = en-US. p. 6。

了上述概念。[1]

前述概念的研究也定义了两种类型的 PES：利用限制型和资产建设型。[2] 鼓励创新的 PES 类型——资产建设型 PES——已经被认定为更节约成本并有益于形成更长期的可持续成果。[3]

实施生态系统服务付费主要有三种机制[4]：

(1) 私人支付制度体系，或自愿交易，是合约协议，受国家现有的合同法或者商业法规范，并且不要求额外监管措施。一个例子是维特尔(Vittel)矿泉水装瓶公司资助该公司在法国的装瓶设施的水源集水区的农民改变他们的耕作方法和技术，以保证装瓶设施所要求的水质。[5]

---

[1] 例如，参见 F. Hirsch et al. 2011. *Payments for Forest -related Ecosystem Services: What role for a Green Economy?* Background paper for the workshop on "Payments for Ecosystem Services: What role for a Green Economy? Concept, Approaches and Case Studies", held in Geneva 4—5 July 2011. UNECE/FAO Forestry and Timber Section, in cooperation with the Finnish Environment Institute (SYKE); UNECE Water Convention; FAO; United Nations University Institute for Water, Environment and Health (UNU-INWEH); UNEP and IUCN. 载 http://www. unece. org/fileadmin/DAM/timber/meetings/20110704/06062011pes_background_paper. pdf. p. 5; T. Majanen et al. 2011. *Innovations in Market-based Watershed Conservation in the United States: Payments for Watershed Services for Agricultural and Forest Landowners*. EcoAgriculture Partners. Washington, D. C. Available online: http://ecoagriculture. org/documents/files/doc_362. pdf. p. 9; T. Stanton et al. 2010. *State of Watershed Payments: An Emerging Marketplace*. Ecosystem Marketplace. http://www. foresttrends. org/documents/files/doc_2438. pdf. p. 2。

[2] S. Wunder. 2005. *Payments for environmental services: Some nuts and bolts*. Center for International Forestry Research (CIFOR), Bogor, Indonesia. p. 8。

[3] B. Jack et al. 2007. *Designing Payments for Ecosystem Services: Lessons from Previous Experience with Incentive-based Mechanisms*. Sustainability Science Program, Center for International Development, HarvardUniversity. http://sites. tufts. edu/kjack/files/2011/08/Jack_Designing-PES-PNAS. pdf. p11; R. Pirard and E. Broughton. 2011. What's in a name? Market-based instruments for biodiversity. *synthèses*. No. 01/11 June. Institut du développement durable et les relations internationales. Paris, pp. 254—255.

[4] 有一项研究将 PES 协议分类为两种：直接支付，包括私人的和政府的；以及贸易体制。T. Stanton et al. 2010. *State of Watershed Payments: An Emerging Marketplace*. Ecosystem Marketplace. http://www. foresttrends. org/documents/files/doc_2438. pdf. p. 2。

[5] D. Perrot-Maître. 2010. Protecting Environmental Services in Vittel, France: A Business Opportunity for the Private Sector. *Mountain Forum Bulletin*. X(1). http://www. mtnforum. org/sites/default/files/pub/mf-bulletin-2010-01. pdf, Vittel 的做法被引证为资产建设型 PES 的一个例子，参见 R. Pirard and E. Broughton. 2011. What's in a name? Market-based instruments for biodiversity. *synthèses*. No. 01/11 June. Institut du développement durable et les relations internationales. Paris, p. 254。

（2）公共支付制度体系是指政府机关据以向公共事业机构或者其他服务的发起人或者使用人收取额外费用并将该收入发放给已经改变了土地利用方式以保障公共服务投入的质量和数量的人（的制度）。公共支付制度要求某种层面上的政府监管措施来授权公共事业机构收取附加费用并创立机制以发放补偿金。

（3）交易制度体系创立市场，在其中受法律认可的权利、许可证和/或配额可以通过包括租赁在内的其他方式被予以出售或者交换。这些机制有时被认为是合规性驱动型交易，因为参与其中有利于遵守现行的或者预期的规定。交易制度体系相对复杂并且通常需要国家层面的监管措施。举个例子，为响应美国《清洁水法》而创立的湿地影响缓解银行方案，要求造成湿地退化或者破坏的开发人通过在同一地点或者其他地点重建或者维护湿地进行补偿，并允许开发人通过购买第三方的服务来为其进行补偿。湿地影响缓解银行方案提供了开发人能够向已经重建或者加强湿地资源的其他当事人购买缓解"信用"的机制。[1]

政府在私人支付制度体系中的作用最小，争议在合同当事人之间或者法院中解决。政府在公共支付和交易制度体系中的作用是在法律上授权和规定这类制度体系并且监督其管理机制。除根据一个国家的基本商业法律授权的以外，上述三种机制中，其中两种要求支持性法律措施，通常被认为是为 PES 提供了基础。

生态系统服务市场的创立允许政府将维持环境服务的部分成本转嫁给其他参与人。财政刺激手段例如补贴、直接支付和其他类似措施，不要求受益人对所提供的服务付费。市场要求受益人支付其获得的价值。中国已经试点了水污染排放权交易项目[2]并在最近采用了一种政府内部"市场"的形式通过从一级政府向另一级政府转移支付以转移成本。

（二）中国的生态系统服务付费

亚洲开发银行资助的技术援助项目"生态补偿条例研究"将有助于提高中国的环境管理和可持续发展，增加整体生态补偿政策发展进程的

---

〔1〕 T. Greiber. ed. 2009. *Payments for Ecosystem Services. Legal and Institutional Frameworks*. IUCN, Gland, Switzerland. http://cmsdata.iucn.org/downloads/eplp_78_1.pdf. p. 12.

〔2〕 M. Bennett. 2009. *Markets for Ecosystem Services in China: An Exploration of China's "Eco-Compensation" and Other Market-Based Environmental Policies*. Forest Trends. http://www.forest-trends.org/documents/files/doc_2317.pdf. p. 66.

价值。本技术援助项目的影响是提高中国的环境管理和可持续发展立法。预期成果是形成中国国家层面的生态补偿立法。

本技术援助项目的产出之一是一份评述有关生态系统服务付费(PES)立法的国际经验并为中国生态补偿立法发展进程提供建议的简要报告。本书提供了关于PES如何在中国以外的其他国家的国家层面和次国家(地方)层面获得适用的非穷尽的、比较性的概述。在许多国家中都有可以被解释为许可——或者至少不禁止——PES[1]的法律和法规。因为本技术援助项目的成果是立法草案,本书着重关注特别授权以及/或者规定PES并且可以在中国起草国家生态补偿立法的过程中作为审议样本的选定的国家和次国家(地方)法律文件。

作为技术援助项目的一部分,国家发改委官员出访瑞士、芬兰,以及澳大利亚和新西兰进行考察。欧洲出访考察报告得出的结论是瑞士和欧盟国家处理生态补偿的方式与中国目前正在采用的方式十分相似——通过部门层面规定的补贴和直接支付。另外,瑞士和欧盟国家采用以市场为基础的机制,包括PES,完善和补充了他们的生态补偿补贴以及直接支付。

中国正在进行的工作——普遍规定除作为生态补偿基础的补贴和直接支付以外以市场为基础的PES——在拉丁美洲国家大部分已经完成。越南总体上在其2008年《生物多样性法》中授权实施PES,但是仅在森林生态系统服务领域中实施。德国在其2009年《联邦自然保护法》以及挪威在其2009年《自然多样性法》中授权了限制形式的PES。本书评述和提供了具体规定了PES的14个国家的法律文本渊源,并且提供了有关条款的非官方译文。

---

〔1〕 印度是亚洲的一个例子。分析参见 Upadhyay, Sanjay, Apoorva Mishra and Shephali Mehra. 2007. *Incentives for watershed protection services and improved livelihoods in India: a review of the legal and policy framework*. Winrock International India, New Delhi, India, and International Institute for Environment and Development, London, UK.

瑞士是欧洲的一个例子。分析参见 Vermont, Sibylle. 2005. *National Report of Switzerland on Environmental Services and Financing for the Protection and Sustainable Use of Water-Related Ecosystems*. Seminar on Environmental Services and Financing for the Protection and Sustainable Use of Ecosystems, Geneva, 10—11 October 2005. 载 http://www.unece.org/fileadmin/DAM/env/water/meetings/payment_ecosystems/Reports/Switzerland_e.pdf. 最后访问日期:2011年11月17日。

二、生态系统服务付费的立法定义

大多数已经规定了 PES 的国家已经对"生态系统服务"做出定义，但很少有国家对 PES 做出定义。亚洲有一个例外是越南的《森林环境服务付费政策法令》[1]，既定义了"森林环境服务"，又在该法令的其他条款内定义了 PES：

> 森林环境服务是提供森林环境使用价值来满足社会和人们的需要的工作，包括本法令第 4 条第 2 款规定的服务类型（第 3.2 条）。
>
> 森林环境服务付费是一种供给或者支付关系，其中由森林环境服务的使用人依照本法令第 6 条向森林环境服务的提供人付费（第 3.3 条）。

另一个例外是尼加拉瓜《环境和自然资源基本法》的 2008 年修正案[2]，既定义了"环境服务"又定义了 PES（第 647 号法律第 3 条，修正第 217 号法律第 5 条）：

> 环境服务：那些为社会和生态系统产生经济和环境效益的生态系统功能。
>
> 环境服务付费：允许对生态系统提供的服务定价并建立一种支付体系的环境管理经济工具，从而在不同层面的公共和私营部门的生产活动现金流中引入环境成本。

巴拉圭《评估和奖励环境服务法》规定了"环境服务"的一个广泛定义，但没有定义 PES。[3] 同样地，秘鲁《环境基本法》给出了"环境服务"

---

〔1〕《森林环境服务方法政策法令》，No. 99/2010/ND-CP，2010 年 9 月 24 日；2011 年 1 月 1 日生效。载 http://www.theredddesk.org/countries/vietnam/info/policy/decree_on_the_policy_for_payment_for_forest_environmental_services_vietnam. 最后访问日期：2011 年 11 月 20 日。

〔2〕No. 674 法律改变和增加了 No. 217 法律"环境和自然资源基本法"2008 年 2 月 13 日（*Ley No. 647 Ley de Reformas y Adiciones a la Ley No. 217*，"*Ley General del Medio Ambiente y Los Recursos Naturales*"）. 载 http://legislacion.asamblea.gob.ni/Normaweb.nsf/%28$All%29/3931522956B885A30625744E00548B32? OpenDocument. 最后访问日期：2011 年 11 月 20 日。

〔3〕《No. 3.001/06 关于环境服务定价和奖励法》289 May 2006（*Ley N°3.001/06 de Valoración y Retribución de los Servicios Ambientales*）. 载 http://faolex.fao.org/ document number par67790.doc. 最后访问日期：2011 年 11 月 21 日。

的一个开放性定义，但是没有定义 PES。[1] 其他四份法律文件——哥斯达黎加 1996 年《森林法》[2]、多米尼加共和国用以实施《环境和自然资源基本法》的 2004 年《森林条例》[3]、墨西哥 2003 年《可持续森林发展基本法》[4]以及秘鲁 2011 年《森林和野生生物法》[5]——定义了森林资源语境下的"环境服务"，但都没有定义 PES。多米尼加共和国《保护区法》[6]定义了该法语境下的"环境服务"，巴西亚马孙州也在《州保育单位系统

---

〔1〕 No. 28611 法律——《环境基本法》2005 年 10 月 13 日（Ley No. 28611 - Ley General de Ambiente）. 载 http://faolex. fao. org/ document number per81742. doc. 最后访问日期:2011 年 11 月 21 日。第 94.2 条:"环境服务，被认为是水资源保护、生物多样性保护、缓解温室气体排放，以及景观美化等等。"

〔2〕 No. 7.575 法律——《森林法》（*Ley No. 7.575 - Ley Forestal*）1996. 载 http://faolex. fao. org/docs/pdf/cos7778. pdf，最后访问日期:2011 年 11 月 21 日。"环境服务:是自然林和人工林提供的并且对于环境保护和改善具有直接影响。包括以下几种:缓解温室气体排放（固定，还原，封存，储存和吸收）；为城市、农村或者水力发电用途的水资源保护；为可持续地、科学地保育和使用生物多样性以及为制药、研究和遗传改良等目的的生物多样性保护、生态系统保护、生命形式保护以及为旅游和科学目的的自然景观美化。"（第 3.k 条）

〔3〕 《森林条例》（*Reglamento Forestal*）2004，载 http://faolex. fao. org/docs/pdf/dom60780. pdf. 最后访问日期:2011 年 11 月 20 日。"环境服务:是自然林和人工林提供的并且直接影响环境保护和改善。具体是指:缓解温室气体排放（固定，还原，封存，储存和吸收）；为一般的、农业的或者工业的用途的水资源保护；通过适用产生为科学、制药、基因、景观美化和旅游为目的的可持续资源的合理管理措施的生物多样性保护来实现的生态系统保育。"（第 2.t 条）

〔4〕 2003 年《可持续森林发展基本法》，2008 年 11 月 24 日修正（*Ley General de Desarrollo Forestal Sustentable*）. 载 http://www. diputados. gob. mx/LeyesBiblio/pdf/259. pdf. 最后访问日期:2011 年 11 月 20 日。"环境服务:是森林生态系统自然地或者通过可持续管理森林资源的方式提供的，例如:水质和水量供应；碳捕获和天然污染物及其成分捕获；产生氧气；吸收自然现象的影响；气候调节；生物多样性保护、生态系统保护以及生命形式保护；保护和恢复土壤；景观和娱乐；等等。"（第 7. XXXVII 条）

〔5〕 No. 29.763 法律——《森林和野生生物法》，2011 年 7 月 21 日（*Ley No 29.763 - Ley Forestal y de Fauna Silvestre*）. 载 http://faolex. fao. org/docs/pdf/per104648. pdf. 最后访问日期:2011 年 11 月 20 日。"森林生态系统、其他野生植被生态系统，以及野生生物的服务，是指源于那些生态系统的生态和进化功能以及源于来自产生效益和增加人类和社会福祉的国家的森林和野生生物遗产的物质、能量和信息流动。"（第 7 条）

〔6〕 No. 202 法律——《保护区部门法》，2004 年 7 月 30 日（*Ley No 202 - Ley sectorial de áreas protegidas*）. 载 http://faolex. fao. org/docs/pdf/dom68474. pdf. 最后访问日期:2011 年 11 月 21 日。"环境服务:是指原生林或者次生林以及自然和人工水资源提供的发现于生态演替的任何阶段的服务，并且根据本法目的，考虑温室气体的封存、储存和固定，水资源保护和产生，生物多样性保护，以及景观美化。"（第 2 条）

条例》[1]中定义了该术语。印度尼西亚 1999 年《林业事务法》[2]授权设立了使用环境服务的商业执照,但没有对该术语做出定义。

在课题组起草的《生态补偿条例》(草案)中,生态补偿的定义[3]主要反映了污染者付费原则,并包括补贴和来自任何政府层级的直接支付以及不同政府层级之间的转移支付。国际社会所定义和理解的 PES 市场导向机制在条例草案中并非主要内容。

三、生态系统服务付费的法律依据

(一) 生态系统服务付费法律依据概况

获得宪法承认是一个国家法律制度中对 PES 最有力的依据。这种承认并非 PES 的实施所必须,但是在发展一国的制定法体系的过程中,确认宪法没有排除 PES 所需的制度安排类型是很重要的。一个国家的宪法承认自然的价值,一般说来就可以存在发展针对 PES 的宪法支持的案例的空间。[4] 厄瓜多尔是本书针对 PES 监管体制进行调查的国家中唯一的一个,在其宪法中承认生态系统服务的国家。第 74 条规定环境服务不能被占用并且这类服务的生产、提供、使用和开发应当受到国家的监管。[5]

---

[1] No. 53/2007 补充法,2007 年 6 月 5 日,创立了"州保育单位系统"(*Lei Complementar no 53/2007 de 05/06/2007 regulamenta o inciso V do artigo 230 e o § 1o do artigo 231 da Constituição Estadual, institui o Sistema Estadual de Unidades de Conservação - SEUC, dispondo sobre infrações e penalidades e estabelecendo outras providências*). 载 http://www.cetesb.sp.gov.br/userfiles/file/mudancasclimaticas/proclima/file/legislacao/estadual/amazonas/lei/lei_complementar_n_53_2007_amazonas.pdf. 最后访问日期:2011 年 11 月 21 日。"环境服务:碳储量贮存或者碳封存;产生气体、水、其过滤和自然净化;水循环平衡;生物多样性保护;土壤保护和生态系统活力维护;景观;气候平衡;热舒适性;以及其他从管理和保存自然生态系统或那些改变人类活动的过程中产生的效益。"(第 2. XXXVI 条)

[2] 1999 年 No. 41 法;标注日期为 1999 年 9 月 30 日 Re Forestry Affairs. 载 http://faolex.fao.org/docs/pdf/ins36649.pdf. 最后访问日期:2011 年 11 月 18 日。

[3] "第一条(生态补偿的定义)术语'生态补偿'在本条例中的定义应当是指各级人民政府、其他生态受益人和生态破坏者向生态保护者和生态受害人对其损失通过财政援助、项目支持、优惠政策等形式进行的支付。"

[4] T. Greiber. ed. 2009. *Payments for Ecosystem Services. Legal and Institutional Frameworks*. IUCN, Gland, Switzerland. http://cmsdata.iucn.org/downloads/eplp_78_1.pdf. pxiii.

[5] 厄瓜多尔共和国 2008 年《宪法》(*República del Ecuador, Constituciones de 2008*). 载 http://www.derecho-ambiental.org/Derecho/Legislacion/Constitucion_Asamblea_Ecuador.html. 最后访问日期:2011 年 11 月 17 日。

但是，厄瓜多尔没有授权实施 PES 的国家立法。[1]

生态系统服务付费一般说来是以市场为基础的机制，并且尤其是 PES，常常在没有特别配套立法或者条例的条件下获得实施，因为这类机制是自愿的并且受到现行商业和合同法律管辖。

特别授权 PES 的国家通过国家或者次国家（地方）层面制定的法律文件来完成此类授权，包括市政条例一级。在美国和许多欧洲国家，PES 和其他以市场为基础的机制的实施以并未明确授权这些机制的部门法中的规定为依据。2000 年以来，避免使用部门立法来授权 PES 成为了一种新兴的趋势。在调查的特别授权 PES 的 18 部国家法律中，有 10 部是环境或者生物多样性基本立法或者 PES 特别立法，而不是部门法的授权性条款。（参见图表 10.1）

自 20 世纪 30 年代以来，美国政府已经向农户进行直接支付以支持土壤保育。1985 年《食品安全法》[2]引入了"保育休耕项目"，授权在最少 10 年内向致力于保持环境敏感土地的"保育利用"的农户支付费用。[3] 现行"农场议案"是 2008 年《食品、保育和能源法》。[4] 根据该法规定，目前正在执行的有 15 项保育项目[5]，包括湿地保护区项目、农场和牧场用地保护项目、草原保护区项目、健康森林保护区项目、环境质量

---

[1] D. Cordero Camacho. 2008. Esquemas de pagos por servicios ambientales para la conservación de cuencas hidrográficas en el Ecuador. *Investigación Agraria: Sistemas y Recursos Forestales* 2008 17(1), pp. 54—66. http://recyt.fecyt.es/index.php/IA/article/viewFile/1521/1103. p. 58, fn6；和 FAO 2009 年，p. 60。

[2] 自 1973 年以来，美国已经将一定活动范围内的联邦政府支持措施，例如食品援助、农业贸易、营销，以及包括自然保护在内农村发展，整合为综合性的、多年"农场议案"。这些法律，依照不同的标题，大约每隔五年获得一次再授权。参见 R. Johnson. 2008 年. *What Is the "Farm Bill"?*（《什么是"农场议案"?》）国会图书馆，国会研究处，华盛顿（The Library of Congress. Congressional Research Service. Washington, D. C.）载 http://fpc.state.gov/documents/organization/104270.pdf.

[3] L. Scarlett and J. Boyd. 2011. *Ecosystem Services: Quantification, Policy Applications, and Current Federal Capabilities.* Discussion Paper. RFF DP 11—13. March. Resources for the Future. Washington D. C. http://www.rff.org/RFF/Documents/RFF-DP-11-13.pdf. p. 42.

[4] 2008 年《食品、保育和能源法》（Food, Conservation, and Energy Act of 2008），第 2709 条，《美国法典》第 7 卷第 8711 条以下（Section 2709. 7 U. S. C. 8711 et seq,），载 http://www.gpo.gov/fdsys/pkg/PLAW-110publ246/pdf/PLAW-110publ246.pdf.

[5] USDA. Natural Resources Conservation Service. 2008 NRCS Farm Bill Conservation Programs. http://www.nrcs.usda.gov/wps/portal/nrcs/main/national/programs/farmbill/.

图表 10.1　国家法中的 PES 概况

	由宪法授权	PES 法律	环境基本法/条例授权的 PES	生物多样性法授权/规定的 PES	森林法/条例授权/规定的 PES	保护区法/条例授权/规定的 PES	多部门法授权/规定的 PES	市政条例授权/规定的 PES	定义了生态系统服务的法律	定义了 PES 的法律
国家层面										
亚洲										
印度尼西亚					1999，2007					
越南				2008	2010				√	√
拉丁美洲										
哥斯达黎加				1998	1996				√	
多米尼加共和国		2008	2000			2004			√	
墨西哥					2003				√	
巴拉圭		2006							√	
哥伦比亚			2007							
尼加拉瓜			2008						√	√
秘鲁			2009		2011				√	
欧洲										
德国			2009							
挪威				2009						
北美洲										
美国							2008			

（续表）

	由宪法授权	PES 法律	环境基本法/条例授权的 PES	生物多样性法授权/规定的 PES	森林法/条例授权/规定的 PES	保护区法/条例授权/规定的 PES	多部门法授权/规定的 PES	市政条例授权/规定的 PES	定义了生态系统服务的法律	定义了 PES 的法律
次国家（地方）层面										
拉丁美洲										
埃克斯垂马，巴西								2005，2006		
亚马孙，巴西						2007			√	
圣埃斯皮里图，巴西					2008					
基多，厄瓜多尔	2008							2000		
皮马皮诺，厄瓜多尔	2008							2001		
洛哈，厄瓜多尔	2008				2003					
查科，厄瓜多尔	2008							2004		
塞利卡，厄瓜多尔	2008							2006		

奖励项目、野生生物栖息地奖励项目、农业管理援助，以及保育管理项目。每一项此类项目提供以下一种或者多种（服务）：教育和技术援助；直接年度和补贴支付以及成本分摊援助以鼓励保育；支持达到环境质量和物种及湿地保护管制要求。[1]

2008 年《食品、保育和能源法》授权实施环境服务市场。该授权条款的目的是促进农户、牧民和森林土地所有人参与环境服务市场，尤其是碳市场。科学计量、市场基础设施建设和统筹协调是政府的基本职责。该法要求政府制定：技术指南和程序以计量从保育和土地管理活动中获得的环境服务效益；一份议定书以报告上述效益；一份注册表以记录所计量的效益；以及各类指南以核实所报告的效益。第三方可以被授权独立进行效益核实。在实施该授权条款的过程中，联邦政府必须以现有信息和活动为依据。联邦政府还必须咨询联邦和各州政府机关、非政府当事人包括农户、牧民和森林土地所有人、非政府组织、金融机构、学术机构和私营部门代表。

美国农业部（USDA）于 2008 年设立了“生态系统服务和市场办公室”。该办公室的工作重点自其设立以来不断变窄，并且在 2010 年被重新命名为“环境市场办公室”（OEM）。环境市场办公室被授权“作为一个政府实施管理”，在美国农业部内部并与全部政府机构交叉，推进以市场为基础的保育合作并协助生态系统服务的实施。该办公室负责建立机制以分享信息促进市场透明度、土地所有人的参与，以及合作决策制定，并且推动新兴碳、水资源、湿地和生物多样性市场的国内市场基础设施发展。[2]

继 2009 年发布一项行政令建立了关于保护和恢复切萨皮克湾的联

---

〔1〕 L. Scarlett and J. Boyd. 2011. *Ecosystem Services: Quantification, Policy Applications, and Current Federal Capabilities.* Discussion Paper. RFF DP 11—13. March. Resources for the Future. Washington D. C. http://www.rff.org/RFF/Documents/RFF-DP-11-13.pdf. p. 42.

〔2〕 C. Lucero. 2010 年，《管理生态系统服务：美国农业部促进环境市场的努力》（*Managing Ecosystem Services: USDA Efforts to Facilitate Environmental Markets*），载 http://www.usawaterquality.org/conferences/2010/WednesdayPDF%27s/Symposium13_120pm-5pm_Ecosystem/Lucero.pdf.

合联邦领导制度之后[1]，环境市场办公室带领一个由12个联邦政府机构和国家机关组成的小组，发展切萨皮克湾流域的环境市场。养分交易，或者水质交易，已经自2001年开始在该流域试点，在流域所在的一个州获得州法支持并在另一个州内获得州政府政策支持。[2]

在其他领域，美国已经根据并未明确授权启动PES的多部联邦制定法实施了保育付费项目，包括PES，但这些法律已经被解释为规定了PES的法律根据。这些法律参见以下各领域的具体内容。

在亚洲，越南2008年《生物多样性法》[3]，在总体上授权启动PES。其第74.1条规定："使用与生物多样性有关的环境服务的组织和自然人应当向服务提供人支付费用"。第74.2条规定政府将列出与生态多样性有关的环境服务。这一基本授权性条款是建立森林环境服务付费制度的一项法令的依据。

巴拉圭《评估和奖励环境服务法》创立了国家PES体制并且列出了其将要依照的基准(第3条)：

(i) 包括所定义的环境服务的不同类型和模式；

(ii) 包括不同的参与人(提供人、请求人、使用人)；

(iii) 确认机制以确定与环境服务相关的国家政策、计划和战略；

(iv) 开发定价和奖励的技术和分区基准；

(v) 明确机制以确定环境服务奖励中的国家优先投资领域；

(vi) 明确接受和分配环境服务收入的行政机制；

(vii) 创立监督和审计机制以审核资源的充分利用。

虽然第3条授权了不同的支付类型，该法其他条款表明其主要目的是创立一种交易制度体系。

巴拉圭PES法律规定将对环境产生重大影响的项目必须在其投资计划中纳入对环境服务的补偿的预算栏(第11条)，并应取得《环境服务证

---

[1] 《第13508号行政令——切萨皮克湾保护和恢复》(Executive Order 13508 - Chesapeake Bay Protection and Restoration)，"联邦公报第74卷第23099号"(74 Federal Register 23099)，2009年5月15日。载 http://www.gpo.gov/fdsys/pkg/FR-2009-05-15/pdf/E9-11547.pdf.

[2] 切萨皮克湾基金会(Chesapeake Bay Foundation).《养分交易的几点事实》(*Facts about... Nutrient Trading*，日期未注明). 载 http://www.cbf.org/document.doc? id = 141.

[3] 《生物多样性法》No. 20/2008/QH12法律。非官方英文译本，由自然资源和环境部提供。

书》(第7条)。《环境服务证书》拟在国内和国际市场中进行转让(第8条)并且是免税的(第9条)。环境服务投资的最低额度是项目成本或者活动年度预算的1%(第11条)。对每公顷被认证的环境服务区域签发一个《环境服务证书》。[1]

巴拉圭法律建立了参与人的三级系统:

(i) 提供人,开展项目管理、保护和恢复产生环境服务的自然资源(第4条);

(ii) 请求人,所有或者占有有助于产生环境服务的自然要素的所有人或者占有人(第5条);

(iii) 使用人。

按照国家法律的规定,生态系统服务的提供人希望参与国家PES制度的,必须首先开展一次环境影响评价。参与该制度首次为期五年并且只要提供人符合条例规定的全部条件即可自动展期(第4条)。

每年,巴拉圭政府应当起草认可的环境服务名录(第5条)。确立环境服务的初始价值并且每五年更新一次该定价也是政府的责任(第6条)。国家环境基金负责管理从环境服务中产生的资源并且实施对提供环境服务的奖励政策(第5条)。

多米尼加共和国《环境和自然资源基本法》的目的之一是将自然资源,以及其提供的环境服务的价值纳入国家规划。[2]《森林条例》,作为该基本法的实施文件,在总体上规定了PES的合同制度安排(第36条)。政府《2008年决议》正式建立了国家PES制度。[3]

尼加拉瓜《环境和自然资源基本法》的2008年修正案创立了国家"环境服务定价和付费系统"(第57条)并规定将为其运行颁布配套条例。

秘鲁《国家环境政策》,作为《环境基本法》的实施文件,将环境服务

---

〔1〕 第4条。No. 531决议案—No. 3.001/06监管法,《环境服务定价和奖励法》,2008年11月21日(*Resolución No 531 -Reglamenta la Ley No 3. 001/06, Ley de valoración y retribución de los servicios ambientales*). 载 http://faolex. fao. org/ document number par83664. doc. 最后访问日期:2011年11月21日。

〔2〕《环境和自然资源基本法》No. 64-00. 载 http://faolex. fao. org/docs/pdf/dom44863E. pdf. 最后访问日期:2011年11月21日。

〔3〕 010-2008决议案创立了"环境服务补偿和付费国家项目"(PES Program). http://faolex. fao. org/docs/pdf/dom104351. pdf. 最后访问日期:2011年11月20日。

付费列为其一项基本原则。[1]《环境基本法》规定国家将建立机制以评估、奖励和维持环境服务的供应(第94.1条)并且国家环境机关将推动创立环境服务的财政、支付和监管机制(第94.2条)。国家环境机关并将起草和更新环境服务名录,并且确立服务的定价(第85.3条)。一项PES法律草案,根据国会自2011年以来所进行的审议[2],已经获得通过。

巴西没有授权启动PES的国家立法。自2007年以来就开始讨论一系列法律草案。至2012年6月,议会财政和税收委员会对最近一部草案的审查已经超过一年。[3] 然而,宪法[4]间接为PES提供了依据。第155.II条授权各州征收商品和服务流通税(*Impuesto sobre Circulación de Mercaderías y Servicios - ICMS*),作为各州收入的最重要来源。该项税收25%的收入被分配给各市:其中75%基于各市的经济生产,25%基于各个州设立的基准。[5] 至目前为止,在巴西的26个州中,14个州已经选择使用自由裁量的25% ICMS收入中的5%作为PES的一项资金来源。[6]

---

〔1〕《国家环境政策》,No. 012-2009-MINAM 最高法令,2009年5月23日(*Decreto Supremo No 012-2009-MINAM de 23 de Mayo de 2009*),第4. h. 款,第18页。载 http://faolex. fao. org/docs/pdf/per91227anx. pdf. 最后访问日期:2011年11月21日。

〔2〕执行机构要求国会通过《环境服务法》(*El Ejecutivo pide al Congreso aprobar Ley de Servicios Ambientales*), *Gestión*. 2011年11月22日。载 http://gestion. pe/noticia/325930/ejecutivo-pide-al-congreso-aprobar-ley-servicios-ambientales. 最后访问日期:2011年11月22日。载 http://www. minam. gob. pe/index. php? view = details&id = 21% 3Aproyecto-de-ley-que-regula-la-compensacion-de-servicios-ambientales&option = com_eventlist. 最后访问日期:2011年11月22日。

〔3〕K. Spotorno. 2012年,里约+20峰会环境服务付费辩论(Rio + 20 to debate payment for environmental services.) *infosur*hoy. 载 http://infosurhoy. com/cocoon/saii/xhtml/en_gb/features/saii/features/economy/2012/06/14/feature-02t. 另可见:Greiber. ed. 2009年,第79—82页。

〔4〕英文文本网络资源:载 http://www. v-brazil. com/government/laws/titleVI. html. 最后访问日期:2011年11月17日。

〔5〕粮农组织2009,第37页。国家层面规定PES立法框架的联邦法律有:《补充法》(*Lei Complementar*) No. 59,1991年10月1日及相关法律规范;《联邦法》(*Lei*) No. 8. 171,1991年1月17日,第19至26条。http://www. planalto. gov. br/ccivil_03/leis/L8171. htm. 访问日期:2011年11月17日;《联邦法》(*Lei Federal*) No. 9. 985,2000年7月17日。载 http://www. planalto. gov. br/ccivil_03/leis/L9985. htm. 最后访问日期:2011年11月17日。

〔6〕参见网站 *icms ecológico*(葡萄牙语)。该网站提供巴西已经设立了ICMS-E的全部各州法律文本(葡萄牙语)链接:载 http://www. icmsecologico. org. br/index. php? option = com_content&view = article&id = 53&Itemid = 60. 最后访问日期:2011年11月17日。

有的州将此称为“生态 ICMS”(ICMS-E),其他有的称为“社会—环境 ICMS”、有的称为“绿色 ICMS”。大多数已经创立了 ICMS-E 的形式的州使用至少部分资金用以对各市提供激励机制特别用来维持保护区和保护水源地。除两个州以外的全部拥有 ICMS-E 的州已经在计算分配给各市的资金数额的基础上制定了条例。[1] 在阿卡州,ICMS-E 被分配给保护生物多样性和执行可持续发展项目的各市。[2] 2010 年一项关于 PES 全球机制的研究推荐采用 ICME-E 分配机制作为分配碳交易所得利益的全球机制的一种模型。[3]

德国《联邦自然保护法》(*Bundesnaturschutzgesetz* 29.07.2009)[4] 授权为自然保护和景观管理的目的使用合同协议(第 3 条第 3 款)。[5] 2012 年 11 月末,联邦环境部开始起草一件“补偿条例”草案(*Kompensationsverordnung*)[6];截至 2012 年 12 月 28 日,该草案文本仍未公开。

虽然德国,作为欧盟成员国家,已经在国内法中授权实施 PES,但欧盟作为一个整体已经根据并未明确授权 PES 而经解释可以实施的法律文件和政策规定开始实施 PES。《鸟类指令》[7] 和《栖息地指令》[8] 分别要

---

〔1〕 粮农组织 2009 年,第 37 页。

〔2〕 参见网站 icms ecológico。

〔3〕 J. Farley et al. 2010. Global mechanisms for sustaining and enhancing PES schemes. *Ecological Economics* 69(11): 2075—2084, p.2080.

〔4〕 载 http://www.gesetze-im-internet.de/bundesrecht/bnatschg_2009/gesamt.pdf Accessed 17 November 2011. 载 http://www.wipo.int/wipolex/en/text.jsp? file_id = 234517. 最后访问日期:2011 年 11 月 17 日。

〔5〕 参见粮农组织 2011,第 210 页。

〔6〕 个人通信(Personal communication), Mr. Marc Auer, 2012 年 11 月 27 日。

〔7〕《欧洲议会和 2009 年 11 月 30 日理事会关于野生鸟类保育的第 2009/147/EC 号指令(法典文本)》(Directive 2009/147/EC of the European Parliament and of the Council of 30 November 2009 on the conservation of wild birds (codified version)). 载 http://eur-lex.europa.eu/LexUriServ/LexUriServ.do? uri = OJ:L:2010:020:0007:0025:EN:PDF.

〔8〕《1992 年 5 月 21 日理事会关于自然栖息和野生动植物保育的第 92/43/EEC 号指令》(Council Directive 92/43/EEC of 21 May 1992 on the conservation of natural habitats and of wild fauna and flora). 载 http://eur-lex.europa.eu/LexUriServ/LexUriServ.do? uri = CONSLEG:1992L0043:20070101:EN:PDF.

求对特定野生生物栖息地损害进行补偿,并且结合《环境责任指令》[1],都在一定程度上被用作支持生物多样性和栖息地抵消市场的依据。欧洲委员会正在考虑采用以市场为基础的机制作为实现《水资源框架指令》[2]规定的水质和水量目标的一种方法。[3]

2005年《农村发展条例》(RDR)[4],是欧盟《普通农业政策》(CAP)立法框架的一部分,并未提及PES,但是却规定了引入关于自愿承诺保护森林生态系统的"森林—环境付费制度"并"巩固森林关于水土流失、水资源保持和水质以及自然灾害的保护价值"(第41段)。《农村发展条例》实施了《普通农业政策》关于农村发展的支柱2的一个"支柱",或者组成部分。《普通农业政策》支柱1主要规定对农户的直接支付和市场措施例如向农户提供基本年收入的出口补贴。

截至2013年底,欧盟将完成《普通农业政策》的改革进程;改革措施将于2014年1月1日生效。2011年10月提出的《普通农业政策》改革提案指出"……未来的《普通农业政策》将……是涉及食品安全的战略重要性、环境和地域平衡的……一项政策。"[5]新的《农村发展条例》提案规定《普通农业政策》投资必须支持,除其他事项以外,承诺提供生态系统服务(第26条第1款),其将明确授权根据《普通农业政策》实施的生态系统服务付费。

---

〔1〕《欧洲议会和2004年4月21日理事会关于保护和救济环境损害的环境责任的第2004/35/CE号指令》(Directive 2004/35/CE of the European Parliament and of the Council of 21 April 2004 on environmental liability with regard to the prevention and remedying of environmental damage). 载 http://eur-lex.europa.eu/LexUriServ/LexUriServ.do? uri = OJ:L:2004:143:0056:0075:en:PDF.

〔2〕《欧洲议会和2000年10月23日理事会关于建立水政策领域社区行动框架的第2000/60/EC号指令》(Directive 2000/60/EC of the European Parliament and of the Council of 23 October 2000 establishing a framework for Community action in the field of water policy). 载 http://eur-lex.europa.eu/LexUriServ/LexUriServ.do? uri = OJ:L:2000:327:0001:0072:en:PDF.

〔3〕EUSTAFOR. 2011.

〔4〕欧洲理事会《2005年9月20日关于设立农村发展的欧洲农业基金(EAFRD)支持农村发展的第1698/2005号理事会条例》(Council of the European Union. 2005. Council Regulation (EC) No 1698/2005 of 20 September 2005 on support for rural development by the European Agricultural Fund for Rural Development (EAFRD)). 载 http://eur-lex.europa.eu/LexUriServ/LexUriServ.do? uri = OJ:L:2005:277:0001:0040:EN:PDF.

〔5〕欧洲委员会,2011年,第3页。

欧洲委员会于2011年5月通过的《欧盟至2020年生物多样性战略》[1]，将维持生态系统服务确定为其2050年愿景的一项重点及其2020年的主要目标。该战略包括对生态系统服务的一个新焦点，即其六个目标之一的目标2："维持和恢复生态系统及其服务"。该战略将PES定义为广泛维持公共生态系统物品和服务以及保护特定森林生物多样性的一种手段。

《欧盟至2020年生物多样性战略》通过以后，欧洲议会在一项决议中将PES定义为"……生物多样性保护的一项充满希望的、创新性的金融工具……"以及"敦促欧洲委员会向议会和欧洲理事会报告引入生态系统服务的选择……"[2]该决议还要求2014年以后的所有《公共农业政策》付费均需交叉遵守有助于保育生态系统服务的规则。

要求《公共农业政策》付费纳入部分类型的生态系统服务付费的政策改革将成为欧盟内部对PES的重要支持。欧洲委员会是否将选择制定可能将对全欧盟各成员国直接有效的"生态系统服务指令"还有待观察。审议是否应当决定通过一件总体指令的一个重要指标是该指令是否能够促进在自然保护和可持续发展方面形成积极成果的效力和效率。许多欧洲国家已经在部分领域内实施了PES并且取得了合理成效。有观点认为制定一项全欧盟普遍有效的指令将可能产生一个官僚机构从而潜在破坏欧盟成员国已经通过部门立法规范PES所取得的重要进步。[3]

（二）森林生态系统

PES最先在一部哥斯达黎加的森林法中获得授权，并且在所调查的国家中，在森林法中获得授权的情况多于在其他类型法律中获得的授权。

1．亚洲

越南《森林环境服务付费政策法令》于2011年1月1日生效。该《法令》：设立了法令适用的环境服务类型；定义了提供人和使用人以及他们的权利和责任；规定了可以如何进行支付以及如何管理和分配资金；并且列出了所涉及的政府机构的责任（第1条）。

该《法令》第4条第2款列出了可以进行付费的森林环境服务类型：

（i）土壤保护和侵蚀控制；

---

〔1〕 欧盟，2011年。

〔2〕 欧洲议会，2012年，第57页和第72页。

〔3〕 粮农组织，2011年，第217页。

(ii) 调节和维持水资源；

(iii) 森林碳封存和保留，为旅游业保护自然景观；

(iv) 支持水产养殖。

该款也授权根据《减少发展中国家毁林和森林退化所致排放量联合国合作方案》(REDD)进行的支付。

第7条列出了必须对森林环境服务付费的一些使用人：

(i) 水力发电设施；

(ii) 饮用水生产和供应设施；

(iii) 工业生产设施；

(iv) 旅游服务提供人。

必须对碳封存和保留以及支持水产养殖付费的人将在依照该《法令》制定的条例中进行规定。

根据该《法令》，有权取得森林环境服务付费的提供人包括政府已经分配或者出租林地供长期使用，并且国家组织已经签约进行长期森林保护的人。

该《法令》第6条规定了森林环境服务付费的两种方式——直接支付和间接支付。直接支付是森林环境服务使用人和提供人之间自愿、通过谈判达成的协议。支付级别不得低于政府规定的直接支付级别。间接补偿金通过"越南森林保护和发展基金"、省级"森林保护和发展基金"，或者省级人民委员会指定的代替省级"森林保护和发展基金"的机构或者组织来完成。政府规定对森林环境服务应当支付的价格。政府还没有规定价格的，提供人和使用人被授权达成他们自己的支付协议(第9.1条)。政府鼓励在任何可适用的情况下使用直接支付(第9.2条)。

该《法令》列出了森林环境服务使用人付费的层级(第11条)：

(i) 对于水力发电设施，20越南盾(VND)[1]/千瓦时(kWh)；

(ii) 对于饮用水生产和供应设施，40VND[2]/m^3 商品水；

(iii) 对于旅游服务，付款时所产生收入的1%—2%；

(iv) 直接从水源地引水的工业生产设施的支付层级和付费计算依据将由条例具体决定。

当支付款项进入国家级的"越南森林保护和发展基金"时，扣除

[1] VND20 相当于 CNY.006/USD.0095 依照 2011 年 11 月 20 日汇率。

[2] VND40 相当于 CNY.012/USD.0019 依照 2011 年 11 月 20 日汇率。

0.5%作为基金运行费用后的余额根据参与提供森林环境服务的各省森林面积被转账至各省级"森林保护和发展基金"(第15条)。各省级"森林保护和发展基金"被允许保留从国家"森林保护和发展基金"获得的全部金额至多10%并直接支付至各省基金。省级"森林保护和发展基金"获得全部金额的5%预留作为干旱和其他自然灾害应急资金。基金获得森林环境服务付费金额的余额根据第16条所列的公式发放至第15条规定的提供人。

印度尼西亚1999年《林业事务法》没有定义"环境服务",但将"森林产品"定义为"……生态和非生态物品且其衍生物和服务原产于森林中"(第1.13条)。使用环境服务在保护林(第26条)和生产林(第28条)中获得了明确授权。第27条第2款和第29条第2款规定可以为使用保护林和生产林中的环境服务分别发放商业执照。商业执照持有人使用环境服务必须与当地社区合作(第30条)并且禁止从事可能损害森林的活动(第50条第2款)。

《林业事务法条例》规定在受保护的和生产性的森林中许可的环境服务使用方式是:使用水流、用水、自然旅游、生物多样性保护、环境保育和保护,以及碳吸收和/或储存。在保护林和生产林中使用环境服务不得改变该服务的功能、改变景观,或者破坏环境平衡(保护林,第25条;生产林,第33条)。该《条例》也规定了可以使用环境服务的商业执照的有效期(第29条)。[1]

柬埔寨2002年《森林法》[2]定义的"森林产品和副产品"包括"森林提供的其他服务",但是没有列明"其他服务"可以包括什么。

2. 拉丁美洲

哥斯达黎加1996年《森林法》用三条规定了PES的依据:

(i) 第69条将国家燃油税的1/3分配给PES;

(ii) 第46条创立了"国家森林财政基金"(*Fondo Nacional de Finan-*

---

〔1〕 2007年第6号条例《关于森林治理和森林管理计划发展以及森林利用》,载http://www.setneg.go.id/index.php? option = com_perundangan&id = 1665&task = detail&catid = 3&Itemid = 42&tahun = 2007,为2008年第3号条例修正《2007年第6号政府条例〈关于森林管理计划和发展、利用森林〉修正案》。载http://www.setneg.go.id/index.php? option = com_perundangan&id = 1875&task = detail&catid = 3&Itemid = 42&tahun = 2008.最后访问日期:2011年11月21日。

〔2〕 Preah Reach Kram No NS/RKM/0802/016.

ciamiento Forestal—FONAFIFO);以及

(iii) 第22条创立了"森林保育证书"(*Certificado para la Conservación del Bosque*—CCB)。

"森林保育证书"(CCB)的价值由条例规定,发放"森林保育证书"的优先权由政府决定,并由"国家森林财政基金会"(FONAFIFO)进行发放。CCB持有人也有权获得额外激励措施,包括免收财产和不动产税(第22条)。该《条例》(第60至69条)和其他法令进一步说明了这些条款。[1]

哥斯达黎加于1997年发布了第一部《PES程序手册》,并自此几乎每年更新一次;目前的版本发布于2009年并于2010年进行了修正。[2] 至少每年发布一次法令以公顷为单位规定可适用PES的地区面积以及计算应付费用的依据。[3]

在厄瓜多尔,没有作为PES根据的中央政府层面的法律依据。然而,在省级(政府层面),《洛哈省造林和再造林法》(*Ley de Forestación y Reforestación de la Provincia de Loja*,2003年7月4日)授权通过许可对由在造林和再造林项目中种植的森林提供的生态系统服务付费来适用一种非常有限的PES形式(第5c条)。[4]

墨西哥1993年《可持续森林发展基本法》[5]的目的之一是发展环境

---

[1] No. 25.721/MINAE法令——《森林法条例》,1996年10月17日(*Decreto No 25.721/MINAE - Reglamento a la Ley Forestal*). 载 http://faolex.fao.org/ document number cos9545.doc. 最后访问日期:2011年11月20日。

No. 28.041/MINAE法令,1999年7月27日。"为保护森林内部或者外部森林物种的环境服务商业化"(*Decreto No 28.041/MINAE—Comercialización de servicios ambientales para la conservación en pie de las especies forestales en bosque o fuera de éste*). 载 http://faolex.fao.org/docs/pdf/cos19954.pdf. 最后访问日期:2011年11月20日。

[2] No. 11协议——《环境服务付费程序手册》,2009年1月28日(*Acuerdo No 11 - Manual de procedimientos para el pago de servicios ambientales*). 载 http://faolex.fao.org/docs/pdf/cos88814.pdf. 最后访问日期:2011年11月20日。由No. 16协议——No. 11修订协议,"环境服务付费程序手册",2010年1月18日 (*Acuerdo No 16 - Modifica el Acuerdo No 11, Manual de procedimientos para el pago de servicios ambientales*). 载 http://faolex.fao.org/docs/pdf/cos92187.pdf. 最后访问日期:2011年11月20日。

[3] No. 36.516法令规定了2011年PES补偿金的支付依据 (*Decreto No 36.516/MINAET—Pago de servicios ambientales para el año 2011*). http://faolex.fao.org/docs/pdf/cos102415.pdf. 最后访问日期:2011年11月20日。

[4] http://faolex.fao.org/,搜索"Loja Ecuador"。参见 FAO, 2009. p.60.

[5] 2003年《可持续森林发展基本法》,2008年11月24日修正(*Ley General de Desarrollo Forestal Sustentable*). 载 http://www.diputados.gob.mx/LeyesBiblio/pdf/259.pdf. 最后访问日期:2011年11月20日。

物品和服务(第2.III条和第3.XIV条)。保育、保护和/或产生环境物品和服务被宣布为公共利益(第4.II条)。该法规定国家森林政策的指导原则之一是保障环境物品和服务的绩效和质量(第30条)。该法也规定了各政府机构应当承担的责任——尤其是国家森林委员会(CONAFOR)和国家水(资源)委员会(CONAGUA)——以评估环境服务价值和决定使用环境服务的补偿机制。2004年,墨西哥设立了"发展碳捕捉和生物多样性衍生物的环境服务市场项目"以建立和巩固农林系统。该项目于2006年与水环境服务付费项目合并为现在Proárbol中规定的环境服务项目(参见第61段)。

秘鲁新的《森林和野生生物法》[1],于2011年7月获得通过,优先推动对森林生态系统和其他野生植被生态系统物品和服务的付费或者补偿制度(第9条)。持有森林特许经营权的人有权作为森林环境服务的提供人(第52和109条)。该法创立了保育特许权,用以支持直接对提供环境服务付费(第59条)。

(三)流域保护

2009年在拉丁美洲开展的一项PES研究项目确定了超过65个PES提案,其中超过2/3(44个)以流域保护为目的。[2] 那些PES提案中有许多都没有法律依据。其他有法律依据的提案受到环境基本法、森林基本法或者市政条例支持。[3]

墨西哥最初于2002年通过修正《联邦税费法》(*Ley Federal de Derechos*)授权启动PES,规定在国内为用水征收的那部分费用可以用于发展和运行PES项目。2003年,《可持续森林开发基本法》授权启动PES并创立了水环境服务付费项目(*Programa de Pagos por Servicios Ambientales Hidrológicos/PSAH*)。该项目于2006年被纳入一个基本环境服务项目(参见第58段)并于2012年对生态系统服务"包"——水、生物多样性和碳支付费用。该项目集中于森林生态系统,对年度参与资格有严格的合

[1] 第29.763号法律——《森林和野生动物法》,2011年7月21日(*Ley No 29.763 - Ley Forestal y de Fauna Silvestre*). http://faolex.fao.org/docs/pdf/per104648.pdf. 最后访问日期:2011年11月21日。

[2] 粮农组织, 2009. p104.

[3] 关于玻利维亚、巴西、哥伦比亚和秘鲁水资源PES法律和体制安排的深入分析参见Greiber (ed.) 2009年。

格标准,并保持低交易成本。[1]

哥伦比亚1993年法律的2007年修正案,创立了特别在水资源方面用于PES的一种资金来源。修正后的法律要求各部门(相当于省或者州的次国家(地方)行政单位)分配其收入不少于1%的份额用于取得水道区域(的土地)或者用于为环境服务付费筹集资金。[2]

在巴西,除ICMS-E以外(参见第36段),至少一个州和一个市已经各自通过了一项法律和一项法令,创立PES项目以支持水资源保育。米纳斯吉拉斯州的埃克斯垂马市是第一个实施PES的巴西城市。埃克斯垂马于2005年12月制定了第2100号市法,创立了水生产者计划来恢复和保育水体附近的森林以保护该市的水资源供应。2006年,埃克斯垂马市发布了第1.703/06号和第1.801/06号实施法令。[3] 圣埃斯皮里图州,于2008年9月,制定了第8995/08号州法,创立了环境服务付费项目来保育森林地区以保护水资源。

在哥斯达黎加,《森林法》明确承认的维持水资源的生态系统服务付费制度是通过规定水资源利用率的《法令》来实施的。[4] 水资源使用费收入的50%必须分配用于水资源综合管理(第13条)。该《法令》所列的可以使用这些资金的八个目的之一是推动和资助用以支持保育、恢复、保

---

[1] S. Graf Montero and P. Bauche Petersen. Undated. *El pago por servicios ambientales como instrumento de conservación de cuencas*. http://www.atl.org.mx/coloquio/images/stories/curricula/sergio_humberto_graf_monteroponesp.pdf.

[2] 1993年12月22日第99号法律创立了环境部(*Ley 99 de 1993* (*diciembre 22*) *por la cual se crea el Ministerio del Medio Ambiente*)。该法由2007年7月24日第1151号修正,并发布了《国家发展计划2006—2010》(*Ley 1151 de* 2007 Por la cual se expide el Plan Nacional de Desarrollo 2006—2010). 载 http://www.secretariasenado.gov.co/senado/basedoc/ley/2007/ley_1151_2007_pr003.html. 最后访问日期:2011年11月20日。"收购土地以满足市政水道利益需要。具有为市政和地区水道提供水源的水资源保护战略重要性的区域被宣布为公共利益。部门和城市应当将其收入不少于1%用于购买和维护这些区域或者为环境服务付费投入资金。"(第111条)

[3] T. Greiber. ed. 2009. *Payments for Ecosystem Services. Legal and Institutional Frameworks*. IUCN, Gland, Switzerland. http://cmsdata.iucn.org/downloads/eplp_78_1.pdf. p.83。

[4] No. 32868法令,《水资源使用费率》,2005年8月24日(*Decreto No 32868*, *Canon por Concepto de Aprovechamiento de Aguas*). 载 http://www.pgr.go.cr/scij/scripts/TextoCompleto.dll? Texto&nNorma=56341&nVersion=83806&nTamanoLetra=10&strWebNormativa=http://www.pgr.go.cr/scij/&strODBC=DSN=SCIJ_NRM;UID=sa;PWD=scij;DATABASE=SCIJ_NRM;&strServidor=\pgr04&strUnidad=D:&strJavaScript=NO. 最后访问日期:2011年11月22日。

护和可持续利用流域和水资源的项目和活动。这类活动可以由国家、私营部门,以及法律规定的流域管理机构提议(第13.h条)。

哥斯达黎加和厄瓜多尔两国几乎占据了2009年拉丁美洲确定的水资源PES提案的一半。哥斯达黎加的PES制度安排在国内法中获得了完全授权,而厄瓜多尔没有针对PES的制定法依据。厄瓜多尔的PES制度以合同和政府条例为依据。

厄瓜多尔最为古老和最广为人知的水资源PES是2000年设立用以保护首都基多供水的"水保护基金"(*Fondo para la Protección del Agua*—FONAG)。一部市政条例规定了对FONAG的法律支持,作为一个商业信托结构。[1] 皮马皮诺市于2001年1月发布的一项条例设立了向提供人类消费的水资源收取的额外费用。这项收费的收入用于向PES提供资金以保育为皮马皮诺市提供水资源的流域。一项内部条例规定了如何向上游土地所有人支付费用。[2] 查科和塞利卡市于2004年10月和2006年2月分别颁布了设立与皮马皮诺市相似的PES机制的市政条例。[3] 截至2009年,厄瓜多尔还有PES制度安排用以保护为四个保护区提供支持的水资源(参见第76段)。[4]

多米尼加共和国《森林条例》要求水力发电设施和水资源管理企业在其运营成本中纳入森林和种植园提供的保护水资源的环境服务付费资金(第37条)。[5]

根据印度尼西亚《林业事务法条例》,使用保护林和生产林中的水资源和水流须执有商业执照(分别为第25和33条)。商业执照需要支付费用(第25条第3款和第33条第3款)并且不得出租或者转让(第25条第

---

〔1〕 D. Cordero Camacho. 2008. Esquemas de pagos por servicios ambientales para la conservación de cuencas hidrográficas en el Ecuador. *Investigación Agraria: Sistemas y Recursos Forestales* 2008 17(1), pp. 54—66. http://recyt.fecyt.es/index.php/IA/article/viewFile/1521/1103. p.58, p.61.

〔2〕 D. Cordero Camacho. 2008. Esquemas de pagos por servicios ambientales para la conservación de cuencas hidrográficas en el Ecuador. *Investigación Agraria: Sistemas y Recursos Forestales* 2008 17(1), pp. 54—66. http://recyt.fecyt.es/index.php/IA/article/viewFile/1521/1103, p.58.

〔3〕 Ibid., pp. 59—60.

〔4〕 粮农组织,2009. p.57.

〔5〕 "全部自然人和法人,公有或者私有,通过水力发电厂发电或者提供水资源服务供人类消费或者灌溉的,必须在其运行成本中纳入森林和种植园提供的环境服务的补偿金用以保护水资源。纳入的补偿金数额将取决于相应经济价值研究。"

3a 款和第 33 条第 3a 款)。使用保护林和生产林中水资源和水流的执照有效期均为 10 年(第 29 条和第 50 条)。保护林中的水资源使用执照每年审查和展期一次(第 29 条第 2 款),而生产林的执照每 5 年审查和展期一次(第 50 条第 2 款)。

在美国,《联邦水污染控制法》(自其 1972 年修正案以来又称《清洁水法》(CWA)[1])以及《安全饮用水法》(SDWA)[2]授权支持生态系统服务付费的拨款和周转资金贷款,但却很少被用于支持生态系统服务。[3]

最早和最广为人知的水资源 PES—类型协议之一并无法律依据并且实际上是一种保证获得《安全饮用水法》豁免的机制。纽约市使用与各城镇、乡村和民间社会组织签订的谅解备忘录来保护为城市提供饮用水的流域之一,并以此作为寻求豁免联邦《安全饮用水法》的过滤要求并避免过滤设施建设成本的根据。在该城市为保持豁免所进行的持续努力过程中,2011 年 2 月其获得了纽约州环境保育部许可的一个为期 15 年的流域土地收购许可证用以购买流域干涸的至多 105,000 亩土地。[4]

美国《水资源开发法》(WRDA)[5]规范水资源管理项目。《水资源开发法》原应每两年修正和更新一次但该法现行文本是 2007 年制定的;至 2012 年末,美国参议院对该法草案进行了听证。一旦项目根据《水资源开发法》获得授权和资助,其评估方法即采用最后于 1983 年更新的"水及其相关资源实施研究原则和指南"(P&G)。2007 年《水资源开发法》规定对 P&G 进行强制更新;该程序开始于 2009 年并且截至 2012 年末仍在进行中。根据各版《水资源开发法》授权的项目如果在项目评估时被要

---

[1] 《美国法典》第 33 卷第 1251 条以下(33 U. S. C. §1251 *et seq.*)载 http://www.epa.gov/npdes/pubs/cwatxt. txt。

[2] 《美国法典》第 42 卷第 300 节 f 以下(42 U. S. C. §300f*et seq.*)载 http://www.law.cornell. edu/uscode/text/42/chapter-6A/subchapter-XII.

[3] L. Scarlett and J. Boyd. 2011. p.62.

[4] 《州、市宣布里程碑式协议保护纽约城饮用水》。2011 年 2 月 16 日。载 http://www.nyc. gov/html/dep/html/press_releases/11-11pr. shtml. 访问日期 2011 年 11 月 21 日。《纽约州授权 105,000 亩纽约城流域土地收购项目保护南部地区水资源供应和地区经济》,2011 年 2 月 16 日:http://switchboard. nrdc. org/blogs/egoldstein/new_york_state_authorizes_1050. html. 访问日期 2011 年 11 月 21 日。另参见 Qingfeng Zhang et al. 2010 年,第 15 页。

[5] 2007 年《水资源开发法》(Water Resources Development Act of 2007). 载 http://www.gpo. gov/fdsys/pkg/PLAW-110publ114/pdf/PLAW-110publ114. pdf.

求评估对生态系统服务影响的缓解措施,即能够对生态系统服务市场提供依据。提议的 P&G 修正案,如果最终获得通过,将有助于实现上述目的。[1]

(四) 保护区

在 TEEB 的情况下,有强大的社会经济理由支持政府投资保育事业并保证保护区持续提供生态系统服务。[2] 在拉丁美洲,2009 年确定的 65 项 PES 提案中,有 15 项为保护区提供支持。这些方案中的绝大多数涉及流域保护,2 项涉及碳封存,2 项涉及康乐和景观美化。[3]

在巴西,本书所述的 ICMS-E 最初是作为补偿各市因其地域范围内的保护区所造成的税收损失的一种方法。[4] 亚马孙州创立了“森林交换项目”(*Programa Bolsa Floresta*)以建立一种用以补偿传统社区在保育和可持续利用自然资源和保护环境方面所做努力的 PES 机制(第 5. II 条)。[5] 这是巴西在州一级专门明确 PES 的第一个项目。[6]

哥斯达黎加《生物多样性法》[7]授权对保护区提供的生态系统服务付费(第 37 条)。《条例》[8](第 55 条)规定区域保护区理事会将根据各保护区科学技术委员会推荐的基准设立适于开展 PES 的区域。

秘鲁保护区的筹建目的之一是保证这些区域提供的环境服务的连续

---

〔1〕 L. Scarlett and J. Boyd. 2011. pp. 16—19.

〔2〕 P. ten Brink *etal*, 2009. pp. 20—22.

〔3〕 粮农组织,2009. p. 105.

〔4〕 粮农组织,2009. p. 37.

〔5〕 No. 3. 135 法律,2007 年 6 月 5 日,(*Lei N. o 3. 135, de 05 de junho de 2. 007*). http://www. sefaz. am. gov. br/areas/opcaosistemas/silt/normas/legisla% E7% E3o% 20estadual/lei% 20estadual/Ano% 202007/Arquivo/LE% 203135% 2007. htm. 最后访问日期:2011 年 11 月 22 日。

〔6〕 T. Greiber. ed. 2009. *Payments for Ecosystem Services. Legal and Institutional Frameworks*. IUCN, Gland, Switzerland. http://cmsdata. iucn. org/downloads/eplp_78_1. pdf. pp. 82—83.

〔7〕 No. 7. 788 法律——《生物多样性法》,1998 年 4 月 23 日(*Ley No 7. 788 - Ley de biodiversidad*). http://faolex. fao. org/ document number 13426E. doc. 最后访问日期:2011 年 11 月 20 日。

〔8〕 No. 34. 433/MINAE 法令——《生物多样性法条例》,2008 年 3 月 11 日 (*Decreto No 34. 433/MINAE - Reglamento a la Ley de biodiversidad*). 载 http://faolex. fao. org/ document number cos79444. doc. 最后访问日期:2011 年 11 月 20 日。

性。[1]《自然保护区法条例》授权保护区内缓冲区环境服务的特许经营权(第62.1条)。在缓冲区内开展的任何活动必须保证保护缓冲区提供的环境服务。(第88.1条)。

截至2009年,厄瓜多尔全国5个保护区均已有PES项目为其提供收入——4个是水资源PES,1个是康乐和景观美化PES。[2] 其中一个保护区——Cajas国家公园——是该国第一个管理权下放至地方的国家公园。2013年1月颁布的该国家公园管理条例为该公园设立了一家市政公司并使其附属于为昆卡市(canton,次省级行政单位)提供饮用水的市政机关,该机关拨付由收取饮用水费所得收入的约1%用于公园管理。[3]

多米尼加共和国《保护区法》[4]的主要原则之一是当代和后代人有权获得生态系统提供的服务(第3条,第2项原则)。

挪威2009年《自然多样性法》第36和37条,授权对致力于保护景观或者保护区管理的私人支付财政补偿。[5]

(五)野生生物

授粉——主要是通过蜜蜂,但也通过其他昆虫和鸟类——可能是野生生物提供的最广为人知的服务。[6] 最近的一项研究估计在2008年昆虫为中国水果和蔬菜授粉的总经济价值达522亿美元,略高于中国生产的作物总产值的1/4。[7]

野生物种与作为它们栖息地的生态系统紧密地联系在一起;对一个

---

〔1〕 No. 038/01/AG最高法令——《保护区法条例》,2001年6月22日(*Decreto Supremo No 038/01/AG - Reglamento de la Ley de áreas Naturales Protegidas*)。载http://faolex.fao.org/ document number per31350. doc. 最后访问日期2011年11月21日。

〔2〕 FAO,2009. p.57.

〔3〕 D. Cordero Camacho. 2008. Esquemas de pagos por servicios ambientales para la conservación de cuencas hidrográficas en el Ecuador. *Investigación Agraria: Sistemas y Recursos Forestales* 2008 17(1), pp54—66. http://recyt.fecyt.es/index.php/IA/article/viewFile/1521/1103. p.61.

〔4〕 No. 202法律——《保护区部门法》,2004年7月30日(*Ley No 202 - Ley sectorial de áreas protegidas*)。载http://faolex.fao.org/docs/pdf/dom68474.pdf. 最后访问日期:2011年11月21日。

〔5〕 No. 100法律——《关于管理生态、地质和景观多样性(自然多样性法)》2009年6月19日。http://www.regjeringen.no/en/doc/laws/Acts/nature-diversity-act.html? id = 570549. 最后访问日期:2011年11月17日。

〔6〕 昆虫授粉的估计经济价值在欧盟内部是一年150亿欧元。欧盟(European Union). 2011年,第7页。

〔7〕 An, 2011年,摘要。

提供服务的物种的栖息地的负面影响将有可能对物种和其提供的服务产生负面影响。然而，在大多数法律文件中找到的“生态系统服务”的各种定义没有承认和包括野生生物提供的服务。一个值得注意的例外是秘鲁的新《森林和野生生物法》（制定于2011年7月）在其对环境服务的定义中包括了野生生物提供的服务（参见第8段）。该法创立了对使用野生生物的付费制度，其收入完全用于自然保护（第87条）。

美国加利福尼亚州1995年引入了保育银行制度，通过管理大片土地以保护美国1973年《濒危物种法》（ESA）规定的受保护物种。[1] 保育银行的自然资源保育价值可以作为信用出售给那些需要抵消对规定受保护物种造成的不利影响的人。保育银行尚未被广泛采用；保留的区域和受益的物种数量仍然相对较小。[2]

为可持续利用野生生物提供激励措施的法律已经在许多国家生效数十年，但是这些法律主要规定以社区为基础的自然资源管理制度体系，而不是PES。其中最著名的制度体系之一是“本地资源公共区域管理计划”（CAMPFIRE）。该计划于20世纪八十年代开始在津巴布韦实施并已经被推广至南部非洲的其他国家。2006年的一项研究对CAMPFIRE和PES进行了比较并发现虽然“CAMPFIRE从未被设想为一项环境服务付费计划……但它显示出了许多与PES相似的特征。”[3] 该研究对从CAMPFIRE中获得的并可能对PES有用的经验做出了建议：

> 推论是要使PES运行良好需要保证所购买的变化正在切实地发生。从CAMPFIRE中获得的教训是即使延长时间，仍然难以在所支付的费用与土地利用和管理方式的变化之间建立明确的因果联系。要准确地监测这些关系可能会产生大量的交易成本，并由此潜在地减少市场导向型的解决方案可能取得的任何效益和效率收益。权衡是必需的……

---

〔1〕《濒危物种法》第7条至第10条，关于保育和缓解措施，分别授权设立保育银行。该法文本参见：http://www.fws.gov/endangered/esa-library/pdf/ESAall.pdf.

〔2〕 L. Scarlett and J. Boyd. 2011. *Ecosystem Services: Quantification, Policy Applications, and Current Federal Capabilities.* Discussion Paper. RFF DP 11—13. March. Resources for the Future. Washington D. C. http://www.rff.org/RFF/Documents/RFF-DP-11-13.pdf. pp. 56—58.

〔3〕 P. Frost and I. Bond. 2006. *CAMPFIRE and payments for environmental services.* International Institute for Environment and Development (IIED). London. p. 21.

> 对于PES的教训是要争取不断改善:成功不应当被视为当然的,因为外部条件将必然发生变化;应当拒绝绝对失败这个概念,因为总是可以学到经验和教训。[1]

该研究指出CAMPFIRE有着重大的、悬而未决的问题,这也是与PES立法有关的因素:

(i) 地理和治理的关系——所涉及区域的规模通常相当大并且做出最有效率的决定的层级通常是地方。生态系统常常与行政边界重叠,如果法律和法规没有指明各机构间关系的话则可能导致实施PES的管辖冲突;

(ii) 缺少对自然人和社区财产权的明确定义。

CAMPFIRE的经验与法国的维特尔(Vittel)案例相一致:

> 估计PES的成本和收益并不总是可能的。并非所有的信息都是公开的知识,并且成本的细化方法也不允许将PES制度的成本与其他成本分离。[2]

中国要将PES和其他以市场为基础的机制与生态补偿补贴、直接支付和其他类似机制结合实施,也将发生同样的情况。

2008年在东部和南部非洲开展的一项PES调查发现,除一项创立以应对外来入侵植物交易项目的南非战略以外,"在这整个地区没有法律和政策变化用以引入PES"。然而,审查发现,缺乏法律支持并未成为详细论证PES提案试点的阻碍。该研究建议在该区域PES运行改进的后期制定PES政策和(或)法律制度是较为合适的。[3] 随后于2011年进行的一项研究,注意到社会因素,例如食品安全和扶贫,以及生态效益在非洲的PES项目中必须被给予同等的重要性,尤其是在农村社区管理的自然

[1] Ibid., pp. 22—23.

[2] D. Perrot-Maître. 2006. *The Vittel payments for ecosystem services: a "perfect" PES case?* International Institute for Environment and Development, London, UK. http://pubs.iied.org/pdfs/G00388.pdf. p. 5.

[3] The East & Southern Africa Katoomba Group. 2008. *Payments for Ecosystem Services (PES) in East and Southern Africa: Assessing Prospects & Pathways Forward.* http://www.katoombagroup.org/regions/africa/documents/2009_scoping_report.pdf. p. 6, p. 17.

资源分布非常分散的情况下。[1]

（六）湿地

除治理美国地表水污染以外，《清洁水法》也是维持国内湿地完整性的主要法律依据。《清洁水法》第404条要求向水体，包括湿地，排放疏浚物或者填埋物质应取得许可证。许可证申请人必须证明其已完成以下步骤(i)避免对湿地的影响；(ii)将对湿地的潜在影响最小化；以及(iii)对任何不可避免的影响进行补偿。

补偿性缓解措施包括重建或者巩固一块现有湿地，建立一块新湿地，以及保留一块现有湿地及与之毗邻的保护该湿地的区域。补偿性缓解措施有三种机制。在持证人责任的缓解措施机制中，许可证持有人有责任成功实施缓解措施，既可以在受影响的地块实施也可以在相同水域的另一地块实施。还有两种形式的第三人缓解措施机制，在该情形下许可证持有人雇用其他人承担成功实施缓解措施的责任：缓解银行和替代性费用缓解。湿地缓解银行是指一片湿地区域，与受影响地块处于同一水域，并被保留专门用于补偿性缓解目的。许可证持有人可以从缓解银行购买信用以达到其缓解补偿要求并且该银行的发起人有责任成功实施缓解措施。替代性费用缓解允许许可证持有人向一个政府机构或者非盈利组织支付费用，由其负责成功实施缓解措施，以建立和维护缓解地块。[2] 相对于其他两种机制而言，联邦政府法律和条例更鼓励采用缓解银行措施。[3]

2008年美国"农场议案"的湿地保育，或者称为"沼泽大师"条款规定

---

〔1〕 The Katoomba Group's Ecosystem Marketplace. 2011. *Creating New Values for Africa: Emerging Ecosystem Service Markets*. http://www.forest-trends.org/documents/files/doc_3015.pdf. p.8, p.11.

〔2〕 美国环境保护署湿地管理局(US Environmental Protection Agency. Wetland Regulatory Authority). 载 http://water.epa.gov/type/wetlands/outreach/upload/reg_authority.pdf; 以及美国环境保护署湿地补偿缓解措施(US Environmental Protection Agency. Wetlands Compensatory Mitigation). 载 http://water.epa.gov/type/wetlands/outreach/upload/CMitigation.pdf.

〔3〕 这些法律文件是:1998年联邦《21世纪交通运输均权法》(the 1998 federal Transportation Equity Act for the 21st Century);2007年《水资源开发法》(the 2007 WRDA);以及2008年补偿性缓解有关条例(the 2008 regulations on compensatory mitigation)。参见L. Scarlett and J. Boyd. 2011. p.54.

了对农户和牧民将湿地改变为农业用地的不鼓励措施。[1] 违反“沼泽大师”的农户或者牧民可能失去美国农业部农场项目的收益。[2] 根据另一项 2008 年“农场议案”项目，自愿湿地保护区项目，联邦政府支付土地所有人用于湿地长期重建费用的 75%—100% 并支付相同百分比的修复成本费用。[3]

（七）海洋和海岸生态系统

美国 1972 年《海岸区划管理法》（CZMA）[4]没有明确授权实施 PES，但其条款规定较粗，足以适用。《海岸区划管理法》由国家海洋和大气管理局（NOAA）行使行政管理权，建立了一系列海岸区划管理的规划体制并规定对美国沿海各州进行拨款以发展海岸管理计划（CMP）。截至 2011 年，35 个参与的州中有 2 个州已经将生态系统服务纳入其海岸管理计划。每隔五年，各州必须审查其海岸管理计划并根据《海岸区划管理法》的九类拨款项目确定优先领域。该九类项目仅含蓄地承认生态系统服务，但根据该法的规定，存在对各州在其海岸管理计划中纳入生态系统评估和 PES 的扩大激励措施的余地。[5]

所调查的法律文件和监管制度中，没有一件专门规定了湿地或者海洋和海岸生态系统，并且没有一件规定了沙漠生态系统。在 PES 获得环境基本法或者生物多样性基本法授权的国家——例如哥伦比亚、哥斯达黎加、多米尼加共和国、德国、尼加拉瓜、秘鲁、越南——授权性条款是在任何生态系统类型中实施 PES 的依据。

---

[1] 美国农业部自然资源保育局（USDA. Natural Resources Conservation Service）. 2008 年《自然资源保育局农场法案保育项目：服从、上诉、调解和救济》（2008 NRCS Farm Bill Conservation Programs. Compliance, Appeals, Mediation, Relief）. 载 http://www. nrcs. usda. gov/wps/portal/nrcs/main/national/programs/alphabetical/camr/。

[2] 美国农业部自然资源保育局，湿地保育规定（沼泽大师）（USDA. Natural Resources Conservation Service. Wetland Conservation Provisions, Swampbuster）. 载 http://www. nrcs. usda. gov/wps/portal/nrcs/detailfull/national/programs/alphabetical/camr/? cid = stelprdb1043554.

[3] 美国农业部自然资源保育局，湿地保护区项目（USDA. Natural Resources Conservation Service. Wetlands Reserve Program）. 载 http://www. nrcs. usda. gov/wps/portal/nrcs/main/national/programs/easements/wetlands/.

[4] 1972 年《海岸区划管理法》（Coastal Zone Management Act of 1972），公法第 92—583 号（Public Law 92—583），《美国法典》第 16 卷第 1451 条（16 U. S. C 1451）. 载 http://www. law. cornell. edu/uscode/text/16/chapter-33。

[5] L. Scarlett and J. Boyd. 2011. pp. 19—22.

（八）调动资源

虽然税收通常至少是诸如补贴和直接支付等生态补偿金的部分基础，却通常不是 PES 的基础。两个例外是巴西和哥斯达黎加。巴西允许其各州决定如何分配宪法规定的税收收入；超过半数的州将税收收入的一定百分比用于投入 PES。哥斯达黎加 1996 年《森林法》规定将全国燃油税收入的$\frac{1}{3}$用于投入 PES。

所调查的六个国家已经通过了针对 PES 的公共支付方案。根据这些计划，一定的税收收入增量百分比被加入了对公共资源——主要是水（在一个案例中是电力）——使用人所支付的账单中。[1] 在多数案例中该增量百分比被存入一个基金，设立用以对致力于维护特定生态系统服务的人发放补偿金。

墨西哥通过国家出资和公共支付为 PES 提供资金。2007 年，政府创立了“墨西哥环境水文服务付费国家基金”（*Fideicomiso para el Pago por Servicios Ambientales Hidrológicos del Estado de México*—FIPASAHEM）。在基金成立的第一个 5 年（2007 年—2011 年）中，中央政府每年捐出相当于大约 220 万美元/1380 万人民币作为该基金运营的种子资金。国家立法机关也授权向 FIPASAHEM 转移支付消费者水资源服务费总收入的 3.5%。[2]

巴拉圭 PES 法还创立了另外一种筹集资金的机制。将产生重大环境影响的项目被要求在其投资计划中纳入对环境服务的补偿的预算栏。环境服务投资的最低额度是项目成本或者活动年度预算的 1%。

所调查的五个国家已经建立了国家和（或）次国家（地方）基金用以收集和分配 PES 财政资源或者已经指定现有基金履行此项功能。越南《森林环境服务付费政策法令》指定现有基金处理 PES 财政事宜——国家级的“越南森林保护和发展基金”或者各省级“森林保护和发展基金”，或者由省级人民委员会指定的代替省级“森林保护和发展基金”的机构或组织。巴拉圭也指定由其国家“环境基金”接受和发放 PES。哥斯达黎

---

〔1〕 哥伦比亚（水）；哥斯达黎加（水）；多米尼加共和国（水）；厄瓜多尔（水）；墨西哥（水）；越南（电力）。

〔2〕 PROBOSQUE（墨西哥国家森林保护）。载 http://www.edomex.gob.mx/portal/page/portal/probosque/restauracion/estudios-de-manejo/psah. 最后访问日期：2012 年 1 月 10 日。

加、厄瓜多尔和墨西哥创立了以管理 PES 为目的的新基金。[1]

(九) 机构

被设立或者指定来管理 PES 的各类基金本身设有或者就是基金机构。其他管理 PES 的体制机制包括:

(i) 巴西——各州指定负责机构。在有些州是州保护区系统,有些州是州环境秘书处;还有一些州指定了其他管理 PES 的机构;

(ii) 哥斯达黎加——《生物多样性法》授权向保护区提供的生态系统服务支付补偿金并且其《条例》规定区域保护区理事会将根据各保护区科学技术委员会推荐的基准设立适于开展 PES 的区域;

(iii) 多米尼加共和国——根据规划和计划部门办公室的协调,国家 PES 系统是 PES 管理机制。国家 PES 系统受一个由国家级政府官员组成的委员会管理;

(iv) 尼加拉瓜——国家"环境服务定价和付费系统"管理 PES;

(v) 秘鲁——国家环境机关负责 PES。

(vi) 美国——农业部的环境市场办公室负责将生态系统服务的概念、指标和各种市场形式,包括 PES,纳入联邦工作计划。

四、实施生态系统服务付费的教训

虽然 PES 项目通常被作为及时应对生态系统和生态系统服务退化问题的首选措施,对其却有必要认真设计以达成长期的解决方案,通过鼓励参与人从根本上改变生产行为以减少对生态系统的影响并同时创造财政收入。[2] 因此每一项 PES 制度安排的内容都十分重要。PES 制度安排需要明确规定其将适用的环境、社会经济和政治内容。因为并无证据表明 PES 总是能够同时维持生态系统、实现减少贫困,并且完全符合成本—收益,在设计 PES 时有必要评估潜在的利益交换并在设计单项 PES 制度

---

〔1〕 哥斯达黎加,"国家森林财政基金"(*Fondo Nacional de Financiamiento Forestal*);厄瓜多尔,"水保护基金"(*Fondo para la Protección del Agua* - FONAG);墨西哥,"墨西哥环境水文服务付费国家基金"(Fideicomiso para el Pago por Servicios Ambientales Hidrológicos del Estado de México - FIPASAHEM)。

〔2〕 R. Pirard et al. 2010. Upscaling Payments for Environmental Services (PES): Critical Issues. *Tropical Conservation Science* 3(3): 249—261, p. 254.

时纳入这些因素且提供参与人可以遵守的多种途径。[1]

PES 的"捆绑"生态系统服务承认通常不能将一个单一生态系统提供的不同服务类型相互分离——湿地生态系统所提供的多种服务就是一个例子。[2] 更加成熟的 PES 项目——在哥斯达黎加、墨西哥和美国，例如——全部都对"捆绑"生态系统服务付费。设计 PES 制度安排以使能够对内在联系的生态系统服务付费也有助于降低交易成本。

不同类型的生态系统为一个 PES 制度方案提供的不同服务可能受到自然和人为灾害影响，包括且不限于气候变化影响。设立 PES 时也必需设立保险或者其他机制以管理风险。[3]

非货币性技术援助，包括测量和监测生态系统以及 PES 项目的结果，也能够作为对参与人的激励措施并有利于取得项目的成功。[4] 美国的许多"农场议案"基金项目除现金支付以外，也对参与人提供技术支持。

五、中国将 PES 纳入"生态补偿条例"所存在的问题

中国已经在规范和实施 PES 方面做了许多根据其他国家经验被证明为有益的工作。中国正在进行草原和森林生态系统以及流域的生态补偿试点并且从这些项目中吸取了经验教训。其正在探索如何将生态补偿纳入政府的总体财政政策以使之成为自然资源保育融资的一个更宏观战略的组成部分，并正在考虑行政生态补偿中各级机构所应承担的角色。

---

〔1〕 B. Jack et al. 2007. *Designing Payments for Ecosystem Services: Lessons from Previous Experience with Incentive-based Mechanisms*. Sustainability Science Program, Center for International Development, HarvardUniversity. http://sites. tufts. edu/kjack/files/2011/08/Jack_Designing-PES-PNAS. pdf. p. 13.

〔2〕 P. ten Brink et al. 2011. *TEEB for National and International Policy Makers*. Earthscan. Draft Chapter 5. http://www. teebweb. org/LinkClick. aspx? fileticket = Ps6eutErJJI%3d&tabid = 1019&language = en-US. p. 18.

〔3〕 B. Jack et al. 2007. *Designing Payments for Ecosystem Services: Lessons from Previous Experience with Incentive-based Mechanisms*. Sustainability Science Program, Center for International Development, HarvardUniversity. http://sites. tufts. edu/kjack/files/2011/08/Jack_Designing-PES-PNAS. pdf. p. 10; P. ten Brink et al. 2011. *TEEB for National and International Policy Makers*. Earthscan. Draft Chapter 5. http://www. teebweb. org/LinkClick. aspx? fileticket = Ps6eutErJJI% 3d&tabid = 1019&language = en-US. p. 18.

〔4〕 P. ten Brink et al. 2011. p18; R. Pirard et al. 2010. p. 258.

在中国,国家对重要自然资源的所有权为政府监管全部生态系统服务提供了正当理由。但是,土地和自然资源的国家所有权不排除发展以市场为基础的机制。PES 并不必然依赖于土地或者资源的个人所有权;集体权利也可以作为 PES 的基础。中国的土地权属制度已经足以作为 PES 和其他基于市场的机制的基础,这些机制有助于向权利持有人提供额外激励措施以使其按照符合政府政策的方式行为。[1]

条例可以成为创立健康的生态系统服务市场的一个有力驱动力。[2]在规范生态补偿方面,关键是决定和对以下优化组合提供规范支持:(i) 以补贴和直接支付为形式的政府强制生态补偿;(ii) 包括 PES 在内的市场机制;以及(iii) 管理生态系统及其提供的服务的合作机制。还有必要对 PES 项目及其运行和结果提供系统监测。

在起草生态补偿条例的过程中可以考虑的建议包括:

第一,审查“生态补偿”的定义。为本书写作提供参考的目前条例草案英文文本指出其将授权实施以市场为基础的机制,这意味着条例的名称以及“生态补偿”的定义将不会和条例的内容完全一致。如果需要为了连续性和一致性而保留目前对“生态补偿”的定义,条例草案可以:(i) 保留“生态补偿”的现有定义但仅用于指政府补贴和支付;(ii) 增加一个“生态系统服务付费”的定义;并且(iii) 在条例的名称中重新采用一个术语以同时涵盖生态补偿和 PES。

第二,授权实施全部三种类型的 PES 制度安排——公共支付、私人支付,以及交易机制。因为私人支付以合同为依据,从技术上讲不需要获得授权,但是有必要在条例中明确规定私人支付是生态补偿/PES 制度的一部分。PES 的法律定义应当尽可能地涵盖全面,以利于授权实施生态系统服务的全部支付类型。

第三,保证在 PES 和其他以市场为基础的制度安排中将获得付费的生态系统服务,或者能够确保该服务的土地利用方式,得到良好的定义。

---

〔1〕 Q. Zhang and M. Bennett. 2011. *Eco-Compensation for Watershed Services in the People's Republic of China*. Mandaluyong City, Philippines: Asian Development Bank. http://www.iadb.org/intal/intalcdi/PE/2011/09467.pdf. p.26.

〔2〕 T. Stanton et al. 2010. *State of Watershed Payments: An Emerging Marketplace*. Ecosystem Marketplace. http://www.foresttrends.org/documents/files/doc_2438.pdf. p.71.

2005 年 PES 定义(参见第 9 段和第 10 段)的这一要素在国家法对该概念所做出的各种定义中是缺失的。“生态系统服务”的许多法律定义方法是列举所包含的服务类型。这类列举法有缺陷,因为其将可以支付补偿金的生态系统服务局限于所列的服务类型,并且不允许在未来进一步定义新的服务类型。条例应当明确规定每一项 PES 制度安排必须清楚地定义将作为付费基础的服务或者土地利用方式。

第四,保证 PES 或者其他以市场为基础的制度安排的全部参与人的权利明确并且全部参与人均清楚地知晓这些权利。这也意味着有资格的参与人也获得了明确的定义。

第五,授权许可捆绑式的生态系统服务——在一项 PES 制度体系中就持续的多种服务向参与人付费,而非仅仅一种服务。

第六,从总体上将生态补偿,尤其是 PES,与项目脱钩。这不是说不应当开展支持生态补偿和(或)PES 的项目。而这是说生态补偿和以市场为基础的机制不应当依赖于有时间限制的项目,并且每一项制度安排应当确定其自己的运行时间——这类时间可以是不定期的。

第七,提供机制以在决策程序中承认生态系统服务的价值,并且将 PES 以及生态补偿,具体纳入规划程序,包括战略环境评价、环境管理规划以及土地利用规划。规划和监测事项在不同部门和政府机构间应当有所不同;有必要建立机制以激励各部门和机构进行合作。

第八,将生态系统服务评价规定为环境影响分析的组成部分并且在在建项目的环境审计中纳入生态系统服务评价。

第九,虽然有可能使用固定指标来评估生态补偿措施的绩效,但也要规定更加灵活的、相对长期的 PES 和其他以市场为基础的机制的指标。针对测量和监测的中央指导必须按照特定生态系统分类进行。

第十,至少对 PES 和其他以市场为基础机制的程序做出与哥斯达黎加和巴拉圭相似的年度更新规定,理想地来说也应当对生态补偿做出此类规定。这将允许对支付方案的定价、资格和其他相关方面做出可预见的、定期的调整。这类调整允许根据具体情形改变支付机制并且在实施 PES 和以市场为基础机制的最初几年将尤其重要。

第十一,考虑承认由物种提供的具有重要经济价值的服务——例如授粉——与为那些物种提供栖息地的生态系统之间的关系,并授权实施生态补偿和 PES 以维护那些栖息地。

第十二,将技术援助和其他非货币性支持纳入作为 PES 项目参与人能够获得的“付费”的一部分并且规定 PES 的“社会化”。

最后,但可能是最重要的,保证生态补偿/PES 条例与调整将有资格参与生态补偿和以市场为基础机制的部门和资源的法律相协调,从而保证法律文件之间的冲突不会限制生态补偿/PES 制度的有效性。

第二节　生态系统服务付费立法的国别考察

一、欧洲有关生态系统服务付费的实践经验

根据国家发展改革委与亚洲开发银行签订的生态补偿立法技术援助项目合作备忘录,2011 年 7 月 3—12 日,国家发展改革委西部开发司巡视员费志荣带领国家发展改革委和国务院法制办有关司局同志共 5 人,赴瑞士、芬兰进行了考察,了解两国及有关国际组织开展生态补偿实践的有效做法和经验。

(一) 考察团的主要活动

考察团参加了 7 月 4—6 日在日内瓦举行的生态补偿国际研讨会,访问了联合国环境规划署、芬兰环境研究所、赫尔辛基市环境中心;在日内瓦与瑞士联邦环境署进行了座谈,参观了芬兰罗瓦捏米森林和野生动物保护区。

——参加日内瓦生态补偿国际研讨会。应世界自然同盟的邀请,考察团参加了由联合国欧洲经济委员会、联合国粮农组织会同联合国环境规划署、瑞士联邦环境署、世界自然同盟等 10 个机构主办的生态补偿国际研讨会。会议的主题是森林生态补偿在促进发展方式向绿色经济转变中的作用,来自瑞士、芬兰、英国等国家和世界自然同盟等国际组织的 25 位专家围绕森林生态补偿和绿色经济的概念,森林生态系统服务和自然资源价值评估方法,与森林和水相关的生态补偿实践经验,生态补偿计划有效实施的必要条件,生态补偿案例等议题发表了演讲。在这次会上,考察团一行广泛了解到国际上森林产品和森林生态系统服务的重要性及价值评估方法,森林生态补偿的主要模式和补偿资金来源渠道。

——与瑞士联邦环境署专家座谈。7 月 5 日下午,考察团一行在联合国日内瓦总部与瑞士联邦环境署水、森林和湿地首席政策咨询专家 Silvio Schmid 先生，以及农业科技专家 Thomas Maier 先生座谈，听取瑞士农业生态直接补偿和森林生态系统服务补偿的情况介绍。考察团全面了解了瑞士农业发展概况、农业政策、农业直接补偿和农业生态直接补偿现状，森林资源分布、所有权结构、森林生态系统的主要功能及其价值、森林保护的主要目标和法制保障等。

——访问联合国环境规划署。7 月 6 日上午，考察团在日内瓦与联合国环境规划署经济贸易处 Steven Stone 先生、Benjamin Simmons 先生进行了座谈，听取生态系统与生物多样性经济学，实现绿色发展途径，以及巴西饮用水源地生态保护补偿机制方面的情况。考察团了解了生态系统和生物多样性经济学理论，识别生态系统价值及从经济学角度展示这种价值的方法，将生态系统和生物多样性经济学用于实践的步骤，以及在生态系统、人类居住区和企业的具体应用方案；了解了绿色经济的研究进展，促进发展方式向绿色经济转变的投资、税收、监管机制和国际合作等措施。

——访问赫尔辛基市环境中心。7 月 8 日上午，考察团与赫尔辛基市环境中心专家 Timo P. Kiviaho 先生座谈，听取芬兰经济社会发展概况，芬兰环境保护体系特别是森林、水等自然资源保护制度，土地利用规划管理等情况介绍，了解芬兰各级政府环境保护的职责，生态环境法律体系，以及生物多样性保护与可持续利用的国家策略和行动计划。

——访问芬兰环境研究所。7 月 8 日下午，考察团与芬兰环境研究所环境政策中心主任 Tarj Soderman 女士、环境政策专家 Miia Kokkola 女士座谈，了解芬兰环境研究所的主要职能、研究领域、服务对象及合作机构等，并听取了该机构在应对气候变化、城市二氧化碳减排、芬兰濒危物种调查、2050 年水环境展望、气候变化条件下的海洋空间规划等项目的研究成果等。

此外，考察团还访问了芬兰罗瓦涅米市郊区驯鹿养殖场和居住在林区的农户，了解芬兰野生动物保护情况，以及购买林地等方面的管理制度。通过这些活动，考察团比较全面地掌握了瑞士、芬兰与生态补偿相关的立法情况，学习了联合国环境规划署等机构生态补偿理论研究的最新进展，了解了瑞士、芬兰及欧盟的生态补偿政策措施。

（二）欧盟及瑞士生态补偿概况

20 世纪 70 年代中期，欧洲普遍出现农业生产过剩、农村贫困化与低就业率并存的困境。同时欧盟农业发展消耗了大量自然资源，农药和化肥使用过度，一些重要生态系统遭到严重破坏，土壤和水源污染日益严重。在这样的背景下，欧盟逐步将农业政策目标从最初的单一鼓励生产转变为减少过剩、提高产品质量、保护生态环境、促进农村发展等多个方面，并将农业生态补偿纳入了农业政策体系之中。目前，欧盟已经在农业生态补偿、森林生态补偿、与水有关生态补偿、生物多样性保护补偿方面进行了大量的实践，形成了比较完善的机制。

1. 农业生态补偿方面

欧盟主要有四项补偿措施：一是对自然条件恶劣地区的农场主给予补偿。在土地利用过程中由于保护环境造成农户收入减少的，农场主可以得到补偿，补偿标准为25—200欧元/公顷。具体补偿标准要考虑农场的发展目标、生产条件及类型。二是农业环境保护补贴。补贴以参加环保计划导致的费用增加和收入的降低为计算根据，欧盟每年对一年生作物每公顷补偿600欧元，对多年生作物每公顷补偿900欧元，对其他土地利用方式每公顷补偿450欧元，对饲养濒临灭绝的动物每头补助200欧元。三是林业经济补贴。主要对私人所有或乡镇所有的森林提供补贴，每公顷补偿40—120欧元。获得补贴以种植适于本地条件的环保型林木，建立林场主联合会帮助会员改进林场的可持续和有效管理，恢复受自然灾害、火灾影响的森林等条件为前提。四是对利用农业用地植树造林给予抚育费和平衡补贴。抚育费补助年限一般为5年，如果在造林之前土地用于其他的经营，那么抚育费补助年限可长达20年。由于造林导致的收入损失，每年按面积给予平衡补贴，农场主每公顷补偿725欧元，其他私法人每公顷补偿185欧元，公共部门农用地植树造林按照实际成本给予补贴。联合国环境规划署研究报告显示，目前欧盟每年花费20亿欧元用于农业生态和森林生态补偿，激励农场主和森林所有者采用生物多样性友好型土地利用的生产方式。

瑞士的农业补贴主要包括一般直接补贴和生态直接补偿两部分，其中生态直接补偿的对象为有机农业、农场中设置的生态区域、高产植物生产、夏季放牧、动物友好型圈舍建设、定期放养牲畜、夏季放牧、保护水资源的集约化养殖方案等。一般直接补贴针对全部农场主，但使用初级饲料饲养牲畜以及自然条件恶劣地区的农户补助系数较高。无论一般直接补贴还是生态直接补偿，都以农场主平衡施肥、设置生态区域、定期轮作休耕、保护土壤、给牲畜创造一个好的生态环境等为前提。2009 年,瑞士农业补贴为 27.56 亿瑞郎,其中一般直接农业补贴 21.9 亿瑞郎,生态直接补偿为 5.66 亿瑞郎。此外,瑞士还对从谷物生产向草地转换等形式的土地休耕,以及扩大牧草种植面积、进行低强度放牧、低洼地花草种植等给予生态补偿,大面积低强度放牧的生态补偿从每公顷 300 瑞郎至 1200 瑞郎。具体补偿标准因耕地所处的地理位置不同而不同,对山区耕地采用较低补贴率,而较肥沃的低地则采用高补贴率。补贴率的差异能反映出土地的潜在产出水平。

2. 森林保护补偿方面

瑞士从 2007 年对森林相关补贴进行了改革,按照新的财政均等化和中央与地方责任分担机制,森林相关补贴主要通过联邦与各州签订的项目来支付。2009 年森林方面的补贴 45% 用于保护森林的项目,11% 用于林业项目,7% 用于森林生物多样性项目,其余 37% 用于筹资贴息等方面。2002 年芬兰启动了南部森林生物多样性计划(METSO)。这一地区 75% 的森林所有权归 60 多万农户,主要作为经济林进行经营,只有不到 1.5% 的森林资源得到有效保护。为了实现森林资源的可持续利用,该计划引入自愿保护的办法,由土地所有者与政府有关部门签订为期 10 年的自然价值交易合同或者永久保护合同,在土地上建立一个私人保护区或将土地转让给国家,国家对农户给以适当补偿,计划到 2016 年覆盖到 9.6 万公顷私人所有的森林。2009 年到 2011 年期间,政府预算每年安排 4000 万欧元资金用于该计划,2012—2015 年每年安排 5500 欧元,同时每年还安排 200 万欧元相关研究经费。

3. 与水有关生态补偿方面

瑞士巴塞尔州为解决供水问题,将莱茵河的水引到 Langen Erlen 集水区,发挥森林涵养水源的作用,实现饮用水的可持续供给。实现这个目标需要改变集水区林种构成,用柳树和野生樱桃树等更换对土壤有害的杂交杨树。消费者需要在水费中额外支付一定费用,对森林可持续利用管理进行市场化补偿。

法国瓶装水生产商维特尔为了解决水源问题,与取水河流域 26 家最大的农场主达成了一个 30 年的协议,公司承担农场主购买土地所负的债务,以及新购进农业设备的成本,并为每个农场提供多达 15 万欧元的技改资金,在项目的前五年每年再支付 200 欧元补助。同时,维特尔每年向农场主支付每公顷230美元的补偿，以弥补他们因为改变耕作方式而可能减少的收益。农场主则需要遵循维特尔建立的环境监督计划。方案施行12年后成功覆盖了该流域92%的土地，降低了水源的基准氮负荷。

此外，瑞士、芬兰等国还在湿地、生物多样性保护补偿以及生态标志制度方面开展了一些实践，如英国2009年生物多样性保护的支出为5.47亿英镑。欧盟1992年建立了生态标签体系，即花型标签"欧洲之花"(European Flower)，旨在推动各成员国提倡绿色设计、生产、营销和使用产品，在整个产品的生命周期内减少产品对生态的影响。花型标签为欧盟制定生态法规和法令提供了参考。只要产品获得生态标记，无论何种产品或产自何地都获得同样的标记，即得到欧洲所有消费者的承认。"贴花产品"在欧洲市场上享有很高的声誉，即使其价格稍高于常规产品，消费者仍倾向于购买绿色产品。目前欧盟市场"贴花纺织品"价格比普通纺织品高出20%—30%，但绝大部分消费者仍愿意购买"贴花纺织品"。购买具有生态标签的产品，可以看作是对生态系统服务的间接购买。

(三) 生态补偿立法的经验和做法

欧盟、瑞士和芬兰的生态补偿规定，通常被纳入农业、农村发展、森林等单行法律法规中，形成了有效的生态补偿政策法规体系。

首先，生态补偿法规建立在生态经济学等理论研究和生态价值评估基础之上。

近年来，欧盟国家、国际组织和研究机构开展了大量生态补偿相关理论研究，研究的重点主要包括四个方面：一是生态系统类型及其服务功能。联合国环境规划署、世界银行千年评估报告综合有关学术研究成果，将主要生态系统分为海洋、海岸、湿地、湖泊和水流、森林、灌丛、草原和牧场、沙漠、苔原、冰川、耕地和聚落等12大类，生态系统服务功能分为支持服务、供给服务、调节服务、文化服务四大类23种，其中支持服务包括养分循环、防止侵蚀、保持土壤质量、授粉服务、生物控制、维持生物多样性；供给服务包括提供食物、淡水、能源和纤维、基因资源、药材和其他生物化学资源、景观资源；调节服务包括净化空气和其他城市环境调节、气候调节、减缓极端自然事件、径流调节、净化水；文化服务功能包括艺术信息、休闲旅游、文化激励、艺术和设计、非物质文化、认知发展信息等。二是生态系统服务价值评估。瑞士联邦环境署的评估显示，该国森林减缓自然灾害的服务价值为18亿瑞郎左右，休闲娱乐服务功能价值为65亿瑞郎。

英国生态评估报告指出,该国植物授粉服务功能的价值约为每年4.3亿英镑,生态系统实现休闲娱乐功能已达100亿英镑,大不列颠森林生态系统服务价值为12亿英镑,海岸生态系统每年的服务价值为480亿英镑。三是将生态破坏和环境损害成本纳入国民经济核算体系。联合国环境规划署已研发出经济环境核算系统,将土地、水、环境等生态系统服务成本及其社会影响等纳入经济核算,在计算国民经济总量时调减自然资源消费的价值,这一系统已被一些国家采纳。四是建立生态友好型法律法规政策体系的途径。联合国环境规划署的研究成果显示,目前全球每年对农业、渔业、采矿和能源的补助高达1万亿美元,其中许多补助会直接损害生物多样性和生态系统。因此,政府应当对现有政策进行全面评估,修改不利于保护生态系统的法律法规,取消应急性的和明显不适宜的补贴政策,同时对尚未获得补偿的生态系统服务和生物多样性效益以法律形式明确补偿办法。这些理论研究和生态价值评估,为展示被人们忽视的生态系统价值提供了有效的方法,为说明生态系统与经济发展之间的密切联系提供了充分的依据,也为开展生态补偿实践和完善生态补偿立法奠定了理论基础和参考标准。

其次,生态补偿法规的主要内容是引导私人所有者采取生态友好型的自然资源利用和管理方式。

国际组织、研究机构和学者普遍认为,自然资源的私人所有权是生态系统遭受破坏的制度根源,因此,欧盟、瑞士和芬兰有关生态补偿的法规主要是规范私人所有生态资源的保护与补偿问题。无论欧盟还是瑞士,农业生态补偿的对象都是广大的农场主,通过立法建立生态补偿机制,给予农场主适当的补偿,限制对生态系统有害的生产行为,推动农业生产者转变生产方式,成功地把经济发展与保护生态环境结合起来,走上了可持续发展的道路。联合国环境规划署组织编撰的《生态系统和生物多样性经济学》指出,许多生态系统服务都是公共物品,一般由公众共同消费,但影响生物多样性的私人和公共决策者很少考虑相关方的利益,他们往往因为自身利益而忽视公共利益,这是导致当前生态系统危机的主要原因,维护自然资源的集体权利,有助于保障未来生态系统服务的供应。日内瓦森林生态补偿国际研讨会交流的生态补偿案例绝大多数都是针对私人所有生态资源保护的实践经验,如芬兰南部森林生物多样性计划的对象是60多万个分散的森林所有者,通过与私人签订合同,建立私人保护区或将所有权转让给国家,从而有效保护森林资源。实践表明,生态补偿方案对保护私有森林取得了明显成效,澳大利亚、芬兰、法国、冰岛、挪威、斯洛文尼亚和英国等相当一部分森林属于私人所有的国家,已经开展了大量森林生态补偿实践,而保加利亚、捷克、立陶宛、波兰、罗马尼亚等公有制占有主导地位的国家,则很少有森林生态补偿的成功案例。

第三,生态补偿政策通常与其他补贴政策结合实施。

由于一个生态系统具有多种服务功能的特征,过度利用其提供食物、原材料等供给服务功能将损害支持服务、调节服务和文化服务等生态功能,采取单一生态补偿措施不仅成本太高无法实施,而且会影响自然资源所有者的既有经济利益。联合国环境规划署组织编制的《针对决策者的生态系统和生物多样性经济学》认为,应用单一政策方案有时可能有效,但在更多情况下应该采取灵活的政策组合,即采取生态补偿与农业、林业、渔业、能源等行业相结合的综合措施。从实践情况来看,欧盟的生态补偿政策均纳入相关政策之中,其中最有代表性的是共同农业政策,该政策关于农业环境补偿的内容是欧盟最重要、最基础的生态补偿政策,它不但规范了农业活动对环境的影响,也是欧盟自然保护区生物多样性、重要生态功能区和流域水环境保护相关生态补偿的基础法规。瑞士农业政策也把农业直接补贴与生态直接补偿结合起来,将设立农场生态保护区等作为获得补贴的前提。这种政策组合成本低,并且兼顾了生态保护和可持续发展,通过补贴政策促进自然资源所有权人采取生态友好型的生产方式,不仅保证了私人既有经济利益,而且避免了生产活动的生态风险,同时也大大降低了生态补偿机制的成本。

此外,联合国环境规划署等国际组织还针对一些重要的生态补偿领域制定指南,为各国在相关领域建立生态补偿机制提供技术指导,比较有代表性的是《基于水资源综合管理的生态补偿指南》。该《指南》对与水有关生态补偿的概念做出了明确的定义,并就建立和运行生态补偿机制的基本条件、主要原则、所有权人参与、生态补偿模式、补偿资金筹集和法规制度框架等提出了系统性的建议。

(四)对我国生态补偿立法的启示

虽然我国的体制与欧盟国家具有明显差异,生态系统的现状和特征也不同于欧洲国家,但生态系统与相关经济部门的联系具有普遍性,因此欧洲生态补偿立法的一些经验做法对我国制定《生态补偿条例》有一定的借鉴意义。

第一，制定专门的生态补偿法规。欧盟、瑞士和芬兰虽然在一些领域建立了比较完善的生态补偿机制，但由于没有制定专门的生态补偿法规，生态补偿的主要领域和对象不明确，补偿主体不清晰，补偿方式和补偿标准测算方法缺乏有效的法规指导，难以形成系统的生态补偿机制。我国在推动建立生态补偿机制过程中，应注重法制建设，制定专门规范生态补偿主要领域、补偿主体、受益主体、补偿方式、补偿标准、资金来源、监测评估等方面的法规，为实施生态补偿提供坚实的法制保障。

第二，建立生态补偿专项资金。目前，中央财政已在均衡性转移支付下设立国家重点生态功能区转移支付，通过明显提高转移支付补助系数的方式，加大对重要生态功能区的转移支付力度。同时，通过退耕还林、退牧还草、天然林保护工程以及森林生态效益补偿制度、草原生态保护补助奖励机制等，给予退耕户、退牧户以及集体林权承包人适当补助。建议在此基础上，研究设立国家生态补偿专项资金，重点支持国家级生态补偿试点地区和跨省流域、区域生态补偿，加大对禁止开发区和其他重点生态功能区的支持力度，并逐步提高补偿标准。

第三，把生态保护与解决承包经营权人长远发展问题结合起来。借鉴欧盟、瑞士和芬兰重点针对私人所有自然资源建立生态补偿机制的做法，在生态补偿立法中突出集体所有林地、草原等生态补偿机制的建设。同时，借鉴欧盟通过政策组合解决生态保护问题的成功经验，将生态补偿与相关行业补贴、财政转移支付等统筹研究，调整补贴的结构和种类，并逐步取消不利于保护生态环境的补贴，明确享受相关补贴和生态补偿的责任和义务，促进生产方式向有利于改善生态环境的模式转变。

第四，积极推动构建市场化的生态补偿机制。借鉴瑞士巴塞尔州保护饮用水水源生态补偿等成功做法，充分发挥社会资本的优势，积极运用市场机制，引导和鼓励社会资金投向生态建设、环境保护，逐步建立市场推进、社会参与的生态补偿投入机制。推进和完善资源有偿使用、主要污染物排放权有偿使用和交易制度；积极探索水权交易、碳汇交易等市场化生态补偿模式。引导鼓励生态环境受益者和保护者通过自愿协商方式实现合理的生态补偿，受益企业实际发生的生态补偿费用，符合税收法律法规规定的，可以在计算企业所得税应纳税所得额时扣除。

第五，研究建立生态标志制度。借鉴欧盟推行花型标签“欧洲之花”

的经验,探索建立我国生态标志制度。将生态认证作为一项制度纳入《生态补偿条例》,设立生态标志认证机构,构建生态认证标准体系,并率先在西部地区开展生态标志认证工作,推广同类产品中对环境影响较小的产品,为消费者提供准确信息和消费指导,推动形成有利于保护生态环境的发展方式、产业结构和消费模式。

第六,加强生态系统评估。结合制定《生态补偿条例》,借鉴国外学者生态系统服务价值评估研究成果,以及联合国环境规划署生态系统和生物多样性经济学理论及方法,国外政府机构、国际组织和有关学者围绕生态补偿的基础科学理论,组织国内相关研究机构,对我国生态系统状况和生态系统服务价值进行全面的评估,摸清我国生态系统的家底,深入分析生态系统面临的主要挑战,为生态补偿立法奠定坚实的基础。

二、澳洲有关生态系统服务付费的实践经验

根据生态补偿立法技术援助项目协议安排,2012 年 2 月 18—25 日,由我国国家发展改革委西部开发司、法规司、人事司及地方发展改革委相关人员组成 6 人团组,赴澳、新两国与新南威尔士州环境和遗产办公室、西悉尼大学法学院、澳大利亚联邦公共福利科学与工业研究组织、新威尔士环境服务项目办公室、澳大利亚国立大学经济和政府学院、澳大利亚国立大学环境和社会学院、新西兰摩突经济和公共政策研究所、奥克兰零排放办公室等机构交流座谈,广泛了解生态补偿方面的制度实践。

(一)与我国不同的社会体制和环境条件

澳大利亚和新西兰与我国在社会制度、环境条件等方面有着重大区别。了解这些区别,对于我们借鉴澳大利亚和新西兰建立生态补偿机制方面的经验和知识会更加实际,更加理性。

首先,关于生态补偿机制的概念。澳大利亚和新西兰两个国家没有严格对应我国生态补偿机制的概念,而是有生态系统服务付费概念,英文为 payment for ecosystem services,简称为 PES。生态系统服务付费是基于市场机制提出的概念,享受生态系统服务购买者向生态系统服务提供者付费,用于承担提供生态系统服务的成本。生态补偿与生态系统服务收费概念基本一致,国外学者也都把它们当做同一概念对待。但也存在细微差别,生态补偿更多地强调公共补偿,政府政策意味更浓。

其次,澳大利亚和新西兰是资本主义国家,实行私有制,有效的保护

私有权利是其法律制度的特点，对公权力有较多的限制。法律制度要求，任何限制公民土地所有权和使用权的规定，都必须有明确的法定授权。这种要求，使出台限制私人土地相关权利的法律，要经过艰难的立法过程。许多立法动议，在这个过程中有可能因政治考虑而放弃。因此，在澳大利亚、新西兰，除非土地所有者愿意或不反对，否则很难出台限制土地使用活动的生态保护措施。这样也有好处，一旦法律获得通过，其更容易被理解而且执行性强。同样，法律制度还要求，实施向私人增加财政负担的措施也必须有法定授权。也就是说，如果没有法定授权，监管者无权要求开发商用金钱或土地补偿因开发而造成的生态损失，也不能以是否补偿为前提核准开发。就是开发商自愿补偿，并与监管者签订协议，都不允许，法律上将这个协议认定为非法。这种法律特点，决定了在澳大利亚、新西兰很难通过公共政策和法律，从一个地方征集资金转移给另一个地方，开展生态补偿。因此，他们更注重市场机制在生态补偿上的作用。

再次，澳大利亚、新西兰全国性的生态环境问题并不突出。环境问题不突出主要是由于澳大利亚和新西兰人均资源丰富和比较早地开展生态保护。澳大利亚国土面积 769.2 万平方公里，面积是中国的五分之四，人口 2250 万人，人口密度 2.9 人/平方公里。澳大利亚四面环海，从事渔业面积是陆地面积的 116%，矿产资源也特别丰富。渔业、牧业、矿产采选和旅游是澳大利亚支柱产业，工业污染较少。新西兰是南太平洋岛国，国土面积不大，只有 26.88 万平方公里，人口不多，总人口 425 万人，人口密度每平方公里不到 16 人，渔业、牧业是这个国家的主要产业。澳大利亚很早就制订了环境保护的法律，防止生态环境恶化的法律规定很多。澳大利亚和新西兰面临的主要生态环境问题就是生物多样性和水污染问题，但也并不像中国那样严重和急迫。近几年越来越多的关心水资源污染问题，在生态环境保护已经开始实施的诸多措施中，也主要是针对生物多样性和淡水资源污染问题。由于澳大利亚和新西兰生态环境压力较小和预防生态环境破坏法律制度较为完善，开展大规模全方位生态补偿的实践较少。但理论界和政治界对建议生态补偿制度讨论较多，实际实施的生态补偿制度，也只是个别地方的个别事例，就像生态银行。

最后，澳大利亚、新西兰环境保护以地方为主。根据澳大利亚宪政制度，联邦议会和州议会在立法权上有明确分工，州议会拥有为和平、福利和友好环境目的制定相关法律的绝对权力。联邦议会对环境事务、土地使用没有直接的立法权。多数环境法规均由各州负责制定。因此,各州之间面临的生态问题不尽一致,保护生态环境法律制度也存在差异。正是由于这种原因,涉及跨州的环境政策,较难协调实施,因此,澳大利亚联邦只能在实施国际环境条约框架内,对各州的环境政策产生影响。这是一点与我国相比,我们的集中统一的制度更容易从全国层面建立生态补偿机制。

(二)澳大利亚生态补偿方面的实践

澳大利亚联邦和州政府有多个具有生态补偿意义的项目,生态银行可以说是澳大利亚最具代表性的生态系统服务付费的制度。生态银行是新南威尔士州运用市场机制改善生态价值的尝试。新南威尔士环境和遗产保护办公室详细地介绍了生态银行计划。

生态银行和补偿计划,由新南威尔士环境和气候变化厅设立,设立的根据是该州 1995 年濒危物种保护法第七部分。它通过市场机制,激励保持生物多样性和保护濒危物种。其特点是提供了一个透明、确定和有生命力的评估和管理生态多样性补偿的机制,使在私有土地上保护生态成为可能,使投资有了可靠渠道。

生态银行计划核心是生态积分、生态积分市场。避免生态价值重要地区遭到破坏,或当受到破坏时,要在其他地方得到补偿来保持生物多样性。生态价值是通过生态积分来度量,通过生态银行评估方法测定。当提出开发项目时,参加生态银行计划的开发者要开展生态价值评估,要求开发项目改善或保持生态价值,开发项目造成的生态损失,可通过购买生态积分弥补。生态积分由土地所有者创造,私有土地者在所有土地上设立生态银行保留区域,并通过加强管理和保护增加其生态价值。生态积分代表生态价值改善,如濒危物种数量增加或栖息地条件的改善。生态积分市场也是生态银行计划的一部分。土地所有者可以出售积分,获取收入和管理生态银行保留区域的资金。开发者可以购买积分,以弥补开发项目造成的生态影响。生态积分分为一般积分和特殊积分。一般生态积分只能用于补偿对同类生态区域的影响,或者大于或等于另一区域同类生态影响。特殊积分只能补偿对同类品为动物的补偿。其他组织出于生态保护的需要可以购买积分。还有一些人可以为赚取积分差价购买积分。

参与生态银行计划管理机构有:环境和气候变化厅、计划厅、初级产业厅、国土厅以及州层级以下的地方政府。环境和气候变化厅负责监管，参与生态银行计划的人，如果没有履行其义务，环境和气候变化厅可以申请法院给予处罚。其职能有登记生态银行协议，发布生态银行公告，管理公共登记者，审查生态银行保留区域，落实生态银行协议和公告，编写年度报告。根据法律规定，地方政府配合生态银行公告纳入到开发承诺。计划厅要对发布前的生态公告提出意见。初级产业厅要对生态协议提出意见。国土厅要将生态协议登记在土地名头上。

土地所有者设立生态银行保留地，与政府管理部门签署生态银行协议，同意在该区域实施改善生态价值的措施，便可获得生态积分。措施可能包括管理放牧、烟火、杂草、限制人类搅动等行为，措施因生态银行保留地的濒危物种不同而不同。这些措施将写入协议，协议一旦批准，生态积分便授给土地所有者。全新威尔士州的土地所有者都可以自愿设立生态银行保留地，已经设立生态保护用地的土地除外。土地所有者有权决定多大面积用于生态银行保留地，生态积分出售给谁，决定出售价格和什么时候出售。所有生态银行协议都在土地权利上标记。协议所规定的实施保护和管理措施，对现在的所有者或将来的所有者有效的义务。

生态积分价格是由市场决定。购买积分可以出于保护生态的目的，出售生态积分所得可以提供未来管理生态银行保留区域资金。购买积分也可以出于弥补开发对生态造成的不利影响。购买积分还可以出于投资目的，当价格上涨后再卖出。生态积分的价格取决于生态保留区域产生积分的品质和供需情况。生态银行保护区的位置、条件和面积影响积分价格。积分价格由两部分构成：一部分基于生态银行信托基金，主要用于今后管理和保护生态银行保留区域支出的费用；另一部分是给土地所有者的回报，弥补土地所有者建立生态银行保留区域的申请费、规划费、机会成本和风险补偿。

生态银行信托基金主要在生态积分出售款中汇集，也可以从其他渠道募集。基金主要保证土地所有者持续履行生态银行协议中规定管理措施，并确保生态银行保留区域土地被出售后，新的所有者有能力管理保护区域。从出售积分中获得的信托基金叫做基金储蓄，分别设立账户，每年公开年报。基金储蓄总额和未来支付计划都写入生态银行协议。基金管理由州政府财政部门管理。

保证生态银行计划有效运转的条件有四个方面；一是要有一个科学

合理的生态银行评估方法,评估方法公开透明。二是要有公共登记。能使购买的人方便了解积分分布情况。三是每年要有年度报告。生态银行保护区域的所有者被要求每年要按照协议履行相关义务,如果做不到,信托基金将不支付年度资金。四是要有有效监督。新南威尔士环境和气候变化厅负责检查计划的完整性、合法性和犯法行为被检举控诉。

除生态银行外,澳大利亚联邦政府实施了生态环境计划。这个计划像生态银行一样,是引导性的,不是立法强制性,但都是以法律为后盾。这个计划启动了两个项目——飞机草、桉树森林计划和多生态群落计划。有点像中国的退耕还林工程,但与我国层层分解指标不同,他们在这两个项目中实施了反向拍卖。政府拿出资金补贴,鼓励土地所有者在自己土地上种植飞机草和桉树,保护生物群落。澳大利亚在分配政府资金时,政府让土地所有者投标,确定自己要种植多大面积、需要多少费用。政府按照投资/生态效益排队,从前向后选取承担项目的人,直到总经费用完。这样选择遵循了成本效益原则,发挥了资金最大作用。这种采取竞标的办法,在学界也受到推崇。这种生态补偿被学者称为工程性补偿。

(三)新西兰生态补偿方面的尝试

卢托鲁瓦湖是新西兰北岛20多个湖群中最大的一个,湖周边的城市是旅游胜地。30年来,由于富营养物质的排放,超过湖水的净化能力,使卢托鲁瓦湖水质在下降。因此,对湖水水质的保护受正在被提到议事日程。为保护卢托鲁瓦湖水质,谋图(MOTU)办公室一些专家设计了富养物质交易方案。从这个设计方案可以看到新西兰在生态系统服务理念和生态保护方面有较成熟的做法。类似的做法已经在淘波湖区域使用政府基金开展的土地购买、退耕制度中成功运行。

富营养物质交易方案体系的基本框架是:富养物排放交易系统设定排放许可总数,许可总数要根据保持水质的目标和自然净化能力确定。每个许可都确定了允许从农场排出的富营养物水平,比如1公斤。许可只能用一次,并且要在载明的期限内使用。全面检测所有许可的富养物排放,交易年度结束,要交出所拥有的许可证覆盖掉富营养物的排放。如果排放许可不能覆盖排出的富营养物,则需要排放者从市场上购买。排放许可有剩余的人可以出售许可。这样减少排放的人就可以从出售剩余许可中获利。交易使得减少排放成本很高的人通过补偿减排成本较低的人来达到减排目标。

这个体系有五个优点，一是生态保护结果明确；二是以最经济的途径达到减少富养物排放目标；三是比较适应控制富营养物排放的特点；四是建立一套富营养物排放监测体系；五是对一些理念的培训和普及。

交易系统要很好的运转要仔细考虑以下关键：第一，确定好富养物排放总量。交易系统设定排放许可总数是交易系统运行的前提。确定这一总数，需要环境和经济利益的平衡，涉及面广，在新西兰会经过非常复杂的政治程序。从技术上看，确定交易系统的总量，不是全部流入富营养物总量，而是能够从交易体系源头中流入的总量，一些不能从管理源头流入的富营养物不能包含在其中。如一些已经进入地下水系的富营养物，雨水、水禽和水中基本的富营养物。这个总量是富营养物排放总量的上限，也是减少排放的长期目标。由于排放源地点等原因，富营养物到达湖水会有时间差，但从长远看，这个因素并不重要，可以不考虑。

第二，确定哪些排放源参加体系也很重要。总的原则是所有排放源都要纳入到系统中来。因为这样会使减排的成本花费更有效率，也更能确定性的控制环境。森林土地可以排除在外，除非所有者变更土地用途。对于一些土地规模较小或者从事排放强度不高的排放源，可以暂时不纳入交易体系，但要报告其排放情况的详细数据，列入观察名单。这样可以避免用较高的成本控制较小的排放源。

第三，合理分配许可证。许可证的分配意味着分配对排放富营养物成本的负担，最容易造成争论。处理这个问题的关键是：制定一个响当当的原则，并依据过硬不变的可靠数据。前几年，应当按照已有排放比例发放，以避免影响现有经济。为防止刺激一些排放源提高自己的排放基线，获取更多排放许可，这个比例应当以过去几年实际平均水平确定。这就意味着下发的排放富营养物的许可证，不一定覆盖当前排放数量。允许所有的排放源作为整体保持当前排放水平超出水质要求，但他们自己决定谁支付减少排放费用。如果许可证的数量保证了水质要求，所有排放源负担减排费用。如果许可证覆盖了排放还有富余，政府要将许可证购回销毁，购买的价格要弥补减排所需成本并使减排人有一定的收益。

交易系统这样的机制，使减少排放较多的得到补偿，超出排放要求的负担减排费用。

（四）我国生态补偿机制建立可借鉴的经验和建议

第一，更加注重市场机制作用。澳大利亚、新西兰在生态补偿制度的设计中，十分注重发挥市场机制作用。像澳大利亚的生态银行、卢托鲁瓦湖富营养物质控制计划，分别设计了生态积分和富营养物排放许可交易。建立生态补偿机制发挥市场机制作用有几个方面的优点：一是可以提高资金使用效率。在交易中，减少富营养物排放付出成本价较多者，通过购买减少排放付出成本较少者的许可证节省成本支出。从整个社会角度看，减少同样多的富营养物质，支付出的成本最小。二是提高生态建设的自觉性。引入市场机制，参与者均基于经济利益考虑资源参加，可以充分调动参与者的积极性和自觉性，减少执行中的难度。

我国在建立健全生态补偿机制中，要吸收国外的经验，处理好政府与市场的关系，充分考虑市场机制作用。对于市场能够发挥作用的地方，应减少政府干预。在建立水资源补偿机制中，要首先合理分配水权，建立水权交易市场。在水资源保护中，发放污染物排放许可证，开展污染物许可证交易等。在公益森林生态补偿中，也不能只依靠提高政府公益林补偿基金标准，要全面评估分析森林生态系统服务功能，通过服务功能的市场化获取收益。例如，森林碳汇提供的功能就可以通过出售碳汇指标获得补偿。

第二，更加注重法律制度的建设。澳大利亚、新西兰政府十分重视生态环境保护和建设立法和执法。建立了十分完善的生态环境保护和建设法律法规体系。澳大利亚在联邦层次有50多部法律，各州也有许多自己的立法，涉及海洋保护、空气清洁、辐射控制等。新西兰也非常注重法律，从海水利用、垃圾处理，生物多样性、水环境保护等有一系列法律。这两个国家的法律条款细致，可操作性很强。澳大利亚维多利亚州的环保收费法规，条款达百余条，收费种类、标准、单位和计算，以及最大排污允许量、交费流程、费用减免等都规定得十分详细，可操作性强，避免了执法的随意性，也有利于维护法律的严肃性。

生态补偿制度有使生态环境保护成本内在化的功能，调节生态系统服务提供者和受益者的利益关系，只有依靠法律的权威性、严肃性建立稳定的制度才能有效运转。因此，我国应当加快《生态补偿条例》的起草工作，尽快建立法律完备的生态补偿制度。要注意提高《生态补偿条例》的可操作性、权威性，并依据不同领域特点，建立不同的生态补偿机制。为保证《生态补偿条例》受到广泛支持和维护，在起草过程中要充分讨论，广泛征求广大民众和社会各界意见。

第三，以完善的生态环境监测和科学研究为基础。澳大利亚、新西兰具有较为完善的生态环境监测和研究体系。联邦和州政府负责生态环境的部门，每年都拿出资金支持有关机构对生态环境保护监测和研究。2003 年，澳大利亚南威尔士州基础设施计划自然资源厅、州立公园和野生动物局、环境保护厅资助对州全境内的植被进行了全面调查，对植被的现状、进化和进化趋势进行全面研究，并提出实施保护建议。从新西兰卢托鲁瓦湖富养物质交易方案的设计思路可以看出，方案必须建立在可靠的富营养物排放监测数据和研究之上，如果没有权威监测数据这个制度的基础便不存在。

近年来，我国对生态环境的监测和研究取得了较大的进步，但是监测体系不完善、数据分散、国家投入经费不足的问题仍然存在。监测数据的不完整，影响生态环境服务功能的量化界定，无法量度人类活动对生态环境破坏，使生态补偿标准缺乏科学的制定依据。为加强生态环境保护和完善生态补偿机制立法，应加强生态环境监测体系建设和对生态环境科学研究的支持力度。积极建立完善的森林、草原、沙漠、水资源、大气、地质等方面的监测和研究体系。构建完整、权威、共享的数据库，为完善生态补偿机制立法打好基础。

第四，公共补偿与私人补偿相配合。澳大利亚、新西兰生态补偿主要发挥市场机制的作用，通过制度设计将部分生态环境保护成本内在化，通过产品销售获得补偿，政府投入少量引导资金。对生态环境保护无法内化的成本主要由政府支出，购买生态系统服务。这种制度安排，责任义务明确，有利于提高补偿资金的效率。

在完善我国生态补偿机制时，要注意防止政府包揽一切的倾向。许多地方提出建立生态补偿机制，要求江河下游区域或中央财政对一些森林、草原或水源保持地区给予补偿。这种补偿形式不宜太多和大面积实施。主要是这种区域性补偿存在弱点。一是针对性不强。一个区域内提供生态系统服务是涵盖大气、水、土壤等多方面，难以衡量生态价值，这样泛泛补偿缺乏针对性，权利义务不明确。二是区域性补偿受益主体不明确。区域性生态补偿或财政性补偿主要补贴区域政府，与直接补偿生态系统服务提供者相比，受益主体比较模糊。三是财政负担重。这种补偿形式一旦确定下来,财政负担过重,并且会不断提高。

第五,政府要加强跨区域补偿的权威。在澳大利亚、新西兰的生态补偿实践中,跨区域的生态补偿,由于涉及不同地区居民利益较难实施,需要加强跨区域生态补偿的协调。

跨区域的生态补偿,中央政府要发挥权威作用,加强协调。这样才能够加快建立跨区域生态补偿。这是我国在生态补偿机制建立中的优势,应当充分发挥。

三、美国有关生态系统服务付费的实践经验

(一)美国农业领域的补偿性立法

1. 概况[1]

美国在农业生态保护领域的补偿性立法主要有两个方面。一方面,对位于生态脆弱地区的农地实施长期休耕;另一方面,对在耕农地实施保护措施。1986年至2000年,超过90%的美国农业生态补偿的资金支出集中在农地休耕方面。2000年之后,对在耕农地实施保护措施的投入比重加大。由于整体投入资金有限,所以政府需要在两方面的投入比重上有所权衡。通常,每单位面积的农地休耕会提供更大的环境效益,并且监测和实施的要求相对较低,但整个计划的成本相对较高;而对在耕农地投入的每单位项目资金会获得更大的环境收益,在成本方面更具有资金使用效益,尤其对于大片耕地更是如此。

为了在上述两个方面实施生态保护,美国通过立法在两个方面各设定了一系列计划。但美国农业部正在研究考虑将两方面的计划通过一个整体性单一计划或者通过一个框架性计划来全盘考虑,以整合两个方面的保护需求。

2. 与农业休耕有关的计划

与农地休耕有关的计划主要包括保护储备计划和湿地储备计划(WRP)。这两个计划最初被规定在1985年《食品安全法》中。2002年的《农业安全与农村投资法》延续了这些规定。2008年的《食品、保护和能源法》仍然延续了这些计划并在内容上稍作调整。

---

[1] 美国农业部(USDA):《在耕土地计划与土地休耕计划的比较》(Contrasting Working-Land and Land Retirement Programs),2006年3月. 载http://www.ers.usda.gov/publications/eb4/eb4.pdf. 最后访问日期:2012年4月30日。

（1）保护储备计划（CRP）

2008年《食品、保护和能源法》规定："至2012年，部长应该制定和实施保护储备计划，该计划通过签订合同来登记土地。该计划旨在帮助（本条b款所述的）土地的拥有者和经营者来保护和改善这些土地的土壤、水源以及野生动植物资源，并处理州内、区域内或全国范围内与保护事项有关的事宜。"〔1〕

适于实施CRP的土地，主要是高度易蚀的农田，或者是如果继续进行农业生产会促使土壤、水源或空气质量退化的农田。〔2〕并且，为了判定土地是否有资格实施CRP，在满足一定前提条件的情况下，将考虑在一个农事年内将该土地用于种植农产品。〔3〕

在CRP合同的期限方面，通常情况下，该法授权部长可签署有效期大于10年且小于15年的合同。〔4〕并且，基于各州适当的机构申请，部长应指定部分地区内的流域区域作为优先保护区（比如北美洲五大湖区、长岛区等等），符合条件的流域区域应包括由于农业生产活动而对水质和动植物生存地造成负面影响的区域。〔5〕当签订的合同到期后，该合同所涉土地应被考虑重新登记在CRP计划中。〔6〕

关于依照CRP合同支付的年度租金，该法要求部长考虑必要的租金数额，以鼓励高度易蚀农田的所有者和经营者参与CRP计划。租金数额的确定，由土地所有者或经营者按照部长决定的方式进行投标，或者由部长决定其他适当的方式来确定数额。部长在决定签订CRP合同前，应考虑到所涉土地在提高土地肥力、确保水源质量、保护野生动植物栖息地或其他环境效益方面的作用；并且，部长可以在不同州或地区设定不同的判定是否签订合同的标准；此外，在同等环境效益下，当土地所有人或经营者是土地所在地的居民时，他们的合同应得到优先考虑。〔7〕在租金支付方式上，该法既允许现金支付，也允许以货代款支付；以货代款支付应由

---

〔1〕 Food, Conservation, and Energy Act of 2008, Sec 2101; 16 USC § 3831(a).

〔2〕 Food, Conservation, and Energy Act of 2008, Sec 2102; 16 USC § 3831(b).

〔3〕 16 USC § 3831(c).

〔4〕 16 USC § 3831(e).

〔5〕 Food, Conservation, and Energy Act of 2008, Sec 2104; 16 USC § 3831(f).

〔6〕 16 USC § 3831(h).

〔7〕 Food, Conservation, and Energy Act of 2008, Sec 2110; 16 USC § 3834(c).

商品信用公司来进行。[1]

在 CRP 合同规定范围内,该法允许土地所有者或经营者将所涉土地转而用于种植防风林或转换为湿地。[2]

(2) 湿地储备计划(WRP)

WRP 旨在恢复、保护或增强符合特定条件、位于私人土地或部落土地上的湿地。[3] 实施 WRP 的具体方式包括永久性地役权、三十年地役权、恢复成本分担协议或这些方式的组合。[4]

加入 WRP 的土地应符合下列条件:(i) 这些土地最大化了野生动植物利益以及湿地的价值与功能。(ii) 用于耕作的湿地或转换而来的湿地,包括与之相邻、功能相依的土地;或是在被自然径流淹没之前用于农业生产的农田或草地。(iii) 这些土地具有恢复的可能性,并且考虑到成本,恢复为湿地的价值使得实施 WRP 成为可能。[5]

如果签订 WRP 地役权合同,自 2008 年《食品、保护和能源法》生效之日起,部长支付的补偿金额是在以下三个金额之中的最低者:(i) 由部长决定的该土地的公平市场价格;(ii) 部长依行政法规决定的、与该土地所处地理位置相符的金额;(iii) 土地所有人提出的金额。补偿金额的支付以现金方式进行。[6] 当地役权合同被违反时,该地役权仍然有效,部长可以要求土地所有者返还全部或部分金额及其适当利息。[7]

作为对土地所有者签订 WRP 地役权合同的回报,部长应当:(i) 分担由于实施下列活动所产生的费用:确定保护措施和行动、保护湿地功能和价值,包括必要的维护活动。这些成本分担是由部长决定认为恰当的且有益于公众利益的。在永久性地役权情况下,成本分担数额不低于成本的 75%,不高于 100%;在三十年地役权情况下,成本分担数额不低于成本的 50%,不高于成本的 75%。(ii) 提供必要的技术援助,以帮助土地所有者遵守 WRP 合同。

---

〔1〕 16 USC § 3834(d).

〔2〕 16 USC § 3835(a).

〔3〕 Food, Conservation, and Energy Act of 2008, Sec 2201; 16 USC § 3837(a).

〔4〕 Food, Conservation, and Energy Act of 2008, Sec 2202; 16 USC § 3837(b).

〔5〕 Ibid., Sec 2203; 16 USC § 3837(c).

〔6〕 Ibid., Sec 2205; 16 USC § 3837a(f).

〔7〕 16 USC § 3837a(g).

3. 对在耕农地保护的计划

对在耕农地的保护，主要有以下几个计划：

（1）环境质量激励计划（EQIP）

EQIP 于 1996 年开始实施，并相继在 2002 年《农业安全和农村投资法》、2008 年《食品、保护和能源法》中得以延期。

EQIP 的目的在于促进农业生产和环境质量的协调一致，并且最大化环境收益。实现这一目标的手段包括：（i）帮助生产者遵守地方、州和国家在以下方面的调整要求：土壤水源和空气质量、野生动植物生存地、地表水和地下水保护。（ii）帮助生产者保护土壤、水源、空气和相关自然资源，并帮助他们满足联邦、州、部落和地方设定的环境质量标准。（iii）为生产者提供灵活的帮助，以安置和保持旨在增强土壤、水、相关自然资源和动植物的保护措施，并节约能源。（iv）帮助生产者做出有益且有效的、针对耕作系统、放牧管理等方面的转换。[1]

EQIP 通过合同的形式来实施。合同有期限，最短期限开始于合同签订之日，止于生产者按照合同内容完成所有措施后的一年；合同最长期限不超过十年。部长支付给生产者的费用，不得超过规划、设计、材料、设备、安装、劳动力、管理、维护或训练的成本的 75%，也不得超过生产者已知收入的 100%。在两种情况下，EQIP 合同可以修改或终止：（i）自愿修改或终止：生产者同意修改或终止，以及部长认为在符合公共利益的前提下的修改或终止。（ii）非自愿终止：如果部长认为生产者违反了合同，可以终止合同。[2]

（2）保护管理计划（CSP）

CSP 规定在 2008 年《食品、保护和能源法》中，其前身是 2002 年开始实施的“保护安全计划”。

适合参与 CSP 的土地包括：私人农业土地（包括农田、草地、牧场土地、改良型牧场、放牧地以及用于农林间作的土地）；印第安部落管理下的农业土地；附属于农业措施的林地；其他私人农业土地。已参与保护储备计划（CRP）、湿地储备计划（WRP）及其他保护计划的土地不能参与 CSP。[3]

---

〔1〕 Food, Conservation, and Energy Act of 2008, Sec 2501; 16 USC § 3839aa.

〔2〕 Ibid., Sec 2503; 16 USC § 3839aa-2.

〔3〕 Ibid., Sec 2301; 16 USC § 3838e.

农业生产者为了参与 CSP,应当向部长提交申请。部长会根据申请内容对所有申请予以评估排序,最终确定签订 CSP 合同的生产者。CSP 合同的期限为五年,期限届满后,如果生产者遵守了合同内容并且同意继续实施保护措施,合同可以延长五年。[1]

作为对生产者的补偿,部长应当为生产者安装或采取额外保护措施提供补偿,并且从申请被部长认可之时起,生产者改进、维护和管理保护措施的投入也应当予以补偿。补偿金额由部长确定,并尽可能地考虑下列因素:(i) 与规划、设计、材料、安装、劳动力、管理、维护或培训有关的成本;(ii) 生产者已知的收入;(iii) 通过保护测算工具计算出来的可期待环境效益。[2]

(3) 野生生物栖息地激励计划(WHIP)

在 WHIP 中,部长将为土地所有者分担成本,以便保护高地野生动植物栖息地、湿地野生动植物栖息地、濒危物种栖息地、鱼类栖息地以及经部长批准的其他野生动物栖息地。WHIP 合同的期限至少 15 年。按照合同向生产者支付的金额,每年不超过五万美元。[3]

4. 可借鉴之处

通过立法,美国在农业领域的补偿性项目有多个,上述计划项目仅是有代表性的几个。这些计划的可借鉴之处包括:

(1) 美国与农业休耕有关的计划,类似于我国的退耕还林。不同在于,美国农业休耕计划下的土地可以有多种转换选择,比如造林、转换为湿地、保持未开发状态不变等等。

(2) 美国对在耕农地保护的计划,通常以合同方式进行,期限一般较长。政府不仅向土地所有者或经营者支付补偿金,而且还提供技术等方面的协助。

(3) 美国的计划项目设计通常采取全盘考虑的方式,对农业生产、水源保护、动植物栖息地保护等多个方面予以考察。立法并不限定保护措施的种类和具体实施方式,当土地所有者或经营者提出申请,政府会考察该申请的内容是否符合立法要求并计算相关的投入产出,最终决定是否接受申请并签订合同。

---

[1] Ibid., Sec 2301; 16 USC § 3838f.

[2] Food, Conservation, and Energy Act of 2008, Sec 2301; 16 USC § 3838g.

[3] Ibid., Sec 2602; 16 USC § 3839bb-1.

（二）美国的“补偿性缓解措施”

1．“补偿性缓解措施”

1972年的《清洁水法》旨在保护美国境内水体资源的完整性，该法规定，任何人向位于特定地点的可通航水域排放疏浚物或填埋物之前，应当予以公告并举行公众听证，并获得由美国陆军工程兵团（该机构隶属于美国国防部）或美国环保署（EPA）的许可。[1]

考虑到应当尽可能地避免对湿地和水体资源具有不利影响的行为，美国环保署和美国国防部（DA）在1990年的一份备忘录[2]中，建立了一个包括三个步骤的“缓解序列”。其中第一步是“避免”，如果存在替代方案，对水资源的任何排放将不被许可；第二步是“最小化”，如果排放的负面影响不可避免，应当采取措施最小化该影响；第三部是“补偿”，如果“避免”和“最小化”都不可行，那么应当采取“补偿性缓解措施”。作为第三步骤的“补偿性缓解措施”，其主要方法有四种：(1) 修复：修复湿地或其他水体资源自然的、历史的功能；(2) 重建：从无到有地建设湿地或其他水体资源；(3) 强化：为提升水质、预防洪水、保护野生动物栖息地，采取措施强化现有湿地或其他水体资源的功能；(4) 保存：采取保护地役权或财产转让的方式，永久性地保护湿地或其他水体资源。[3]

为了更好地实施“补偿性缓解措施”，美国国防部、环保署、农业部、内务部、商务部在1995年共同发布了《关于建立、使用和实施缓解银行的联邦指南》[4]，用于指导开展缓解银行制度。2008年，美国陆军工程兵团和环保署共同发布《水资源损失的补偿性缓解措施》（CMLAR）[5]，替代了《联邦指南》。

---

〔1〕 Clean Water Act, sec404(a); 33 USC § 1344.

〔2〕 Memorandum of Agreement Between the Department of the Army and the Environmental Protection Agency, the Determination of Mitigation under the Clean Water Act Section 404 (b)(1) Guidelines, available at EPA website, http://water.epa.gov/lawsregs/guidance/wetlands/mitigate.cfm. last visited: 2012/05/01.

〔3〕 EPA, Wetlands Compensatory Mitigation, available at EPA website, http://www.epa.gov/owow/wetlands/pdf/CMitigation.pdf. last visited: 2012/05/01.

〔4〕 Federal Guidance for the Establishment, Use and Operation of Mitigation Banks, available at EPA website, http://water.epa.gov/lawsregs/guidance/wetlands/mitbankn.cfm. last visited: 2012/05/01.

〔5〕 Compensatory Mitigation for Losses of Aquatic Resources, 33 CFR Parts 325 & 332, 40 CFR Part 230, available at EPA website, http://www.epa.gov/owow/wetlands/pdf/wetlands_mitigation_final_rule_4_10_08.pdf. last visited: 2012/05/01.

CMLAR 规定了三种缓解机制[1]:(1)“被许可人缓解”:被许可向湿地或水体排放疏浚物或填埋物的主体负责实施缓解措施。被许可人既可以在同一块土地上实施,也可以在其他位置上的土地实施。(2)“缓解银行”:被许可人可以向缓解银行购买信用额度,以解除自身的义务;之后,由缓解银行负责实施缓解措施。通常,信用额度的价格通过量化该湿地的功能价值来确定,或者通过计算需要修建或恢复同等面积湿地的成本来确定。(3)“第三方替代缓解”:由被许可人向第三方(通常是公共机构或非盈利组织)支付费用,由第三方代为实施缓解措施。

“缓解银行”和“第三方替代缓解”通常都是异地缓解(与被许可填埋的湿地不在同一块土地上),并且都由被许可人之外的第三人实施缓解措施,两者的区别在于[2]:(1)“缓解银行”通常由盈利性的私人机构来完成,“第三方替代缓解”通常由州政府、地方政府或非营利性的非政府组织来完成。(2)“缓解银行”中的实施机构通常已经具备资金实力用于建设待用的湿地资源,而在“第三方替代缓解”中,第三方机构需要依靠被许可人支付的费用才能开始准备资源选取。(3)“缓解银行”开始运作之前,实施机构通常已经完成了初始融资、规划批准、金融保险等手续,并且在开始出售信用额度之前已经对待用的湿地资源开展了建设活动。而“第三方替代缓解”开始运作的时间相对滞后。

通常,乐于建立湿地缓解银行的私人机构,主要是那些由于开发建设活动可能会对湿地资源造成重大影响的企业和私人机构。建立湿地缓解银行的程序大致包括:向政府主管部门提交项目建设申请、政府主管部门审查申请材料是否完整、政府主管部门和其他有关部门一起对申请进行审查、政府主管部门向申请人反馈审查结果。美国各州政府通常会制定相应的文件,以指导私人机构申请,并对湿地缓解银行的运作提出要求。[3]

2. 可借鉴之处

首先,美国的“补偿性缓解措施”并非一种常态,只有当颁发允许向

---

〔1〕 Compensatory Mitigation for Losses of Aquatic Resources, 33 CFR Parts 332, § 332.3.

〔2〕 Compensatory Mitigation for Losses of Aquatic Resources, I. Background.

〔3〕 比如华盛顿州的“湿地补偿银行规则”(wetland mitigation banking rule)。Available at Department of Ecology, State of Washington, http://www.ecy.wa.gov/programs/sea/wetlands/mitigation/banking/pdf/Guidance/RuleText_EasyRead.pdf. last visited: 2012/05/01.

湿地或水体资源排放疏浚物或填充物的许可不可避免带来负面影响时，“补偿性缓解措施”才伴随着许可证制度同时出现。所以，“补偿性缓解措施”实际上是“缓解序列”最后的且应尽量避免的选择。

其次，“补偿性缓解措施”的四种方法（修复、重建、强化、保存）与三种机制（被许可人缓解、缓解银行、第三方替代缓解）是交叉在一起的，三种机制必选其一，但每种机制都可以使用这四种方法，目的是尽量弥补由许可带来的不利影响。

再次，“缓解银行”是一种市场化机制。参与该机制的私人机构主要是那些因其频繁开发利用土地行为给湿地或水资源造成影响、需要申请许可的企业或其他私人机构。“缓解银行”有规划地将成片的湿地资源以信用额度的形式保护下来，其生态保护效果强于其他两种机制，并且也有利于生态系统的提前保护。

（三）美国森林领域的补偿性立法

1. 概况

在森林保护领域，美国开展实施了一系列的计划。[1] 比如：林地强化计划、森林管理计划、流域森林协助计划、森林遗产计划等等。

由于美国有约 57% 的林地归私人所有[2]，所以森林领域的补偿性立法重点关注如何在私有林地上保护森林资源。森林遗产计划就是其中有代表性的计划之一。

2. “森林遗产计划”（FLP）

1990 年《食品、农业、保护和贸易法》第 1217 条规定了“森林遗产计划”（FLP）。[3] FLP 并非一个单一的项目，而是由多个项目构成。比如，2012 年拟定的项目有 20 个，分布在各个州。[4]

FLP 由美国农业部林务局与各州联合开展。参与该计划的只能是私有林地的所有人。保护手段上，FLP 既支持收购土地财产权，也支持在土地上设立保护地役权。私有林地所有人出于自愿参与 FLP，并需要向州政府提出申请。

---

〔1〕 16 USC Chapter 14, Cooperative Forestry Assistance.

〔2〕 http://www.fs.fed.us/spf/coop/programs/loa/flp.shtml. last visited: 2012/05/01.

〔3〕 16 USC § 2103C.

〔4〕 USDA Forest Service, Fiscal Year 2013-Forest Legacy Program Proposed Projects, available at Forest Service website, http://www.fs.fed.us/spf/coop/programs/loa/flp.shtml. last visited: 2012/05/01.

在 FLP 中，联邦政府的作用在于确认具有重要生态价值的森林区域，并为州政府保护这些森林区域提供资金、技术援助；州政府的作用在于收集重要森林区域的详细信息、整合政策与激励措施以鼓励私人参与该计划、具体实施该计划、监控私人履行该计划内容的情况、必要时收购私人林地、向“州森林管理协调委员会”咨询，等等。“州森林管理协调委员会”主要起咨询作用，它将申请参与 FLP 的森林区域划分优先级别，根据该计划目的设计相关标准用于评估申请，并在必要时向州政府提出建议。

资金来源方面，有关的规划、管理、财产收购、财产管理成本，联邦政府提供最高 75% 的资金（包括实物投入），剩余 25% 的资金由各州政府财政、地方政府财政或私人融资解决。林地所有人如果参与 FLP，获得的对价通常是被转让的财产权益（土地所有权或地役权）的市场价格。[1] 此外，很多林地所有人还因此获得税收优惠。[2]

3. 可借鉴之处

与农业领域类似，美国在森林保护领域的补偿性立法主要通过合同形式来开展，重点是私有林地的保护。联邦政府和州政府合作提供资金和技术支持，确认实施保护计划的重点区域并收集土地信息。林地所有人自愿申请并获得合同对价及税收优惠。

（四）美国生态系统服务付费的经验总结

通过农业、湿地和森林生态保护补偿性立法的介绍可以看到，美国的生态保护补偿性立法有如下特点：

第一，美国立法并未严格区分生态保护的各个领域，而是出于生态保护的目的整合了多个领域的考虑。比如，环境质量激励计划（EQIP）就整合了保护土壤水源、提升空气质量、保护野生动植物栖息地、保护地表水和地下水资源等多个方面。

第二，美国立法通常采用“计划”或“项目”的形式开展，联邦政府是资金的主要来源。州政府和地方政府若与联邦政府合作参与计划，也可以成为资金来源之一。

第三，由于大多数计划涉及私有土地，因此具体实施计划的手段通常是与土地所有人签订合同，政府向土地所有人支付对价（通常是权利人让出的土地权益的市场价格）。联邦和州税法也可能通过税收优惠，为计划

---

〔1〕 16 USC § 2103C(j).

〔2〕 http://www.fs.fed.us/spf/coop/programs/loa/aboutflp.shtml. last visited：2012/05/01.

实施提供支持。

第四,具体实施计划的程序是一种双向程序。政府需要提前确定实施计划的重点区域或优先区域,然后由土地权利人结合土地具体情况提出申请并提供实施计划内容的具体措施,之后政府根据财政预算来对申请进行遴选。

第五,美国立法中的"补偿性",主要体现为激励措施,即通过经济手段(合同对价、税收优惠、市场运作等)来激励土地权利人或第三方主体参与计划实施。

第十一章　制定《生态补偿条例》的立法建议*

第一节　生态补偿立法的必要性和可行性

一、生态补偿立法的必要性

综上所述，本书认为生态补偿是以保护生态环境、促进人与自然和谐为目的，综合考虑生态系统服务价值、生态保护成本、发展机会成本，运用行政和市场手段，调整生态环境保护和建设活动中相关主体之间的利益关系的公共制度。简单来说，生态补偿是由生态利益的受益方对因生态保护而受损的一方，通过现金、实物或其他方式进行的弥补。生态补偿的核心在于，通过特定的实体制度和程序制度来协调参与各方的生态利益与经济利益。

生态补偿是我国特有的称谓，其在国外相类似的概念是"生态系统服务付费"(Payment for Ecosystem Services, PES)。简单而言，生态系统服务付费就是为生态系统服务支付对价。生态系统服务是指自然生态系统以及构成生态系统的物种，为维持和满足人类所需而依赖的客观状况和过程。常见的生态系统服务包括空气和水净化、减缓洪涝灾害、废弃物排毒与分解、土壤及其肥力的再生与恢复、农作物与自然作物的授粉、维持生物多样性、调节气候、保持人类文化多样性、提供优美景观及智力激励因素等。生态系统服务的类型化及其价值评估，是开展生态系统服务付费的基础与前提。虽然与生态系统服务相关的研究仍大有深入空间，但目前世界范围内已有不少生态系统服务付费的成功范例。

---

* 本章是在项目组提交的《生态补偿条例》草案专家建议稿的基础上修改而成的。主要撰稿与修改人：汪劲，课题组组长兼任生态补偿国内法律专家，生态补偿专家咨询委员会委员，法学博士，北京大学法学院教授、博士生导师，兼任中国环境与发展国际合作委员会中方委员；王社坤，生态补偿国内法律专家助手，法学博士，北京大学法学院副教授；舒旻，女，生态补偿国内法律专家助手，法学博士，昆明理工大学法学院讲师；袁巍，生态补偿国内法律专家助手，北京大学法学院博士生。

生态系统服务付费并不完全等同于我国的生态补偿。因为我国的生态补偿是一项综合性的环境经济政策,而生态系统服务付费在关系构成上更为单一。但是,生态系统服务付费为我国开展生态补偿提供了重要借鉴。

自党的十六届五中全会以来,各地区、各部门在党中央、国务院的统一部署下,开展了生态补偿试点,积极探索建立生态补偿长效机制。目前,森林生态效益补偿基金制度全面建立,草原生态保护补助金机制迈出了实质性步伐,部分省市初步建立了流域生态补偿机制,中央财政对重要生态功能区的转移支付力度不断加大,干部群众逐步树立了生态补偿意识。

随着生态补偿试点的开展和深入,生态补偿工作面临的困难和问题也逐渐凸显,主要表现为:第一,补偿领域和主体、客体不明确,生态受益者与生态保护者之间的利益关系脱节;第二,补偿方式以工程项目补助为主,比较单一;第三,补偿标准偏低,影响了生态保护者的积极性;第四,补偿资金来源渠道较少,市场机制的作用没有得到充分发挥;第五,补偿资金使用不规范,缺乏有效的监督考核体系;第六,区域间补偿缺乏政策指导,省际之间补偿方式尚在探索之中。

在社会主义法治建设背景下,生态补偿机制的建立和完善需要立法保障。我国的生态环境保护立法仅有关于生态补偿的原则性规定。例如,《森林法》规定"国家设立森林生态效益补偿基金,用于提供生态效益的防护林和特种用途林的森林资源、林木的营造、抚育、保护和管理。森林生态效益补偿基金必须专款专用,不得挪作他用。具体办法由国务院规定。"《水污染防治法》规定"国家通过财政转移支付等方式,建立健全对位于饮用水水源保护区区域和江河、湖泊、水库上游地区的水环境生态保护补偿机制。"《水土保持法》规定"国家加强江河源头区、饮用水水源保护区和水源涵养区水土流失的预防和治理工作,多渠道筹集资金,将水土保持生态效益补偿纳入国家建立的生态效益补偿制度。"

目前,我国与生态补偿有关的法律法规、地方性法规等共有57件。[1] 从这些文件涉及的补偿领域来看,以森林生态保护和矿区环境治理这两个领域居多;从这些文件的层级效力来看,法律和行政法规数量很

---

〔1〕 数据来源:以"生态补偿"为全文关键词在北大法宝数据库中检索,检索时间:2013年1月1日。

少，超过一半数量的规范性文件是由地方人民政府制定的，并且只有海洋生态保护领域没有制定国家层面的规范性文件；从这些文件所规范的主体来看，有的直接涉及个人（比如森林领域的退耕还林），有的直接涉及到企业（比如矿产资源开发企业），但更多的情况下是对地方人民政府提出要求；从这些文件的制定时间来看，大部分文件均制定于21世纪初，并且地方人民政府的规范性文件在制定时间上更晚。

这些规范性文件和实践活动是鲜活的素材，对它们的研究能够为制定《生态补偿条例》提供借鉴。通过对我国在森林、草原、流域、海洋、土地和矿区领域已经开展的生态补偿法律实践进行考察分析，可以归纳出以下几个特点：

第一，这些规范性文件和实践活动具有高度分散性。规范性文件的制定者包括中央人民政府和地方各级人民政府。虽然大部分地方政府文件是对中央政府文件的细化，但前者在数量上远远超过后者，并且前者更具灵活性，可以在比较前沿的领域单独制定文件。

第二，这些规范性文件和实践活动通常只专注于某个生态保护领域。在每个领域，补偿资金的来源和使用、补偿方式、补偿范围和标准等方面均不统一；并且经过一段时间的实践，每个领域已然形成了各自相对封闭的体系。由于生态系统的整体性，对这些领域的保护措施有交叉重叠的地方。例如，对水和流域的保护常常会与森林、草原、土地的保护相交叉；对森林、草原的保护常常与湿地保护相重叠。

第三，在这些规范性文件和实践活动中，生态补偿资金的来源相对简单。主要的资金来源是中央人民政府和地方各级人民政府。此外，在矿区生态保护领域，矿产资源开发企业需要提供资金用以开展土地复垦、矿区生态环境恢复。

第四，在这些规范性文件和实践活动中，生态补偿金额的计算较为简单。在森林、草原等领域，通常以被补偿的森林、草原资源的面积为计算依据，按照事先确定的金额标准来确定补偿金额。在矿区生态保护领域，通常以矿产资源开发企业开发或销售的矿产资源数量为计算依据，按照事先确定的金额标准来确定补偿金额。

第五，在这些规范性文件和实践活动中，生态补偿的手段较为单一。主要通过税费、财政转移支付、补贴等行政手段完成。

上述这些特点，既为《生态补偿条例》的制定提供了借鉴和参考，也对《生态补偿条例》与现有制度之间的衔接提出了挑战。

现行法律法规与地方性法规为生态补偿试点提供了法律依据，但是并不能满足全面建立生态补偿机制的法律需求。为此，“十二五”规划纲要明确提出“加快制定实施生态补偿条例”。2012年11月，党的十八大报告也指出，我国要大力推进生态文明建设，其内容之一就是加强相关制度建设，“深化资源性产品价格和税费改革，建立反映市场供求和资源稀缺程度、体现生态价值和代际补偿的资源有偿使用制度和生态补偿制度”。

二、生态补偿立法的可行性

建立和完善生态补偿机制，是实施全国主体功能区战略的内在要求，是促进区域协调发展的重要举措，是建设生态文明的重要保障。实施生态补偿，有利于促进经济发展方式的根本转变，有利于建立资源节约型和环境友好型社会，有利于缩小地区间基本公共服务差距，有利于促进生态保护地区共享改革发展成果，实现和谐发展。

从法的角度分析，生态补偿是指各级人民政府和生态受益者、损害者通过资金补助、项目支持、政策优惠等方式，对生态保护者、受损者的损失进行的弥补。虽然我国还没有在全国范围内建立综合性的生态补偿法律制度，但是在中央人民政府和地方各级人民政府的努力下，已经在森林、草原、流域、海洋、土地、矿区环境等领域颁布实施了较为完善的、带有生态补偿性质的规范性文件，并以这些规范性文件为依据开展了与生态补偿相关的实践活动。

目前，我国正在健全完善全国范围内的生态补偿机制，许多重要制度将以《生态补偿条例》的形式予以确立。有鉴于此，并基于前述研究，课题组特就国务院制定《生态补偿条例》在生态补偿的定义和基本原则；生态补偿的运行、协调与管理体制；生态补偿专项资金；生态系统服务价值评估以及生态补偿标准等五个方面提出立法建议。

第二节 我国生态补偿立法应当确立的基本制度

一、关于生态补偿的定义和基本原则

生态补偿涉及范围非常广泛，因此需要立法对生态补偿的定义和原

则进行界定,从而明确生态补偿的内涵和外延。

建议将生态补偿定义为各级人民政府和生态受益者、损害者通过资金补助、项目支持、政策优惠等方式,对生态保护者、受损者损失的弥补。

"生态受益者、损害者"是指从维护和创造生态系统服务价值等生态保护活动中受益,或者开发利用环境和自然资源损害生态环境的个人、单位和地方人民政府。"生态保护者、受损者"是指为维护和创造生态系统服务价值投入人力、物力、财力或者发展机会受到限制,或者因生态损害遭受损失的个人、单位和地方人民政府。

根据此定义,建议明确地将破坏生态环境给国家造成重大损失或者侵害当事人合法权益依法应当承担民事赔偿责任的情形排除在条例的适用范围之外。

在明确界定了生态补偿定义的基础上,建议将生态补偿的原则界定为"谁开发谁保护、谁受益谁补偿、谁损害谁修复"。

二、关于生态补偿的运行、协调与管理体制

生态补偿涉及的主体不仅包括利益相关者,还包括各级政府及其主管部门。因此,建议规定:国家对生态补偿实行中央统一决策、地方分级负责、生态保护相关利益主体参与的运行机制。并规定:国务院发展改革部门、财政部门负责建立生态补偿部际协调机制,统筹研究、协调解决生态补偿工作的重大事项。

政府及其主管部门的引导、管理对生态补偿的顺利开展具有十分重要的意义。因此,建议规定:县级以上人民政府国土资源、环境保护、建设、水行政、农业、林业、海洋等部门(以下简称生态补偿主管部门)以及统计、审计、监察部门,依照法律、行政法规规定和职责分工,在各自的职责范围内负责相应领域生态补偿监督管理的有关工作。

三、关于生态补偿专项资金

建议从资金的设立、使用和监督三个方面对生态补偿专项资金作出规定。

(一)生态补偿专项资金的设立

建议规定:国家设立生态补偿专项资金,用于国家级和省级生态补偿试点地区、跨省流域与区域以及其他重点生态功能区的生态保护与建设。

其中,生态补偿专项资金的来源包括:第一,从中央财政上年度总收入中提取一定比例的资金;第二,从省级人民政府上年度总收入中提取一定比例的资金;第三,从资源环境费(税)中提取一定比例的资金;第四,从占用、征用资源所缴纳的补偿费中提取一定比例的资金;第五,社会捐助或其他来源的资金。

(二)生态补偿专项资金的使用

建议规定:生态补偿专项资金的拨付和管理实行计划先行、统筹安排、分类管理、分账核算、分级使用、专款专用的原则,并实行年度预决算制度。

首先,省级人民政府应当根据各领域生态补偿的实施状况,编制生态补偿专项资金使用的年度计划,报送国务院发展改革部门会同有关生态补偿主管部门审批。

其次,国务院发展改革部门根据各领域生态补偿的工作需要与重点生态功能区、生态示范区和生态建设工程区建设等实际情况以及技术评估结论,在综合平衡的基础上提出审批意见,送国务院财政部门审核。

再次,国务院财政部门审核平衡后编制生态补偿专项资金年度预算。国务院财政部门应当根据经审核的生态补偿专项资金年度预算和财政国库管理制度,及时、足额地拨付预算支出资金。

最后,县级以上地方人民政府及其生态补偿主管部门应当根据经批准的生态补偿专项资金使用的年度计划编制生态补偿实施方案,报省级人民政府批准实施。县级以上地方人民政府及其生态补偿主管部门应当按照经批准的生态补偿实施方案使用生态补偿专项资金。

(三)生态补偿专项资金的使用监督

为保障生态补偿专项资金被合法、有效地使用,建议专门对生态补偿专项资金的使用监督进行规定。

首先,省级人民政府财政部门和生态补偿主管部门每年度应当向本级人民政府、上级财政部门和生态补偿主管部门报告本行政区域内生态补偿专项资金的使用和管理情况。

其次,县级以上地方人民政府对限制开发的生态功能区实行生态保护优先的绩效评价考核制度和生态补偿效益评价制度,将生态保护目标完成情况作为对地方人民政府及其负责人进行考核评价的内容。

最后,审计机关应当加强对生态补偿专项资金使用和管理的审计监督。任何单位和个人有权对生态补偿专项资金的使用进行监督,并向各级人民政府及其生态补偿主管部门检举和控告违法行为。

四、关于生态系统服务价值评估

生态补偿机制的有效实施必须建立在准确、科学评估生态系统服务价值的基础之上。为此,建议就生态系统服务价值评估的技术指标、评估机构、评估效力等问题作出规定。

首先,建议规定:国务院生态补偿主管部门应当建立和完善生态系统服务价值评估的基础数据库和评价指标体系。

其次,建议规定:生态系统服务评估机构是依法设立、从事生态系统服务价值评估和生态系统服务效益评估并提供相关服务的社会中介组织,其资质由国务院或者省级人民政府的发展改革和财政部门共同认定。

最后,建议规定:生态系统服务价值评估报告是调整生态补偿资金使用计划、实施方案以及生态补偿绩效评价的依据。

省级人民政府在编制生态补偿专项资金使用年度计划之前,应当委托生态系统服务评估机构对相关生态系统进行生态系统服务价值评估,编写生态系统服务价值评估报告。国务院发展改革部门在批准生态补偿专项资金使用的年度计划之前,应当委托生态系统服务评估机构对生态系统服务价值评估报告进行技术评估。

省级人民政府在其编制的生态补偿专项资金使用年度计划中,应当根据生态系统服务价值评估报告的结论,依照生态补偿标准确定生态补偿专项资金使用的范围和数额。国务院生态补偿主管部门应当定期组织生态补偿效益评估,并委托生态系统服务评估机构出具评估报告。评估结果作为调整生态补偿资金使用计划、实施方案以及生态补偿绩效评价的依据。

五、关于生态补偿标准

生态补偿标准是生态补偿机制有效实施的技术保障,为此建议从生态补偿标准制定主体、内容、适用标准应考虑因素等方面作出规定。

首先,建议规定:国务院生态补偿主管部门会同国务院财政部门分别制定各领域生态补偿标准,并根据社会经济发展水平适时修订。

其次,建议规定:生态补偿标准的内容应当包括生态补偿数额的构成、生态价值基准、生态损害系数、生态补偿系数、生态补偿数额计算。

再次,建议规定:在适用生态补偿标准确定补偿数额时应当考虑下列支出或损失:生态保护与工程建设的直接投入;不能自主开发利用森林、草原、湿地、水、海洋、土地等自然资源的直接权益损失;重要生态功能区所在地人民政府的经济和发展机会损失;区域和农牧渔业者因生态保护导致的发展机会损失。

最后,建议分别就森林、草原、湿地、流域、海洋、荒漠、矿区等重点领域生态补偿标准的制定主体及内容作出规定。

主要参考文献

一、著作类

1. 秦玉才主编:《流域生态补偿与生态补偿立法研究》,社会科学文献出版社2011年版。

2. 高小萍:《我国生态补偿的财政制度研究》,经济科学出版社2010年版。

3. 郑冬梅主编:《海洋保护区生态补偿机制的理论与实证研究》,海洋出版社2010年版。

4. 孔凡斌:《中国生态补偿机制理论、实践与政策设计》,中国环境科学出版社2010年版。

5. 郑海霞主编:《中国流域生态系统服务补偿机制与政策研究》,中国经济出版社2010年版。

6. 陈冰波主编:《主体功能区生态补偿》,社会科学文献出版社2009年版。

7. 李爱年:《生态效益补偿法律制度》,中国法制出版社2008年版。

8. 万本太、邹首民主编:《走向实践的生态补偿——案例分析与探索》,中国环境科学出版社2008年版。

9. 中国生态补偿机制与政策研究课题组编著:《中国生态补偿机制与政策研究》,中国环境科学出版社2007年版。

二、论文类

10. 王军锋:《中国流域生态补偿机制实施框架与补偿模式研究》,载《中国人口·资源与环境》2013年第2期。

11. 石广明、王金南、毕军:《基于水质协议的跨界流域生态补偿标准研究》,载《环境科学学报》2012年第8期。

12. 马爱慧、蔡银莺、张安录:《耕地生态补偿实践与研究进展》,载《生态学报》2011年第8期。

13. 廖一波、寿鹿、曾江宁等:《我国海洋生态补偿的研究现状与展望》,载《海洋开发与管理》2011年第3期。

14. 竺效:《我国生态补偿基金的法律性质研究——兼论〈中华人民共和国生态补偿条例〉相关框架设计》,载《北京林业大学学报(社会科学版)》2011年3月。

15. 李俊丽、盖凯程:《三江源区际流域生态补偿机制研究》,载《生态经济》2011

年第2期。

16. 蔡银莺、张安录:《基于农户受偿意愿的农田生态补偿额度测算——以武汉市的调查为实证》,载《自然资源学报》2011年第2期。

17. 巩芳、王芳、长青等:《内蒙古草原生态补偿意愿的实证研究》,载《经济地理》2011年第1期。

18. 陆远如、刘志杰:《生态补偿与区域经济协调发展研究——基于区域分工视角》,载《学术研究》2010年第12期。

19. 朱广芹、韩浩:《基于区域碳汇交易的森林生态效益补偿模式》,载《东北林业大学学报》2010年第10期。

20. 李平星、孙威:《经济地理学角度的区域生态补偿机制研究》,载《生态环境学报》2010年第6期。

21. 李文华、刘某承:《关于中国生态补偿机制建设的几点思考》,载《资源科学》2010年第5期。

22. 张继伟、杨志峰、汤军健等:《基于环境风险的海洋生态补偿标准研究》,载《海洋环境科学》2010年第5期。

23. 曹明德:《对建立生态补偿法律机制的再思考》,载《中国地质大学学报(社会科学版)》2010年第5期。

24. 白景锋:《跨流域调水水源地生态补偿测算与分配研究——以南水北调中线河南水源区为例》,载《经济地理》2010年第4期。

25. 王亚明:《京津风沙源治理工程效益分析》,载《北京林业大学学报(社会科学版)》2010年第3期。

26. 燕守广、沈渭寿、邹长新等:《重要生态功能区生态补偿研究》,载《中国人口·资源与环境》2010年第3期。

27. 王蓉:《论森林生态效益补偿的公共财政途径》,载《中南林业科技大学学报》(社会科学版)2010年第1期。

28. 李怀恩、庞敏、肖燕等:《基于水资源价值的陕西水源区生态补偿量研究》,载《西北大学学报(自然科学版)》2010年第1期。

29. 李果仁:《国外生态补偿政策的借鉴与启示》,载《中国财政》2009年第13期。

30. 刘霜、张继民、刘娜娜等:《填海造陆用海项目的海洋生态补偿模式初探》,载《海洋开发与管理》2009年第9期。

31. 李晓光、苗鸿、郑华等:《生态补偿标准确定的主要方法及其应用》,载《生态学报》2009年第8期。

32. 王淼、段志霞:《关于建立海洋生态补偿制度的探讨》,载《中国渔业经济》2008年第3期。

33. 丘君、刘容子、赵景柱等:《渤海区域生态补偿机制的研究》,载《中国人口·资源与环境》2008 年第 2 期。

34. 刘玉:《跨区资源调配生态补偿与区域协调发展》,载《宏观经济管理》2007 年第 11 期。

35. 虞锡君:《构建太湖流域水生态补偿机制探讨》,载《农业经济问题》2007 年第 9 期。

36. 李芬、陈红枫:《海南省森林生态补偿机制的社会经济影响分析》,载《中国人口·资源与环境》2007 年第 6 期。

37. 胡仪元:《区域经济发展的生态补偿模式研究》,载《社会科学辑刊》2007 年第 4 期。

38. 刘青,胡振鹏:《江河源区生态系统服务价值评估初探—以江西东江源区为例》,载《湖泊科学》2007 年第 3 期。

39. 李文华、李世东、李芬、刘某承:《森林生态补偿机制若干重点问题研究》,载《中国人口·资源与环境》2007 年第 2 期。

40. 丁敏:《哥斯达黎加的森林生态补偿制度》,载《世界环境》2007 年第 6 期。

41. 闵庆文、甄霖、杨光梅:《自然保护区生态补偿研究与实践进展》,载《生态与农村环境学报》2007 年第 1 期。

42. 韩秋影、黄小平、施平:《海洋资源价值评估理论初步探讨》,载《生态经济》2006 年第 11 期。

43. 丛澜、徐威著:《福建省建立流域生态补偿机制的实践与思考》,载《环境保护》2006 年第 10 期。

44. 王清军、蔡守秋:《生态补偿机制的法律研究》,载《南京社会科学》2006 年第 7 期。

45. 甄霖、闵庆文、李文华:《海南省自然保护区生态补偿机制初探》,载《资源科学》2006 年第 6 期。

46. 钟大能:《在西部民族地区完善财政生态补偿机制的对策建议》,载《中央财经大学学报》2006 年第 5 期。

47. 秦鹏:《论我国区际生态补偿制度之构建》,载《生态经济》2005 年第 12 期。

48. 陈瑞莲、胡熠:《我国流域区际生态补偿:依据、模式与机制》,载《学术研究》2005 年第 9 期。

49. 马永欢、樊胜岳:《沙漠化地区退耕还林政策的生态经济效应分析——以民勤县为例》,载《自然资源学报》2005 年第 4 期。

50. 秦鹏、唐绍均:《退耕还林生态补偿制度的经济分析》,载《重庆大学学报》(自然科学版)2005 年第 4 期。

51. 周大杰、董文娟、孙丽英等:《流域水资源管理中的生态补偿问题研究》,载《北京师范大学学报(社会科学版)》2005 年第 4 期。

52. 杜群:《生态补偿的法律关系及其发展现状和问题》,载《现代法学》2005 年第3期。

53. 刘文剑:《海洋资源环境开发使用补偿费核算探讨》,载《中国海洋大学学报》(社会科学版)2005年第2期。

54. 邢丽:《关于建立中国生态补偿机制的财政对策研究》,载《财政研究》2005年第1期。

55. 熊鹰、王克林、蓝万炼:《洞庭湖区湿地恢复的生态补偿效应评估》,载《地理学报》2004年第5期。

56. 左停等:《森林生态效益补助项目实施中的社会经济问题研究——湖南省试点情况个案调查》,载《林业资源管理》2003年第5期。

57. 钟瑜、张胜、毛显强:《退田还湖生态补偿机制研究—以鄱阳湖区为案例》,载《中国人口·资源与环境》2002年第4期。

58. 吴晓青、驼正阳等:《我国保护区生态补偿机制的探讨》,载《国土资源科技管理》2002年第2期。

59. 杜万平:《完善西部区域生态补偿机制的建议》,载《中国人口·资源与环境》2001年第3期。